隐蔽战线春秋书系·传记卷

英雄无名 阎宝航

王连捷◎著

中共党史出版社

图书在版编目(CIP)数据

英雄无名:阎宝航/王连捷著. —北京:中共党史出版社,2018.4
(2021.4 重印)
(隐蔽战线春秋书系.传记卷)
ISBN 978-7-5098-4586-8

Ⅰ.①英… Ⅱ.①王… Ⅲ.①阎宝航(1895—1968)—传记
Ⅳ.①K827=7

中国版本图书馆 CIP 数据核字(2018)第 046332 号

出版发行:中共党史出版社
责任编辑:吴江
复　　审:潘鹏
终　　审:汪晓军
责任校对:龚秀华
责任印制:谷智宇
责任监制:贺冬英
社　　址:北京市海淀区芙蓉里南街6号院1号楼
邮　　编:100080
网　　址:www.dscbs.com
经　　销:新华书店
印　　刷:北京盛通印刷股份有限公司
开　　本:170mm×240mm　1/16
字　　数:345 千字
印　　张:23
印　　数:10111—12110 册
版　　次:2018 年 4 月第 1 版
印　　次:2021 年 4 月第 3 次印刷

ISBN 978-7-5098-4586-8
定　　价:48.00 元

阎宝航（1895—1968）

|| 丛书前言 ||

章百家

中国共产党领导的新民主主义革命，既有公开战场的博弈，又有隐蔽战线的较量。公开战场和隐蔽战线相互配合，相互支持，相得益彰，奏响了中国革命的一曲曲凯歌。正如毛泽东指出的：要战胜敌人必须打两种战争，一种是公开战争，一种是隐蔽战争。隐蔽战争有战略进攻，派人打入敌人的内心；也有战略防御，保卫自己。要打败敌人须内外夹攻，所以两者都有同样的意义。

党的隐蔽战线随着党的发展而发展，随着党的壮大而壮大。在白色恐怖笼罩的危急关头，周恩来领导创建了党的第一个专门情报保卫机构——中央特科，培养和造就了一批隐蔽战线的杰出领导人和业务骨干，为保卫党中央机关和领导人的安全作出了特殊贡献。中央苏区时期，在中央和各主要苏区创立的政治保卫工作，对配合苏区工农红军粉碎敌人的“围剿”，发展和巩固苏维埃政权，纯洁红军队伍作出了特殊贡献。长征途中，红军情报侦察部门及时获取敌人往来的电报，使中央指挥机关能够及时了解敌人的军事行动部署，避实就虚，屡出奇兵，摆脱围追堵截，胜利实现了伟大战略转移。红军到达陕北后，在争取西安事变和平解决，促成抗日民族统一战线形成的过程中，隐蔽战线发挥了关键作用。抗日战争时期，中央先后成立了中央社会部和中央情报部，隐蔽战线斗争进入了专业化的成熟期。我情工人员深入日伪党政机构，获取了日伪大量军政战略情报和国民党消极抗日积极反共的情报，对配合抗日战争的胜利起了重要作用。解放战争时期，我党我军的情报保卫工作得到了更加深入广泛的发展。我情工人员深入到国民党机密决策指挥机关内，及时准确地供给了党中央和军委及各地区战略性和动向性的重要军政情报，为中央制定解放战争的战略方针提供了重要依据，使我军在解放战争中对敌人的主要情况了如指掌，始终掌握了战争的主动权。毛泽东评价这个时期“我们的情报工作是最成功的”。

艰苦卓绝的隐蔽战线斗争造就了一大批无名英雄。他们有的大智大勇，运筹帷幄，决胜千里；有的深入虎穴，与敌周旋，获取情报；有的舍生取义，面对严刑，视死如归；有的潜伏敌营，长期经营，率部起义；有的忠诚可靠，周密安排，确保党中央安全；有的巧妙应对，冲破封锁，保证交通线畅通。一代代无名英雄赤胆忠心，赴汤蹈火，用忠诚与信仰铸就了中华民族的无名丰碑；一个个共产党人不忘初心，牢记使命，用热血和生命锤炼出薪火相传的红色基因。他们在斗争中表现出了坚定的革命理想信念、大无畏的革命英雄主义精神、敢于斗争敢于胜利的英雄气概、高超灵活的对敌斗争艺术、艰苦奋斗和严谨细致的工作作风、甘于无名甘于奉献的高尚情操，这些凝聚成了隐蔽战线精神特质：胜而不骄，败而不馁，受气不叫，有苦不说，舍己救人，冒险犯难，埋头苦干。

毛泽东曾经说过：今后革命胜利了应该给我们情报战线的无名英雄们发一个大大的奖章。很多无名英雄没能盼来这枚奖章就早早地离开了我们。他们的名字无人知晓，但他们的功绩永世长存！徐向前曾指出：“我们的党史、军史有一个重大缺陷，就是对情报工作反映不够。”近年来，可以看到一些公开出版的反映隐蔽战线的史料、传记，但总的来说还不是很丰富，与隐蔽战线建立的功勋还不相称。这套《隐蔽战线春秋书系》分“传记卷”、“回忆录卷”和“史述卷”，比较全面地反映了隐蔽战线的历史和无名英雄的精神。既是对老一辈隐蔽战线英雄的深切怀念和告慰，也可以作为新时代国安干警的教育读本，让一代新人了解历史，传承基因，所以是很有价值的。

（作者为中国中共党史人物研究会副会长）

|| 序 ||

提起阎宝航，今天很多年轻朋友大都不知其何许人也。阎宝航这个不为人所熟知传奇人物，他的多彩而绚丽的一生不仅仅使我感动，而且我希望更多的国人能够了解他，记住他。2006 年，为纪念中国人民抗日战争胜利 60 周年、世界反法西斯战争胜利 60 周年，中央电视台在《发现之旅》栏目中播出《阎宝航》专题片，揭示了阎宝航在重大历史事件中的作用和贡献，引发了更多人的关注。2008 年，中央电视台热播的电视连续剧《英雄无名》，再一次揭开了尘封已久的中共领导的秘密情报战线的辉煌历史。2009 年，为纪念中华人民共和国成立 60 周年，凤凰卫视制作《我的中国心》大型人物栏目向国庆献礼，阎宝航是其中重要人物之一。2011 年，为纪念中国共产党 90 周年华诞，南京电视台制作《风云百年—千人千面阎宝航》，从全新的视角诠释了阎宝航虽然处在隐蔽的角落里，却永远闪耀着光辉的一生。2015 年 4 月，中俄共同纪念阎宝航诞辰 120 周年，其间展出了阎宝航亲属提供的珍贵照片、视频和出版物。阎宝航在百年之后得到了他早就应该拥有的荣誉，他是中国现代当代史中不可或缺的人物。①

其实，就专题片和电视剧而言，也仅仅是揭示了阎宝航壮丽而曲折一生的一部分。纵观他的一生，有几大亮点不应为后人所遗忘：

---

① 陈铁健：《观史犹忆阎宝航》，《光明日报》2008 年 7 月 27 日。

一是阎宝航在1918年成功地创办了奉天贫儿学校。一介穷书生靠自己的决心和努力让贫苦儿童受到启蒙教育，他的办学宗旨是不收任何费用使孩子有书读。他的行为感动了普莱德传教士、张学良将军、教育家黄炎培、北洋大员熊希龄、郭松龄夫妇等许多社会贤达，赢得了社会各界的支持，使之成为东北教育界的一大亮点。黄炎培是这样评价的："当年北洋大员熊希龄先生以国务总理的地位和声望，费很大力气才办成香山慈幼院。你们以师范学校毕业生，无权无势，无名无力，竟凭一种志愿，白手起家，造出如此业绩，确是难能可贵的了。"

二是在奉天开展禁烟运动。1929年阎宝航从英国留学归来担任奉天基督教青年会总干事，此时恰逢东北易帜，日本人对桀骜不驯的张学良恨之入骨，常起衅端。有鉴于此，阎宝航以基督教青年会为阵地，联络爱国人士，先后组建了东北国民外交协会、辽宁省国民常识促进会、辽宁省拒毒联合会三个反日爱国团体，开展抵制日货和禁止鸦片（主要是日本人在经营）等反日爱国运动。1930年，阎宝航在奉天小河沿将3次查获的海洛因487包、烟土400两，总价值近百万元的鸦片销毁。他也因此被誉为"关东的林则徐"。

三是将日本军国主义的野心大白于天下。1931年九一八事变后，阎宝航任东北民众抗日救国会宣传部长，他受张学良将军指派作为中国代表先后两次出席由太平洋国际学会召开的太平洋国际学术会议（Institute of Pacific Relations）。1929年10月，在日本西京召开第三届太平洋国际学术会议。阎宝航以辽宁省沈阳基督教青年会（YMCA）总干事、东北国民外交协会首席常委的身份出席会议，同时派出余日章、宁恩承等31名中国代表参加会议。会前，作为筹备会主任的阎宝航在沈阳召开中国代表团筹备会，决定将张学良以重金在日本秘密收买得来的《田中奏折》译成英文。在第三届太平洋国际学术会议上，中国代表团将这个日本帝国主义侵略中国和世界的秘密计划分送英、美、加等出席会议的代表，将《田中奏折》公诸于世。

四是阎宝航出任新生活运动促进总会总干事。蒋介石知道阎宝航与张学良关系甚密，并且在东北有相当影响，便通过宋美龄出面，特聘阎宝航为新生活运动促进委员会的书记。蒋介石自任会长，宋美龄为指导长。阎宝航以合法的新运总会书记的头衔，及与南京政府国民党要员的特殊关系，为他进行抗日救亡运动创造了有利条件。他既是张副司令的挚友，又是蒋总司令的“亲信”，就连中统、军统头目戴笠、徐恩曾、贺衷寒对他也要“高看一眼”。阎宝航利用他的特殊地位，保护了一批又一批抗日爱国人士和共产党员，并“借水养鱼”，用他们的资源开办训练班，训练结束后，把学员送往延安。

五是阎宝航在第二次世界大战中，利用自己的特殊身份，在隐蔽战线中所做出的殊勋伟绩。20世纪的反法西斯战争中有两条战线：一条是“看得见的战线”，即军事战线，这条战线上炮声隆隆，硝烟弥漫；另一条是“看不见的战线”，即情报战线，这条战线上神出鬼没，惊心动魄。阎宝航就是“看不见的战线”上的一位杰出人物，他曾被誉为“中国的理查德·佐尔格”。

在欧洲战场上，1941年6月22日，法西斯德国对苏联发动突然袭击，企图以闪电战迅速击垮苏联，取得战争胜利。而这个突然袭击的计划，事前传到了苏联决策部门，使之赢得了对抗法西斯德国的时间。1941年6月23日，周恩来副主席收到来自莫斯科的一封感谢电文称：“感谢你们提供了德国进攻的准确情报，使苏联提早进入战备状态。”电文署名：斯大林。斯大林所说的“中国情报”，就是当时在东总（东北救亡总会）的负责人之一阎宝航收集到的。许多人称，“阎宝航提供的情报，是一份改写欧洲历史的中国情报”。

在东线战场上，由于阎宝航事先通过周恩来向苏联提供了日本关东军在中国东北等地布防的绝密情报，1945年8月8日，苏联对日宣战，如按图索骥一般，势如破竹，所向披靡，苏军速战速决，仅用了几天时间就全面瓦解了日本关东军经营十几年的防御体系，把日军王牌的关东军彻底摧毁。因为苏军进军迅速，东北没有遭到大的破坏，完好地保存了工业及交通设施，而关于日本关东军的秘密情况正是阎宝航等冒着生命危险得到并提供给苏军的。阎宝航对中国抗日战争的最后胜利作出了贡献。

由于阎宝航在秘密战线的杰出工作，为苏联战胜德国法西斯和摧毁日本关东军起到了重要作用。1995年11月1日，俄罗斯大使罗高寿受俄罗斯总统叶利钦的委托，授予阎宝航（已故）和他在抗日期间领导的地下工作者阎明诗（已故）、李正文“卫国战争胜利五十周年纪念奖章”。罗高寿后来说，“阎宝航的功绩可以同苏联著名的情报人员佐尔格相媲美……”

全国解放之初，阎宝航还参与了国旗、国徽、国歌的制定；指挥了人民纪念碑奠基仪式和国旗升旗仪式；出席中国人民政治协商会议第一届代表大会；出任外交部办公厅副主任、条约委员会主任委员、全国政协常务委员等职。

……

《英雄无名——阎宝航》的出版增补了一些最新史料及珍贵图片，以便让更多的人能更多地了解传奇人物阎宝航。

2017年7月29日于沈阳寓斋

目录

第一卷

从贫苦子弟到东北名流

1.1 读书种子

阴暗的天空下，绿野荒原。太子河静静地流淌，它弯弯曲曲，绵延委婉地伸向远方……

隐约传来私塾馆里幼童们单调的读书声："赵钱孙李、周吴郑王、冯陈褚卫、蒋沈韩杨……"

与此同时，一个十来岁的小猪倌挥动着手中的短鞭，驱赶着几十头猪从村里走出来。当他走过村头私塾馆门前时，放慢了脚步，显然是幼童们的读书声吸引了他。听着听着，他情不自禁地同私塾馆孩子们的读书声和在一起……

"朱秦尤许、何吕施张、孔曹严华、金魏陶姜……"

忽然远处有人喊道："阎小子，猪都跑到地里去了！"

小猪倌如梦初醒，急匆匆地赶了上去……

在太子河畔的青草地上，也能见到这位少年。他光着膀子，下身穿着一件补丁摞补丁的黑裤，身边放着一条皮鞭。在他的四周是正在啃嚼着青草的猪群。而他自己则念念有词。仔细听来，是在诵读私塾教的课文中的一段。《百家姓》《幼学琼林》《三字经》……都能倒背如流。有时他学着私塾先生的腔调，高声诵读。有时则选一块湿滩地，手拿一根干树枝，在地上写起字来。这是他的习惯，背诵完了还要练习书写……

这个农家少年姓阎，大名阎宝航，家住辽宁省海城县望台乡小高力房村。村子距太子河主河道不过百余米，家里5间厢房，院门朝东，当地人称"东大门"，这就是他的家。父亲阎德成，母亲董氏。阎宝航共有姐妹3人，弟兄6人，阎宝航排名老四，三兄和六弟早夭。家中还有爷爷、奶奶，叔、侄、姑、嫂等20余口人。

小高力房村位于太子河下游，距渤海口不足百里，地势低洼，水灾不断。阎德成一家老小，辛苦劳作，日子仍过得很艰难。遇有灾年，缺吃少穿，常常靠挖野菜稀粥度日，有时不得不向地主富农乞借高利贷，以解决口粮、种子的费用。由于连年借债，无力偿还，每到年关地主便登门逼债，这情景阎宝航几十年后仍记忆犹新。阎德成夫妇尽管无力供子女读书，但他们仍企盼家中出个识文断字的人，好歹能在县衙门做点小事，免受人家欺辱也就满足了。为此，他们把长子留在家里，以便将来代替他们支撑家门，决定供次子读书。这样一来，老四阎宝航便失去了读书的希望。他从8岁到12岁，除了在农忙时随父下地干农活外，一直当他的猪倌。

阎宝航诞生在一个腥风血雨的年代。1895年3月，中日甲午战争已进入最后阶段。日军为攫取辽东半岛，通过海战占领了山东威海和辽宁的旅顺之后，开始向辽东各地发动疯狂进攻。尽管腐败的清军首领们无心抵抗，但几万清兵打得很顽强，付出了很大牺牲，终挡不住日军的进攻。日军在渡过鸭绿江后，占领了安东、宽甸、岫岩，很快又占领了海城、盖平以及营口等地。清朝政府曾起用湘军北援，力图夺回海城。战争很快波及小高力房村不远的小牛庄，炮声隆隆，人心惶惶。逃难的人群每天不停地从村边经过，大呼小叫，扶老携幼，令人目不忍睹。小高力房村民也差不多都走光了。

作为一家之主的阎德成，吩咐长子把全家老小带走。这个时候，董氏已怀9月身孕。她告诉丈夫，自从三子夭折后，她就下决心保护这个“老四”，不能让他再有三长两短。再说，她本来身子骨就弱，正常情况下没有奶给孩子吃，离开家乡去逃难，这个“老四”就难保了。所以她央求阎德成，不到万不得已时决不能离开家。在那些日子里，善良的阎德成一直守护着媳妇，听着炮声度过了日日夜夜。

战争很快就以清军战败而结束了。这年4月6日（农历三月十二），阎宝航呱呱坠地。

11天后，清朝政府与日军签订了丧权辱国的条约——《马关条约》。条约规定：中国割让辽东半岛所属诸岛、台湾全岛以及所有附属岛屿和澎湖列岛；赔偿日本军费白银二万万两……①

在帝国主义侵华史上，我们可以看到，日本如何通过甲午战争和《马关条约》，迈出了侵略中国重要的一步。后来九一八事变和七七事变，实际上都

---

① 当时俄国认为，日本割取辽东半岛损害了俄国在中国的侵略利益，便联合法国和德国共同干涉还辽，迫使日本放弃了割占辽东半岛的要求。日本则以再向中国勒索3000万两白银。由此掀起了帝国主义瓜分中国的狂潮。

是甲午战争的继续和恶性发展。这个近代史上的大事，同阎宝航的出生当然是历史的巧合，但对阎宝航一生奋斗的经历，又的确有着密切的历史联系。

1907年夏日的一天，阎宝航照样在草甸子上放猪，下午特地稍早一点收工。他像往常一样，赶着猪照原路经过邹家私塾馆。私塾馆的门窗敞开着，却没有传出像往常一样的读书声。阎宝航本想去看个究竟，却不情愿地转身赶着猪群向村中走去。他放了四五年猪，每每经过这里，听到琅琅读书之声，便禁不住流连于窗外，偷听塾师讲授，静听学生读书声。他很想成为私塾里的一名学生。有一回，他放猪回来，路经私塾馆便听起课来，竟忘了把猪赶回各家大门口，几头猪趁机溜到人家的地里，拱吃了不少土豆，惹得人家找到阎家告状。为这事儿，阎宝航挨了父亲的一顿训斥。此后，他不敢怠慢，总是先把猪送回各家之后，才掉头小跑直奔私塾馆偷听先生授课。

私塾馆范老先生正在对学生进行期末考试，他分别给每个学生出题目，要求学生背诵、默写。从老先生严肃的表情看，今年学生要过这一关不容易。阎宝航看见老先生平时授课时一直放在讲台上的那把戒尺，现在拿在手中。显然，有的学生要挨板子了。

学生挨先生的板子，这是私塾馆的家常便饭。这天，阎宝航就看到范先生打了两个学生的板子，接着又叫起一个学生。

“宋凯！”先生说，“你把千字文最后一段背给我听！”

宋凯和阎宝航有些交谊，放暑假时，他常和阎宝航到草甸子放猪，但他平时学习不好，到了考试时就更糟了。果然，他背诵几句就卡壳了。

范先生拿着戒尺走过来，指指宋凯的手说：“真不会啦？”

宋凯点点头，恐惧地望着先生。

老先生又用戒尺指指他的手，宋凯无可奈何地抬起手来。先生举起了他的戒尺……

忽然，学堂的门开了，接着听到一声喊：“先生……”

走进来的是阎宝航。

范先生认识阎宝航，便问：“小四，你来干什么？”

阎宝航给先生鞠了个躬，便指着宋凯说：“请先生不要打他好吗！”

范先生不解地问：“什么？”

阎宝航说:“宋凯会背这一段的,他是让先生的板子吓住了!”

范先生更加疑惑,放下他的戒尺,叫阎宝航说明白。阎宝航这才把宋凯如何教他背书的事说了一遍。他看到老先生仍不相信的样子,便说:“范先生,我说的话是真的,不信,我给先生背一段听听!”

范先生不相信这个猪倌阎小四会背《千字文》,出于好奇,他又答应听听阎宝航背背《百家姓》。

阎宝航把《百家姓》背得烂熟。先生让他再背诵一段《三字经》,也没有难住他。接着范先生又让他背一背《千字文》,阎宝航照样顺口而出。令教师惊讶的是,阎宝航甚至能背诵孔子的《大学》。老先生问阎宝航:“你是跟谁学的?”阎宝航答:“我是跟先生学的!”老先生不解地问:“你不是阎德成的老四——小猪倌吗?”阎宝航答:“是。”老先生说:“你不是这里的学生,谈何跟我学习?”阎宝航这才告诉他常年在私塾窗下偷读的事。老先生问过宋凯才知道,阎宝航不但向宋凯借过课本,在放猪时他俩还时常在一起诵读课文。

至此,老先生早忘了惩戒宋凯的事,他拿起一支毛笔送给阎宝航说:“你既然如此聪明,就把你背下来的生字写几个给我看看!”

这一下可难住了阎宝航,他会写字,但因家里穷,从未用过毛笔写字,他的字是在河滩上练出来的。宋凯把这事告诉了先生,先生越发觉得奇妙。正好外面雨停下来了。老先生领着阎宝航走到外面找一块地方,便递给他一根木棍,然后他口中念念有词,令阎宝航跟着他在地上写字。只听他诵道:“泌七岁,能赋棋。彼颖悟,人称奇。尔初学,当效之。蔡文姬,能辨琴……”

阎宝航一一写出。

范先生好不感动,连忙说:“这小子真聪明!我范懋修教的学生有的还不如这位窗下偷读的小猪倌!真是惭愧!”

范老先生怜其才,当即宣布放学,领着阎宝航来找阎德成。

到了阎家,阎德成不知发生了什么事,慌忙给范老先生让座。

范老先生开口便道:“德成啊,你家有个宝贝,怎么让他埋在土里?”阎德成不知范先生所谈何意,未能作答。范先生便把当天阎宝航背诵、书写的事从头到尾地说了一遍,惹得在旁边的董氏直抹眼泪。她平时只知老四要念书,没有想到老四下了这么大功夫,而她全然不知。

1935年，阎宝航（左）与父亲阎德成（中）、二哥阎宝琛在南昌合影

老四聪明好学，阎氏夫妇何尝不知道。老四在他们面前常常闹着要上学。他们也知道老四放猪回家，常常要到私塾馆旁听一会儿。有一次阎宝航对双亲说："爸、妈，我已经十多岁了，我要上学！"以后，阎宝航年年暑期过后都要因上学的事同爸妈哭闹。阎德成何尝不愿让子女读书，他们供老二念书已经是下了狠心。家境艰难供不起啊！

范先生认为，阎老四是读书的料，不要耽误。他理解阎德成的难处，决定允许阎宝航就学，免收学费。话虽这么说，阎德成心里明白，塾师也是靠教书收一点口粮为生的，送孩子去读书，哪里有不交学费之理。于是他们节衣缩食，供阎宝航进了私塾。

阎宝航在私塾读了两年半，念完了《三字经》《百家姓》《大学》《中庸》《论语》《孟子》《诗经》等。从私塾出来时，正好邻村大望台成立了被乡间称为洋学堂的高等小学校，创办者范传禄，学问高深，为人正直而又和气。他的为人和品德深为阎宝航所敬重。学校由于离高力房较远，就学食宿不便，幸好范懋修老先生欣赏阎老四的才学，鼎力相助，把阎宝航安置在他儿子范先彝家吃住上学，阎宝航得以读完高小。五年寒窗之苦，阎宝航表现出求知的渴望和天赋。他买不起书，就把书全部抄下来，每晚回家秉烛夜读。毕业后，家里不但无力供其继续读书，还需要他帮助料理家事。阎宝航不得不回到高力房村，在他原来的私塾馆里当了先生，这是他很不情愿做的差事。苦闷之余他还利用余暇学习中医，每日熟念"汤头歌"。别人以为他要当医生，其实他在打发时光。他的真正愿望是既不甘当私塾先生，更不愿当医生，他还是要继续读书。

1912年春，阎宝航收到一封在奉天农林专科学校读书的二哥阎宝琛的来信，告诉他奉天有个两级师范学校招生，他建议阎宝航去应考。得到这个消息，阎宝航欣喜若狂，但是他又感到十分为难，他知道说服父母实在不太容易。他给二哥写信，请二哥在暑期回家时帮他一起促成这件事。

阎宝航认为说服父母允许他上学非常难是有根据的。那年，他在范先生的帮助下，在本村读完私塾后，决计考望台的高级小学，但双亲还是坚持认为，家里有个老二上洋学堂就够了，老四读完了私塾也算够用了，还是趁早给他娶个媳妇，成个家，也许可以拴住他的心。于是，他们没有同阎宝航商量，就开始为14岁的儿子阎宝航操办起婚事来了。

太子河北温香镇菱角泡村有个姓高的人家的姑娘，比阎宝航大两岁，性格温顺贤惠。阎德成夫妇早就相中了这个姑娘。

阎宝航把他去望台读高小的想法和父母谈了。这时的父母已为儿子确定了婚姻，对阎宝航的想法未置可否，却单刀直入地把给他娶媳妇的决定告诉了他。对此，阎宝航感到十分沮丧。他认为父母为他娶媳妇就是拒绝了他继续求学的要求。他心里很不痛快，但也没和父母顶撞。

1909年冬腊月，父母为阎宝航选好了结婚的吉日。这天一大早起来就给阎宝航准备了一套新衣服。按当地习俗，上午东南晌时，新郎要亲自到新娘家迎亲。等到迎亲的大车要出发时，却不见了阎宝航，这可急坏了阎德成。他派家人四处寻找。很快有人报告，阎宝航正在太子河边散步呢！

“说得好好的，这老四又怎么啦？”阎德成大喊道。

私塾的范先生走过来，悄悄对阎德成说：“宝航的想法我知道！阎德成你好糊涂！”阎德成想问个清楚，范先生摆摆手说：“你这个当爹的，什么都不要说了，也不要生气。我去把他请回来，媳妇还要娶，这件事包在我身上！”阎德成甚是高兴。范先生又说：“不过，你得答应我一个条件！”阎德成说：“到这份上了，老先生不必客气！”范先生说：“阎宝航和我说过，他要上望台高小，你得答应。”阎德成说：“望台离咱这儿二十来里地，阎宝航上下学有难处。”范先生说：“我儿子在望台，就让阎宝航在他家吃住吧！”阎德成觉得要麻烦范家父子，有些过意不去。范先生说：“就这么决定了，你不让他上学，这个媳

阎宝航与高素桐结婚后，同甘共苦，相伴一生

妇他也不能娶！”说罢，范先生便径自向河边走去。

果然，阎宝航很快就跟范先生回来了。他二话没说，穿上新衣服，坐上迎新的车，高高兴兴地接新娘子去了。

婚后，阎宝航和高素桐的感情很好。“高素桐”这个名字是结婚后阎宝航给她起的。后来，高素桐曾回忆说，婚前，她是裹着脚走进阎家门的。婚后不久，阎宝航领着她去太子河边，给她解开裹脚布，扔到河里，然后帮她洗脚。高素桐后来没有成为小脚女人，得力于阎宝航。几十年后，高素桐仍对阎宝航感念不尽。阎宝航婚前拒绝迎亲的事，高素桐在婚后也有耳闻，她曾对阎宝航对她的感情有些疑惑，但阎宝航求学的愿望和善良的心，对她的关心和爱护，使她的疑惑最终烟消云散了。

想到上高小时所遇到的波折，现在，阎宝航把求学的希望放到二哥身上，急盼他早日回来，说服父母双亲。事与愿违，双亲还是不同意他到奉天投考。

原来，高素桐婚后三年未能生育，双亲很是着急。如果阎宝航再离开，生儿育女不是更难了么？阎宝航后来在回忆这段经历时写道：

“在无可奈何中，产生了消极厌世思想，教书不到一年就想出家当和尚……”

那天高素桐哭泣着来到公公婆婆面前告状：“阎宝航要出家，正在准备行装。”二老一听大惊，立刻赶到他的住室一看，阎宝航已经剃了头。

事到如今，二老不得不改变决定：同意阎宝航去奉天投考。临走那天，阎宝航一再表示，奉天两级师范学校，享受官费待遇，他一定争取考上，经济上也不会拖累家里。他告诉媳妇高素桐，一旦在奉天立住脚，立即回家来接她。

1.2 少年“阎老佛”

1913年18岁的阎宝航考入了奉天两级师范预科。这所学校是当时东北的最高学府。东北近现代有影响的人物如杜重远、卢广绩、关吉玉、王卓然、宁恩承等都毕业于这所学校，阎宝航能考入这所学校读书，也是一件轰动乡里的事情。

奉天两级师范学校，初名为奉天师范学堂。1905年3月，盛京将军赵尔巽选定在省城大南关般若寺旁设简易师范学堂，是月开学。翌年5月将完全师范学堂并入，定名为奉天师范学堂，1907年更名为奉天两级师范学堂。校址规模宏阔，当时可为全省各校之冠。创校伊始，师资不足，学校多方延揽，对专门学者不惜厚加礼聘，唯才是求。学生的学、膳、宿、杂等费一律免收。作为本科生，阎宝航的课程有国文、英文、数学、伦理、教育、化学、物理、历史、地理、博物、法制、经济概要、兵学、体操、武术、图画、手工、音乐等科。阎宝航深感读书机会难得，专心致志地读书。

两个学年后，全校600余师生正在列队倾听校长吴景濂讲话。

吴校长照本宣科：“全校18个班，参加考试的学生620名。为鼓励学生担当为人师表，校方正得到奉天将军的通知，每班考取第一名的学生将继续获一等官费助学金。连续三次全校国文、算学和英语总分第一名的学生，奉天将军和第二师师长会亲自接见，毕业时将被当局优先录用，这真是民国以来东北教育界的一件幸事。”

吴校长的话，使列队学生们感到兴奋，开始左右旁顾地议论起来。

吴校长接着说：“现在我宣布各班第一名学生名单——王卓然、王化一、金哲忱、卢广绩、关吉玉、卞宗孟、陈维利、阎宝航、张蕴龄、宁恩承，学堂附中第一名杜重远、陈维利、卞宗孟……”

随着学生们的掌声，获得第一名的学生一个个走上讲台。

吴校长宣布：“获附属师范学堂国文、算学和总分英语第一名的是杜重远！”一阵热烈掌声。

“获全校国文、算学和英语第一名的是第十一班的阎宝航！”

全场震动。

阎宝航不紧不慢地走到队列前面。

这时，在队伍前面的学堂鼓乐队齐奏校园进行曲。在乐曲声中，吴校长一一给各班第一名学生戴上了红披肩。掌声不断，戴红披肩的学生回到队伍中去了。队前只剩下阎宝航一个人。

吴校长走到身材高大、穿着一件破大棉袍的阎宝航面前说道：“玉衡同学，我师范学堂是东北最高学府，而你是我学堂建立以来唯一连续四个学期获全校考试第一的学生，我真为你高兴！”

阎宝航恭敬地向他鞠了个躬！

吴校长面向学生队伍说：“现在我宣布一个刚刚得到的好消息，由于奉天将军张锡銮奉调回京，第十一师张师长将在本周内接见阎宝航……”

话音未落，会场又轰地一声议论开来：“张师长？”“不是说由奉天将军召见么？”“这里必有内情！”

吴校长仍郑重其事地说下去：“第二十七师师长自挥师进入奉天以来，一改绿林作风和行伍作风，对教育极为关心，他亲自召见我学堂优秀学生，真乃是我学堂的光荣！”

学堂鼓乐队齐鸣……

阎宝航学习名列前茅，在体育方面也不示弱。当时，两级师范学校建有长方形大操场，中间辟有440米竞赛跑道，南北两端设置各种运动器械。在开运动会时，可容纳2000余人观看。阎宝航不但学习好，也长于各项体育运动。他是学校体育场上的积极分子，是当时省城出色的足球队、篮球队队长。1915年，学监李向阳组织学校体育选手去天津，参加华北第二届运动大会。阎宝航作为篮球队队长参加了这次运动会。回校后，李学监对体育运动更为重视，指定阎宝航为他的体育助理。阎宝航便积极组织全校各项体育活动，很有成绩。以至1924年，张学良和郭松龄两位旅长率两个旅官兵在北大营开体育运动会，特聘请阎宝航做总裁判，指挥全场。

同学有事，阎宝航热情相助，同学患病，他耐心服侍。同学们都亲切地称他“阎老佛”。同班有个叫王海的同学，学习成绩不错。当时学校虽然实行食宿官奖制度，但文具、书本、纸张仍需自备。入学的第二年时，他的家乡辽中县闹灾，家里无力供其上学，王海深恐失学，闷闷不乐。阎宝航了解到这个情况后，自知读书机会难得，不觉心动。暑假未满便先行回到奉天，凭他的社会能力，在一家粮库找到干零活的差事。他又步行几十里到辽中王海家中，约其回奉天干活。二人齐心协力，干了半个月零工，解决了王海的学费问题。学期开始，阎宝航常与王海一起复习功课，期末考试时，二人双双名列前茅。阎宝航帮助王海解决学费的事，一时传为美谈。

阎宝航家境贫寒，隆冬时节，他还穿不上棉鞋。立夏时分，他那件补丁摞补丁的棉袄仍旧穿在身上，他因此被一些纨绔子弟讥讽为“阎大棉袍子”。这年冬初，媳妇高素桐给他做双棉鞋带来，阎宝航头一次在初冬就穿上棉鞋。一天傍晚，他见同宿舍的一个同学走路一瘸一拐，原来那同学只穿着一双单鞋，脚已冻肿，脚后跟、脚掌裂成血口直流血。阎宝航心疼得很，背着这位同学，到附近百姓家讨了个偏方，用茄子秧煮水洗脚，治疗冻伤裂口，并脱下自己的棉鞋让他穿上，自己穿着一双单鞋又过了一冬。

这里要提到阎宝航和另一位同学丁贵堂的关系。二人同班，也很要好。有一回丁贵堂得了病，又不敢声张，生怕被校方得知除名，一直带病坚持上课，身体日渐消瘦。阎宝航曾用自己手中的积蓄，暗中让伙房给这位同学做面汤，亲手端到这位同学床前，并为他保守“秘密”，一直持续半月有余。丁贵堂病好后，二人结为至交。后来丁贵堂毕业后，留学英国，回国后考入海关总署，被分配到上海海关，官至副税务司长。他和阎宝航一样，信奉基督教。九一八事变后，阎宝航以东北民众抗日救国会负责人身份去上海为东北抗日义勇军募捐，丁贵堂有求必应，曾多次为其捐款。二人关系笃厚，是有其历史渊源的。

他浑厚善良的品质，给同学们留下深刻印象，也结交了很多朋友。许多同学都得到过他的帮助，宁恩承就是其中的一个。论年级，宁恩承和阎宝航相差三年。宁恩承在回忆中说：

他浑厚善良，善与人交，对任何人全好，任何人对他也好，他有佛家的仁慈，并有耶稣基督舍己救人的精神。

阎宝航是我一生中最有影响的好友，40年来亲密往来。我的生平大事，行止去就的方向许多次由他决定。他是挚友，是恩人。我的生活、生命很得他的

风华正茂

帮助指导。

两级师范创办于清末，东北历经中日甲午战争、八国联军庚子兵变和日俄甲辰之战、帝国主义侵略，受害颇深。特别是日俄战后，日本帝国主义在南满获得所谓“特殊权益”，节节进逼，奉天首当其冲。民众中特别是青年学生，内愤清廷昏庸，外恨强寇压境。作为全省最高学府的两级师范学校，在历次学运中均为先导。如立宪请愿、反对日本强行修建安奉铁路（沈阳至丹东铁路）、反对总督徐世昌向日本借款等。当时的学监吴景濂为学生爱国热情所感染，每次学生运动，鼓励学生不畏权势，努力不懈。因此，两级师范学校的爱国学生运动渐成传统。

阎宝航入学后，两级师范学生的爱国热情正是高涨之时。学生经常组织集会，演讲，抗议帝国主义的侵华行径。奉天两级师范学校创办之初，由于交通不便，消息闭塞，距省城较远的县乡多不知底蕴，因而前来应试入学的很少，而铁路沿线各县的学生较多些。海城位于满铁沿线，距省城也不算远，交通便利。在师范学校就读的同乡学生相对多些。当时海城县籍的在校生曾组织有同乡会。海城同乡会也经常组织这种活动。阎宝航则是这些活动的积极分子。他曾以自己的生日为题，发表演讲，痛斥日本帝国主义从甲午战争到日俄战争的罪恶行径，抒发个人在反帝斗争中的感慨，在同学中影响很大。1914年，阎宝航即被11班同学推为班长。随着经历和阅历的增长，阎宝航逐渐开阔了视野，开始把自己的命运同国家的命运联系在一起。

1914年，第一次世界大战爆发后，日本帝国主义乘欧洲各帝国主义忙于战争，无暇东顾之机，于9月间派兵强占了胶济铁路沿线及青岛。1915年1月，日本又以支持袁世凯称帝为诱饵，提出了旨在灭亡中国的“二十一条”。5月9日，袁世凯为黄袍加身竟不顾中国人民的反对，准备接受“二十一条”。消息传出，激起全国人民的强烈反对。奉天两级师范学生也开始行动起来开展反袁斗争。阎宝航积极组织学生成立反袁行动学生会，领导全校的反袁斗争。作为班长和积极分子，阎宝航成为反袁学生会的负责人之一，主要负责反袁的宣传工作。由于他写一手好字，全校出墙报、板报的任务都由他承担，他书写文章，大造舆论。在全校集会上，阎宝航登台讲演，声讨袁世凯的卖国罪行，很快成为全校反袁斗争的核心人物。

1915年2月，阎宝航和反袁学生会负责人开会决定，组织全校学生上街游行。他们还设法发动奉天市内许多中小学校一起开展反袁游行。

当时的奉天，名义上是段芝贵掌权，实际上掌握在奉天陆军第二十七师师长张作霖手中。张作霖当时正为谋得奉天督军之职，设法取得袁世凯的欢心，不愿意在这个时候让学生闹事。当得知奉天两级师范学校学生开展反袁游行的消息时，立即对该校实行严密监视，勒令校方压制学生的反袁斗争，激起全校师生的强烈不满。为缓和矛盾，张作霖通知校方只准学生在校内开展活动，不准参加社会上的反袁斗争。阎宝航对当局的无理决定原打算上书抗议，经过与同学们商量，决定改变斗争方式，不搞大规模上街游行，在校内开展抵制日货运动、爱国储金运动等各种形式的群众性的反日斗争。在阎宝航的建议下，这年许多同学暑假不坐日本人开的南满火车，步行回家，走一路宣传一路，揭露日本侵略者的罪行，增强民众爱国自救意识。此后，他便常和同学们一起发表政见，针砭时弊。

1915年，日本在向袁世凯提出“二十一条”的同时，不但对南满进一步加紧侵略，还向内蒙古东部渗透，在郑家屯一带安置商民，设立警察署，支持蒙族贵族巴布扎布进攻辽源。巴布扎布拟在辽源补充械弹，然后沿南满铁路[①]

① 南满铁路：原为帝俄所筑中东铁路一部分（长春至大连段）。日俄战争后为日本所占，改称南满铁路。抗战胜利后和旧中东路合并为中国长春铁路（“中长路”）。

攻击奉天省城。1916年7月间，驻铁岭的日军守备队为策应巴布扎布，以保护日侨为名，派兵进入距南满铁路较远的辽源。这是进一步侵犯中国领土主权的行为。奉天交涉署照会日本总领事馆，要求日军迅速撤出辽源。代理日本总领事矢田以领事无权过问军事为由加以拒绝。巴布扎布因有日人支持，气焰更为嚣张。张作霖派兵往剿，以期一鼓荡平。日军为保护巴布扎布，向奉天军方提出抗议，要求在距铁路线12华里内不许有战争发生。随后，日本商人吉本在辽源街内无端毒打一中国儿童，被奉军28团一骑兵发现，与其理论，双方发生口角。吉本将日本警察署巡察河濑唤出，河濑掏出手枪相威胁。中国骑兵愈发愤怒，操起扁担，把河濑打倒，扬长而去。河濑回报日军守备队，松尾中尉率20个日兵到28团寻衅，打死中国士兵4名。中国士兵随即开枪打死松尾中尉以下10名日军。河濑也被击毙。随后，驻铁岭日军守备队立即派出两个大队，占领了辽源县城。日本驻中国公使林权助不断与北洋政府总理段祺瑞交涉，并提出许多无理条件。

日军守备队占领辽源，在两级师范学校引起强烈反响。学生们认为，日军所提出的条件，正是对“二十一条”的强制实施，表示无比愤怒。当晚阎宝航参加了各班班长会议，在讨论对这一严重交涉事件应采取的行动时，他认为，应该把反对日军占领辽源作为反袁斗争的组成部分，得到与会代表们的赞同，随即决定联络奉天各中等以上学校，开展大规模的学生活动，请求奉天当局致电北京政府，拒绝日方提出的条件，即令日军立即撤出辽源，并以抵制日货为手段，随即开始行动。各界代表发起谴责日军行径大会，两级师范学生联合各校推举代表参加，借以集合群众向当局请愿，各校学生踊跃参加大会。

12月30日，奉天政军商学公民大会在直隶会馆召开，各界代表登台作激烈讲演。有的学生在演讲时向群众发问：“大家打日本去，干不干？”大家高声回答：“干！”又问：“怕不怕死？”答：“不怕！”由于会场内外出现警察、宪兵大肆活动，有便衣出出进进，会场气氛更加紧张。为使会议顺利进行，大会决定选派代表组织“纠察团”以维持秩序，警惕警宪行动。阎宝航当时本来事先准备以《我青年之责任》为题，登台演讲，但由于临时被指派组织大会纠察团，便放弃演讲。事后多年，他仍记得当时在大会上演说者的演说题目。

这天大会结束时，参加大会的各界代表，列队赴奉天省公署请愿。当时张作霖接管奉天军政大权不久，遂命政府接受请愿书，并接见代表，允许将民众的意见转达北京政府，拒绝日军的无理要求，限令辽源日军立即撤退。

在反对袁世凯接受日本推出的“二十一条”斗争和反对日军强占辽源县城的斗争中，阎宝航还参加一个秘密反日组织——抗日铁血团。从1916年7月日军占领辽源至这年11月，日军拒不撤出辽源。奉天各界曾推举赴京代表，再促北京政府据理交涉。当时，奉天两级师范学校地理科讲师丁开嶂十分活跃，曾鼓动学生组织反日团体与日本人开展斗争。丁开嶂是直隶人，日俄战争时来东北成立抗俄铁血团，奔走于沈阳、锦州、辽阳、营口等地，借以驱逐帝俄军队。辛亥革命后，他在两级师范任教时，常以反帝为题演讲，激发同学爱国思想。当时两级师范附属中学第四班有一学生祁大鹏，在丁开嶂的影响下，组织抗日铁血团。为发展组织，祁大鹏曾到两级师范活动，并同阎宝航有过往来。他请阎宝航作为发起人参加这一组织。阎宝航认为，既然是为抗日而成立的组织，可以参加。但他建议公开组织这一团体，以扩大声势。他表示在两级师范发动一些同学参加活动。不久，祁大鹏的活动被奉天警务处长兼省会警察厅长王永江发觉报告张作霖。张认为，铁血团就是暗杀团，任其发展有可能发生流血事件，带来外交上的麻烦，当即派兵将师范附中和师范学校包围起来，对学生宿舍进行搜查，结果一无所获。铁血团刚刚成立，并无任何文件作为证据，军警将祁大鹏带回警务处审讯。两级师范学校校长宋宪文四处奔走斡旋。王永江带祁大鹏去见张作霖。由于祁大鹏不承认有任何人参加铁血团，更无任何活动，张作霖便训斥他说：“你们学生只管好好地读书，罢课成立铁血团有什么用？谁不爱国，将来我领你们干！”旋即将其释放回校。

事后，张作霖对此未予追究，阎宝航和所有铁血团代表安然无事。但通过这件事，阎宝航对军阀当局有了初步的认识。既然对反日组织采取阻挠和取缔态度，那么，随着帝国主义的入侵，反帝运动的高潮是必然趋势，今后民众的反帝斗争同当局很难找到共同之处。他对社会现状的不满情绪随之强烈起来。

1.3 “服务仍须为苦儿”

奉天反袁事件发生不久，张作霖在全国的反袁声中，一反常态，从捧袁派转而为反袁派。袁世凯死后，张作霖终于当上了奉天督军，爬上“东北王”的宝座。奉天两级师范学校又恢复了往日的平静。

1918年，阎宝航在奉天两级师范学校读完五年本科，毕业前开始进行教学实习。对于学生进行实习的地点、学校，既可以服从学校的安排，也可以自己确定。阎宝航在临毕业的一年中，每逢星期日就约两三个同学到附近乡村私塾，进行教学实习。

阎宝航提前进入教学实习，有他自己的考虑。其一，乡间私塾，仍然沿袭几千年的授课内容和方法，比较落后陈旧，须要改良，普及学校教育。其二，既然是上了师范学校，将来所从事的就一定是教学。他认为，改良旧式教育是他们这些师范学生的责任。他向同班同学张泊和同乡卢广绩建议，去乡间私塾调查一下，看能不能为他们做点什么。他的同学这样回忆当时去私塾的情形：

进屋后，见房屋狭窄，空气不通，一位老先生，二十几位小学生，局促在小室之内。老阎领头说：“我们是城内师范学校学生，快毕业了，实习教学期间，有些工夫，能不能帮助你们小同学在念书之外，学点唱歌、体操、游戏、讲故事等等，使小同学们活动起来，书能念得更好些。”一席话竟说服了老先生，允许我们来试试。就这样，我们教给小学生讲私塾里没有的那些新课程。久而久之，不但小学生欢迎我们去，老先生也引起兴趣了。因为学生活泼起来了，记忆力增强了，学业进度加快了。于是那位老先生对于师范生那个领头的阎大个儿很赏识，偷着向同去的师范同学探询阎的家世、年龄及婚姻状况。原来老先生有一位容貌俊秀的爱女，拟选阎作东床快婿，可惜使君有妇，恨不相逢未娶时了。

受教育救国思想的影响，阎宝航同当时许多爱国进步青年一样，在学校读书期间一直思考着教育问题，探索着救国之路。通过毕业前的教学实习，他越发感到，只有教育才能富国强民。中国日后不但要改革陈腐的教育内容和僵化的教学方法，更要普及教育。他曾对同学张泊说，“教育是一个根本的问题，我国学校教育不能普及，在城郊尤其在农村，在一般家庭尤其在贫苦家庭，这么大范围的青年子弟，不能受到相当的教育，实在是国家一大损失。”“我们提倡普及教育固然不是为军阀们造就人才，而是为国家民族培养柱石，使多数人懂得做人的道理，成为公德心强而又有一技之长，爱国爱乡的上进青年；要从小处着手，使贫苦人家子弟有上学的机会，穷苦人在国民中间总是占着多数，而一个国家的强弱与国民受教育的人数多少和受到教育的内容与程度，关系十分密切，日本便是一个例子。”所以他主张，“我们学师范的学生，应当本着有教无类的精神，为普及教育尽其绵薄之力。”

其实，旧中国教育之不普及何止广大农村，就是在奉天省城里，儿童失学也是普通现象。当时奉天大南关师范学校附近，是贫民杂居之地。许多贫家子女因无力就学而嬉戏街头。对于出身寒门、曾饱尝失学之苦的阎宝航来说，每看到那些浪迹街头的孩子，深感切肤之痛。经过近一年的改良私塾的教学实习，他感到效果有限，且非长久之计，为这些贫儿谋得求学机会，普及教育的初步理想，一时不得其道。

在奉天两级师范读书期间，阎宝航经常和同学到奉天基督教青年会参加活动。当时，青年会的活动颇有新的气息，吸引了许多青年来。阎宝航也成为这儿的常客。该会以造就青年、服务社会相号召，以德智体群为活动内容，教育范围比学校教育更广泛。特别是它所提倡的社会服务之说，对阎宝航的影响更深。有一天，他在青年会图书室里读到一本日本人写的提倡社会主义的书，书中有这样一段话：“当夕阳西下，散步郊野，但见断碣残碑，荒冢垒垒，其中不知埋没了多少英雄，无机会发展天才，造福人类。”他非常感动。几十年后，阎宝航每谈起这几句话时，仍然大为动容。他所以成为风云人物，这几句话对他的激励作用也许是不可估量的。但当时正是这几句话，使他下定了创办贫儿学校的决心，并且由理想而采取行动。

1918年春，阎宝航在奉天两级师范学校很快要毕业了。他的家境不允许他继续求学，同时升官发财又是他鄙弃的。一个为穷苦儿童谋得求学机会的想法，已经酝酿成熟了。

奉天基督教青年会当时设在大南门里一座大庙——景佑宫里，有房屋三间，青年会利用这里开办英文夜校。夜校里有桌、凳、黑板等简单教学设备，夜间上课，白天闲置。他灵机一动，何不借此一地两用？他来到青年会，同总干事普莱德（美籍丹麦人）谈出了自己的想法。他说："我想了很久，打算招收一些贫苦儿童上学，由我和几位要好的同学做义务教学。地点选在景佑宫，青年会夜校教室，希望能得到您的支持。"

普莱德很欣赏阎宝航的建议，他认为创办贫儿学校，符合青年会为社会服务的精神，是件好事，欣然同意。阎宝航次日便亲到大、小南门一带贫民住户招生，向居民说明青年会将在景佑宫成立一所小学，到校学生不收学费，免费供给书籍、纸笔、石板等。

"奉天出了新鲜事了，白念书不花钱，且供给纸笔用品，从来没听说有这样的学校呀！"这消息使许多居民半信半疑，有的说青年会办学说不定有拐骗儿童的企图，所以一开始阎宝航只收了7个学生。阎宝航认为说一千道一万，不如办起来看一看，他决定先把学校办起来再说。

1918年4月18日，阎宝航创办的"奉天贫儿学校"开学。这时，他把募捐到的十多块钱作为学生书籍、文具的费用。当时，一些到青年会参加活动的外国人中有愿意学汉语的。阎宝航请普莱德牧师介绍他做外国人的中文教师。这样他靠自己每月教中文得到的7块钱，以3元维持个人生活，每天自己做饭，靠咸菜佐餐，其余4元都补贴学校。他"自己当校长，兼唯一的教员和公务员，夜间就独自一人睡在大庙里"。过了一段时间，正赶上过端午节，阎宝航看到几个学生家过于贫穷，过节连粽子都吃不起，便筹得一点钱，给每个学生二斤白面。这样又过了一段时间，人们对这所贫儿学校才放下心来。阎宝航创办贫儿免费学校的消息便传开了。

俗话说："一人传虚，百人传实"。大家解除了怀疑，信者日众，由近及远，学生渐渐增多。阎宝航一人已忙不过来，便回到两级师范学校向学友魏怀谦（魏益新）、张璞山（张泊）介绍情况，希望得到他们的支持。魏、张二人本是新派人物，和阎宝航一样历来主张改革教育，曾和阎宝航一起到郊区改革私塾教育。二人欣然同意参加贫校和负责教学工作。张璞山后来著文说："贫儿学校是提倡爱国主义精神的，在总校大门的屏风上，绘有大幅日本侵略中国的地图，使学生们出入学校门时触目惊心，立志雪耻。""贫儿学校自创办一直到总、分校成立前，校里不用校工，所有打扫、搬运、采购等活都由师生亲自动手，共同劳动分担。”

这样阎、张、魏三人同时任教上课。

这年秋，魏益新考入北平高师，贫校课程由阎、张二人担任。当时教室内学生只能坐在长板凳上捧着书念；写字时，学生要跪在地上伏凳书写。学生因家庭贫困，大多衣着褴褛，甚至赤脚，有的冬天也穿不上鞋。学校无钱买煤，冬季教室从不生火，空荡的大庙内阴森潮冷。每节课后，学生们争离教室到院内一块大石龟上晒太阳。邻近居民说，别家孩子冬天都在屋内取暖，唯有贫校儿童冬天反在教室外石头上取暖。贫校就是在如此艰苦的条件下创办的。当时曾有歌词咏诵，生动地反映了贫校建校时的情形：

其一：
室不避风寒，阴森破庙两三间。
筚路蓝缕就开篇，设备自难全。
跪写捧书念，冬日阳光下取暖。
师生意志坚强，弦诵不辍乐陶然。

其二：
溯想当初，嬉街头，玩泥土；
言动野，礼貌疏；
风景犹故，旧态改，新象出；
学做人，喜读书。
今昔吾，变化若斯夫；
前后况，光暗不同途。
谚不云乎？蓬随麻，赤近朱。
校园乐，乐何如！

创办贫校一年后，学校设备较差，学生成绩却与各公立学校大致相当。加上不纳学费，供给用品，比公立学校更见优越。

1919年阎宝航被奉天基督教青年会选送北平基督教青年会学习，贫校由张璞山一人支持，度过了比较艰苦的一年。

在第二学期开学时，报名入学的学生日渐增多。虽然学校规定贫儿方能

贫儿学校师生合影

录取，但经济状况一般家庭的儿童也争着来入学，也有自愿买书籍纸笔来就读的。后来一些有钱人家的儿童家长也纷纷央求入贫校。有一个奉军旅长慕贫校之名，要送子女二人来校读书，当时贫校负责人关纯厚为此征求阎宝航意见。阎宝航婉言拒绝，声称："本校只收无力就学的贫儿，旅长公子应送公立学校去读书。"那位旅长深表失望，次日又亲送来在他家做工的孩子二人入学，阎方准收下。

当时沈阳的公立私立学堂都有限，省立的只有6所小学，两所中学（一中、三中），一所省立师范（一师），附设二小、女中和女小；另有两所工科中学（一工、二工），一所商业中学，后三个专业学校的学生更少。高等学校公立的只有开办不久的奉黑两省合办的东北大学，私立的学堂有日本人办的南满医大和南满中学堂；英人办的医专和文会中学、神学院和坤光女中。这类学校费用高昂，一般市民无力负担。作为补充私塾的数目不少，但教学内容仍然是《百家姓》、《三字经》之类，有两所采用新式教学的小学，创办人大抵上是为了谋利，穷苦人家的孩子难以企及。这样，贫儿学校就成了贫苦儿童的乐园了。

奉天贫儿学校创办之初，在这里任教的老师，除了清一色两级师范毕业的如阎宝航、张泊（张璞山）、关思久（关纯厚）之外，还有一位了不起的人物，她就是郭松龄将军的夫人韩淑秀。韩早年毕业于奉天女子师范学堂，后入燕京大学，毕业后回沈阳从事教育事业。她经常参加奉天（女）青年会的活动。韩淑秀得知阎宝航创办贫儿学校，很感兴趣。有一天她慕名来到景佑宫参观贫校，然后要求会见阎宝航。

阎宝航并不认识韩夫人。韩淑秀首先开口道："耳听是虚，眼见为实，阎先生果然名不虚传！"阎宝航不解其意。韩笑道："我是慕贫校大名而来，听说贫校缺少先生，请求在贫校当一名义务教员如何？"阎宝航答："贫校确实需要教员，可是……"韩淑秀："可是，可是什么？难道我这燕京大学的人，当不了贫校的教员？"阎宝航问："女士既然在燕大就读，请问芳名？"韩仍笑着说："郭韩淑秀！"

阎宝航没有想到，站在他面前的这位竟是郭松龄将军的夫人，便说："久闻夫人大名，今日得见，幸会！幸会！"韩淑秀急着说："阎先生，我今天是特意来请缨的，不知校长先生接收不接收？"阎宝航说："夫人这可使不得！"韩问："怎么使不得？"阎说："夫人是将军的夫人，教贫穷小儿，大材小用了吧！再说，贫校教师，全是义务……"韩说："请问阎先生，你办贫校有薪水吗？"阎答："没有。"韩答："这么说，你们使得我就使不得？"二人哈哈大笑。阎宝航高兴地说："贫校有郭夫人担任教员，一定会办得更好。"韩淑秀立即纠正说："注意，我是和你阎先生认识的，那么你就叫我韩大姐吧，今后不以什么夫人相称！"阎答："大姐长我四岁，我就称夫人为大姐吧！"

韩淑秀对他说，她和郭松龄都是贫苦人出身，深知求学不易。阎先生办贫儿学校，他们夫妇举双手赞成。她还说，从明天起她就来贫校教课，改日她还要陪郭旅长来贫校参观。

1919年夏，郭松龄小女夭折，从北京回沈阳休假时，韩淑秀曾陪丈夫来贫校参观，为支持贫校，郭松龄当即捐出一笔巨款。贫校声望日高，更加引起各方面的重视，并给予大力支持。

郭松龄，字茂宸（1883—1925），奉天人。幼年读过三年私塾，后因家贫辍学。他昼耕陇亩，夜不释卷，投考军校，后官至军长。他十分关心贫苦儿童

郭松龄

韩淑秀

的就学问题。韩淑秀作为知识女性，抱着教育救国的理想，特别重视儿童的教育。阎宝航创办贫儿学校，在他们夫妇的心中引起了共鸣，并积极参与和支持。

1924年，随着新校舍的建成，贫校开始向社会扩大招生的时候，阎宝航和韩淑秀曾经联合创办奉天工儿院，也曾轰动一时。当时，在奉天城里有许多贫苦家庭的妇女，为了糊口，不得以出外做工，但他们的幼儿又无人看护，难以脱身，有些妇女便依靠他们的大孩子看护小孩子，这些大点的贫儿便无法进入贫校读书。阎宝航了解到这一情况后，便和韩淑秀进行讨论。韩认为，这是一个社会问题，应该尽我们所能加以解决。她建议阎宝航，在贫校基础上，再发起创办一个奉天工儿院。

1924年6月13日，由韩淑秀、阎宝航、王国麟三人联名给奉天省长公署起草了一份报告。报告称：

淑秀等有感于斯，发起设立工儿院，以拯此女工之苦。但经济有限，初创维艰，仅先由东关被服厂附近试办一处，以资创始。一俟办有成效，再图发展。院中组织有正副院长，总理全院事务。有保姆看护妇院医等，分任养护之责。每日女工入厂时，送儿入院。出厂时则领之归。凡工儿饮食教诲医药洗濯游戏等事，均无不备。如此则工儿不失其教养，女工得致力于工作恤贫保赤之道。爰以稍尽院中经常费，年需奉洋六千元，开办费约需九百元。此款已筹有确数，现已赁妥被服厂西胡同八十六号房屋十间，略事修葺作为职员宿室及工儿抚育室、课读室之用。如蒙呈准，应即筹备进行实施开院，为此谨将本院组织大纲缮具请摺，除呈报教育警察两厅外，现合呈请市政厅长鉴核示遵实为公便。①

具呈

奉天工儿院发起人：

郭韩淑秀　阎宝航　王国麟

7月16日，奉天省财政厅长王永江代表奉天督军兼省长张作霖批示可行、准办。

1924年7月，韩、阎等租用小东关被服厂西胡同86号房，正式成立了奉天工儿院。工儿院类似今天社会的幼儿园。办奉天工儿院的目的就是为贫苦妇女创造做工机会，改善家庭生活，也使那些看护幼儿的大孩子们到贫校读书。工儿院起初由韩淑秀、阎宝航分任正副院长。雇用院医、保姆各一人，职工2人，女役4人、厨工1人，院丁1人等。开办当天，财政厅长王永江等亲到现场祝贺。

对工儿除组织游戏外，还进行幼稚识字和儿童礼法教育。

阎宝航和韩淑秀等共同发起创办奉天工儿院一举，也曾轰动一时。

工儿院的创办费及第一年经费共6900元，由院长和院董出资，以后扩充再行募集。至1925年，郭松龄反奉失败，郭松龄夫妇被害后，阎宝航被通缉，工儿院也自行停办，但阎宝航和韩淑秀等同情劳苦民众，关心贫儿的思想感情，在各界民众，特别是在青年学生中广泛传颂。

自郭松龄夫妇为贫儿学校捐款之后，在东三省陆军讲武堂任教官的郭松龄开始节衣缩食。在当时奉军军官中，许多人都沾染了狂嫖滥赌、酒食徵逐的恶习。郭松龄不是这样，他生活简朴，在讲武堂他不吃教官伙食，时常到学员灶与学员共餐。正在讲武堂学习的张学良看到郭教官连衣服都不像过去那样

① 奉天省长公署指令第13号（1924年6月13日）。

常洗常换了，觉得奇怪，以为夫人不在家，便加以询问。郭松龄告诉他，夫人现在去贫校担任义务教员，没工夫给他洗衣服了，现在提倡男女平权，没办法了！张学良便详细询问了贫校的情况，知道了阎宝航办贫校的事。

还没入讲武堂学习时，张学良经常参加基督教青年会的活动，和正在两级师范学校的学生阎宝航比较熟悉，但他不知道阎宝航办贫校的举动。经郭教官这么一说，他便决定抽空到贫校去参观。1919年，张学良第一次参观贫儿学校就为贫校捐了款。后来，张学良担任军团长时又来校视察学生伙食，专门拨专款改善学生伙食。同时以他的名义为贫儿学校募捐。

随后，奉天许多地方政要、社会贤达如宁武、王大中等都曾捐助过贫校。据刘鸣九回忆说：

时任东三省巡阅使卫队旅旅长的张学良对此非常支持，募捐用地名分成若干队筹措，张负责的叫“青岛队”，当时我是卫队旅旅部一等书记官，他就把这个任务交给了我。由于是以张学良的名义进行募捐，进展顺利，就连黑龙江督军吴俊升及其他高层人士，也都慨然赞助，这些头面大户将捐款直接送给张学良转拨青年会，而一般零散的捐赠则由我交给阎宝航。这样，也就开始了阎宝航和我的交往。

张学良始终认为“国家大事，当从事于教育一途”，他除捐出其父遗产3000万扩建东北大学外，还热心基础建育。在他主政东北时期，认为当时东北的学制混乱，从1928年起，学制一律改为初等教育6年，中等教育6年，高等教育4年，这与现在的学制基本相同。他创办同泽中学男校和女校，赢得社会各界的普遍赞誉。张学良先后3次私人捐款近200万元资助东北大学建设。据统计，张学良举办东北现代教育的私人捐款居全国首位。1928年11月，张学良一次捐助中小学教育基金500万元。

阎宝航创办贫儿学校的行动，赢得了社会各界的尊重和信任。许多人包括一些社会上层人物有事都愿意找阎宝航商量，请其出主意，帮助解决。1920年后，阎宝航由于青年会工作繁忙，他便把主持贫校工作交给了张璞山、关纯厚。但人们仍然没有忘记他。1931年夏，朱庆澜将军找到任奉天基督教青年会总干事的阎宝航，谈了一件事请其帮忙。原来，吴俊升的女儿当时爱上了一位银行职员，但遭到吴大帅部下众将领的坚决反对。他们认为，大帅的女儿是千金小姐，怎能嫁给一个小职员？门不当户不对，极力阻挠。大帅夫人拿不定主意。朱庆澜了解到这个情况，便请有社会威望的阎宝航出面说服大帅的部下，成全这门亲事。阎宝航说："这件事包在我身上好了。"便向朱将军推荐由贫校校长关纯厚出面解决，关校长受委托，但提出一个条件：事要办成，请给贫校捐款。朱将军满口应允。这一天，吴夫人将大帅旧部诸将领请到家中，关校长利用这机会大谈西方恋爱自由，婚姻自主之进步，中国封建包办婚姻之弊端，众将领终被说服。大帅女儿终于和恋人结成良缘。事后，大帅夫人果然为贫校捐款25000元。

1922年，由于青年会总干事普莱德坚持要向贫儿学校收取房屋租金，引起阎宝航、关校长的不满。由阎宝航出面与普莱德交涉，最后决定把贫儿学校从青年会分离出去，宣布独立办校，并正式成立校董会。校董除张学良、郭松龄、宁武、高墨泉、张惠霖、朱庆澜、刘进之等名流之外，还有就是韩淑秀。在她的支持带动之下，校董会首先筹集经费，共募得捐款5万余元，随即在大南门外一带建贫校校舍。到1923年，贫校在双泉澡堂建成楼房18间、门房9间，在辉守寺建瓦房9间，全部作为贫校总校校舍。1924年经过一番努力，建校舍30间，1925年成立贫校一分校。以后又相继在大北边门、大南关等地建立第三、第四分校。

1922年张学良赞助5万银洋，在大南门外修建校舍

贫校为确保学生学习，经常举办学生成绩展览。有一次，贫校还在省商会举行学生学习成绩展览，展出学生作文、书法、演算、图画、手工艺品等。展览博得家长好评，全市小学校都曾组织来此参观，贫校声望越来越高。韩淑秀也陪同郭松龄将军参观了展览。

1924年，贫校新校舍建成后，开始招收住宿生，宿舍可住五六十人，上下两层铺。学校发每人一个白床单，室内整洁，可与军队营房内务相比美。住宿生的伙食，一日三餐。早餐高粱稀饭，一碟咸菜或半块豆腐；中午由饼子铺送大饼子，每人两块，其中一个是包馅的，并有炖菜一碗；晚餐主食开始是秫米稀饭。张学良将军视察食堂后，给拨了伙食补助，改吃干饭，并配有副食汤菜。节假日晚餐改善，主食粳米、白面，副食尚有肉。这在当时是很不容易的事。

1920年后，阎宝航在青年会的工作繁忙，张璞山也被青年会聘任文书。阎宝航便专请他的另一位同学关纯厚来校主持工作。到1931年，贫校发展到总校1所，分校6所，实习工厂1个，学生总数最高时超过千余人，教职员20人以上。贫儿学校的创办成为当时东北教育界的一个亮点。

贫儿学校学生就学问题得到缓解，学生毕业后的就业问题又随之而来。阎宝航对此十分关心。校董会最后决定为贫校筹建工厂、农场，即可作为学生实习场所，也解决了毕业生就业问题。1927年，市政当局在大北边门外发放地号，以招待工商学各业领地，从事建筑经商。贫校当时领得地号54亩，作为生产基地。1928年，阎宝航留学国外时，曾专门给校长和校董会来信，提出建议，校董会筹措建筑经费以备建厂后开展生产之用。经多方努力，有朱子樵将军由北平佛教会捐款两万元，东三省官银号捐款一万元，全部捐款专作贫校工厂、农场建设费。学校的日常费用，则由校董会另筹两万元。阎宝航和关纯厚校长为此做出了巨大的努力。

除此之外，阎宝航极力主张贫校注重培养尖子人才。在他的建议下，贫校建立了资助毕业生升学计划。即每年从贫校高小班毕业生中选报前三名优秀学生，由学校资助升学以期深造。这样，受到资助的贫校学生不但有升入东北大学、南满医大，而且还有不少升入北平、上海等高等学府的。还有一个人力车夫的孩子后来留学德国，一时传为美谈。

阎宝航创办的贫儿学校，还特别注重学生的品德教育和爱国主义教育。关纯厚校长专门制定校训，要求每个学生以此对照自己，并身体力行。为培养学生养成助人为乐的高尚品格，学校要求学生每天做一件好事，并要求学生特别是高年级学生把做的好事记在日记上，备老师检查。所以，在贫儿学校里，学生之间团结空气很浓，打架斗殴的现象几乎看不见，风气很正。在爱国主义教育方面，学校采取很多办法。贫儿学校新校舍落成后，刚刚留学回国的阎宝航与贫校校长在校门里迎面树起一面很高的大屏风，上面书写“勿忘五月九日①，需要万众一心”12个大字。下边画着一幅日本侵略我国在大地图，图中标明日本帝国主义侵占中国领土台湾、琉球等地时间，以警示学生不忘国耻日。直到九一八事变后，这个大屏风被日本宪兵用刺刀捣毁。在每天的朝会时，学生列队高唱“国耻纪念歌”、“打倒列强”等歌曲步入教室。

《国耻纪念歌》的歌词：

“日本小鬼真正顽，夺我旅顺大连湾，十二年三月二十六日，期满了他还不交还。”

《打倒列强歌》的歌词：

“打倒列强，打倒列强，除军阀，除军阀，努力国民革命，努力国民革命，齐欢唱，齐欢唱。”

奉天政府为贫儿学校颁发给阎宝航的勋章

1930年，教育家黄炎培来奉天时专门参观贫儿学校，对阎宝航大加赞赏。他说：“当年北洋大员熊希龄先生以国务总理的地位与声望，费很大力气才办成香山慈幼院，你们以师范学校毕业生，无权无势，无名无力，竟凭一种志愿，白手起家，创造出如此业绩，确是难能可贵的了。”根据黄炎培先生的意见，辽宁省教育厅曾发给阎宝航教育

① 五月九日即“五九国耻”，1915 年 5 月 9 日袁世凯承认日本帝国主义提出的“二十一条”。后以 5 月 9 日为“国耻纪念日”。

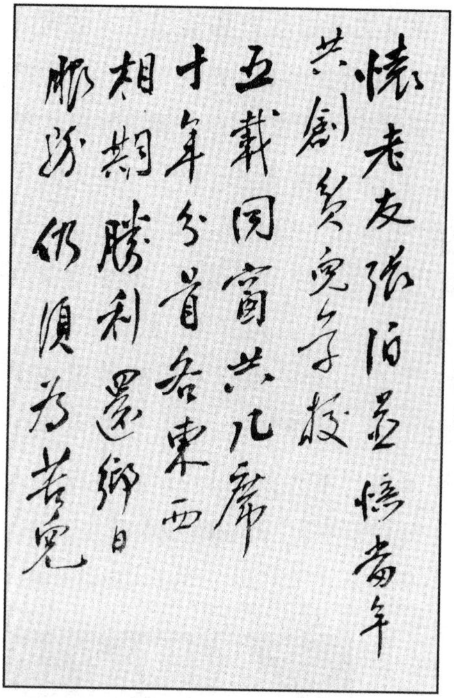

阎宝航手书缅怀共创贫儿学校的老友张泊的诗

奖章，以嘉奖其兴学功绩。

1930年，本溪湖爆铁公司由北平请程砚秋剧团到奉天演出，该剧团听说贫儿学校的事迹后，专门在沈阳义演一周，把所得万元全部捐给贫儿学校。欧阳玉倩表演《少奶奶的扇子》等著名话剧，也将所得款项全部捐给贫儿学校。朱子樵将军、储蓄会长张惠霖、韩敬文杂技团分别为贫校捐款。一些地方实力派也对贫儿学校给予了支持。阎宝航在重庆参加抗日战争期间，还念念不忘当年创办贫校情景，给老友张泊寄七绝一首，题为《怀老友张泊并忆当年共创贫儿学校》：

五载同窗共几席，
十年分手各东西。
相期胜利还乡日，
服务仍需为苦儿。

1.4 与张学良成为莫逆之交

阎宝航创办贫儿学校的成就，不仅受到社会各界的普遍赞誉，也受到奉天基督教青年会总干事普莱德的赏识。1918年底，阎宝航接受普莱德之请，到奉天基督教青年会任学生部练习干事。

基督教青年会最初由英国人乔治•威廉斯于1844年创立于伦敦。处在工业革命时代的英国，许多青年由农村流入城市，受着资本家的残酷剥削和压迫，普遍存在不满。布店人员威廉斯领导12名青年，组成一个基督教俱乐部，以宗教活动来改善青年的精神生活，以后发展成进行广泛活动的社会机构。这个组织很快遍布欧美各地，特别是在美国获得空前发展。1855年，成立了国际性的基督教青年会世界协会。1895年，在美国的支持下，基督教青年会传入中国，先后在北京、上海、广州、青岛等地建立了基督教青年会机构。1912年后，美国派遣穆德博士、美籍丹麦人普莱德、邱树基、华茂山、葛力扶（皆为丹麦人）等先后来沈阳活动。同年在大南门里东城墙根下福音堂租了一处房舍，成立“奉天基督教青年会”（YMCA）。

普莱德（Joseph Platt），美籍丹麦牧师，教友（贵格）派教徒，一个虔诚的基督徒。他热爱中国和中国人民，是一个青年和平主义者。第一次世界大战期间，他因参加反战组织而坐过牢，出狱后致力于基督教青年会工作。1918年出任奉天基督教总干事。1928年，卸任回到美国，主张黑人儿童与白人儿童同校，颇有影响。当时，普莱德聘请阎宝航为青年会干事，同时把贫儿学校作为奉天基督教青年会的组成部分。他很欣赏阎宝航作为社会活动家的非凡才能，二人建立了深厚的友情。

与基督教宗教性团体不同，基督教青年会是一种社会教育机构。它是以英文夜校开门，以提倡体育运动起家的。青年会虽然信奉基督教，但不分教派，也不论信不信教，都可自由参加，使许多知识青年趋之若鹜。随着奉天基督教青年会会员的增加，青年会场所也在扩大。在两次直奉战争中，一向同奉系政权有着良好关系的普莱德三次到前线活动。特别是第一次直奉战争，奉军失败，普莱德会同奉天施医院院长、英国人雍维林，到停泊在秦皇岛外的英国巡洋舰“麦尔迪”号上，与天津基督教青年会总干事罗伯·克来克会谈，联手帮助直奉双方于同年6月17日达成协议，从而使奉军减少了损失。张作霖得到了好处，便于1923年慷慨地将大南门里的景佑宫旧地皮拨给了青年会。[①]青年会当年建成一座奉天当年一流建筑，建筑既保存了东北古老浑朴的风格，又糅入了欧美简洁明快的色调，可谓中西合璧。大厅内雕梁画栋，富丽堂皇，辅以构思新颖的浮雕，匠心独具；院内辟有假山、喷泉、青砖铺砌的甬道，清幽谧静。面积比原来扩大十倍，不但增加藏书甚多的图书室，还增加不少现代化的设施，如集会所、讲演大厅、西餐厅、高尚宿舍、招待所，还有健身厅、影戏院、沐浴室、理发厅等。来这里参加各种活动的青年越来越多。同时，青年会提倡“人格治国”，标榜“非以役人，乃役于人”以及“社交公开，男女平等”等带有资产阶级思想解放色彩的口号，使当时一些急欲摆脱封建主义束缚的青年，从青年会获得了新的兴趣和寄托。由于英美帝国主义和日本帝国主义为争夺中国殖民地统治权的斗争日趋激烈，基督教青年会暗中支持青年反对日本帝国主义的宣传活动，也是吸引一些反日进步青年的原因之一。

奉天基督教青年会会址（今沈阳市沈河区朝阳街155-1号）

扩大规模的青年会，也增设了内部机构，由原来的夜校增设四个部，即德育部、智育部、体育部、群育部。所谓德育，有中、英文查经班、布道会、祈祷等，以宣传基督教经典教义，每礼拜日晚开宗教演讲会一次，每礼拜五晚开圣经研究班。智育部主要是开办业余补习学校，举办名人讲演、中外文现代书刊报纸

① 清末民初，这里称大南门里景佑宫胡同。20年代末至90年代初称青年里，现为朝阳街一三九号。

阅览、图片展览、宣传卫生等。体育部即适应青年兴趣爱好，开展篮球、网球等比赛。群育部即从事群众性教育活动。这里成为开展宗教、科学、文化等社会活动的场所。那时，在距青年会不远的南关奉天两级师范学校读书的阎宝航等很多学生都是这里的会员。阎宝航经常和同学杜重远、卢广绩、王化一、王少源、萧树君、毕甘霖、宁恩承到青年会参加各种活动。以后东北大学、冯庸大学、医学院学生也都到这里参加青年会组织的学术讲演、读书报告会、时事报告会，以及各类球赛等，阎宝航还是德育讲演、英文夜校、体育活动的积极分子。

具有一流设备的奉天基督教青年会，不仅是本地青年向往的场所，也是当时在沈阳的国际友人经常光顾的地方。在这里，阎宝航不仅结识了许多社会贤达、有识之士，也结识了不少西方友人。他同澳大利亚籍的美国人端纳①（W.H.Donald）的交往也是从这里开始的。正是通过同这些友人的交往，阎宝航初步了解了西方国家的政治与文化。

早年，美国牧师穆德等所以选择大南门景佑宫作为青年会会址，主要是他们很重视同奉天当局的关系。这儿距大帅府近在咫尺，往来极为方便。这里大量的西方图书和各种生动的活动，吸引了沈阳的许多青年，也吸引了风华正茂的张学良经常出入青年会，并通过英语教师约瑟夫•普莱德与西方友人进行交流。早年在1917年，张学良加入奉天基督教青年会，以后任会董。普莱德知道张学良喜欢网球，便在青年会建设一个网球场。1922年，普莱德又将网球场进行了扩建。这样，张学良不仅是这里英文夜校、德育、科学讲演的积极分子，也是这里网球场上的常客。张学良自己回忆这段往事时说：

年轻的时候我特别喜欢运动，我加入了一个叫“YMCA”（摩登）俱乐部的网球俱乐部。会员都是外国人，只有我一个中国人。当时我只有十七八岁，喜欢打网球。自己家里运动场太窄，在俱乐部可以打网球。这样我和西洋人接触的机会渐渐地多起来。当时我的老师叫普莱德，他担当奉天“YMCA”总

---

① 威廉·亨利端纳是英籍澳大利亚人。清末以记者身份来中国，长期从事政治活动。他反对日本军国主义，“二十一条”内容是他首先揭露的。1928年去东北，任张学良顾问。1934年张学良游欧回国后，蒋介石商得张学良同意，将端纳聘为私人顾问。他在和平解决西安事变中起了重要的作用。

干事，因此使我得以加深了同“YMCA”的关系。我常去“YMCA”，打网球，打乒乓球。①

当然，张学良在青年会不仅学会了打网球、乒乓球，也学会了开汽车、驾驶飞机。张学良还常接于凤至到这里打网球，参加“费尔会”（展览游艺）。据说当时奉天的第一部有声电影，就是张学良带到青年会三楼放映的。

阎宝航同张学良的交往就是从青年会开始的，不过那时他还在两级师范读书。由于他们经常参加青年会活动，彼此都有良好的印象。阎宝航被聘任青年会干事之后，他们的这种交往逐渐增多。阎宝航经常陪同张学良参加各种活动。起初，他们更多的是上英文夜校，可以说他们是夜校同学，在一起常以英语交谈。后来，他们还经常一起光顾青年会藏书丰富的图书室。在这里，他们阅读书报，开始接受西方文化的熏陶。正是通过这些交往，阎宝航同张学良成为莫逆之交。青年会总干事普莱德对阎宝航的注意与兴趣，不仅仅是因为看中了他那种为人随和、与人为善的品格，以及他具有善于交往的社会活动家的组织才能，也看中了阎宝航同张学良这种亲密无间的关系。关于这一点，从青年会新大楼的修建一事可见一斑。

1919年，张学良在东三省陆军讲武堂第一期炮科学习期间，利用节假日仍到青年会参加活动。有一次，他们在一起聊天时，才了解到阎宝航已是有家室的人了。他建议阎宝航将妻女接来奉天。他问阎：“你为何不接嫂子进城？莫非你嫌弃发妻不成？”阎宝航笑道：“耶稣的信徒，哪里会那样无良心！我正在考虑将他们接来！”张学良说：“好，下次我来能见到嫂子才行！”

奉天基督教青年会会员，大部分是青年学生。阎宝航任青年会学生部练习干事，工作对象就是青年学生，很是繁忙。张学良建议他带家室来奉天的时候，他到青年会工作尚不到一年，每月收入由原来教汉语的7块奉票，涨到25块。按说，靠这个收入维持妻女的生活是没有问题的。但那时的贫校仍很艰难，他每月要拿出一半钱来补贴贫校，生活还是拮据。不过他认为，高素桐也是个穷苦人出身，是能过得苦日子的。

① 臼开胜美:《日本昭和史的最后证人张学良》，辽宁大学出版社1993年1月出版，第8页。

那年阎宝航特地抽空回海城老家，准备接高素桐和大女儿明诗进城。但高素桐不愿离开家乡。后经家人劝说，才答应生第二个孩子后到奉天去。

这年夏，太子河发大水，阎宝航全家20多口人逃荒到了本溪阎宝航二哥那里，直到10月，高素桐生下二女儿阎明英。大水退后，高素桐便抱着明英、领着明诗来到了奉天。

望着找上门来的高素桐和两个孩子，完全是一副逃荒模样，阎宝航心里一阵难受。但是，他还是把自己的打算说出来，征求高素桐的意见。阎明诗在回忆当时的情景时这样写道：

父亲一个月25块奉票，他拿一半给贫儿学校，他跟我母亲说，我一个月只给家12块5过日子，多少就这些了，行不行？我母亲说，行啊。母亲刚从乡下来，不知道这12块5究竟是多少啊，她就答应了。没成想，我父亲不久把我祖母、姑母等全部接到家来，还把堂兄接来上学，这12块5怎么够呢？但我母亲认为，办贫儿学校拿出一半收入是合理的。因为她们没来之前就是这么办的。母亲认为，父亲是念洋书堂的人，没把老婆孩子丢在乡下就不错了，她很崇敬父亲。过点苦日子，对她来说不算啥！

家搬来了，个人的起居有了着落，有更多的时间致力于青年会和贫校工作，虽然日子过得苦些，但很愉快。不过，阎宝航每天回家增加了一件事：教妻子学文化。高素桐把二女儿交给大女儿明诗看护，自己去贫民夜校学习文化。晚上回来由阎宝航帮助复习。高素桐很用功，不长时间就把高小课程念完了。后来，张学良真的问过阎宝航是否接大嫂来了。当他知道高素桐和孩子都搬来了，非常高兴。在他当卫队旅长时，曾专门邀请阎宝航带妻子和孩子到他家吃西餐。

阎宝航在青年会任职后，曾经研读过《圣经》。在高素桐和孩子没有搬来之前，他星期天有时去参加礼拜，听牧师讲《圣经》。他在青年会里的角色并不要求一定信奉基督，但他认为，既然青年会冠以“基督教”之名，那么就应该对它有所了解，总不能一问三不知。在家里，他教高素桐和孩子们唱诗，饭前祷告等。在外面，他“入乡随俗”，从不彰显基督教仪礼。张学良虽然经常参加基督教青年会的活动，但对基督教不在意，也不信奉。他请阎宝航一家吃西餐时，看到阎宝航领着全家进行祷告时，便问阎宝航到底信不信基督教，问他《圣经》到底是一本什么书等问题。阎宝航回答说：“就眼前来说，我很羡慕耶稣济世救人的精神。”至于信不信奉它，阎宝航认为，首先要把《圣经》读好，只有读好了这部书，真正领会，才能谈得上信奉的问题。何况作为基督教一个组织——青年会一个成员，应该读一读这部著作。在这次交谈中，阎宝航还根据他初读《圣经》的收获，向张学良初步介绍了《圣经》是一部什么性质的书，它包含的主要内容，这部书形成的时间、历史背景和社会背景，《圣经》与犹太民族的关系，古希腊和古罗马文明和基督教的关系等。这次谈话，给风华正茂的张学良一个深刻的印象：阎宝航已经是一个了不起的基督教徒了。阎宝航建议张学良也读一读《圣经》。张学良说，他原来一心想学医，想进南满医科大学将来当医生，但是他的父亲张作霖却要他在政治上或军事上将来成为他的继承人。张学良不得不按父亲的意见进了东三省陆军讲武堂。张学良开玩笑地说，我原来想学救人没成功，结果现在学杀人了。学杀人的本领也要付出努力，下功夫，哪有时间去学《圣经》啊！他希望阎宝航学好《圣经》，然后再来教他，说不定自己这一辈也许会成为一个虔诚的基督教徒呢！没有想到，半个世纪后，张学良这句话得到应验！

在基督教青年会，阎宝航认真读过《圣经》，并且在普莱德的领引下，经过基督洗礼，成为名副其实的基督教徒。阎宝航由一名基督徒，而后成长为一名共产党员。但是，他的同学和朋友愿意用基督教会舍己救人的精神来评价他。

在任奉天基督教青年会学生部干事期间，阎宝航十分同情和支持学生反帝爱国运动。1920年，日军以武力强占了吉林省边城珲春，引起东三省各界人民的反对。奉天各校学生群起反抗，他们组织学生会，向省议会请愿，主张强力交涉。阎宝航虽然不能参加学生的游行请愿活动，但多次向要好同学表明态度：反对日本侵占我国领土，这是正义爱国行动，希望他们坚持到底。军阀张作霖为讨好日本帝国主义，下令解散学生会，开除游行请愿的学生，通缉学生领袖。阎宝航以他的特殊身份掩护几名学生躲避通缉。在被通缉的学生中，被列为第一名的是两级师范学校即将毕业的宁恩承。宁恩承在阎宝航帮助下虽然躲过了通缉，但学籍丢了。这对一个背负着父母希望的穷苦学生来说，是一次重大打击。他原以为师范毕业后，可以去做一个小学教员，每月所得一二十元工资，不但自己过上稳定生活，还可以给贫苦的家庭以资助。现在自己被开除了学籍，有家归不得，不知下一步如何走法。他请阎宝航为他指路。阎宝航说："你没有错，错的是他们。不过，你还要读书，奉天呆不得了，到天津南开去吧。"他领着宁恩承找到了青年会丹麦籍干事罗士马森，请他给他的好友南开大学校校长张伯苓写一封信，介绍宁恩承入南开读书。张伯苓校长是基督教徒，常到全国各地青年会讲演，张校长得知宁恩承是罗士马森介绍来的，便按南开大学规定经过严格考试后将他收下。宁恩承得以继续读书。宁恩承把自己这一时期受益于阎宝航的经历，称之为一生的第一大转变。阎宝航第二次改变宁恩承的人生道路是在五年后。

第一次直奉战争时，张作霖败退关外，励精图治，希望东山再起，问鼎中原。1924年，张作霖做智力投资，决定录取10名大学生送欧美各国留学，以实现东北军事工业现代化。这举动当时确实吸引了一些青年，他们纷纷报名应考。

正在南开读书的宁恩承听到如此消息，兴奋异常。当初他是不得已离开东北去天津读书。现在东北形势已经大变，五年前他被开除的往事已渐渐淡漠，无人提起，现在有机会报考留学，真是机不可失。这年6月间，宁恩承回到沈阳参加留学考试。主考人是省长王永江，主管这件事的是教育厅长谢演仓。宁恩承在东北时就是个高材生，又经南开学习四年英文、国文、经济会计等科目，功底更加扎实。谢厅长所出的国文题是："为学而学，为用而学，二者孰是，试略论之。"宁恩承下笔千言，洋洋大观，结果他考得第一名。但奇怪的是，宁恩承并没有被录取。

事后宁恩承得知，在留学考试中那位谢厅长受王省长申斥时，旁边还有许多典考官员，这样，留学考试改分数，王永江徇私不公的故事便传遍沈阳官场和学界。但在那个社会中，一般老百姓对这种腐败之风是无可奈何的。宁恩承听了也只是一笑罢了，便丢到脑后去了。

宁恩承落考的消息传到了阎宝航的耳朵里，他对官场如此腐败极为气愤，情不自禁地为宁恩承打抱不平。这一天，张学良来到青年会参加活动时，照例二人先用英语相互问候，交谈几句，便开始讨论国计民生、时政

1930年，阎宝航（右一）、宁承恩（左一），介绍美国哥伦比亚大学学者与张学良会面

得失。他们谈到东北的未来、生聚教训，阎始终牢骚满腹。张学良不知所以，便询问道："阎兄今日如何火气这样大？"阎说："中国官场徇私舞弊非改不可。什么考留学、选拔人才，还不是假的。这次考留学生本是宁恩承第一，王泯源（王永江号）硬是换上了王毓桂。"张学良问："这个宁某何许人也？"阎说："奉天两级师范的同学，现在天津南开读书。"张说："叫他来，我补送他去英国。"事后，在阎宝航的特意关照下，张学良派一个军人赴天津。

不久，一位奉军上校来到天津八里台南开大学找到了宁恩承。他问："你叫宁恩承吗？"宁答："我是。"上校又说："我是奉天大帅府游副官，张少帅派我来请宁先生回奉天一趟。"说罢把火车票递给宁恩承。宁不知所以，便问道："少帅找我做什么？"游副官说声"不知道。"宁恩承再三考虑，最后，他还是怀着疑惑的心理回到奉天，到东塔航空署见到东北空军督办张少帅。张学良见到宁恩承，开口便问："你的事我全知道。"宁恩承不解，只听张少帅接着说道："你要去英国留学，我补送你去。"事后宁恩承知道这一切都是由阎宝航为他争取的结果，敬佩之心油然而生，几十年后他仍念念不忘，声称"老阎一言九鼎，一句话改变了我的一生"。

1.5 接受新思想、新文化的洗礼

1920年，奉天基督教青年会普莱德推荐阎宝航到北京基督教青年会学生部做练习干事，这一年是他在政治上大开眼界的一年，得到很大锻炼。

刚刚受到五四运动洗礼的北京，仍然笼罩在反帝反封建的浓厚气氛之中，思想相当活跃，特别是一些青年学生勇敢地冲破种种阻挠，开展爱国民主活动。阎宝航利用做北京基督教青年会练习干事的机会，以极大的兴趣广泛接触北京各大学的爱国学生，受到深刻影响。

1921年初，阎宝航结束了北京基督教青年会的实习生活回到奉天。奉天基督教青年会总干事普莱德正式聘他为学生部干事。他充分利用自己的工作岗位和条件，积极开展各项社会活动，显示出作为一个社会活动家的非凡才干。

五四运动掀起新文化的浪潮，也波及了古老的沈阳，在青年知识分子中引起了共鸣。1921年，阎宝航联络青年郭刚、张泊、朱连生、高子升、吴竹村、

星期三会小组成员合影。前排中间为阎宝航和苏子元

何松亭、巩天民等在青年会办起了一个星期三会。参加星期三会的人于每周三集会研讨，提倡民主科学。星期三会在形式上阅读国内最新出版的白话文书刊，反对文言文的线装书刊；在内容上赞成新科学反对旧礼教，赞成自由思想反对宗教迷信，赞成自由恋爱反对宗法家庭，提倡民主自由反对政治专制，提倡民族独立反对异族侵略，提倡新思想反对旧道德。阎宝航组织的这个星期三会，是东北地区第一个新文化运动团体。

1924年春，受孙中山派遣，朱霁青来到东北，联络老同盟会员高崇民、梅佛光、钱公莱、马愚忱、宁武等人。朱霁青早年留学日本，是同盟会会员。辛亥革命时为中华革命军东北军第一师师长。这年初，中国国民党第一次全国代表大会在孙中山主持下，把旧三民主义修改为新三民主义，提出了联俄、联共、扶助农工三大政策。朱霁青来东北就是发动宣传孙中山的革命理论。他向高崇民、梅佛光等人建议，应在东北筹建一个学术研究团体，以研究孙中山的理论。高崇民、梅佛光除联络老同盟会会员外，还联络了阎宝航、陈得新、杜重远、韩乐然、安怀音、邵晋阶等人。1924年夏，“启明学社”在奉天基督教青年会成立，高崇民被推为会长。启明学社还创办了《启明旬刊》，宣传孙中山的三民主义和救国主张。

就在这时，有一天，一个手持上海基督教青年会介绍信的美术家来找阎宝航，他就是韩乐然。

韩乐然自画像

韩乐然，朝鲜族人，是国内最早的朝鲜族共产党员。他毕业于上海美术专科学校，后赴法国巴黎美术学院深造。他表面上是美术家，任教和办油画展览，实际上受党中央派遣来东北筹建党的组织。阎宝航热情地接待了他，并支持他成功地举办了个人画展。随后，阎宝航和省教育学会王化一又支持他在南关风雨坛附近建立奉天第一所私立美术专科学校，招收学生，讲授绘画艺术，扩大了影响；同时，也为韩乐然联系了文化界人士并开展工作打下了基础。

韩乐然在奉天期间，一直住在基督教青年会宿舍，阎宝航给他热情的照顾。在这里，韩乐然接触最多的有两个人，一个是阎宝航，一个是苏子元。

苏子元临时在设于青年会的青年事务所工作，与韩乐然成为朋友。当梅佛光请苏子元参加启明学社组织时，苏子元征求韩乐然的意见，韩认为该组织表面上是文化团体，实际上是国民党的外围组织，它联系的对象大多是奉天的文化界知名人士，可以利用该社的声望，在青年中开展工作。苏子元参加该社之后，担任该社主办的《启明旬刊》校对与发行工作。在这期间，一直和苏子元保持良好关系的阎宝航除了参加星期三会的活动外，还帮助苏子元为扩大发行《启明旬刊》做了不少努力。

当时，在星期三会的影响下，奉天还组织了不少的文化学术团体，如沈阳南满医科大学、医科专门学校和各中等学校学生相继组织以学习社会科学、唤起革命为宗旨的木铎社，以及以研究新文学为宗旨的文学研究会。其中有一些组织不但得到阎宝航力所能及的支持，而且他往往把这类工作纳入青年会学生部工作的一部分。如会址设在基督教青年会的文学研究会，是由各中等学校爱好新文学的学生组织起来的。参加这个团体的青年学生，每星期日聚在一起漫谈读书心得，有时介绍新书刊，有时朗诵一些新体诗歌。作为组织者，阎宝航饶有兴趣地参加活动，并参加讨论过苏俄新文化的论战，以任国祯译作《苏俄文学论战》为基础，初步接触到社会主义、现实主义与革命浪漫主义问题，文学为阶级服务问题，并主张普罗文学。参加研究会的先后有30多人，后来有一部分接受了社会主义思想，成为学生运动的骨干，还有的加入了中国共产党和青年团。

由于阎宝航特别热心组织对新思想、新文化运动的学习和研究，奉天基督教青年会发生了普莱德意想不到的变化。这里差不多已经成为宣传新思想、新文化掩护革命者从事革命活动的场所。1922年，阎宝航开始购买《向导》《新青年》等书刊在青年会会员中传阅。一些文化团体成员在这里参加活动后便争先阅读这些书刊。1923年春，青年会干事郭刚赴广州开会回来，带回一些有关马列主义和关于社会主义思潮的进步书刊，其中有马克思恩格斯的《共产党宣言》、列宁的《十月革命的成功与困难》、考茨基的《阶级斗争和政权之路》《社会主义》以及瞿秋白的《赤都新文化》《社会科学概论》和一些反官税、反宗教、反不平等条约的小册子等。阎宝航在星期三会里，同高子升、吴竹村、郭纲、何松亭、巩天民、苏子元等一起阅读和讨论。主要方法是由高子升口译日文的马列主义经典著作和关于社会主义的书刊，对读不懂的地方大家一起来“啃”。这是阎宝航初步接触马克思主义和革命思想。

青年事务所的苏子元受到了韩乐然的重视。朱霁青来奉天时，韩乐然曾约请苏子元一起去拜见。回来后，韩乐然告诉苏子元，朱先生有意派他去广州黄埔军校学习。苏子元表示不愿去，理由是“我不想跟国民党走”。韩乐然便问，“今后的路打算怎么走？”苏子元答：“我要找共产党。”当时韩乐然并没有说什么。不久青年会就不断地收到从上海寄来的《向导》《中国青年》刊物和一些进步书刊，后来寄来的书刊越来越多。苏子元把这些书刊交给阎宝航，阎宝航除自己认真阅读外，在组织各团体活动时在青年中散发传阅。以高子升为中心的星期三会所能阅读的书刊也越来越多。星期三会后来逐渐形成了沈阳第一个社会主义研究小组。1925年沈阳建党后，高子升、郭纲、何松亭、巩天民、苏子元等人先后加入中国共产党和青年团。

韩乐然是以上海基督教青年会的关系作掩护来沈阳开展建党工作的。奉天基督教青年会学生部干事阎宝航的热情接待和帮助，给他留下了很好的印象。但他认为，阎宝航毕竟是与外国传教士有密切关系的人，同时又同大军阀张作霖父子的关系也非同一般，所以在发展党员时，只是对阎宝航给予了审慎的关注。他的工作重点主要放在苏子元、郭纲这些人上。后来，他对阎宝航的看法逐渐有了改变。他看到，由于这位学生部干事的工作，使基督教青年会发生了很大变化，他不但支持一些社会进步团体的活动，而且同国民党的外围组织也有着密切关系。由于他的积极态度，基督教青年会几乎成了新思想、新文化运动的中心。他认为，阎宝航是一个值得注意的人物，党应加强对他进行帮助和考察。

1924年至1925年上半年，韩乐然指派郭纲、苏子元向阎宝航宣传马克思主义和党的主张。他自己有时也和阎宝航唠唠家常，评议时政。也正是在同他们的交谈中，阎宝航进一步了解到马克思主义、社会主义和共产主义，也初步地认识到帝国主义、军阀相互勾结的本质。这一时期，他虽然仍在关照贫儿

任国桢

学校的发展，但他的主要精力则是用在新文化的社会活动方面和对马克思主义的研讨上。阎宝航在同共产党人的交往中，视野逐渐开阔。

1925年春，任国桢受中共北方区委负责人李大钊派遣来到奉天，从事建党的工作。任国桢居住的大南门里文华阁纸庄，距奉天基督教青年会不远，他常去那里看书看报，寻找关系，接触群众。在这里，他很快结识了苏子元。并通过苏子元同韩乐然取得了联系。这样，共产党员在这里同心协力培养骨干力量，为在奉天建立党组织积极工作。据苏子元回忆，韩乐然和任国桢当时在一起确实讨论过把阎宝航作为党的发展对象问题。最后他们一致认为，对这位特殊人物，还是应该抱积极慎重态度，要通过实际斗争考验。

1925年5月15日，上海日本纱厂工人为抗议日本资方无理开除工人举行罢工时，日本资本家开枪打死工人顾正红并枪杀工人十余名。5月30日，上海各校学生两千余人在公共租界里举行集会时，英国巡捕开枪射击，当场打死十余人、伤十人、捕数十人，制造了震惊中外的五卅惨案。上海各界人民组织起来实行罢工、罢市、罢课斗争，愤怒声讨和谴责帝国主义惨杀我同胞的血腥罪行。消息传出，一个谴责英日帝国主义的罪行，支援上海人民的运动，迅速在全国开展起来。

正在奉天的任国桢和韩乐然开始酝酿组织奉天工人声援上海人民反帝爱国斗争问题。他们讨论了应该发动学生起来参加这一支援运动，同时也讨论了如何发动学生的问题。当时沈阳没有学生联合会组织，更没有工会组织，而商会、教育会又不肯干这种事。他们认为在参加基督教青年会学生部活动的学生，大多是爱国青年。此外，参加文学研究会的学生中，也有不少同情社会主义的进步分子。为支援五卅运动，开展反帝斗争，不仅他们能行动起来，也有可能把沈阳中等以上学校的学生组织起来。因此，他们认为，应利用基督教青年会开展工作，在基督教青年会有两个人最合适，一个是阎宝航，一个是苏子元。韩乐然说，阎宝航平时就和大中学生关系很好，也很有威信，以他的号召力，很快会把学生发动起来。同时韩乐然亲耳听到，在五卅惨案传来后，阎宝航曾在一次集会上发表过同情上海工人，反对英帝国主义的野蛮与暴行的言论，他的政治态度是清楚的。苏子元原来就是教员出身，熟悉学生，又在青年会工作，接触各校学生很多，关系也不错。任国桢考虑到，阎宝航与奉系军阀及外国传教士有密切关系，在这样的问题上应该加以回避。况且，依阎宝航的身份和地位出面发动学生，会给他带来麻烦，所以应该回避他。即使苏子元出面发动，也应秘密进行。随后，任国桢找到苏子元，请他出面组织发动各校学生，“搞一次支援五卅的运动”。苏子元过去读过任国桢译的《苏俄文学论战》这部书，对任很崇拜。支援五卅运动又正是这位爱国青年想做而又不知怎样做的事情，便满口答应下来。苏子元在运动前曾征求过韩乐然的意见，韩提醒他不要暴露自己。任国桢叮嘱他，此事可以青年会所联络的青年为骨干，但不应涉及青年会学生部，以免节外生枝。

苏子元首先到小河沿医科专门学校，与该校学生吴执中、高君福、白希清交换了意见。接着苏子元又分别到其他各校征求意见，得到赞同。6月5日夜，奉天八所大中学校在小河沿医专召开了第一次各校学生联席会议，会议一致决定，同各校选出代表组织奉天学联筹备会，组织支援五卅的活动。以后又连续开会，作详细研究、部署，决定举行游行请愿活动，并制定了宣传口号，印制了传单，选举了请愿代表，规划了请愿游行的组织工作等。上述这些会议都是在医专进行的，阎宝航事先一无所知。

6月10日上午7时左右，南满医大、医专、南满中学的学生首先到达省公署门前。随后，文会高中、一师、第一工科、第二工科、坤光女中、一中、农林中学等十几个大中学校学生，冲破军警的重重拦阻，也陆续赶来。大约9时左右，省公署门前已聚集2000余学生，开始请愿活动。由请愿总代表毕天民宣读请愿书。王永江见状把省教育会长冯子安和省议会议长冯子敬调来，出面说服学生。二冯来后，见群情激奋的请愿学生，未敢露面。在紧急时刻，这两个人想起了阎宝航。他们知道奉天基督教青年会学生部干事阎宝航在学生中有一定威信，便捎信给阎宝航，称学生闹事，事态严重，为不致造成流血事件，请阎先生出面排解。

事后，阎宝航和苏子元在谈到这件事时这样说道，“省公署统治者方面认为，我是解铃系铃的人。其实阎在事前并未参与这次策划请愿工作，直到请愿事件发生前，也没有人通知他。”

几十年后，阎宝航在接受采访时，对这件事是这样解释的：

发动学生请愿这件事，事先我并未与闻，但也不是一点不知道。苏子元在青年会工作，他去发动学生时，日常工作都是交给我处理的。我问他去做什么？他说：“做什么，你肯定赞成，到时候你就知道了！”6月9日晚上，苏子元回到青年会，郑重其事地说：“我回来了，明天奉天将有好事发生，五卅运动这么大的事，奉天一点没有反应行吗？”他说完就走了，我也不便深问。第二天当我接到二冯的电话时，才把苏子元的话对上了号，心里明白大半。第一，这几天学校的学生告诉我，苏文书来到他们学校了。现在学生起来了，我想这件事一定同他有关系。第二，在和韩乐然、任国桢的接触中，我已感觉到他们言论举止不凡，很有来头。每次同他们谈话，都很受启发。虽然那时候我还不能肯定他们就是共产党人，但苏子元的行动与他们有关系，这一点可以肯定。第三，发动学生声援五卅运动，这件事应该干，干得好。我阎宝航在这种时候，只能站在学生一边，不能含糊。说老实话，当局对学生的请愿活动采取对立态度，我一点都不理解。①

阎宝航接到二冯急信，便同送信人一起火速赶到省公署，首先会见了学生代表，了解情况，并探询请愿目的及条件，最高限度和最低限度的内容。

学生代表们看到阎宝航很是激动，纷纷向他反映情况，表达他们的意见。毕天民代表说，学生这次请愿活动，完全是正义的。但请愿所提出的五个条件，当局一条也不采纳。学生的意见是，只有其中第五条“游行示威”一条可以让步，其余必争。阎宝航认为学生代表的要求很合理，便去见二冯，他说：“学生爱国热情可嘉，提出的五条应该考虑，不应无理压制。”二冯遂与民政厅长王明宇、警察厅长陶菊溪等商议办法。王、陶坚持说，学生要求通电、募捐、开会声援都可以，唯游行示威不行，以免影响治安，否则将

① 采访国家的记录（未刊稿）1964 年。

武力制止！阎宝航建议当局直接和学生代表谈判。双方交涉到下午3点多钟，阎宝航与警务处长于珍陪同学生代表向学生宣布请愿结果，学生代表同意暂不游行，阎宝航宣布省长公署答应的条件。坚持八个多小时的斗争取得初步胜利。各校学生陆续返校。

当局答应学生的条件，实际上是一个缓兵计。当天晚上，奉天当局派军警封锁几家公立学校，不准学生出入，并切断电源、检查邮件等。城门口加派兵力把守，严加盘查，凡学生装束一律不准入城，发现传单宣传品等一律没收。当局的卑劣行为，引起各校学生的气愤，纷纷跳墙串连商量对策，并派人找阎宝航出面谴责当局的行为，强烈要求当局维护信义，履行诺言。

阎宝航闻讯，大为不满。立即连夜寻到冯子安，转达学生意见，厉声责问当局出尔反尔的做法，敦请当局维持信用。冯子安答应阎宝航，省公署同意各校学生于6月12日派代表到省议会，参加各法团联席会议。随后，阎宝航要求立即向各校传达，冯子安遂派车送阎宝航去各校。他首先到达医专，医专同学把学联筹备会印刷的传单交他转递各校。他欣然接受，把上面印有“支持五卅运动流血牺牲在所不辞”等字样的传单到各校散发，鼓舞同学们斗志。

6月12日，阎宝航又接连参加了各法团联席会议。当时的《东三省民报》这样作了报道：

到会者有商务会吴、赵两会长、教育会冯会长、律师公会高会长、学生联合会代表毕天民、粟丰等八人以及阎玉衡……讨论之事项分电争、募款、警告三项：（一）电争：除上次致执政府一电外，并拟由各法团联合会名义再致电北京公使团、上海领事团以及全国父老兄弟姐妹。（二）募款：商务会已认捐五千元，此外则由各法团联合会组织一募款机关，并分遣人员到各县劝募。公余俱乐部并拟出演募捐义务戏。（三）警告：由奉天各法团联合会发起关于沪案应向日本政府、英国政府提出严重警告……又闻王省长……已向张督办及中央拍出电报，请中央据理交涉，速谋解决，以平民气。

阎宝航和各校学生们一样，沉浸在胜利的喜悦之中。

但是，阎宝航和学生们意想不到的事情发生了！

从6月10日晚起，当局派警宪一直对各校实行封锁的命令并未解除，有的学校则把请愿代表逐出校外，以免他们再鼓动学生。阎宝航了解到这一情况便找冯子安交涉。冯子安起初以不了解情况加以推托，后干脆避而不见。阎十分气愤，乘郭松龄将军汽车为学生不断奔走呼号。在这期间，奉天学生联合会正式成立，会址设在小河沿医专。学生联合会选举毕天民为主席，下设宣传、组织、妇女、总务等部，出版不定期刊物《奉天学生》。学联会与东北各省学生组织、京沪学联会取得联系，将捐款陆续汇往上海学联，支援五卅运动，同时与奉天各县学校学生进行联络，宣传反帝，鼓舞学生加强团结，开展斗争。就在学生的活动搞得轰轰烈烈的时候，当局宣布各校从6月13日起提前放假，并迫令学生即日离开学校、离开省城。

很显然，这是当局为瓦解学生运动所采取的措施。各校学生起初联合起来拒不离校，但各省立学校均已提前放了假，学联会已无法组织学生进行活动，再加上警宪的阻挠破坏，轰轰烈烈的“六十运动”就这样不了了之。到了下半年学校开学时，省立各校在奉张政权的号令之下，将参加六十请愿的学生代表全部开除学籍。阎宝航虽然不是六十运动的组织者和领导者，但他支持学生的反帝爱国运动，对当局对学生的爱国行动采取欺骗镇压的手段，感到异常气愤。他曾多次以青年会干事身份出面与冯子安等交涉，请求允许被开除的学生回校学习，遭到拒绝。阎宝航深表痛心。很长一段时间里，他总感到自己对不起学生。痛定思痛，他又对刚刚发生的事情何以这种结局找不到答案。最后，他还是在共产党人那里得到了答案。

1.6 在斗争中接触、了解中国共产党

当奉天当局宣布6月13日提前放暑假，阎宝航激于义愤与当局交涉无效的时候，共产党员任国桢仍在策划引导青年学生“与工人农民运动结合起来”，发动同学，走向社会去宣传，以唤起民众。他们每天进出青年会，阎宝航对他们的行动表示钦佩。

阎宝航看到，虽然学校放了假，但许多学生根据学联筹备会的布置，成群结队地到农村利用办暑期补习学校之形式，进行宣传、募捐。有的赴南满铁路和抚顺煤矿劝告工人反日救国，有的甚至走上街头，利用演剧等艺术形式进行宣传，号召各阶层人民一致对外，取消一切不平等条约、收回租界，敦促政府对英、日严重交涉，学生的赤诚十分感人。学生们的行动，很快得到社会各界爱国人士的响应，社会各团体纷纷组织上海罢工工人后援会，发通电、宣言，掀起了声讨英日帝国主义，支援上海同胞，抵制英日货的高潮。工商医学各界一致行动，踊跃募捐，慷慨解囊。一时间，奉天全城商工自愿助捐者就达10万余人。笔笔捐款源源汇往上海……

东三省破天荒的反帝爱国运动，是共产党人发动和领导的。阎宝航被深深地感动了：共产党很了不起！

他很自然地想起了1914年在两级师范学校参加为反对袁世凯接受卖国的“二十一条”的斗争，他对奉天当局采取压制那场斗争的行为感到愤恨，但他对当局和张作霖还做不出阶级的分析。张作霖执掌东北大权之后，招揽人才，兴办实业，发展教育，政治经济均有起色。对日本在东北的利益则设法加以限制，如控制农产品向日本出口，避免日本对东北农民的直接盘剥。在工业方面，张作霖规定东北矿藏一律由政府开采，引起日本当局的不满。奉直之战，奉军战败后，张作霖主张东三省联省自治，下决心励精图治，发展东北，做了一些爱国的事情。1923年3月，张作霖曾公开宣布1922年11月与日本大仓组签订的中日合作兴发公司合同及其他30余个中日合办公司搁置。同时，张作霖致电徐世昌，陈述收回库伦、恰克图之意见。还有，原奉天督军段芝贵以吉林镜泊湖瀑布大泉水作抵押，向日方借款500万元，张作霖亦还给了

日本三林洋行。阎宝航了解国民党对张作霖的评价，也很同意国民党人的态度。特别是苏子元担任编辑的《启明旬刊》，不仅以大量篇幅刊载孙中山三民主义，也报道张作霖建设东北的爱国之举。然而，使阎宝航费解的是，这位绿林英雄在对日本人的态度上总是出尔反尔。日俄战争后，沙俄将旅大租借权转让给日本，袁世凯为称帝竟与日本秘密换文，把旅大租期延至99年，遭到国人强烈反对。1922年11月，奉天省议会曾提出收回旅大案，立即得到东三省民众的拥护。国民党人的东三省民治促进会召集全体会员，讨论收回旅大问题，决定创办《东三省民报》，揭露日本帝国主义侵华罪行，反对续租旅大。该会决定，由总干事高崇民通函各机关，宣布必须按期收回旅大的理由，同时印发传单，到处散发。当时，东北具有爱国心的各界民众也积极行动，开展排斥日货及其他排日运动。沈阳民众一致起来，不购日货，不用日货，不售日货，焚毁积存日货运动搞得轰轰烈烈。阎宝航以基督教青年会干事身份，积极参加各种排日活动，他曾亲自作过街头讲演，亲自把东三省民治促进会的反日传单带到青年会，发给青年会参加活动的青年，做广泛宣传。日本当局为此曾多次到奉天省政府交涉，要求制止这种反日活动，严惩反日分子。迫于日本人压力，奉天省长王永江竟通令各机关，学校不得进行反对续租旅顺的活动，同时还暗令警察将高崇民驱出奉天省境。

“六十运动”之后，阎宝航曾多次就奉天当局压制学生运动这个问题，在星期三会上同大家讨论，同韩乐然、苏子元交谈过。这样，阎宝航有更多的机会同共产党人接触和交谈。为分散当局的注意，阎宝航把星期三会的研讨聚会，改到高子升供职的满洲银行宿舍去。

这一时期，阎宝航同韩乐然、苏子元谈话的议题集中在帝国主义和中国的军阀，包括张作霖的奉天政权。韩乐然从1840年鸦片战争英帝国主义对中国的入侵，谈到中日甲午战争，以及日本迫使袁世凯接受企图灭亡中国的“二十一条”，提出帝国主义特别是日本帝国主义对中国的侵略野心，韩乐然也谈到帝国主义与中国封建官僚资产阶级的关系，指出军阀依靠帝国主义祸乱中国的反动本质。这些谈话，使阎宝航大开茅塞，并产生了极大兴趣。

这年夏，韩乐然接受党的派遣，准备去苏联海参崴。临行前，韩乐然与阎宝航做了一次长谈。这次谈话，韩乐然从帝国主义和中国军阀的关系谈起，一直谈到对奉系军阀的认识。他说，中国战争频繁，祸乱不断，民不聊生，其根源就在于外有帝国主义，内有军阀，他们相互勾结，相互利用。只要我们稍一放开眼睛，就可以看清，中国的每一个军阀背后都有帝国主义的支持。比如皖系、直系后面就是美英帝国主义等，而奉系的后面则是日本帝国主义。不错，张作霖执掌奉天政权，做了一些好事，在一些问题上不听日本人的摆布，日本对他不满意。但他们之间又利用又勾结，张作霖的反动本质丝毫没有改变。奉天政权是封建官僚资产阶级政权，张作霖则是这个封建官僚资产阶级的代表人物。他先后两次发动的直奉战争，问鼎中原，给关内外人民带来深重灾难。反袁斗争时的张作霖姑且不论，就以第二次直奉战争为例，张作霖依靠日本的军需弹药支持谁人不知？英日帝国主义在上海制造五卅惨案，真正的帮凶到底是谁？这一点，只要我们稍稍面对正在问鼎中原的张大帅干了些什么就完全清楚了。你看，五卅惨案后，张作霖把自己打扮成反帝代表，而奉军已经打到上海。当时，上海人民掀起反帝风暴，帝国主义对人民反帝运动进行疯狂镇压。张作霖即令奉军开进上海，并派人秘密会见英国领事，强行阻挠上海工学商各界公祭被帝国主义屠杀的烈士，封闭上海工学商联合会、海员工会、洋务职员大会，围攻上海总工会，查封了全国反帝先锋的上海总工会。奉军所到之处，人民反帝斗争均遭到摧残。在山东，张作霖的干将张宗昌制造了青岛惨案；在天津，张的部下李景林为帮助日本资本家镇压工人，派出五六千军警围攻工人，工人死伤数万；在吉林，禁止游行集会，公然不准抵制日货；还有奉天当局以卑劣手段，打击学生运动……

奉天当局破坏六十学生运动后，阎宝航向韩乐然表露出一种自责感。他认为，自己没能有力地帮助学生达到请愿的目的。韩乐然说，“先生大可不必有这种自责，这并不是我们哪一个人所能左右的事。要达到我们的目的，要有人民大众长期的反抗斗争，直到取得胜利。当然，六十运动实际上已经取得了基本的胜利。我们现在要做的事情就是学习与军阀、帝国主义作斗争的理论与策略。”

通过这次六十运动和与共产党人的接触，阎宝航初步了解了中国共产党的性质、理论和策略思想，党在斗争中也了解了阎宝航。

韩乐然走后，共产党人任国桢和吴晓天商议，应对敌人破坏镇压六十运动的阴谋，利用暑假间组织学生开展有意义的活动。这一天任国桢又来找基督教青年会文书苏子元，约他晚上去文华阁纸店。

当晚，苏子元如约而至。纸店主人是任国桢同乡，任国桢受中共北方区委派遣来沈阳开展党的工作，经常在这里落脚。任国桢见到苏子元，便热情地同他谈起来，中心议题是想办法把学生再组织起来。任国桢鼓励他说，沈阳的六十学生运动，是大革命以来东北学生反帝反封建运动的一次良好开端，虽然遭受当局的阻挠破坏，但毕竟伸张了爱国正气，锻炼了学生群众，取得了初步成果。要重视这个成果，想办法巩固发展成果。

自六十学生游行行动受挫后，苏子元一直心中不快，但又不知如何是好。经任国桢这么一说，不仅增加了信心，也打开了思路，他说："办法还是有的。按惯例，青年会每年要利用学生放暑假机会办学生夏令会活动，今年学校提前放假，夏令会活动也泡汤了。我看，夏令会可以为我们所用，如果怕这个名称惹人注意，可不可以叫'奉天暑期大学'呢？"任国桢认为这是个好主意，他说我们大家共同想办法找几个教员，讲讲课。他当即决定，组织进步青年开办暑期大学。他请苏子元回青年会与学生部干事阎宝航商谈，请他出面组织最为恰当。通过组织六十学生游行活动，阎宝航对学生的真诚态度使任国桢感动，他认为阎宝航是值得信赖的人。与阎宝航共事的苏子元当然有同感，回青年会找到了阎宝航。

苏子元首先问道："今夏学生提前放假，青年会每年暑假都利用这个假期办学生夏令会，今年是否还要搞夏令会？"阎答："我正在考虑。可是，现在办夏令会似乎在捅当局的心窝子！"苏子元说："我有个建议，夏令会不但要办，而且还要办好。不过最好不叫夏令会，叫暑期大学。"阎问："暑期大学是何内容？"苏子元答："自有安排！"

阎宝航敏锐地意识到，苏子元所说的开办暑期大学，无疑是共产党人的意图，他满口答应，愿意为暑期大学提供必要的场所。苏子元接着说，"不仅要阎先生提供校舍，主要是请你做这个暑期大学的校长。"阎宝航毫不迟疑地回答："我来当，就这么干！"

7月，在校长阎宝航亲自筹备和主持下，暑期大学在青年会正式开学。参加暑期大学的学生是由任国桢、苏子元、吴晓天等人秘密商定，主要是以参加响应五卅运动的各校学生代表、学生联合会积极分子和具有进步思想的学生为主，还有社会主义研究小组的全体成员，以及一些小学教员、店员、职员等共40余人，年龄最大的不超过30岁。授课时间每日下午5时至7时。授课内容：任国桢讲唯物史观及唯物辩证法，系统介绍社会发展史，阐明共产主义社会是人类社会发展的必然趋势的革命道理。吴晓天讲学生运动、社会科学、现代政治和妇女问题。陈涛（陈日新）讲社会主义与社会主义史。为掩人耳目，避免引起当局的注意，安排了一些五花八门的内容，如让阎宝航聘请安怀音、苏尚达讲授宣传工作与新闻学，银行与新中国、关税与新中国。这样，在内容上看起来是五花八门的，外人很难明白暑期学校的性质。学校又办在处于外国租界地的基督教青年会，中国警察不管，而且也管不了，所以学校办得很顺利。暑期大学的开办，对当时的爱国进步青年，的确起了共产主义的启蒙作用。

1.7 在郭松龄反奉事件中

1925年11月初，刚刚陪同郭松龄从日本观操回国的韩淑秀再次来到青年会，专门会见阎宝航。当时，郭将军应张学良电邀提前回国，正在紧张地对进关部队进行编组战斗序列的准备，入天津组织第三方面军司令部。韩淑秀在青年会做短暂的停留就走了。半个月后，便发生郭松龄反奉事件。有人曾猜测，韩夫人此次会见阎宝航，虽然不可能向阎宝航透露郭将军起兵反奉意图，但是谈到张作霖与日本人订立密约的事，并表示不满情绪是完全可能的。苏子元回忆说，他记得当时韩夫人会见阎宝航之后，阎曾陪着她去他们发起创办的奉天工儿院和贫儿学校。阎宝航送走韩夫人回到青年会，从未向任何人谈起这件事。他认为，韩淑秀像是来告别，表现出一种不成功便成仁的情绪。阎宝航在郭松龄反奉后起而作内应，并不是偶然的。

阎宝航在郭松龄反奉事件中受到了株连。

原来，郭松龄为反对奉军武力扩张政策，曾写信给张作霖，要求退兵，遭到拒绝。郭遂决定借赴日本参观军事演习之机，暂避居日本，以抵制内战。10月初，郭松龄赴日抵达东京，同行的有韩复榘率领的国民军军事代表团。此时，浙江督军孙传芳组织联军打败奉军，苏、皖两省相继丢失。与此同时，郭松龄在日本获知张作霖派特使与日本订立密约等内情，大为愤慨，遂将这个情况告知国民军首席代表韩复榘，表示与冯玉祥合作之意。①10月下旬，郭松龄应张学良之邀回到奉天，不久，到达前线。11月13日，张学良抵天津与国民军谈判和平，同时向郭松龄传达张作霖进攻国民军的密令，郭遂陈述不可再战的理由，主张撤兵出关。张学良虽赞同郭的主张，但由于父命难违，仍遵父命严令郭松龄第三方面军、李景林第一方面军调兵备战。郭知战争不可避免，遂称病入天津意大利医院，暗中做反奉准备。

1925年11月下旬，郭松龄总司令部在滦州宣布班师反奉，要求张作霖下野，惩办杨宇霆，拥护张学良为司令，改革省政。一时间，奉天张作霖帅府

① 《奉天灾内变之京讯》引自《京报》，1925年12月2日。

惊惶失措，一片狼藉，国民党北方执行部负责人李大钊，从河南调朱霁青来东北，在奉天神学院同钱公莱等人组建东北国民革命军总司令部，中国共产党派任国桢参与领导工作。这时中共中央、青年团中央发表《为郭松龄倒戈告全国民众》，号召全国人民支持郭松龄反奉，积极起来“夺取政权”。在那些日子里，任国桢来往于神学院和基督教青年会之间，与苏子元一起讨论支持郭军反奉，印发传单。阎宝航通过苏子元了解到共产党人的行动，也积极行动起来，开展支持郭松龄行动。

当时，由苏子元负责油印的传单，通过阎宝航送到奉天学联手中，并很快在奉天大中学校张贴、散发。阎宝航在散发传单的同时，还发动学生组织起来，准备迎接郭军进城。

但是，就在郭军前线已到新民，逼近沈阳的时候，苏子元在青年会油印传单的举动，被一位外籍干事发现，报告警方。警方立即前来搜捕。苏子元走脱，任国桢被捕。据乐春回忆，当时，阎宝航也曾被沈阳东关警察署捕去，讯问他同郭的关系，在那里他被拘留了一两天，就被放回来了。不久，郭松龄反奉失败，郭及夫人韩淑秀被张作霖枪杀。阎宝航得知这一消息曾潸然落泪。他因与郭氏夫妇相交甚密，当局怀疑在郭松龄反奉期间共产党在奉天广为散发、张贴的传单与他有关。为避免受到牵连，阎宝航便到一位国际友人家中躲避。后由于张作霖对郭案采取宽容政策，阎宝航遂又复出。

事后，有一位朋友曾问阎宝航，“郭松龄将军和张学良将军都是你的朋友，在对待郭氏反奉事件中，张汉卿的态度是父命难违，义不背父。而你却坚决讨伐，站在郭将军一边，日后和张汉卿的关系如何相处？”阎宝航明确回答说：“我支持郭将军反奉，并不是因为我和郭氏夫妇有良好的关系而为之，也不是为了和汉卿一刀两断而图之，我反对的是与日人勾结，出卖国家利益的行为。谁这么干我就反对谁，相信汉卿也未必支持乃父之举措。无论就个人关系还是国家利益，我和汉卿是一致的。”

阎宝航本不会喝酒，上次六十运动过后，他喝了酒，这一次郭氏夫妇被害，他竟喝得酩酊大醉。他抱歉地对高素桐说：“很对不起，喝点酒，解解心中的烦闷罢了。今后不喝了。”在这一点上阎宝航并没有兑现自己的诺言。在一般情况下，他喝酒从不过量。但在他一生中，确有几次大醉，不过这是后话而已。

郭松龄将军和夫人韩淑秀被害后，阎宝航一直处在痛苦之中。韩淑秀是一位难得的进步女性，她抑恶扬善，提倡妇女解放，重视贫儿教育，同情贫苦民众，这些都给他留下难以磨灭的印象。使他感到自责的是，由于郭氏夫妇被害，他和韩夫人发起创办一年多的工儿学校也被迫停办，而他却无能为力，常常喝闷酒消愁。

韩淑秀在贫儿学校教书时，常常到阎宝航家做客，因此她和高素桐以姐妹相称。韩夫人生育一女，不幸夭折，此后她再没有生育。她很喜欢小孩儿，每次到阎宝航家，都要和阎宝航的两个女儿明诗、明英玩一会儿，所以孩子们都很喜欢她。她的被害，阎宝航一家也笼罩一层阴影。阎明诗在回忆这段经历时说道：

因郭夫人到贫儿学校教书，常到我家来做客。当我们听到郭夫人被害，正在沈阳小河沿陈尸三天的消息后，哭得没法，都说这么好的人可惜了。我妈对我的小姑说，你带着你的大侄女去看看，凭吊凭吊。那天又是雨又是雪花特别凄凉，那时候可比现在冷。我们到了小河沿，人山人海，我也挤不到里面去，就从大人的腿缝儿那往里看，看到两个人都在地上躺着，郭夫人没有鞋也没有袜子，两只脚都是泥呀。枪子是从后头打进去的，头发让血饼子把整个脸都盖上了。郭夫人皮肤特别白，从下巴颏能瞅见她那模样。当时我就放声哭起来："郭夫人呐，你怎么能死呢？"我小姑姑赶紧把我一把拉过来，连说"嚎不得嚎不得。"①

① 阎明诗：《阎明诗同志在辽宁师范大学为全体师生做的革命传统报告》，《无悔的一生》，辽海出版社 2001 年 6 月出版，第 223 页。

1.8 赴英国留学

1926年，奉天基督教青年会决定介绍阎宝航去英国留学。但留学的路费和日常费用须阎宝航自行筹措。当时，阎宝航在青年会每月只有25元的收入，支付这笔费用是很困难的。正在他为难的时候，时任奉天陆军军团长的张学良派人给他捎信来说，愿意资助他解决这笔费用。阎宝航不知道张汉卿怎么知道他要出国的事。就在他犹豫之间，张学良已把这笔费用送来了。

出国前，阎宝航打算利用办理护照的时间，再练习一下英语，他决定到教会学校把英语再深造一番。临走前，还要把家安置好。

按说，阎宝航停止资助贫校后，靠他的25元工薪维持十口之家，勉强过得去；但后来由于奉票贬值，维持生计日渐艰难。这次，为了解决外出留学的家庭负担，他决定把家分成两部分。他先安排父亲留在奉天，照顾两个堂兄、表兄上学；对自己妻儿的去留，他征求高素桐的意见。

阎宝航对高素桐说，我留学四年，你能不能利用这个时间读点书呢？高素桐说，25元钱过日子都不够，哪念得起啊？阎宝航说，安东（今丹东）附近有个大孤山，那儿有个外国教会办的救济院，叫孤儿院。你到那儿，可以跟着念书，不收学费，还可以学织花边手艺。小孩子上学也不要钱，他们搞教育很有名，我去参观过。又有奉天基督教青年会普莱德介绍，你既可受四年教育，又学会织花边的手艺！高素桐说，哪有这么好的地方啊！行啊！你念四年书回来，我也毕业了。我们有了着落，也免去你后顾之忧，一心学习就是了。事情就这么决定下来了。

自从搬进省城后，一家大小的饮食起居，全靠高素桐一人照料。虽说是粗茶淡饭，但靠着高素桐的勤劳贤惠，夫妻相濡以沫，家人和和睦睦，日子过得还算甜美。1926年，阎宝航夫妇已生下四个孩子，两儿两女。大女儿明诗帮助母亲看护弟弟妹妹，减轻高素桐的家务负担，使她有空上贫民识字班，补习文化。阎宝航出国前高素桐已补习完高小课程。阎明诗回忆说：

我妈有一天跟我说，你爸爸要上国外念四年书，回来可能不说中国话了吧。我说，备不住。妈说，那我也得念英语啊！我说，你高小国文还没毕业，还念英语？妈说，你帮妈看孩子，青年会有个英文补习学校，我也去念四年。我说行啊！以后我母亲就去上英文学校了。她学习很用功，学了单词怕忘，回来就教我，所以我的英语是从母亲那儿学的。妈妈下学回来用英语叫门，然后让我用英语问“谁呀？请进！请坐”等等。我们家的器皿凡是能贴的都被她贴上用英文书写的名字。

这年夏秋之间，阎宝航把高素桐和孩子们送到大孤山基督教堂，便去补习英文了。

所谓大孤山教堂，实际上是一所由丹麦女教士办的救济院，不但收留孤儿，也收留无依无靠的老弱病残。救济院不但办学校，供老弱病残和孤儿上学，还有诊所、织花边工厂。到大孤山，高素桐在工厂做工学手艺，晚上还要上夜校学文化，明诗则负责看护一个妹妹和两个弟弟。

救济院里的生活不像想象的那么好，吃苞米面、高粱米粥，勉强糊口。同时由于水土不服，全家都患上了皮肤病。阎明诗回忆说：

天气渐渐冷了下来。孤儿院流行皮肤传染病，为了隔离，我们一家人被安置到一个闲置不用的两间食堂的外间屋。这儿炕上潮湿，门窗不严实，屋里又阴又冷，每到夜间刮大风时，门窗拍击，响个不停。炕上跳蚤较多，身子被搔破，孩子们都被感染上了疥疮。我患的是脓疥，满身满脸，眼皮肿了，嘴角烂了，吃饭张嘴都困难。

明诗便鼓起勇气要求妈妈，赶快写封信，叫爸爸来接我们回去吧。高素桐认为，她是为支持阎宝航出国留学才到这儿来的，现在阎宝航还没有走，怎么能叫他来接，拖累他呢。再说自己才学个半拉架，等等再说吧。

11月，正是天上冻的时候，日子更难熬了。阎明诗便背着妈妈，私下求救济院的姜姑姑替她给爸爸写了封信，告诉他一家人在这儿的大概处境。阎宝航接到信后，立即来到大孤山把全家人接回沈阳。

1927年4月，阎宝航已办完出国手续，准备起程了。许多关心他的人来看他，和他交谈，想要听一听他留学到底要去学习什么。起初，大多都认为他去一定是学神学。

一位经常到基督教青年会参加活动的青年人乐春，平时就很愿意与阎干事交谈。最初，阎宝航谈论最多的话题是教育，推崇教育救国。后来，他又从

1927年阎宝航出国留学期间，高素照顾阎家上下度过一段艰难岁月。这是当时母子们留影。前排左起：阎明诗、阎明智、阎大新、阎明英

教育救国思想里解脱出来，与人说话的内容集中在社会政治改革方面。他认为日本帝国主义和张作霖政府这两个势力，是东三省老百姓的大敌。不普及爱国主义教育，不唤醒民众与之较量，东三省早晚要被日帝夺去，像它吞并朝鲜一样，把东三省老百姓打入亡国奴的境地。乐春回忆说：

1962年，我从阎宝航写的回忆录里读到，他对暑期大学很感兴趣，对所谓唯物史观初次接触，并认为把经济作为事物的自发性有道理。我特别记得他引了先秦哲学家的几句话，那时他理解物质是第一性，中国古代哲人也是这样讲的，比如管仲的“仓禀实而知礼节，衣食足而后知荣辱”等等。

在阎宝航临去英国前，乐春受苏子元委托与阎宝航交谈。他们交换了对中国前途的看法，中国应走哪一条自救之路，当前的主要任务是什么，个人主要该干什么等。阎宝航说：“孔夫子说‘己所不欲，勿施于人’，犹太的基督说‘你要人家怎样对待你，你应该先怎样对待别人’，这种人际关系的实现单凭人的道德修养和法制制约是办不到的，必须从改革社会制度着手。但是怎样改革，改革成什么样子，从古至今有许多讲得极为动听的方案，但截至现在没有一个实现。就说欧洲的社会主义吧，欧文有他的理想，并按他的理想干起来，结果垮了。还有苏联，但书上描写的苏联果真如此吗？这次我有机会到英国去，英国老早就是欧美式的民主国家，我实地看一看，学习研究一番，有机会再到俄罗斯考察一下，学习对中国有用的知识。总之，就是看中国应该走什么样的路。”阎宝航出国的动机不是去学神学，他注重的是社会和政治改革问题。

阎宝航思想的变化，主要是通过反帝反封建军阀斗争锻炼，和受共产党人的影响，他开始接受共产主义世界观，思想政治觉悟在提高。谈到他的进步，阎宝航写道：

约从1942年起，辽宁省城基督教青年会就不只是反帝爱国运动策划联络中心，而是从事革命的地下工作同志一个掩护地点。我党一位老同志苏子元担任青年会干事，徐仲航同志也是干事。据我所知，当时共产党员尚有巩天民、周东郊①、李馨圃、高子升、何松亭等十余人都以青年会会员名义，并参加其一些

① 即周春晖。

活动作为革命工作的掩护。我和这些同志们过从十来年的时间中，思想上多有受启发之处。苏子元在我出国之前曾和我谈到加入共产党时，彼此同意候我回国后再加入。他也是我以后参加共产党的推动者。①

苏子元谈到阎宝航申请入党是这样说的：

1923年，当我组织共产主义研究小组时，阎宝航有时也参加讨论。1925年五卅运动时，他极力帮助奉天学联工作。暑假期间由他做校长，利用青年会办了暑期大学，教员是共产党员任国桢、吴晓天、陈日新等人。秋季，奉军郭松龄反奉时，他支持反封建战争。1925年，我到哈尔滨工作。直到1927年，我从苏联回到沈阳工作时，见到阎宝航同志，他向我提出加入中国共产党的请求，我向当时第一届满洲省委吴立石同志提出，党派周东郊同志与阎宝航作了长时间的谈话。以后我离中国去苏联，周东郊离沈阳赴延边工作，年初周被捕入狱，原省委同志也离开沈阳。阎宝航的入党请求，没有得到解决。②

1927年，国内形势发生突变。蒋介石加强反共活动，并在帝国主义的策动之下，发动了四一二反革命政变，对共产党人和革命群众实行血腥大屠杀。在此前后，奉系军阀张作霖与蒋介石遥相呼应，在北方掀起了反苏反共风潮，残酷地杀害了中国共产党创始人李大钊等一批共产党人和国民党左派。中共满洲省委对阎宝航在革命低潮时期提出入党要求，非常重视，决定派周东郊了解阎宝航的思想情况。但由于苏子元奉命离开沈阳，阎宝航出国手续已办完，不得不起程出国，他的入党要求未得实现。

不久，阎宝航赴英国苏格兰爱丁堡大学研究院学习。他选修的课程是哲学和社会学，此外他还选读了世界经济地理。除了学习专业之外，他最关注的问题是英国劳动人民的生活问题。阎宝航这样说道：

这一时期思想上仍注意劳动人民的生活问题，所以就从书本上研究了英国失业问题，又深入贫民窟，考察贫民和失业者的生活状况，以后曾写过一篇文章交给研究院主任。

阎宝航在苏格兰留学期间，恰好宁恩承也在英国留学。老朋友舒

---

① 《阎宝航自传》，未刊稿，中共中央组织部档案案存。

② 苏子元：《怀念共产主义者阎宝航同志》，未刊稿，辽宁社会科学院党史的资实案存。

阎宝航在英国爱丁堡

阎宝航（中）与老舍（左）、宁承恩在伦敦（王卓然摄）

庆春（老舍）也在英国伦敦大学教中文。

阎宝航和老舍相识在1925年，当时老舍来奉天基督教青年会参加夏令活动，并经常参加奉天青年会的活动，同阎宝航成为莫逆之交。老舍之子舒乙在回忆他的父亲老舍与阎宝航的一文中写道："阎宝航先生是一位值得大书特书的人，他的一生充满了传奇故事，有着非凡的经历。我将阎宝航先生的事迹概括成五个方面：一是他在二次世界大战中为全人类的进步作出的伟大贡献。二是他在中国是三个领域的带头人，他曾是青年会的总干事，是第一位中国人担当此任者；他曾是新生活运动的总干事，阎先生作为总干事是实际的一线策划人和指挥者，应该说，对改造国民性起过很好的作用；他曾是东北救亡总会的领袖，抗战时是全体流亡的东北人的核心，重庆的阎家老店曾是他们可爱的临时的家。三、他是中国现代慈善事业的开拓者；四、他是中国现代史上一系列重大事件的参与者；五、他是现代史上一批重要的历史人物的朋友和共事者，这其中有蒋介石、宋美龄、周恩来、张学良、老舍等等。"

1927年，阎宝航利用假期在英国和北欧考察，当时舒舍予在英国伦敦大学教中文。宁恩承此时也在伦敦。三人一同参观大英博物馆、国家美术馆、威斯敏斯特大教堂、亨利第八的皇宫、英国皇家植物园，共看泰晤士河上的落日。几星期中的赏心乐事，许多年后老舍常提起。阎宝航也常述及这段愉快的时光。这让人不禁想到他们两个不同领域的人，却有着非常类似的悲惨

1929年阎宝航（左二）在丹麦考察期间与友人合影

命运。

阎宝航在英国住了几个月，经苏格兰去丹麦考察国民教育和合作社组织。丹麦是个小国，和中国的奉天青年会有密切关系。奉天青年会中许多传教士是丹麦人，在这里阎宝航拜访了一些老朋友。就在这时，夫人高素桐又生一女，阎宝航给女儿取乳名丹麦，大名阎明光。

1929年春，阎宝航完成了在爱丁堡大学研究院的学业课程。在他留学期间，国内及东北的形势发生了很大变化。

1928年初，蒋介石联合冯玉祥、阎锡山、李宗仁等开始第二次北伐，向张作霖发起进攻。日本帝国主义唯恐战乱波及满洲，损害其在满洲的利益。便一面增兵青岛，威胁北伐军北进；一面强迫张作霖离京，并趁机向张索取在满权益。张作霖本想借日本的武力留在关内，但此时日本人咄咄逼人的气势，使他深为不满，决定不接受日本的要求。在这种情况下，日本人利用张作霖退出北京的机会，将其炸死。东北顿时出现复杂的局面。张学良主政东北后，很快东北易帜，归附南京国民政府。但在日本帝国主义的强大压力之下，易帜日期一推再推。直到12月，张学良顶住日本人的威胁利诱，力排保守派阻挠和非议，毅然宣布东北全境降下五色旗，升起青天白日旗。中国自清末以来军阀混战的局面宣告结束，长期分崩离析的中国在形式上得到统一。日本帝国主义虽然无法阻止东北易帜，但把易帜看成是对日本的侮辱，对张学良处处掣肘，更加紧进行对东北的渗透与侵略活动。张学良承受着来自日本帝国主义空前的压力。在欧洲的阎宝航时刻关心着东北的政治形势，感到他自己在这一局势中的责任。1929年，阎宝航收到留学美欧后回国的王卓然给他写来的信，全面介绍了东北形势和张学良的困难处境，指出，东北正处在非常时期，也正是用人之机。原来阎宝航计划留学四年，并计划到苏联作社会考察。鉴于东北的形势，阎宝航改变原来的计划，在留学一年多的时候，便决定提前结束学业回国。

第二卷

东北的反日巨头

2.1 在中东路事件中

1929年春，阎宝航经莫斯科回国到达沈阳。东北及沈阳各界朋友、知名人士、夫人高素桐携长女阎明诗齐聚站台迎接。

火车停下来了，阎宝航与众人热烈打招呼，欲行下车，这时有人高喊："快，请众人站好，摄影留念！"于是阎宝航站在列车上与站台迎接的夫人和众人合了影（见卷首页图）。

阎宝航走下车，高兴地抱起大女儿："明诗长大了！"然后又对高素桐说："家里都好吗？小丹麦好吗？"

令阎宝航感到惊奇的是，高素桐竟操英语回答他的问题："是的，好，丹麦好，都好。"

当时在场的人一齐鼓起掌来。

1929年1月10日，就在阎宝航从欧洲回国途中，沈阳①大帅府发生了令人震惊的事件：张学良下令除去了反对东北易帜的张作霖老臣杨宇霆和常荫槐，引起了社会各方面不小的震动。张学良除掉心头之患，起到了敲山震虎的作用，巩固了他自己的地位。

阎宝航刚刚回到沈阳基督教青年会，总干事普莱德同他进行了一次长时间的谈话。

普莱德对他说："我已完成了在中国沈阳基督教青年会的使命，择日即将回国。我受美国基督教青年会的委托，将沈阳基督教青年会总干事之职正式交给你。"阎宝航说："沈阳基督教青年会是美国青年会主办的，总干事之职历来由美国、丹麦友人担任。我是中国人，如何能担当得起！"普莱德说："基督教青年会是世界的，既是美国的，也是中国的，总干事非先生莫属了，我是相信你的，这是上帝的旨意，请不必推辞。"这个一向由西方传教士所担任的职务，就这样第一次让给了中国人。

普莱德在启程回国之前，阎宝航陪同他去拜访张学良将军。张学良高兴

---

① 1929年1月29日，奉天省改称辽宁省，3月29日，奉天市改称沈阳市。

地会见了他们。

阎宝航提前回国，张学良表示非常高兴。他说："东北在红白帝国主义的包围中，希望玉衡兄努力对外，襄助其事。"他明确地告诉阎宝航，他正在指令外交处长王家祯负责组织一个由东北知名人士组成的代表团，准备参加在日本召开的太平洋国际会议。使阎宝航感到奇怪的是，张学良这次谈话主要集中在中东路问题上。张学良说，中东铁路[①]在名义上是中苏共管，实际控制权却掌握在苏联手中。他还说，收回中东路主权是先大帅未完成的大业，理应由他来完成。当时阎宝航对中东路的情况不甚了解，他的注意力仍然是日本的态度。所以他请张学良谈谈日本人的最新动态。张学良说，日军在增兵山东青岛后，在美英等列强的压力下，被迫撤军，并声明承认中国国民政府。田中内阁因皇姑屯事件受到反对派的攻击，摇摇欲坠，不久倒台。新内阁对中国则采取观望态度，外相、代首相币原喜重郎受国际条约的约束，推行对华友善政策。日本对东北当局那种不可一世的气焰多少有些收敛。阎宝航当时虽然对张学良收回中东路的主张有看法，但由于普莱德在场，未加辩论，也不宜深谈，便告辞了。

这年5月，东北发生了令阎宝航意想不到的事情。

5月27日，哈尔滨特区警务处长米春霖接到密报，共产国际于当日下午2时在苏联驻哈领事馆开会。特区长官张景惠立即派武装军警将领事馆包围，并进行搜查，共逮捕苏联驻沈阳总领事库兹内佐夫等39人，同时扣压了大批文件。海参崴苏联当局对此提出抗议，要求立即释放被捕苏方人员，否则将采取报复行动。

究竟怎样认识红色苏俄，怎样处理和他们的关系，这件事将如何发展，这是当时东北上下最关心的话题。阎宝航却想起了张学良和他说的关于收回中东路的那次谈话。他敏锐地将这次行动同收回中东路联系在一起，莫非汉卿真的要收回中东路？

---

① 中东铁路（又称东清铁路、东省铁路），我国东北地区自哈尔滨西至满洲里、东至绥芬河、南至大连的铁路线旧称。原为帝俄于1897—1903年间强行修筑的铁路。十月革命后长春以北段由中苏合办，仍称中东铁路，九一八事变后为日本所占。抗战胜利后，南满铁路与中东铁路合并，改称中国长春铁路。

自从上次同张学良谈话后，阎宝航开始细心地了解有关中东路方面的情况与资料，对中东路的历史和现状有了一些了解。不过，这个时候，阎宝航却处在犹豫和彷徨之中。他虽然认为张汉卿收回中东路是爱国行动，但在目前局势下与苏联发生磨擦不是明智之举。

中东铁路分为三段：哈尔滨至绥芬河称东段，哈尔滨至满洲里称为西段，哈尔滨至长春、大连称为南段。日俄战争后，长春至大连的南满铁路为日本人所夺取，中东路路段是横贯东北的交通动脉，战略地位十分重要。十月革命后，苏维埃政权宣布愿意将中东铁路及沙俄政府夺取中国的一切矿场、林场、产金地及其他租借企业完全无偿交给中国。到1920年，苏联国内情况好转，便改变了立场与态度，要求中苏共管。1924年苏联与北京政府签订了《中俄解决悬案大纲协定》和《暂行管理中东路协定》。但由于奉系军阀张作霖不执行，苏联便以赔偿在东北流通过的贬值的旧卢布、不支持冯玉祥、不宣传赤化为条件，与张作霖签订了《奉天协定》，重新获得了中东路的控制权。中苏共管的结果是，立法监督权丧失，财权、人事权完全由苏方掌握。业务、财务的14个处长，均由苏方担任。行文以俄文为主，度量衡用俄制，收入以卢布为单位，利润全部存入苏联远东银行，而不是按中方的主张平均存在两国银行。对《奉天协定》，苏方也不完全遵守，铁路沿线的矿场、山林、疗养院等许多设施没按协定交还中国。按规定，电信局应是铁路专用，但苏方却作为公用。苏方还以中东路为基地，搜集我国情报，收买东北涉外官员等。张作霖对苏方做法极为愤恨，曾下令收回地亩局训练所的气象台，要求把中东路利润平均存入两国银行，并下令逮捕拒绝运送我护路部队的苏方局长伊凡诺夫。

阎宝航还了解到，早在东北易帜前，张学良就试探性地采取了一些措施。他紧急命令张景惠强行接收了东铁在铁路沿线所设的电话、电信局，路局苏方负责人对此并无反对表示。代表苏方权益的苏方理事们的态度也较和缓。接着，张学良又授意中东路督办吕荣环要求苏方把铁路利润款项由存在苏远东银行，改为远东银行和中国银行各一半。同时要求东省特别区教育经费由中东铁路提供。对此，苏方均全部照办。于是，便有一些俄国通、美国通、英国通开始鼓动张学良对苏动手，收回中东路权。在民族主义的鼓动

杜重远

之下，阎宝航当然也赞成张学良收回中东路权的决策。

但是，阎宝航认为，收回中东路权，中苏必有一战，这将是一个难以预料的结局。他不认为中苏开战是上策。他认为日本当局气焰收敛只是暂时的现象，日本对中国东北的野心不会就此消失。因此，对日不能放松警惕。在武力收回中东路时，必须考虑到日本人，防止被其抄后路。从这个意义上说，对苏一战，最好不要进行。他产生了造访张学良，陈述个人见解的想法。

为了说服张学良，阎宝航找到深为日人所忌恨的人物——杜重远。早在留日期间，他就是一位参与反日活动的积极分子。他积极参加并组织了在东京的东北籍留日学生举行收复旅顺、大连的示威游行，后又派留学生回国，组成收复旅顺、大连宣传队，向当局促请北洋军阀政府收回旅大。1927年4月，杜重远以奉天总商会副会长的身份，组织领导了声势浩大的反对日本帝国主义在临江设立领事分馆的斗争，并怒斥日本记者的无理纠缠，继续从事反对日本侵略、抵制日货的斗争。1928年12月，为反对省长公署增加警捐税法，杜重远和高崇民领导全市商民抗捐，取得胜利。奉天当局迫于日本的压力，解除其沈阳总商会副会长职务。东北易帜后的1929年，沈阳总商会实行改组，分别成立工会、商会、农会三大组织，杜重远被选为工会会长，同时兼任张学良司令长官公署秘书，襄助处理对日交涉问题。张学良认为，杜是一个年轻有为，不可多得的人才，大加赞扬，此后与他往来不断。阎宝航留学归来，便听到不少杜重远挺身反日的消息，深为他的民族大义所感动，曾亲往杜开办的肇新窑业公司与其谈论局势，交流看法。阎宝航决定和杜重远一起去见张学良，期望收到更好的效果。阎宝航还走访了新任农会会长高崇民和沈阳商会副会长卢广绩等，认为他们都是可以借重的人物。

经过交谈，阎宝航和杜重远的看法完全一致，他们认为，苏联的军事力

1929年为庆祝东北易帜，奉天军政商学各界名流在沈阳市政府门前合影。前排右六为阎宝航，右三为张学良，右四为冯庸，右一为王化一

量不可轻视。北交苏俄东拒日帝乃为上策。

张学良在听完他们的意见后说：“先大帅在北京闯进苏联驻华大使馆逮捕共产党李大钊，苏联并未做出任何反应，我认为他们是无力做出反应。”阎宝航笑道：“先大帅处理李大钊一案时的苏联，与现在解决中东路问题的苏联，不可同日而语。先大帅背后有英、日等国支持，同时，苏联国内形势不好。现在苏联经济复苏，实力增强了。”杜重远接着说，“更重要的是要提防前门驱虎，后门进狼！”张学良笑道：“英雄所见略同。辅帅也是这样劝过我。防止日本人抄后路，这一点我接受，不知二位有何高见？”

阎、杜二人认为，日本人不可不防。阎宝航说：“我在英国时就听说汉卿实行东北易帜遭到日本人阻挠的消息，这也是意料之中的事。汉卿势单力薄，只好走一步看一步，所以易帜日期一推再推，也是不得已而为之。幸有西方英、美等国抓住日本人制造济南惨案与皇姑屯事件反对田中内阁。日本是在内外交困的情况下，不得不默认东北易帜。但我认为，日本人不会甘心，早晚还得闹事，这只是时间问题。在奉天，我回国这么几天，几乎天天可以见到日本人制造事端，欺负中国警察和中国老百姓的事件。我还听说，有一回日本警察竟把你的卫队长都给扣起来了，这不能不说是有意挑衅！”

杜重远说：“现在面临的问题是，大军北开，后方应该做些什么准备。现在当局对日交涉没有好办法，处于不利地位，老百姓是不满意的。”他们的建议是发动民众，开展民众外交，协助政府对日交涉。政府不敢说的话，由老百姓说。大家联起手来，成立民众团体，迅速行动。张学良认为这是个好主意，他说，“你们就是群众团体的负责人，政府不便出面办的事，你们可以出面做；政府不便说的话，你们可以说，可以抗议，可以示威，你们要做政府的后盾，使政府多为群众做些事情。”这件事就这样决定下来了。

当时张学良一心收回中东路权，对苏政策是东北政权的当务之急，认为开展反日运动并非上策，他主张对日以防为主。关于对苏避免一战问题，他说：“我认为多个对手总不如少个对手好。可是，不知你们想过没有，本来是咱们东北人自己的东西，却眼睁睁地送给别人，我们不去争谁给争？”张学良还说，“对于侵犯我利益，干涉我内政的，能无动于衷么？不知道你们注意到没有，现在大街上贴的标语写着‘打倒中国，拥护苏联！’这样的中国人我不赞成，他们不要中国了。我已告诉黎天才，站在国家民族的立场上，写几篇文章，驳一驳这种令人难以理解的论调！”

关于街头“打倒中国，拥护苏联！”“武装保卫苏联！”等标语，沈阳城内张贴的很多，阎宝航、杜重远见过，基督教青年会墙上就贴了不少。他们也都对这口号想不通。

在当时的情况下，阎宝航还不能从政治上透彻地认识到，张学良收回中东路的举动，是帝国主义和国民党政府的怂恿所煽动起来的民族主义情绪的结果。中共满洲省委对如何把拥护苏联同维护中华民族利益恰当地联系起来，也缺乏深刻的了解，因而在宣传鼓动上缺乏应有的说服力，特别是一些“左”的口号，对当时国民党政府煽动起来的民族主义情绪，没有起到积极的作用。

这年7月10日，东北当局出动大批武装人员强占了中东铁路全路。中东铁路督办吕荣环在武力配合下，宣布全部接收中东路，同时封闭了苏联驻哈外交机关，商业机关，驱逐苏联职工上百人出境，并派大军到中苏边境驻扎。

2.2 创办领导辽宁三大抗日团体

张学良布置中东路战争的时候，阎宝航利用青年会的阵地，亲自发起创办要三个反日团体，并担任主要领导人。这三个团体就是1929年6月发起成立的辽宁省拒毒联合会，7月发起成立的辽宁省国民外交协会和8月发起成立的辽宁省国民常识促进会。

辽宁国民外交协会成立的直接诱因是1929年的榊原农场事件。1929年6月27日，日人榊原正雄带领日本军警及便衣200余名，竟将通过原农场的北宁铁路北陵支线拆毁，把车站和护路警察派出所统统捣毁，并设立“不准通过榊原农场”木桩。辽宁外交特派员公署三次向日本总领事送交照会，提出严重抗议，毫无结果。消息传出，民众无不愤恨。接着，日本人挑起的事件连续发生。密切注意着时局发展的阎宝航挺身而出，联络杜重远、金恩祺、卢广绩、车向忱、王化一等省工会、商会、学生联合会等团体负责人，讨论应付办法。大家一致同意，应该以此为契机，联合行动起来，呼吁当局向日方抗议，号召各界反对日人的霸道行为，掀起一个声势浩大的反日运动，在此基础上，成立民众反日团体。

这一斗争取得了胜利，日方被迫赔礼道歉，恢复了北陵支线。阎宝航遂于1929年7月11日联络省城商工各界人士杜重远、高崇民、卢广绩、金哲忱在商工总会召开联席会议，共同发起成立辽宁省国民外交协会（简称外交协会）。

在成立辽宁省国民外交协会第一次联席会议上，通过了由阎宝航起草的成立宣言。

随着外交协会的发展，外交协会设执行委员从9人增加到21人，常委7人。

辽宁省国民外交协会执行委员名单　　1931年5月

阎宝航（玉衡）	常务委员会主席	35岁	YMCA总干事
金恩祺（哲忱）	常务委员会主席	37岁	辽宁省城总商会主席
王化一（化一）	常务委员会主席	32岁	辽宁省教育会会长
卢广绩（通赛）	常务委员	37岁	辽宁工会联合会会长
梅黄素（佛光）	常务委员	40岁	辽宁省立第一师范学校校长
李象庚（孟兴）	常务委员		成城中学校长
苏上达（上达）	常务委员		东北交通用品制造厂厂长
赵雨时（雨时）	执行委员	36岁	东三省民报社长
赵晋如（晋如）	执行委员		东北商工时报经理
刘广沛（达夫）	执行委员	37岁	中国国货银行经理
王德恩（金川）	执行委员		东三省官银号总稽核
阎模楷（蔚堂）	执行委员		辽宁省农务会主席
陈言（瘦鹃）	执行委员		东北民众报社长
卞鸿儒（宗孟）	执行委员		东北蒙旗师范学校校长
曹德宣（重三）	执行委员		辽宁省三高级中学校长
省缘	执行委员		辽宁佛教会会长
车庆和（向忱）	执行委员		辽宁国民常识促进会主席
姬振铎（金声）	执行委员		辽宁省教育会副会长
张李黄（允中）	执行委员		沈阳律师公会会长
张大威（大威）	执行委员		大威汽车公司经理
刘仲明（仲明）	执行委员		盛京施医院院长

外交协会一经成立，便成为东北当局处理外交事务的智囊与后盾，它在抵制日本帝国主义的侵略和维护国家主权及民族利益方面，发挥了重要作用。活动经费最初由省工会、商会拨付，后来由张学良资助。

作为常务主席阎宝航领导下的外交协会，从一开始就积极领导开展反日活动。他们研究日本帝国主义侵华政策，研究对日政策，调查日本帝国主义在东北的侵略行径和阴谋活动，监督政府的外交事务，协助政府开展对外交涉，广泛开展对大众的反日教育。从1929年9月起，外交协会创办了《国民外交周报》（后改为《国民外交旬刊》），宣传时事及外交常识，揭露日本帝国主义在东北各地的侵略罪行，反映民意，劝告沈阳市及其附近各县人民不传阅日人报纸。外交协会每周请知名人士作一次专题讲演，讲演内容集中在日本侵华问题上，如日本移民政策，日本在东北之工商业、满铁以及日本侵华事件，等等。阎宝航还组织外交协会先后调查日本制造的一系列侵华事件如十二标椿案、新民七公台村案、万宝山案、安奉路敷设双轨案、铁路交涉案等。

阎宝航在组织各项活动时，还特别注重扩大外交协会的分会组织。从9月至11月，辽宁各县响应分会号召，有26个县成立了分会。当然，各县成立分会不光是协会自身努力的结果，东北当局当时为征收分配给各县的对苏战争军费，把协会分会当成是宣传机构，命令各县组织成立分会。特别是阎宝航在1929年参加在日本举行的太平洋国际会议之后，成立了太平洋会议辽宁支部，阎宝航为做好下一次太平洋会议的准备，更加注意发挥分会作用，调查日本侵略事件。正因为这样，中东路事件后，外交协会已发展到东北三省各地县120多处，会员共5000多人，规模大、声势强，驻沈阳日本总领事林权助曾向当局提出数次抗议。

东北国民外交协会由民办团体发展为官助民办之后，同张学良关系更加密切，但是并没有丧失其以反对日本侵略、捍卫国家主权的主流民意为依归和委员会民主决策的优良传统，因此它有相对的独立性，不是单纯的张学良政权的附庸。二者之间有共同的反日维权的目标，这是合作的基础；但是它们有各自不同的认识和处理问题的方式。事实上外交协会的主要领导人阎宝航、高崇民等都是张学良的诤友，在共同相处的日子里，他们都曾不惜犯颜直谏去匡正张学良的错误。其中最明显的例子就是中东路事件期间对苏交涉的问题。

东北国民外交协会是在日本急于吞并东北、张学良为首的东北当局受到越来越大的外交压力的情况下，由张学良和阎宝航、杜重远、高崇民、车向忱等东北地区著名反日爱国运动的领导人共同策划成立的一个民间外交团体。这个民间外交团体在短短两年的时间里确实不愧为东北当局在一系列对外交涉特别是对日交涉中的智囊和后盾，为挫败日本的强盗外交，捍卫国家主权和民族尊严，扭转对日外交的软弱被动局面，缓和对苏关系的紧张状态，确实起到了特别重要的作用。

国民常识促进会普及常识教育，属于教育会。教育会自1907年辽宁省设立后，直到1928年，教育厅长任命委员制改组为由教职员选举委员制，实行总务、学校教育、社会教育、家庭教育这四部别。其中学校教育部由于东北政权的教育振兴政策，使初等中等教育在数量上有了长足的进步。易帜后，很快引进了中华书局和商务印书馆的最新教科书，灌输三民主义。其领导人是1929年回东北、任省立第一师范学校校长的梅佛光。另外，不仅学校教育，还要开展成人教育和平民教育，辽宁省国民常识促进会，就是通过社会教育部与省教育厅内的民众教育委员会批准成立的。

促进会所说的常识，是由党义、国耻、公民、卫生、职业、破除迷信、公共事业、改革生活习惯、道德、乡村自治、拒毒等组成。重点放在国耻。宣传的基本内容就是“打倒满铁会社”。但促进会以灌输常识、造就健全国民为宗旨。表面上看，促进会是群众性教育团体，实质上是个反日团体。主席由东北大学附属中学校教员车庆和①担任。委员由阎宝航、梅佛光、姬振铎、曹德宣担任。车庆和、黄宇宙主持日常工作。该会会员除教职员外，主要是由东北大学及各师范大学学生担任。

常识促进会一经成立，便制定了工作大纲。大纲规定：一、设立公共阅报牌，二、实行公众讲演，三、印行小册子和刊物《常识半月刊》，四、设立民众图书馆，五、设立义务写信处，六、设立民众园，七、游行表演，八、绘画常识图表，九、游行文库，十、征求各县成立分会，十一、设立施医处。

---

① 即车向忱，任《科学概论》课教员。

该会成立后，阎宝航不仅为该会提供活动场所，而且是主要领导者和参加者。他和会员创办《常识半月刊》，每半月发行常识半月刊一次，登载各种有益民众常识，以资宣传；并将此半月刊，一面散布省城内之听讲民众，一面邮寄各县教育机关，促其组织各县常识分会以资扩大宣传。他们还把这些宣传品放在市内茶馆或教会里，作为简单的图书馆。他们在市内热闹场所选出的12个点，还开办公众演讲，为启迪民智，借用公共场所，请人演讲，使识字者与不识字者均能了解家事，国事、天下事，促一般民众早日觉悟，使其成为健全国民。国民常识促进会还设立群众阅报板，以平易的文字或绘画解说时事。每逢星期日、节假日，会员们则自带干粮，分赴各个茶馆、剧院、十字路口、监狱、福音堂、农村等地，进行讲演和宣传。他们讲述外国人，尤其是日本人近年来掠夺我国资源，输入洋货、毒品、走私贩私、破坏治安，以及驻扎军队，杀害我国同胞等情形；讲述近百年来的国耻事件，以及广大人民群众不愿做亡国奴，坚决奋起同帝国主义侵略者英勇斗争的情形等。讲演中间，穿插小型文艺节目和魔术表演，非常受欢迎。促进会还利用假期，发动沈阳22所大中学校学生1083人到附近15县进行抗日讲演等。《盛京时报》详细记载了他们的一次宣传活动的实际情况。“国民常识促进会于25日（星期日）举行第18次常识讲演，由该会特聘张起运、鲁绍周、陈文芳、任永利、任永吉、董学礼等50余人，分赴城关30余处茶社讲演，早10时开始讲学，晚3时闭会。听众共4100余人。该会会员阎玉衡、车向忱、赵小梦、黄宇宙等亲赴各处视察，并随时讲演云。”促进会每月都在本部即青年会内召开一次以专家为中心的研讨会。这些活动受到了以张学良为首的东北爱国将领的赞赏。

提倡国货、抵制日货，也是促进会工作的一个重点。促进会采取暑（寒）假工作团方式，组织东北大学或各师范学校的学生在放假回家时，组成宣传销售工作团，事先把送给总商会的各制造业者希望销售的商品样品交给他们，请他们在故乡宣传这些商品。1930年参加暑假工作团的有1078人，其中有305人从事宣传活动。这些会员主要在县城的学校或商会举行讲演会。有的则带着样品到农村讲解国货与洋货的区别，试着当场就卖。此外该会由阎宝航出面联络工商界共同组成国货推销联合会，提倡国货，抵制日货。

第三个反日团体辽宁省拒毒联合会的事迹，在下面专节讲述。

2.3 “关东的林则徐”

阎宝航以焚毁海洛因委员会委员、拒毒会总干事身份，联络爱国志士，掀起拒毒运动，在奉天小河沿将三次查获的海洛因487包、烟土400两，总价值百万元的鸦片付之一炬，被民众赞誉为“东北的林则徐”！

自中日甲午战争之后，日本帝国主义在加紧对东北进行军事、经济侵略的同时，还极力推行毒华政策。日本商人和反动官僚、军阀相互勾结，把大量的鸦片、海洛因等毒品运到东北，使大批民众染上恶习，在精神和肉体上对东北人民进行麻痹和摧残。自民国建立以来，禁烟便成为我国一项重要政策，结果总是禁而不止。在张作霖统治时期的东北，烟非但禁而不止，反而作为奉系军阀扩大军费的来源，大量种植鸦片，专门在奉天设立种烟总局，下令各省开放烟禁，强迫农民种植鸦片。驻热河的军阀汤玉麟则主要靠种鸦片养兵，被人们称为“烟灰兵”。东北烟风日盛，弄得乌烟瘴气。为了解除毒品对人民的危害，张学良在1928年7月3日就任东北三省保安总司令后，政务之一就是禁烟拒毒。

1928年7月12日，奉天省长公署转发了奉天禁烟善后章程。为了防止鸦片“戕身败家，弱种病国”，东北三省保安司令部于12月5日发布禁止军人吸食鸦片的训令，限定同年底主管官长具保戒除。12月7日，召开东北三省禁烟会议，颁布了《暂行禁烟条例》，提出“破获私售烟土，无论其多寡，悉付当众焚毁，并加以严重惩办”。

虽有章程和条例，但由于当时贪官污吏横行，贩毒吸毒猖獗，又有各级高级军政官员撑腰，甚至与日本商人相勾结，大量贩烟，从中牟取暴利，警方处理起来都颇为棘手。东北的爱国人士对此看在眼里，恨在心上。阎宝航曾经为禁烟之事专门询问张学良，张学良当时只是一笑，并不作答。阎宝航深知，张学良对此也是无可奈何，且张本人此时毒瘾仍未戒除。阎宝航便专门给东北当局写信建议当局采取有力措施，打击日本强行向东北输入鸦片，严禁鸦片流行。

东北易帜之初，辽宁省警务处长兼沈阳市公安局长黄显声上任伊始，一

车向忱

反旧官场中的恶习，对沈阳等地警界风纪和社会秩序进行了雷厉风行的整顿，禁烟禁赌，使官员中颓废风气顿减。阎宝航得到黄显声这位少壮派军官支持，决定在社会上开展禁烟运动。

1929年6月，恰逢林则徐焚毁鸦片90周年，中华国民拒毒会提倡全国运动，阎宝航以此为契机，着手禁烟的具体活动。

1929年6月中旬，阎宝航和车向忱、张希尧等一起，联络各界爱国名流，发起成立辽宁省拒毒联合会（简称拒毒会），该会内设宣传、总务等组织，配合警界黄显声发起大规模禁烟宣传活动。会址设在沈阳基督教青年会。车向忱是继阎宝航之后，在奉天积极创办平民学校的著名人士，人称“东北甘地”。

由阎宝航亲自起草的“辽宁省拒毒联合会简章”规定的办会宗旨是，“联合本省各团体机关及热心拒毒同志，协力禁绝鸦片并其他麻醉毒物之种植、制造吸用及运卖，以期毒物永久肃清为目的。”“简章”还就拒毒会的工作范围，即宣传戒毒、调查毒况、拒毒教育、戒烟工作等作了详细的规定。

辽宁省拒毒联合会成立后，阎宝航即带领会员在沈阳各重要路口建立阅报牌12处，号召市民不看日本报纸。他还到城里各处茶馆、戏院、福音堂、工厂去讲演14次，听众逾2万人。负责日常工作的车向忱还邀请几位画家，画了不少集中反映日本军警纵容日本浪人、商人贩卖鸦片烟、海洛因毒品，毒害我同胞的罪行的漫画，在主要街道和公共场所张贴，同时随时随地进行其他形式的拒毒宣传。有一快板词的大意是：“鸦片是杀人的毒品，吸食成瘾后，不论什么样的英雄好汉，都会变成废人。日本为了侵略中国，贩卖鸦片、吗啡、白面（海洛因）来毒害中国人民，使中国无可用之兵，大有亡国灭种的危险。”听后人人动容。同时规定5月9日为“拒毒日”或叫“禁烟日”。

为号召拒毒，拒毒会还发行《拒毒月刊》，宣传鸦片的害处。为了搞清东北麻醉品交易的实情，拒毒会对如下各项进行调查：1.烟馆及吸食者数；2.吗啡屋数及其注射数；3.贩毒者数及其进货地；4.毒品制造所；5.罂粟耕作地。这里的1－4显然是以附属地旅大为主要对象。“这些运动，与其说是一般性禁烟工作，莫如说是与东北国民外交协会等的活动有联系的反日运动更合适。”[①]事实上，在东北各地的日本领事掌握着许多日本人走私麻醉药的事实，拒毒会把走私吗啡列为日本对东北侵略政策之一是理所当然的。连日本方面都承认，拒毒会的调查，还不可能掌握日本贩运麻醉药的全部情况，只不过提出旅大地区的烟馆等极小一部分。

1929年11月20日，由德国汉堡保禄公司寄来一批邮件，收件人为沈阳日本站（今沈阳站）附属地内居住的日本商人饭沼。当邮包运到第25包时，附属地内的辽宁邮政当局发觉此是禁品，遂即暂予扣留。日商便遣人致辽宁邮政局意籍邮务长巴立地，愿以一万元为酬取出25包，遭巴立地拒绝。随后，德国又寄来邮件百余包，共计148包。

辽宁邮政局意籍邮务长巴立地与阎宝航要好，他在青年会打网球时，把扣留日人海洛因的消息透露给了阎宝航。阎宝航一面鼓励他继续扣留日商的海洛因，一面向辽宁省政府拒毒会报告。

省政府闻讯，便组织将其中4包作为样品，送营口海关转大连南满铁道株式会社中央试验所对其成分进行化验，很快有了结果。

1929年11月14日，由南满铁道株式会社中央试验所主任梅本二郎、化验科长理学博士田中宗爱、代理试验所长田村羊三署名的化验单送达省政府。化验单上写着：

（译文）

药品一种

验明此药大部分含有氢氯二气盐酸之海洛因。

1929年12月23日下午1时，省政府派职署第二科科长沈祖同召集各方面人员，在邮政总局共同检验。出席这次会议的有辽宁高等法院院长史延程、高等法院首席检察官朱树声、邮务长巴立地、副邮务长刘曜庭、邮务局医官雍维林博士、司令长官公署军医处科长范长祥、东北大学化学教授姚文林、

① （日）尾形详一：《在沈阳的收回国权运动》，社会科学研讨，第72号选印。

拒毒会代表阎宝航等11人。会议首先由巴立地介绍情况。他说，中东路事件以前，中俄未断交，从欧洲寄来邮件皆取道满洲里与哈尔滨。邮政局在哈尔滨设有化验所，检查甚严，故奸商不敢运入禁品。自中俄断交后，满洲里方面火车不通，由欧洲寄来邮件遂取道海参崴、日本而沈阳。此次由德国汉堡保禄公司寄与沈阳日本站饭沼者，邮局认为此事重大，遂已报告上海总局。上海总局令须呈报辽宁省政府。

接着，沈祖同发言说："省政府得报后，立即进行了化验，确认此运品确系海洛因，而日商坚不承认。今日大家到此检验，共同讨论该品是否确系海洛因。"言毕，众人同到保险柜，每种式样取出一包，共计3包，遂唤日商饭沼入问：此物是否汝所购买？答曰：否，不过转运而已。问：转运何处何人所买？答：系山岸勘吉所买。遂唤山岸入问：汝系何职？答：系药济师。问：现居何处？答：住日本站浪速通八番地。问：此物是否汝所购买？答曰：是。问：汝知此为何物？答曰：是贝洛宁，非海洛因。问毕，邮务长请其退出。山岸尚力辩，主席云，汝若有话，可向贵领事说，今日此处只要汝说明是否汝物并为何物。饭沼、山岸均无言而退。于是，拒毒会阎宝航发言，以为该品经海关化验，乃为海洛因，而购主坚称为贝洛宁。查贝洛宁亦吗啡之一种，与海洛因皆为毒物，且均为禁品，向在没收之列，请不必再验，以省□□□□（原件不清），于是决议，一面由邮务局起草作一报告祥诉今日会同检验情形，各代表在此报告上负责签押，并责成沈阳关税务司向营口海关取其正式化验证书，然后呈报省府，请示办法。①

就在这个时候，阎宝航收到几封信，信中用谩骂的口气，警告阎宝航和他的同事车向忱必须悬崖勒马，否则必挨枪子！信的末尾还画了一支手枪和已经喷射出去的子弹！

阎宝航轻蔑地把信扔在桌子上，对站在他面前的车庆和、黄宇宙道："恐吓信！日本人真是卑鄙无耻！"

车向忱拿起信看了两眼，气愤地说："中国人生何足恋，死何足惜！阎先生，咱们接着干，不能灰心！"

---

① 辽宁省档案馆JC10。

阎宝航说："好！我听说日本商人已经买通日本总领事出面干预，同时要求对样品进行重新化验。我认为这是个阴谋，应该立即敦促政府尽早销毁这些禁品，以免夜长梦多。"他决定以拒毒联合会的名义给省政府写信，表明态度。

1929年12月27日，辽宁省政府再次召集各方代表会议，给各代表出示化验书原件，然后由阎宝航代表拒毒会发言，他说："此事重大，亦已开会讨论数次，决议此毒品已经营口海关请满铁中央化验所化验，该所出具正式证书，证明此系海洛因，而日本人山岸勘吉亦自认贝洛宁。查贝洛宁亦吗啡之一种，与海洛因皆为毒物，且均系禁品，向在没收之列。以此项充足理由，呈请省政府立予扣留焚毁，勿庸再验，以省手续。希望各代表以此项实在情形报告各长官一致援助拒毒会之主张。"各代表均表示赞成。[①]会议决定对没收的禁品实行销毁。其禁品在焚毁前责成邮局保管。焚毁时宜由局直接运至焚毁地点，不宜太远。焚毁火炉及其他器具均需研究精密，因恐焚毁后其余灰尚有用处。焚毁日期钟点均须预先定妥，届时应请各国领事到场参观，省府派大员监视。焚毁时候由省府派邮务长或税务司并省府拒毒会各代表亲自验明开封付火。焚毁时军警须重兵在场戒备，以免意外。焚前须拍影，备查所有出席经过情形。会议决定由拒毒联合会阎宝航提出焚毁方案，并由省府监核。会议代表一致同意焚毁时间定在1930年3月10日午后1时。

3月10日，正是90年前在广东虎门销毁鸦片的林则徐到达广州的日子。阎宝航力主将焚毁日期定在这一天进行，也是为了纪念这位民族英雄的精神与壮举。

到了10日这一天，焚毁毒品仪式如期进行。焚毁地点设在小河沿公共体育场。体育场内临时搭盖向南席棚一座，作为中外官员来宾监视参观之所。参加监视的官员有：司令长官、政务会各委员、省政府各委员。参观人员为：各国领事、邮务局长、沈阳关税务司、各机关首领和拒毒会干事。在席棚四周，悬挂着在阎宝航亲自指挥布置的各项拒毒标语，颇足警策。按原来的方案，体育场中央原拟修砖灰焚炉一座，但考虑到所焚毁海洛因100余件，仅有一

---

① 辽宁省档案馆JC10，P1460—1558。

座焚炉不敷应用，同时，用炉焚烧也有不便之处，所以改用铁锅四口，各砌锅台一座，平列场中，以便同时焚毁。场内外调派公安警队百余名以维持秩序。

上图为小河沿旧址，下图为当时销毁毒品的场景

这一天，公共体育场热闹非凡。中午时分，已有法国领事葛礼邦、美国副领事林祺思、沈阳关税务司余瑶满、法商华兰和龙东两人。焚毁委员长陈文学、委员王镜寰、林成秀、朱树声、白铭镇、李德新、孙旭昌（警务处二科长孙祖报代）等200余人及民众3000余人，“围立如墙，尚守秩序”，场外由公安三分局警备，场内由公安局派公安队4队，计160人，消防队6人，维持秩序。同时到场的还有本国官员，东北政务委员会委员方本仁、刘尚清、张司令长官派秘书杨晋源代表按时莅临入座。午后一时半，邮务长巴立地、副邮务长刘耀庭、邮务官田中、邮务总巡员李占元及交通部政部局视察沈松舟等，由邮局押运毒品莅场，共计毒品海洛因为147件，内分白布方包98件、长方纸包28件、软纸包21件，数目相符。比经出具备妥之清单收据两份（每份三纸）要约委员等分别签字盖章，双方各执一份为据。①

禁烟开始后，毒品被押运入场内，毒品“均系原封，由巴邮务长如数点交，经陈委员长会同各委员照单点收签押，再行逐件经过各委员及邮局

① 辽宁省档案馆 P1589—1617。

要员，拒毒会阎玉衡，会同启封拆包，共同查验，包件非常牢固，外层为薄板盒，中层为白铁盒，内层为纸盒，盒内贮存海洛因毒品，毒为白色，如面粉，气味似含硫酸性，刺激性极烈。在每件内取毒一匙，封存备验，斯时中外官员等，均聚围观看，经过此缜密郑重之拆包手续，历一时半余，三时三刻，该项毒品147件，按时值估计为60余万元，悉数置诸锅中，浇以火油，升以烈火，一时烟雾弥漫，人心皆为大快，未几，毒品烬化为灰尘矣，毒品转为黑色，味仿佛鸦片，至五时余，火尚有未尽，毒已化为乌有。到场人员，俱纷纷散去，留公安队40人及消防队6人，在场照料，斯日辽宁拒毒会，特在场内外，努力工作宣传，散布传单，张贴标语，以资唤起民众之觉悟，焚毁时及拆包时，均摄取影片，留为永久纪念。”[①]场上锣鼓喧天，参观者无不拍手称快，情景十分壮观。

此次禁毒，阎宝航已经注意到，唯有日本领事未能到场。事后得知，禁毒前，日本驻沈阳总领事林久治郎派代表会见了负责这次禁烟任务的沈阳公安局长（辽宁省警务处长）黄显声，要求黄处长不要上激进分子的当。激进分子借口禁烟，进行排日活动，妨碍两国邦交。要求将所获禁品交由日领自行处理。黄显声从不买日本人的账，毫不客气地将其给顶了回去。日本人并不甘心，又对黄实行贿赂，被黄拒之门外，并通知阎宝航，阎则立即与邮政局巴立地联络，随即请黄显声派警员对禁品实行警戒。阎宝航对黄显声之举表示十分赞赏。同时，他考虑到日人不会就此罢手，虽然毒品被焚，难以预料政府中未有软弱受贿者。为巩固这次禁烟的成果，扩大影响，造成声势，以防反复，于是，他以禁毒会名义于1930年3月25日亲笔给省政府送达公函一件。信中写到：“目前日商所运大批海洛因为邮局所破获，业经政府组织销毁海洛因委员会筹备会焚毁”，信中指出，“查核日商贩运毒品，遗害人民，违犯法纪，为国法所不容。现值领判权未撤废之期，更不令该贩运毒品之日商逍遥法外。敝会敢代表东北人民剀切陈词，恳请政府训令交涉署与驻沈该国总领事严重交涉，依法惩办该商，并驱逐出境，以杜后患，尚儆将来。”阎宝航在信中强调，此次破获毒物，邮务局最为出力。“拟请钧府本矜功戒惰之意，

---

① 《东三省民报》，1930年3月11日

对正副邮务长巴立地、刘耀庭予以奖励。”4月12日，辽宁省政府主席臧式毅发出训令，决定给邮务局巴立地颁一等一级奖章，兼赐予锻制“实力尽职”四字褒奖匾额。

不出所料，日商并未停止贩毒行为，这年5月5日，辽宁省邮务局收到日商由德国汉堡邮到挂号信239件，收信人为长春日商。辽宁邮政局意籍邮务长巴立地认为此件疑点甚多，一面致函报告辽宁省政府民政厅厅长陈文学，一面将这一消息通知辽宁省拒毒联合会会长阎宝航。阎宝航立即行动，敦促沈阳关税务司主持对239件寄品进行检验，确认寄品系海洛因毒品。随即辽宁省民政厅于5月19日召集各机关代表会议，研究办法。议定在当年林则徐在虎门销烟期内举行第二次焚毁海洛因大会。后经筹备焚毁海洛因委员会决定，将焚毁日期定在6月15日（后改为16日）进行，地点仍在小河沿体育场。

为了造成焚烟声势，扩大影响，阎宝航决定拒毒会利用第二次焚烟时机，发起一个全市规模的拒毒运动周。为此，拒毒会从6月14日开始，组织多次拒毒演讲会，阎宝航亲自担任主讲。他还派拒毒会人员车向忱、黄宇宙化装成烟民，深入日本站（今沈阳站）、十间房（今西塔东）一带日本浪人开设的大烟馆、吗啡馆进行实地调查、拍照。他们还直接与烟民交谈，并把所获得的材料书写文章、编写小话剧等进行街头宣传演出。6月17日《盛京时报》曾以《禁烟》为题报道了运动周的情形：

辽宁拒毒联合会，举行拒毒运动周大会两日，第一日情形已本报，兹间第二日十五日晚六时振铃开会，由王化一主持，全体起立敬礼如仪，主席宣读总理拒毒遗训，并报告开会宗旨，即由车向荣[①]讲烟毒之总类，起源遣害，并本身入毒窟，调查毒物等，总务会长阎玉堂[②]亦有演说。演讲毕，即表演祝兴……九时半散会，是日听众达千余人云。

6月16日上午11时，由沈阳市大、中、小学生和市民组成的游行队伍，跟着几辆载着海洛因、鸦片的汽车缓缓地向小河沿体育场行进。一路上，游行队伍锣鼓喧天，高呼口号：“打倒帝国主义！”“坚决打击贩运鸦片不法

① 笔误，应为车庆和，即车向忱。

② 笔误，应为阎玉衡。

行为！”“中国人不当亡国奴！”

那天的小河沿体育场，仍按第一次焚烟时的布置：搭盖向南席棚两座，北面一座为中外官员及来宾监视参观之所。中央一座安放一长桌，作为检查开拆包封之用。两席内外，均由拒毒联合会张挂所制画图、漫画和标语等。两席棚之东，搭一平台，作为露天讲演之用。阎宝航组织拒毒运动周讲演会就在这里举行的。运动场中间砌成四座锅台，上置铁锅四口，旁边各堆积煤油、木柴等物。黄显声派出的140多名警察以及省拒毒会、国民常识促进会动员的数万名学生分布会场内外，维持秩序。中午11时，辽宁省邮务局将查获的239包海洛因及由瑞士寄来的海洛因一大包，乘汽车驶入会场。在席棚台上落座的共有60多人。除本国政府、警务处、官银号官员、各团体代表及新闻记者外，还有德、英、奥、俄等国的领事。阎宝航率拒毒会职员车庆和等也在显要位置落座。入场观众达数千人。

大会开始后，焚毁海洛因委员会委员、拒毒会阎宝航等邀请到场中外官员、各报馆记者共同拆封，对已截获日商海洛因239包及从瑞士寄来海洛因一大包，共240包逐一取样封存，由阎宝航逐一签字，然后当众悉数分倾四口大锅之内，加以大量煤油，以木柴举火点燃，顿时烟雾蔽天，场内响起雷鸣般的欢呼声、口号声，许多人流下激动的热泪……

这年9月，阎宝航领导下的辽宁省拒毒联合会又得到昌图县先后拿获日商人山田文吾、丸毛增藏两起包运烟土的呈报。立即召开拒毒委员会会议，议决在9月21日第三次在小河沿体育场焚毁烟土大会。此后阎宝航率拒毒会同人焚毁日人烟土4包，计200两。这次焚毁大会规模虽不如前两次大，但其影响仍十分广泛。

这一年，阎宝航先后三次推动和主持焚毁日人毒品，在东北民众中，特别是在青年学生中成为敬仰人物，称其为“关东的林则徐”。同时，沈阳三次大规模焚烟行动，在国民政府中也有广泛影响。上海中华拒毒会总干事黄嘉惠曾致函辽宁省政府，要求放映焚烟会上摄制的影片，以利宣传。阎宝航第一次焚烟后，黄嘉惠亲到沈阳准备拍摄拒毒影片，并将阎宝航也列为其中角色——饰洋行经理，开演时以英语演讲鸦片之流毒，为该剧壮声色不少。对阎宝航的重视可见一斑。

2.4 《田中奏折》公之于世

“1929年7月，与张学良关系密切的阎宝航、车向忱等人，相继组织了辽宁国民外交协会、国民常识促进会、拒毒会等组织，斗争矛头直指日本侵略者。”日本尾形洋一在他的《在沈阳的收回国权运动》一书中认为，阎宝航成立辽宁省国民常识促进会、辽宁省拒毒联合会等民众团体，目的是为从各个侧面调查日本势力在东北的实态，以便为参加第四次太平洋会议做准备。所以，日本人认为，这个以英语夜校起家的奉天基督教青年会（YMCA），到1931年前后会员数仅100余人却成为该地区反日运动的据点，这显然与1929年就任该会总干事的阎宝航的活动能力有关。日本人知道，反日讲演会之类都是在满铁奉天事务所相毗连的奉天基督教青年会举办的。

1929年10月，在中东路战争中的东北军伤亡惨重。与此同时，日本关东军不甘寂寞，开始增兵长春，并举行大规模军事演习。张学良闻讯大惊。11月，东北军战败。12月22日，在美、英、法的调停下，签订了中苏《伯力协定》。中东路又恢复到中苏合营的状态。

在中东路事件结束时，阎宝航、杜重远等民众团体负责人，利用拜望张学良的机会，汇报在1929年成立三个民众团体及其工作情况，张学良对他们的工作大加赞赏，鼓励各团体再接再厉，表示以自己的活动费支出予以资助。从中东路事件中清醒过来的张学良，开始关注对日问题。

就在这次会见时，张学良明确交给阎宝航一个任务——请他以中国代表的身份参加将在日本西京召开的太平洋国际会议。

太平洋国际学会（Institute of Pacific Relations）[①]是第一次世界大战后由亚太地区非政府国际组织的先驱之一。学会成立伊始，就以非政府组织学术团体相标榜。但该学会被引介到中国后，它的身上便被赋予了一

① 太平洋国际学会的英文名称为Institute of Pacific Relations，日本称之为太平洋问题调查会，但中文名称则繁多。其中太平洋国际学会是1931年以后中国分会对这一机构的正式称呼。

定的国民外交色彩。1925年7月，在美国夏威夷的檀香山正式成立并举行第一届大会。①有来自美国、中国、日本、朝鲜、加拿大、澳大利亚、新西兰、菲律宾、夏威夷等9个国家和地区代表出席了会议。中国太平洋国际学会从1925年成立到1960年解散，前后存在了35年。它是太平洋国际学会在中国的分会，同时又有一定的独立性。

1929年10月28日至11月9日在日本京都召开了第三届太平洋国际学会会议。②“与会者八国——英国、美国、日本、中国、澳大利亚，加拿大、新西兰、菲律宾——实为太平洋沿岸国全体代表出席之第一次。”出席这次会议的代表250人，加上列席者与受招待的代表人物共达860名之多，一番盛况。

与前两次会议不同，这次会议决定讨论现实的政治问题，主题定在包括“满洲问题”在内的中国外交关系的讨论甚至占到了会议日程的一半，这在学会内部也引起很大反响。为此，中日双方都在紧锣密鼓地做准备，出席会议的中国代表团团长、中华基督教青年会全国协会总干事余日章在会前访问了东北，试图说服各方面允许东北也派代表参加会议，并为此会见了张学良。这样阎宝航以辽宁省奉天基督教青年会总干事、东北国民外交协会首席常委的身份，被指定为出席会议的筹备会主任并参加会议。

阎宝航对参加这次国际会议极为重视。他认为，这是一个难得的机会，应当做好充分准备，利用这个讲坛揭露日本帝国主义侵略中国的种种阴谋。阎宝航曾在他的《自传》中谈到这件事，指出：由于日本帝国主义加紧推行其侵华政策，更激发了我抗日爱国的思想，积极从事抗日爱国活动。1929年冬末我出席在日本西京举行的太平洋国际学会代表大会。在会议上谴责日本帝国主义的侵华政策。会前我主持在沈阳召开的中国代表团筹备会事宜。会前，阎宝航召集出席会议的代表商议。10月20日，作为的筹备主任的阎宝航在与

---

① 出席本次会议的中国代表共12人，他们是：罗有节、王季玉、张履鳌、黄宪昭、温世珍、顾子仁、陈达、陈立廷、晏阳初、欧阳心农、李绍昌、林国芳。

② 出席此次会议的中国代表共31人，他们是：余日章、陈立廷、鲍明钤、张伯岑、何廉、夏晋麟、徐淑希、周守一、李应林、刘大钧、宁恩承、潘光旦、苏上达、陶孟和、曾宝荪、王子文、王子文夫人、王卓然、王世静、吴达铨、吴贻芳、阎宝航、陈衡哲、徐宝谦、桂质良、南秉方、戴蔼庐、曹炎申、曾守鑑、董其政、温世珍。

会前同日本及当局及法团方面协议提出议案：(一)不平等条约；(二)铁路自主；(三)禁止外国学校施行之华人教育。

在那些日子里，阎宝航经常接触东北保安总司令部外交秘书王家祯。王告知阎，他的外交秘书办公室在负责对日外交的同时，对日本问题的相关资料进行翻译和研究，并选择比较有价值的文件、新闻、有关对中国的评论等摘要或全部译成单行本，有的公开散发，有的作内部参考。阎宝航将这些文件译文借来一一翻阅，期望能从中发现重要线索。

早在1927年4月，日本田中义一出任首相，即于6月在东京召集了东方会议，讨论对华政策。驻华日使芳泽，关东长官儿玉，关东军令官武藤，南满铁道社长广安，及驻奉总领事吉田，驻沪总领事矢田皆被召回国参与会议。会后，首相田中义一根据会议决议，又起草了一份给天皇的奏折，即臭名昭著的《田中奏折》①，奏折称：

所谓满蒙者，乃奉天、吉林、黑龙江及内外蒙古也。广袤七万四千方里，人口二千八百万人。较我日本帝国国土(朝鲜及台湾除外)大逾三倍。其人口只有我国三分之一。不惟地广人稀令人羡慕，农矿森林等物之丰富世之无其匹敌。……故历代内阁之施政于满蒙者，无不依明治大帝之遗训，扩展其规模，完成新大路政策，以保皇祚无穷，国家昌盛。……惟欲征服支那必先征服满蒙，如欲征服世界，必先征服支那。倘支那完全可被我国征服，其他如小中亚细亚及印度南洋等，异服之民族必畏我敬我而降于我，使世界知东亚为我国之东亚，永不敢向我侵犯。此乃明治大帝之遗策，是亦我日本帝国之存立上必要之事也。

从1928年8月开始，王家祯陆续收到东北外交处驻东京办事人员分期抄来的这个所谓“奏折”。但由于稿件抄得非常潦草，错字很多，念起来也不顺口，所以没有引起重视。阎宝航在他借阅的文件中，发现了这个“奏折”手抄本，认为这不是一个普通的文件，便建议王家祯加以注意。王家祯经过研究之后。立即将文件交办公室分段先行译出，并进行认真校译，订成一个完

① 田中奏折：东方会议结束后，日本首相田中义一把会议讨论决定的方针政策，拟成一个秘密文件，题为《帝国对满蒙之积极根本政策》奏呈日本天皇，这就是后来广为传播的《田中奏折》。

整的文件，遂起名为《田中奏折》，面呈张学良。张学良当即批准以绝密文件印刷200本。

阎宝航在他的《自传》中谈到了这件事：

由于日本帝国主义加紧推行其侵华政策，更激发了我抗日爱国的思想，积极从事抗日爱国活动。1929年冬末我出席在日本西京举行的太平洋国际学会代表大会。在会议上谴责日本帝国主义的侵华政策。会前我主持在沈阳召开的中国代表团筹备会事宜，曾由张学良秘书王家祯（现任外交学会委员）处得到一本《田中奏折》（这本《田中奏折》是张学良以重金在日本秘密收买得来），就是以后名闻于世的日本帝国主义侵略中国和世界的秘密计划。震惊之下，（我）如获至宝，遂商得筹备会同意，译成英文，印出二百本，（到会）分送英、美、加等出席会议的代表，这是《田中奏折》公布于世的开始。

这次太平洋讨论会的主题是中国满洲的问题。中国代表的发言集中揭露日本的侵华政策。以松冈洋佑为首席的日本代表团则为日本政策辩护。他操一口流利的英语，侃侃而谈，大出风头。他在发言中大谈日本帝国一向重视本地区的和平和石原代首相对邻国的友善态度，声称日本与满蒙国防及国计民生具有重大利害关系，在一些方面应作特殊考虑。而日本侵略满蒙，是出于接壤支那的责任感，无可厚非云云。

本来，中国代表阎宝航已准备好了发言稿，现在根据日本代表的发言内容，有针对性地增加了新的内容，他说："……中国东北有别国巨大的经济利益，他们在那里驻扎着庞大的军队，那里随时都可能发生侵略战争。当然，他们的目标不止是中国的满洲，还有蒙古；不止满蒙，还有印度支那，甚至全世界。有人说他们对东北有一种责任感，依这样的责任感，东北乃至中国还有和平而言么？太平洋国家还有和平而言么？人们完全可以认为，这种责任感是'野心'二字的代名词。我们这儿有一份从日本帝国得到的文件，我们完全有理由认为，这是1927年日本东方会议后，首相田中呈天皇的奏折。我已把这文件译成英文发给各位代表，供诸位研究参考！"

会场大哗。日本首席代表松冈洋右以退出会议相威胁，企图阻止会议进行辩论，造成会议进行中的一次轩然大波。

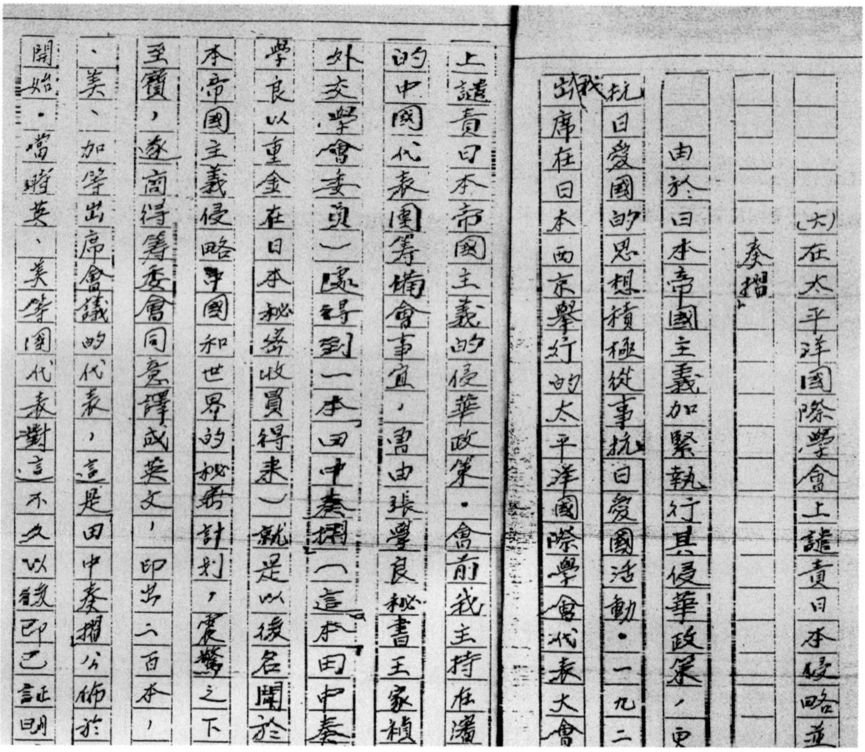

(六)在太平洋國際學會上譴責日本侵略並
奏摺
由於日本帝國主義加緊執行其侵華政策，更
抗日愛國的思想積極從事抗日愛國活動。一九二
我出席在日本西京舉行的太平洋國際學會代表大會
上譴責日本帝國主義的侵華政策。會前我主持在瀋
的中國代表團籌備會事宜，當由張學良秘書王家禎
外交學會委員）處得到一本「田中奏摺」（這本田中奏
學良以重金在日本秘密收買得來）就是以後名聞於
本帝國主義侵略中國和世界的秘密計劃，震驚之下
至寶，遂商得籌委會同意譯成英文，印出二百本，
、美、加等出席會議的代表，這是田中奏摺公佈於
開始。當時英、美等國代表對言不久以後即已証明

阎宝航自传中谈及参加第三届太平洋国际学会时，如何将田中奏折公之于世的文字（阎宝航手书）

臭名昭著的《田中奏折》就是这样经阎宝航之手公之于世的。

西方各国一般不相信日本岛国能有如此与它国力不相适应的侵略野心。直到1931年9月18日本在沈阳发动武装侵略战争之后，英、美、苏各国报纸均开始揭露《田中奏折》，引起世界各国的重视。尽管日本当权人物通过舆论工具矢口否认《田中奏折》的存在，但他的侵吞满蒙的野心被以后的侵略战争的发展所证实正如日本战犯重光葵所说的那样：“日本想要消除外国对这一文件存在的疑心是非常难的。”①

1931年10月21日至11月4日，中国太平洋国际学会第四届分会在上海召

① 东北文化社：《东北年鉴》，奉天 1931 年，第 1399 页。

开[①]。中国分会有会员105人，执行委员15人，胡适为执委会委员长。到会正式代表140人，其中美国26人、英国20人、日本19人、加拿大11人、澳大利亚9人、纽西兰6人、菲律宾5人、荷兰1人、国际联盟2人、国际劳工局3人、中国33人，出席会议的还有各国职员及家属代表等。作为地方分会的东北分会，也准备了自己的提案。在关于东北问题的研究方面，则有东北韩侨问题（王维新）、东北铁路现状（苏上达）、东北金融状况（宁恩承）、东北农业（姚梦年）、东北拒毒状况（阎宝航）、东北教育（王卓然）、外侨生活（卞宗孟）。

在这次会议上，英，美等西方国家对日本发动九一八事变的冷漠态度，同英、美等国在第三届太平洋国际会议上对已经披露的《田中奏折》尚不置信的态度，如出一辙。由于西方国家对日本侵略行径的袒护态度，会上辩论毫无结果。但《田中奏折》被公之于世，毕竟出乎日本当局的意料之外，它所产生的影响和作用是不可估量的。

阎宝航再次参加了太平洋会议，他回忆说：

在这次会议上，中国代表对日本帝国主义侵略东北的行动加以抨击。日本出席会议的代表宣称：日本无侵略中国野心。九一八不过是地方事件，满蒙对日本说来不过只是一只白象（即“大而无用”之意）。英、美的代表们的态度冷漠，不过略表应该调查了解之意。由此可知参加太平洋国际学会的所谓英、美、日国的名人学者，都是帝国主义侵略的工具，而太平洋国际学会则又是这些侵略工具的工具。我们在会议上和他们讲理，无异于与虎谋皮。

① 出席这次会议中国代表共33人，他们是：胡适、张伯苓、张竹平、陈立廷、陈达、夏晋麟、徐淑希、徐新六、顾子仁、何廉、夏晋麟、宁恩承、阎宝航、刘鸿生、刘湛恩、刘景山、刘王立明、陶孟和、潘光旦、曾宝荪、吴贻芳、吴达铨、陈衡哲、曾广顷、余日宣、顾季高、刘世芳、刘驷业、骆传华、王国秀、丁文江、刘驭万、陈长桐。

2.5 面对日军的节节进逼

1930年，蒋介石和冯玉祥、阎锡山军阀之间关系日益紧张，一场更大规模的内战——中原大战已不可避免。以蒋介石集团为一方，以冯玉祥、阎锡山反蒋势力为一方，互不相让。为扩大自己的力量，军阀各方开始极力对张学良进行拉拢。张学良于6月召开会议，专门讨论如何应付局势，仍然是犹豫不决。在蒋介石的代表吴铁城、张群等蜂拥而至的时候，阎宝航曾经通过他的朋友端纳，向张学良转达他的意见：我们的目标是日本帝国主义，千万不可率军入关，兴师动众。

英籍澳大利亚人威廉·亨利·端纳，当过记者、副主笔。当年曾是两广总督岑春暄的座上客，孙中山、宋耀如的朋友，东北王张作霖的顾问。张作霖死后，端纳去南京工商部经济报导局任职。东北易帜前，蒋介石把他介绍给张学良当顾问。这个有英、美背景的人物，在帮助张学良实行东北易帜，以及后来在和平解决西安事变中，都发挥了重要作用。端纳在东北时，阎宝航在同张学良的交往中，同端纳素有往来，所以，端纳跟张学良、王卓然、阎宝航少数几个人常用英语交谈。有一次，端纳对张学良谈起了对阎宝航、杜重远等人的看法，他说，阎宝航、杜重远先生骨子里就是反日派，有民族气节，有才干。他们是东北日后所借重的人物。他还说，阎宝航有英国绅士风度，但细品味，他是一个十足的中国东北汉子！张学良问：阎玉衡利用基督教青年会开展反日活动，你认为日本人会不会认为他有西方背景呢？端纳答道：青年会是美国人、丹麦人创办的，阎宝航在那里领导和支持反日活动，他挂的是基督教的羊头，卖的却是反日的狗肉，日本人怎么能想不到他的西方背景呢？日本

端纳

人会记他的账的。当时端纳严肃地对张学良说：日本人放过你，也放不过阎宝航、杜重远这样的人，你们可要小心日本人的暗算。当时张学良只当作一个笑谈而已。

当时，在东北上层人物中，对东北如何应付关内各军阀即将开始的内战，存在两种不同意见。一种意见是出兵调停，一种意见是坐观形势，按兵不动，集中精力把东北的事情办好。当然也有一些唯张学良之命是从的人。阎宝航则属于“坐观形势，按兵不动”一派人物。他认为，东北经两次奉直战争、中东路战争，民生凋敝，财力日衰。此次东北军入关作战参与军阀混战，无疑于内耗。更重要的是，阎宝航一直担心在东北的日本人。他在领导东北国民外交协会、辽宁省拒毒联合会、辽宁省国民常识促进会三个团体开展反日行动中，感觉到日本人的侵略气焰并未因为国人的反抗而收敛。他甚至认为，日本人潜藏着更大的危险。但客观形势并未按照他的意愿发展，这年9月，张学良看时机已到，率20万东北军主力武装入关调停。

作为辽宁省城基督教青年会总干事，阎宝航出色地领导青年会工作。而作为三个反日民众团体的负责人，他仍然尽职尽责地工作。

据不完全统计，从1929年10月7日至1930年3月15日辽宁国民外交协会会议记录所载的8次常委会共讨论议案45项，其中涉及反日维权的20项，协会自身建设的22项，而涉及对俄交涉的只有3项，可见协会领导核心的主要精力还是集中在反日维权。然而，就在伯力会议义定书签订之后，中苏关系趋向和解的时候却发生了一件突发事件。1930年4月12日，辽宁国民外交协会在奉天总商会礼堂召开国民常识讲演会，会上部分与会者同主持人发生争执，导致宪兵侦缉队干涉，赵尚志等三名共产党员被捕。这就是当时省委文件中所说的“国民外交协会事件”。

这个事件之所以发生，与当时中共中央总的政策形势有关。1930年上半年以李立三为代表的党内“左”倾冒险主义错误逐步占据支配地位，于3月下旬从东北调回刘少奇，改组了省委领导班子。4月初组成了以李子芬为书记的新一任省委。4月5日，国民外交协会发起追悼抗俄将士大会，但李子芬等新上任满洲省委领导人却认为召开这样的追悼会是当局采取的反苏反共行为，决定加以反对和抵制，结果使东北党组织造成重要损失。这一事件的发生主要是在中日民族矛盾迅速激化、国人救亡国图存的精神和物质准备尚不充分的情况下，东北反日营垒内部发生的一件使亲者痛、仇者快的事件。“国民外交协会文件”最沉痛的教训，就是满洲省委“反国民外交协会”反错了对象，正如俗话说：“大水冲了龙王庙，自家不认识自家人。”首先，国民外交协会并非敌人；其次，支持国民外交协会的张学良在当时至少也不应列为主要的敌人。

东北易帜后，国民政府虽一再说明“对外问题，由中央负责，东北内政仍由现职员维持，概不更动”。但既然已经“服从国民政府，改易旗帜”，国民政府的许多大政方针也很自然地逐渐渗透于东北，正当阎宝航领导辽宁国民外交协会和当地民众烧毁鸦片毒品、大杀日本人威风时，国民党的鸦片公卖政策在东北开始推行，更加深了阎宝航对这个腐败的中央政府的认识。

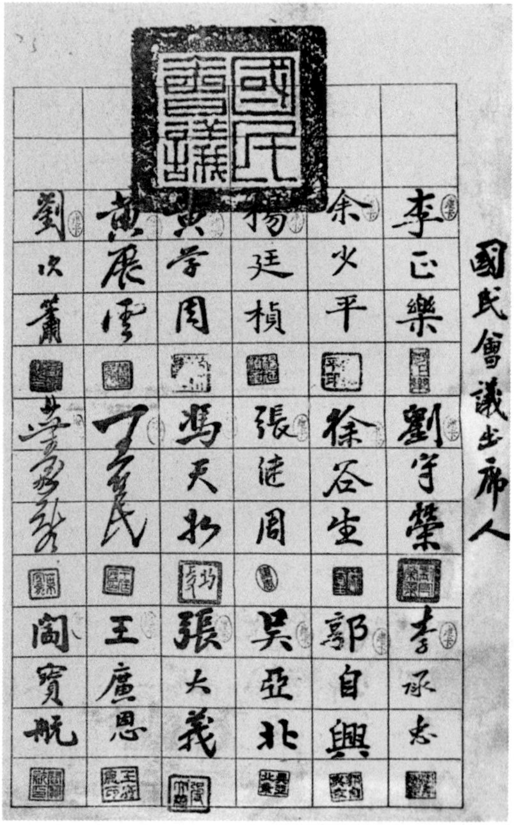
國民會議出席人
李正樂 余火平 楊廷楨 黄学周 黄展雲 劉次簫
劉学棠 徐谷生
李承忠 郭自興 吳亞北 張大義 王廣恩 閻寶航

出席南京国民会议代表名单

1931年2月12日，国民党辽宁省党部成立后，开始着手进行参加南京国民会议代表的选举。阎宝航以农会代表身份当选。出席这次会议的还有金恩祺、杜重远、王化一、王卓然、卢广绩、赵雨时等15人。随后在省城基督教青年会召开了国民外交协会各县分会联席大会，辽宁省58个县当中有39个县派代表300余人参加，会议就协会本部及各分会提出的124件提案进行讨论。在对日关系方面的主要提案是：一、满铁问题；二、朝鲜移民问题；三、对日不法行为的对抗案；四、收回领事裁判权问题；五、把日本人移民引入东北问题。4

月28日晚，阎宝航等人聚于新建胡同拜见张汉卿。阎宝航表示，既然本人为代表，我可要利用这个机会说话了。张学良问他到底想说什么？阎答："关于禁烟。"阎宝航解释说："我们现在要反对日本人的烟。反对毒华政策，但蒋先生在国内却不禁烟，那么，反对日本人毒华政策岂不是空话！"张略加劝阻地说，"这话最好不说。"阎宝航知道，东北刚刚易帜，张将军是不好得罪蒋介石的，但作为国民的代表表个态度也无不可。最后张学良对出席会议代表提出四点建议：第一，禁烟问题恐投鼠忌器，暂时不提，因中央有公卖之说；第二，最高问题之应付随时观察斟酌；第三，会场外之联系，以"到东北去"为口号！宣传于代表之间，让他们到东北来实地了解了解；第四，提案视情况而定，会场发言以公正、光明、简洁为宜。

这年5月，阎宝航作为国民大会代表来到南京。会议开始后，阎宝航和杜重远、王化一等就赎回中东路、撤废领事裁判权等问题向大会提出议案。有的东北代表"对大会许多问题不感兴趣"，而常常结伴离开会场去办理商务实业和其他事务去了，阎宝航却一直认真参加会议，听取发言，并在一次会议上正式提出一项"彻底禁烟案"。他在发言中，猛烈抨击国民政府的禁烟和鸦片公卖政策的不彻底性，得到反蒋派系和大多数代表的响应，引起轩然大波，迫使蒋介石不得不亲自上台作解释，因不得要领，当即遭到一些代表的强烈反对和不满。事后，张学良曾对别人说起这件事，他认为阎玉衡在国民大会上的提案和发言，引起了蒋介石对他的很大误会，蒋会认为阎玉衡所以如此表示，完全是张学良所授意。对此，阎宝航表示，蒋介石愿怎么想就怎么想去，我是说出了作为一个东北人应说的话。张学良说，玉衡兄是一位不畏权势和具有正义感的人。

国民政府禁烟的不彻底性，确实引起了阎宝航的深思。东北易帜前，阎宝航通过国民党人在东北的反帝活动，对国民党人的印象不坏。东北易帜后，随着对国民政府人士的接触逐渐增多，对国民党的了解也多起来了。但像这一次参加国民大会，直接地了解国民党政府还是第一次。国民政府禁烟之举，没有给他留下什么好印象。他自己曾说过，此次南京之行，亲自接触南京，感受到国内政治形势的现实，重新确认为了对抗日本必须以自己的力量和东北政权为靠山。

在这次国民大会的闭幕会上，蒋介石明确表示，凡参加此次国民会议的代表从前未加入国民党者，都作为国民党员。阎宝航回到沈阳后不久，收到一枚国民党辽宁特字00号的党证。他没有在意，随手丢弃了。

参加国民大会并没有给阎宝航带来任何希望。返回沈阳后，他便利用外交协会开始新一轮的反日活动。

1931年5月24日，阎宝航主持外交协会成立了中日铁路交涉监事会。

进入30年代，满铁创空前大减收。日本叫嚷"满蒙危机"，把解决所谓"悬案"的突破口定为铁路交涉，币原外相请满铁理事木村着手准备交涉，企图清除危机感。

为了牵制在沈阳滞留的木村，阎宝航开始对东北军进行宣传，并动员各分会一致行动，调查日本在东北的军队和警察，开展反对包围省城而进行的军事演习，要求撤出日本军警。6月25日，阎宝航把东北边防军长官公署参谋长荣臻、东北宪兵司令陈兴亚、第七旅旅长王以哲等请到基督教青年会，做他们的工作，希望在各旅、各大队设外交宣传部，定期进行外交讲演。荣臻为此作了"为了国家、军队，不惜尽一切力量"的讲话。

这次会见不过是初次会见，却引起了日本人的注意。6月30日，日本东京市参事会员笠井重治通过法学研究会赵欣伯，在教育会会见了国民外交协会的金恩祺、赵雨时、苏上达、王化一等人，结果不欢而散。第二天，阎宝航、赵雨时邀请笠井重治出席在基督教青年会举行的晚餐会。为了应对日方对协会开展军队宣传问题的紧张态度，阎宝航使用了外交辞令。他站起来说，日本把协会看作是"排日团体"，但我们的目的始终在于作政府的后援，并非指向排日。对于《满洲日报》关于协会对军队宣传的消息表示遗憾！出席晚餐会的日方代表争辩说，最近协会的确是排日团体，而且该消息是从"可靠方面收集"的。阎宝航不示弱，他说，既然是从可靠方面收集的，那么，我们要问一问到底是哪方面的可靠消息？晚餐会在不愉快的气氛中结束。

同年7月初，日本蓄意制造万宝山事件后，外交协会常委们分析了当时的东北紧张形势，认为日军咄咄逼人，政府应有所准备。在阎宝航主持下，给在关内的张学良写了一份请愿书，强烈要求张学良副司令率军回沈。请愿书说：

关于四省之国防问题，应建立系统的一贯计划，一但外患入侵，从容以对；应采取措施，不使我宏大山河归于外人之手。然以现在之形势，外患内乱之此，在边防缺乏巩固的情况下，可谓东北几乎无安宁之日。副司令素来重视故里之地，望舍轻就重，速速归沈，为东北人民谋其保障，充实国防，制定国防条令，建立其他一切计划。[①]

张学良自1930年10月率东北军主力入关调停，就任中华民国陆海空军副司令以来，华北形势日趋紧张，阎宝航要求张学良把东北军撤回关外，以应付突然事变。张学良接请愿书后，曾表示“照此办理”。但这时，日军唆使石友三叛乱，关内东北军初战濒于崩溃，为挽回败局，东北军再度调兵华北。但华北局势依然不稳，东北军无法撤回关外。阎宝航等的请愿未被采纳，不久九一八事变爆发了。

1931年是多事之年。从4、5月开始，日军制造挑衅事件越演越烈，为制造发动侵略战争寻找借口，连续在东北制造一系列挑衅事件，并且不断地进行军事侦察和实弹演习。日本帝国主义已举起了屠刀，战争大有一触即发之势。在这种形势下，阎宝航领导东北国民外交协会，有针对性地开展反日斗争。

从4月份开始，日本人蓄意挑起了万宝山事件后，趁机进行歪曲事实的扩大宣传。7月初，在日本和朝鲜的报纸上，时有捏造“在中国的韩侨被杀无数”的谎言，挑动朝鲜掀起大规模排华暴动，致使在朝鲜的中国侨胞被大批杀害，遭受巨大损失。阎宝航除委派外交协会干事朱焕阶陪同报联社记者赴长春万宝山进行调查采访事实真相外，还以外交协会名义向张学良和南京政府外交部发出急电，请求政府与日严重交涉，以明事实真相，扩大宣传。同时，阎宝航多次召集常委们进行讨论，研究对策。当时，面对大批在朝鲜的侨民被杀戮的严重事实，常委们激于义愤，主张对朝进行报复，借以显示一下我们的力量。阎宝航指出，中国和朝鲜都是受日本帝国主义欺负的国家。而朝鲜于1910年就被日本吞并，成为日本的殖民地，朝鲜民族处在水深火热之中。中朝两国人民是友好的，相互仇恨的账应该记在日本人的

---

① 辽宁省长臧式毅→张学良，7月2日，外交文书S1、6、1、0—2 REEL S 32《有关密电情报一件》413—414页。

身上，我们决不能上日本人的当。我们共同的敌人是日本帝国主义。他说，“如果我们进行报复，无疑受害者是则大多数朝鲜无辜的人民群众。而日本帝国主义则又很可能以保护韩侨为借口，出兵进占东北。所以我们不能给日本帝国主义造成可乘之机。”卢广绩等支持阎宝航力排众议，主张克制忍耐。阎宝航的这个意见，得到了张学良的支持和赞同，他指示外交协会一定要慎重处理这一问题，决不能给日本侵略东北制造任何口实。他同时明令省长臧式毅[①]要与国民外交协会相配合，避免事态扩大。

7月中旬，在阎宝航的具体安排下，卢广绩、王化一在沈阳基督教青年会举行记者招待会，并发表《告日韩民众书》，同时由朱焕阶报告赴长春调查万宝山事件经过。随后，阎宝航又与常委们讨论下一步行动办法，支持王化一提出的以东北国民外交协会名义，赴朝鲜慰问华侨，了解情况的建议，并协助王化一以外交协会名义，在沈城发起为在朝鲜死难华侨募捐活动。8月上旬，王化一等携沈城各界捐款及物资到安东[②]慰问从朝鲜归来的华侨。半月后，卢广绩、王化一等从朝鲜慰问归来，阎宝航亲到车站欢迎慰问团归来，并组织国民外交协会成员召开会议，邀请卢广绩、王化一报告慰问团赴朝慰问经过。卢广绩、王化一在讲演中说道，慰问团在汉城、仁川慰问之后，来到平壤华侨死难者墓地。王化一后来描述当时目睹的惨景，他写道：

行两小时到达墓地，在长山之阳，左右皆华人义冢，有长七八丈宽一丈多之土垅四条半，新土未干，臭味犹浓。有日本人某机关在我们到达以前送来花圈两只，表示祭奠，这是否故意表示这是朝鲜人干的坏事，与日本人无关，而且日本人对死者还表示同情，欺谁乎？我们内心完全明白。华商说，垅内究竟埋了多少死难华侨不清楚，据当时掩埋华侨之鲜工说每十人一束，上下以草绳捆绑，赤身露体，投置此中，一束紧靠一束，究竟有多少人不知道，惨极！我们在旅馆中草拟祭文一通，街前买不到祭品，不得已各采集鲜花一束，置陇前，小隐读祭文，乃赓[③]献花，我唱礼，全体静默致哀，热泪

① 辽宁省改为奉天省后，日本关东军推出原辽宁省政府主席臧式毅为伪省长。

② 今丹东。

③ 即卢广绩。

盈眶，呜呼！死难华侨，九泉有知，应此国人未衰此等也。[1]

阎宝航一直全神贯注地听着，脸上不时泛起激愤地表情，但始终未说一句话。但是，等到王化一继续介绍赴朝经过，特别是中国驻朝总领事的所作所为时，他着实坐不住了。当时，王化一说道，他们在朝鲜期间，一直处在悲痛之中，然而当他看到中国驻朝鲜总领事时，气就不打一处来。原来，他们看到中国驻朝鲜总领事对华侨劫后生死不但不过问，反而在这个时候到吴公祠对清光绪年间平叛死难者献匾行礼，据说这位总领事还请蒋介石为此献匾一方，蒋介石却也慨然应允。对此，慰问团成员夜不能寐。在后来当地华侨商会举行的宴会上，王化一等迫不及待地向出席宴会的中国驻朝鲜总领事询问华侨受害情形，这位总领事在华侨受害的严重时刻，竟跑到别处躲起来了，对华侨受害情形自然一无所知。王化一当即怒不可遏，拍案而起，大骂总领事。

听完王化一等人的介绍，会场上群情激愤。最后，阎宝航站起来说道，“不是朝鲜人坏，实际上是日本人坏。有朝一日还要问问我们的蒋先生，在同胞惨遭杀戮的时刻，他们表现得如此无动于衷。看来，国人在反日斗争上，态度大不相同。我们东北国民外交协会今后有事情要做！既要注意防外鬼，还得防家贼！外倭打来，说不定我们东北要孤身奋战！”

阎宝航的预言，被九一八事变后的事实所证明。他后来所以走上反蒋抗日的道路，也是他的必然选择。

这年6月，在东北兴安屯垦区余公府又发生了中村事件。日本间谍中村震太郎等5人，6月上旬潜入哈尔滨兴安区进行军事侦察。6月27日被东北兴安屯垦军1团3连捕获，旋即被处死。该团团长关玉衡遂将中村所使用的侦察地图、侦察笔记等证物送北平张学良副司令。8月17日，日本驻沈阳总领事林久治郎对东北当局进行外交威胁。日本在华报纸开始制造谎言、蛊惑人心。东北当局在外交上表现极为软弱。东北军参谋长荣臻迫于压力，曾派东北炮兵重炮旅旅长王致中到兴安区劝说关玉衡团长进入苏境躲避，后又派宪兵司令陈兴亚率宪兵1团赴兴安区拿办。作为东北外交协会负责人的阎宝航，从一开始就密切关注中村事件的发展和动向。他对日本人咄咄逼人的态度为之

① 《王化一日记》，1931年8月21日，未刊稿，辽宁社会科学院党史的资料案存。

愤恨，对东北当局在日本面前的软弱表现，为之痛心！他曾召集常委会议，讨论应付办法。他曾通过辽宁省警务处长黄显声的关系，派人携边防证和黄的介绍信，去兴安区关玉衡处了解情况，并力图将关团长所获日军中村进行侦察活动的证物带回来，以便利用外交协会开展对日交涉。因关玉衡已将证物事先转呈北平张学良副司令，未果。9月初，又派人去北平张学良副司令行营请求将证物交外交学会。恰好此时张学良已应荣臻电请将关玉衡送到的证物派刘多荃送往沈阳，在这种情况下，阎宝航准备发动学生在沈阳发起一个民众抗议活动，反对日人的骄横态度，支持东北军政当局对日交涉，后因九一八事变爆发而搁置。

第三卷

东北救亡运动的主将

3.1 九一八事变后的几天

1931年9月18日，是东北的被难日，是中国的国耻日，是亲眼目睹九一八事变的阎宝航永远不能忘记的日子。

这年春夏以来，耳闻目睹日本人在东北各地挑起事端，阎宝航敏锐地嗅到日军发动战端的火药味，曾与辽宁省警务处长黄显声谈过，请他注意日本人动向，并相机把情况向北平的张学良报告。尽管黄显声、王以哲等东北军高级将领亲赴北平向张学良报告岌岌可危的东北局势，却始终未能引起他对日军的注意和防范。

9月18日晚，阎宝航曾在大南门里基督教青年会202号房间召开时事座谈会，出席会议的还有王以哲、赵国屏、赵锡庆、于黑子（绰号）等军界人士；文人有高崇民、卢广绩、徐箴及曹德宣等。与会者发言说："寻常穿长袍的当官，作威作福；必要时让穿二尺半的（军人）卖命，实在有点那个……"

晚10时20分，刚刚从青年会回到家里的阎宝航忽然听到爆炸声，接着枪声大作。他最初估计，或者是日军的军事演习，或者北大营东北军部队的军事演习。他万万没有想到，日军竟然发动了武装侵略事变。

天刚蒙蒙亮，阎宝航便起来，拉着大女儿明诗的手去外面观察动静。他们穿过胡同口，来到大南街，往北一看，发现有一队日本军人扛着太阳旗从大西路中街方面开来。阎宝航这才意识到问题的严重性。

阎宝航把明诗送回家，嘱咐高素桐做好准备，必要时他要送全家去基督教会躲避。现在他要到青年会去以便与各方面取得联系，了解一下沈阳城究竟发生了什么事。

日军占领沈阳后，全城一直处在极端恐怖之中。从9月19日早上开始，日军警沿街盘查过往民众，同时冲入省商会、省农会、东北国民外交协会等民众团体办公处大肆搜捕，情形十分紧急。

19日，日军虽然占领了沈阳城，但兵力尚未开到大南门一带。阎宝航弄清日军发动武装事变情况后，立即将家人送到基督教会躲避。20日早上，他来到省商会会长卢广绩的家。

上图为九一八事变中日军向沈阳发动进攻，下图为入侵沈阳城内的日军装甲车

当时，沈阳城内街头一片混乱，笼罩着恐慌气氛。奔走的市民大呼小叫，一队队日军耀武扬威地行进在大街小巷。阎宝航敲开卢广绩家门时，竟将他们全家吓了一跳。

卢广绩惊异地问："什么时候了，你怎么还这样公开露面？"阎答道："事出突然，不能无动于衷。平时我们以抗日相号召，这时我们也应挺身而出。"他把自己的想法告诉卢广绩。他说：日军野蛮地践踏我国主权，武装占领沈阳城，是何动机？是何原因？我们要说话。卢广绩说，日军肆虐，我们顶烟上，恐凶多吉少。阎宝航说道，个人事小，中国人的尊严事大。日军这样蛮横地占领了省城，东北军不作任何抵抗，到底是怎么回事？少帅不在家，同荣臻①他们也联络不上，我们应该以外交协会名义展开活动，弄清情况，希望对事态有些好处。于是，阎宝航和卢广绩一起，联络学生联合会会长金哲忱等人往见德、法等国领事，请他们从中斡旋。结果，他们得到的答复是："事涉中日两国外交，我们未获本国政府之命，不便过问。"随后，阎等三人来到英国领事馆，所得到的回答同出一辙。所不同的事，英国领事愿意介绍他们去日本领事馆往见日本领事森岛，并写一便函交与阎宝航。

① 荣臻，时任东北边防军参谋长。九一八事变后，化装逃出沈阳。

当时，日本驻沈阳总领事林久治郎在九一八之夜正在同乡好友家守灵。晚10时30分，他接到电话，立即回领事馆。他匆匆赶回总领馆方知发生柳条沟事变消息，他命令森岛领事即刻去关东军特务机关弄清情况。阎宝航等来到日本领事馆时，正值森岛领事从关东军司令部了解情况回来，在向林久治郎总领事汇报和讨论如何“通过特务机关使其立即停止我军的军事行动”，所以派他们的副领事出面接待。阎当即质问，“日军如此占领中国东北省城，作为领事为何没法阻止军事行动？”这个副领事竟说：“军事行动是关东军干的，我们作领事的管不了。”那副领事口气一转，反而要求阎宝航：“你们来得正好，你们应该立即行动，组织地方治安维持会。我可以叫日本居留民会长和你们商议。”接着他以命令的口气说道：“你们明天再来！”

阎宝航等立即辞出，四人面面相觑，日领事的态度使他们感到愕然。

阎宝航敏锐地感到，他们去往见领事等于自投罗网。幸亏日领事森岛无暇出来见他们，而派刚刚上任不知道阎宝航等是何身份的副领事。日领事森岛对阎宝航这“反日巨头”是很熟悉的。在那种混乱情况下，森岛见到送上门来的阎宝航，一定是不会放过他的。不过，阎宝航从副领事的蛮横态度中，已觉察出他们的行为有些唐突，他当机立断地说：“我们应该马上离开沈阳，否则，不作汉奸就得作日本人的刀下鬼。”他们估计此时家中也可能受到日军监视包围，便向大西关文会中学英国牧师家中奔去。当夜三人宿于这位牧师家中，决计第二天离开沈阳，前往北平。

20日清晨，阎宝航到达沈阳城北的迫击炮厂，并与该厂工程师、美国人麦尔斯取得了联系。麦尔斯答应赴约定的地点等候卢广绩等三人，然后用自己的汽车把他们送到尚未被日军占领的皇姑屯车站，送他们乘火车赴北平。

此时城内早已到处悬挂着日本国旗，日军在街头盘查巡逻，横尸随处可见，十分恐怖。迫击炮厂位于郊区的文官屯，因开车的是美国人，汽车在去皇姑屯车站的路上并未遇到太多麻烦。但由于事先约定卢、金二人乘车地点有误，耽误一个多小时，引起日人巡逻队注意。麦尔斯急中生智，跳下汽车装作修车模样，故意让日人看他的脸。日巡逻队见是个西洋人，便径直而过。坐在车里的阎宝航有惊无险。

就在这一天，日军特务机关已将城内各群众团体、政府机关、军警单位全部查封，到处搜查爱国人士，阎宝航、杜重远、卢广绩、高崇民、王化一等均在搜捕之列。日军贴出布告，以5000元悬赏缉拿阎宝航。

傍晚时分，阎宝航坐在麦尔斯的汽车里，望着大街上累累横尸和全副武装来回巡逻的日本兵和城墙上飘扬的日本国旗，怒火在胸中燃烧起来。

当时，沈阳的皇姑屯火车站尚未被日军控制。站台上下，早已挤满了逃难的人群，哭声喊声交织在一起，好不凄惨。阎宝航和卢、金二人好不容易挤上一列闷罐车，恨不得立即到达北平。但由于火车燃料不足，走走停停，终于到达沟帮子站。他们在这儿下车，第二天再次登车，于23日到达北平。

从登上火车的那个时刻起，阎宝航就一直思考着一个使他难以理解的问题：东北军怎么啦？为什么不加抵抗就把沈阳轻而易举地让给了日本人？难道这是张学良的主意不成？他百思不得其解。到达北平后，他们先到奉天会馆住下，又去中央饭店找到了先期在这里的王化一。

王化一从赴朝鲜慰问被害华侨回来后，正值东北军在关内讨伐石友三叛军刚刚结束。他作为参加慰问团成员之一，赴北平慰问在平定石友三叛乱战斗中受伤官兵，和慰问团成员一起住在中央饭店。九一八事变发生后，北平已有大批东北难民流落街头，特别是大批青年学生的衣、食、住均无着落，情景极为凄惨。王化一已遵照正在协和医院养病的张学良副司令的指令，负责对东北

辽宁难民由皇姑屯车站乘车外逃

难民的救济事项。他四处奔跑，终于落实奉天会馆、江西会馆、湖南会馆、司艺厅以及红十字会等地为难民收容所，亲自主持登记发放救济款项。

19日晚8时左右，蒋在南昌给张学良发出了事变后的第一封电报，其内容：

限即刻到。北平张副司令勋鉴：良密。中刻抵南昌，接沪电知日兵昨夜进攻沈阳。据东京消息，日以我军有拆毁铁路之计划，其藉口如此，请向外宣传时，对此应力避之。近情盼时刻电告。

中正叩。皓戌[①]

蒋介石19日白天才由上海方面得知关于九一八事变的初步消息，从电报中看，蒋介石并无下令不抵抗之语。对此，后世研究者认识不一。在张学良口述历史[②]中披露了有关九一八事变时“不抵抗政策”的真实原因。1990年在张学良接受日本NHK电视台采访时说：“九一八事变时，我认为日本利用军事行动向我们挑衅，所以我下了不抵抗命令。我希望这个事件能和平解决……我对九一八事变判断错了。是我自己不想扩大事件，采取了不抵抗政策。”[③]这个观点和张学良在台湾时谈到九一八事变的责任时观点完全一致。张学良曾在幽禁时写的《杂忆随感漫录》中谈到：“九一八事变之后，政府和我的见解是一致的，认为条约神圣，国际主义存在，对于日本这种侵略行为，必当仗义执言。遂信赖国联，而不同日本直接交涉，以免损失权利，所以币原（日本外相）所提之五项原则，拒不接受。对于日军行动，职从国联公告，竭力取容忍方针，静待国联解决。”从这段文字的表述中我们可以看出张学良当时实行不抵抗政策并非是他的心愿，而是出于对国联的信赖。梦想靠自己的“容忍”就可以等来国联的仗义执言，就可能使日军从东北撤回去，岂能

---

① 李新总主编：《中华民国大事记》，第2册，中国文史出版社1997年版，第236页。

② 张学良晚年同美国哥伦比亚大学合作，耗时两年多正式录制了一部张学良口述历史。这批中文誊本多达4800页，2002年6月由哥大正式开放让全球学者阅读与誊抄。2003年由张之宇、张之丙姐妹将部分内容编成《张学良杂忆随感》、《张学良是怎样一个人》由台北历史月刊印行。美国哥伦比亚大学口述历史中心首次公布于世的“张学良、赵一荻文件与口述资料”（the Peter H.L. Chang and Edith Chang Papers and Oral History Collection），其中包括口述历史、往来信件、手稿、学习笔记、日记、艺术品、印刷品等。

③ 《张学良自述》，《炎黄春秋》，2004年第1期。

两全其美呢?

著名华人历史学者唐德刚教授在采访张学良询问九一八事变不抵抗问题时说:“我们听了50多年了,都是这个说法呢,都说了蒋公给你的指令呢!”“……都说蒋公打电报给你,说吾兄万勿逞一时之愤,置民族国家于不顾。又说你拿着个皮包,把电报稿随时放在身上。”张学良回答说:“瞎说,瞎说,没有这事情。我这个人说话,咱得正经说话,这种事情,我不能诿过于他人。这是事实,我要声明。最要紧的就是这一点。这个事不是家的事情,是我自个儿的事情,是我的责任。”张学良很坚决地回答:“我要郑重地声明,就是关于不抵抗的事情,九一八事变不抵抗,不但书里这样说,现在很多人都在说,这是中央的命令,来替我洗刷。不是这样的。那个不抵抗的命令是我下的。说不抵抗是中央的命令,不是的,绝对不是的。”

日本NHK电视台的采访录认为:关于不抵抗政策,张学良极力证明并非蒋介石的责任,是否要考虑到由于当时他身居台湾,环境所迫。但国内学者曾景忠先生认为,张学良从来是“好汉做事好汉当”的性格,他不会屈从于形势,言不由衷。1990年,张学良已基本上获得自由,而此时蒋介石、蒋经国已经辞世。

有人在发表文章中谈道:九一八事变发生后,蒋介石曾给张学良十余件电报函件,令其不抵抗。阎宝航、王卓然曾建议他将这些电报妥为保存。后来张氏夫人于凤至让张学良赴欧考察时,特地保存在伦敦汇丰银行保险柜中。因为有这些函电,西安事变后,张学良夫人于凤至即以此威胁,使国民政府中央和蒋介石不敢加害张学良。但据笔者多年研究所知,没有看到阎宝航、王卓然在文章中提及关于不抵抗命令原件存于汇丰银行这样的大事。

张学良晚年的解释和说明,把责任全揽到自己身上,只字不提中央政府和蒋介石的责任,是否就是历史的本来面目呢?在这里无需赘述九一八事变不抵抗政策是谁下的,但作为一地的封疆大吏,在当时东北境内仅有日本兵力26882人,而东北军有19万人的情况下,先于九一八丢失东北,其后仍没有积极的抗敌作为,当然是难辞其咎的。

9月25日,除阎宝航、卢广绩外,高崇民、陈先舟等也先后到达,他们都住在中央饭店。王化一首先转达了张学良将军对各位的关念之情,“阎玉衡,卢乃赓诸同志自沈阳脱险抵平，张副司令每人赠给生活费200元”。[①]

流亡北平的东北爱国人士和青年学生分别成立了两个群众组织：一个是由流亡北平的东北学生和原北平读书的东北学生组成的东北同学抗日救国会，一个是高崇民、陈先舟在潜出沈阳途中与聚集于锦州、沟帮子一带的东北爱国人士、青年学生、东北军中下级军官组成的抗日救国会。大家经过热烈讨论，一致同意把流亡锦州、北平两地的原辽宁省各法团、各反日团体领导人及青年学生、各界群众所成立的三个团体，即东北同学抗日救国会、东北同乡反日救国会、抗日救国会联合成一个组织，最后大家商定，这个组织就叫做东北民众抗日救国会。

参加25日讨论的唯独缺少杜重远。大家非常担心他的安全。阎宝航也在焦急地期盼着杜重远的到来。杜重远来了，大家好一起往见张学良。

杜重远回忆：“事变发生时，余适因事未在省城，接阅号外，始知辽城陷落，当时精神上之刺激，非笔墨所能形容。因念所办瓷业公司向为倭人所嫉视，益以我年来排日甚烈，更为彼等所切齿，今如贸然回省，实不啻飞蛾投火，自寻祸患。然转念六十万血汗，五百口员工，皆唯余一人付托是赖，倘公司不幸而遭摧毁，固若天灾，无可抗逆，假如公司未被蹂躏，人员未尽散失，我独远避，将何颜以对股东，以见同人？于是决意冒险归省。”幸遇此时来沈的中国银行总经理张公权，并得其协助，代其去肇新公司往见全体员工。杜本人在张的劝说下，迅速逃离虎口，乘火车抵达天津。他便装下车，本想在平津地区从事抗日工作，以号召国人。因身体患病，住进天津医院，一时不能到北平。26日，阎宝航和卢广绩、王化一来到协和医院看望张学良。

此时，张学良大病初愈。由于九一八事变，东北军未加抵抗，使日军轻而易举地占领沈阳及其东北广大地区，全国上下一片哗然，纷纷对他进行指责，称他是不抵抗将军。张学良内心痛苦，情绪十分低落。

当张学良看到这些幕僚和朋友安全抵北平，十分高兴，便和他们攀谈起来。在问候张学良的病情、医治情况后，张学良关切地询问他们脱离虎口的情景。阎宝航介绍了他耳闻目睹事变后沈阳街头的惨景和日本人的凶残。初

① 《王化一日记》，1931年9月26—31日。

别故土的阎宝航，这时候痛苦和愤恨一起涌上心头。他说，“军人不能为保家卫国尽职尽责，眼睁睁地把大好河山拱手让给日本人，使三千万家乡父老陷于水深火热之中。这分明是对国家民族的犯罪！”他希望张学良不能做中华民族的千古罪人！张学良见阎宝航是批评自己，大为动容，他大声嚷道：“我不抵抗，不爱国，对不起家乡父老，我引咎辞职，让你们来干！”

阎宝航本想说服张学良，振作精神，发动东北军来抵抗日寇侵略。结果，不但没有说服他，反而弄得很不愉快。

阎宝航同张学良发生言语冲突之后，北京基督教青年会总干事吴耀宗曾把他接到青年会去住了几天。吴耀宗认为，大势已去，家乡沦丧，不堪回首，便挽留他在北京基督教青年会做事算了。此时，在上海海关任职的老朋友丁贵堂通过北平基督教青年会请阎宝航去上海海关工作。他的一些同事也都劝他说，在兵荒马乱的年月，在安全之地仍有事情做，也算是祖宗有德了！有的问他，你们东北那个少掌柜（张学良）是否是“此间乐，不思蜀耳？”有的劝他，依靠东北这位张少帅实现复土还乡的愿望，恐怕是天方夜谭了！

起初，阎宝航认为，在家乡沦丧的情况下，一个沦落之人，异地供职，本属无奈之举。况且，主帅精神萎靡，一个小小的人物何谈成就复土还乡大业！可是，他又不同意对少帅“此间乐，不思蜀耳”的议论和评价。

阎宝航知道，张学良丢失了东北，全国上下一片哗然，纷纷对他进行谴责，称他是“不抵抗将军。”汉卿是国难家仇集于一身的人，他怎么能忘记这一点呢？

这时，王化一、卢广绩劝说阎宝航接受张学良的建议，与他们共同谋划成立东北救亡团体事宜，阎便暂时打消去上海的念头，致力于成立东北救亡团体。张学良得知阎宝航同意留下，十分高兴，当面向阎宝航说明自己当时情绪不对，言语有失，特表示歉意。阎宝航也做了自我批评。

阎宝航脱离虎口后，一直挂念留在教会的高素桐和他的孩子们。他走时，高素桐已怀有七个月的身孕，他们在教会躲避会不会发生危险呢？在离开家那天，他告诉高素桐说他要回来接他们走的，没想到会不辞而别。日本人占领沈阳会不会去寻找他们，他们会不会落入魔掌呢？

九一八事变后，高素桐带着孩子们一直在教会躲避。在那十几天里，他们通过来教会的外国人得知一些消息。他们听说，在基督教青年会门口，日本人贴有一张5000元悬赏捉拿阎宝航的布告。她还听说，日本当局放风，“抓住阎宝航的家属给5000块大洋，把他的家属就像烧鸦片那样送到小河沿，倒上火油点天灯！”连教会的牧师也开始担心起来，生怕日本人闯进来抓走阎玉衡一家，坏了教会的名声。倔强的高素桐正在准备带孩子们离开教会回海城老家时，这天傍晚，教会来了一位50多岁左右的人。他一见高素桐，就说要送他们一家逃离沈阳。

来人向高素桐自我介绍说，他姓赵，是钟表店的老板。他说：我认识阎会长。他是个义士，挺身而出，烧过日本人的烟，很了不起！为咱们中国人争过光。我听说日本人正在抓你们，我就到处打听，寻找你们的下落。我跑了好多地方，没能找到。后来我一想，阎会长是信基督的人，和基督教会一定很熟悉，阎会长走了，他的家或许能在教会里。真是天意，让我找到了你们。高素桐说，赵先生，我没有职业，又带这些孩子，找不到老阎怎么办？遇到危险怎么办？这不是拖累你么？赵老板说：我在天津、北平都有分店，万一找不到阎会长，你的孩子我来供养。鬼子要杀你们，在教会躲避也不是长久之计。再说，咱们是中国人，不能叫教会这些外国和尚看笑话。你们准备一下，今晚上皇姑屯只有最后一趟通北平的火车了，不能再耽搁了。阎明诗在回忆当时的情景时说道：

当天晚上，赵大爷来了。他雇了一辆兜子车，把我们娘儿几个装上以后，挂上帘就往皇姑屯赶。在皇姑屯搭了最后一班车。车上的人太多，车棚顶上都坐着人，到处都是人啊，那车梯上挂的都是年轻人。赵大爷为让我们能上去车，趴在地下给人家磕头说：“我跟这家非亲非故，我再不把他们送出去，日本鬼子拿他们去点天灯了！”因为“点天灯”这话已经流传了一些时候，不用说大家就知道我们是被日本人通缉的。所以那些人突噜突噜地就从梯子上下来，这个抱大的，那个抱小的，从车窗里往里塞，小心地扶着我妈妈就上了火车。我们就这样上了火车。

1932年2月11日，阎宝航为抗日筹款当从上海线回到北平时，高素桐已带着孩子们来到北平。亲人们劫后余生，不胜悲喜。阎宝航随即把全家安置在北平比较偏僻的东厂胡同住下，便全身心地投入到东北救亡的事业中。

九一八事变后，在北平阎家院内阎宝航子女合影，从右至左：阎明诗、阎明英、阎大新、阎明智、阎明光、阎明复

3.2 在东北民众抗日救国会领导救亡运动

1931年9月27日，阎宝航和流亡的东北爱国人士、青年学生400余名，在北平西单牌楼旧刑部大街12号的奉天会馆东院——哈尔飞大戏院正式召开成立东北民众抗日救国会大会（简称救国会）。劫后余生的东北同胞，群情激愤，同仇敌忾，一致表示和衷共济，抵抗日本侵略，收复东北失地的决心。

成立大会由卢广绩主持，选举阎宝航、高崇民、卢广绩、杜重远、王化一、王卓然、黄显声、车向忱、金恩祺、梅佛光、钱公莱、张希尧、杨大光、郑奠邦、孙一民、韦梦令、韩立如、谷秀岩、霍维周、熊飞、顾翌常等27人为委员。大会首先讨论救国会宗旨。与会的国民党人士提出救国会应以筹集捐款、救济东北难民为宗旨。至于抗日问题，应听候政府指示。阎宝航认为，救国会应以武装抗日，收复东北失地为宗旨，否则，救国会没有成立的必要。双方唇枪舌剑，几至演成格斗。由于主张以武力收复东北为宗旨的人占有大多数，少数国民党人愤而离开会场。最后大会一致通过救国会宗旨：抵抗日本侵略，共谋收复失地，保障主权。大会决定聘请军事人才，组成特别委员会，计划实施发动东北民团、散兵、土匪，组成抗日游击力量。组织设计委员会，聘请大学教授，熟谙外交及世界情形人才，设计外交方面事宜，以应付东北目前状态。训练学生，一部分成为学生军，一部分回到东北做政治、军事工作。这次成立大会，虽然选出了执行委员，但由于大部分尚未到达北平，故未立即成立组织机构，也未选出常委。

10月21日，救国会举行全委会议，选出阎宝航、高崇民、王化一、卢广绩、彭小秋、霍维周、熊飞、杜重远、李梦醒九人为常委。下设总务、宣传、军事三个组，阎宝航任宣传组组长，副组长杜重远，负责出关人员的政治培训和抗日宣传工作。事实上，阎宝航在以后的工作中，不但以全力做好抗日的宣传，在军事方面，支持东北义勇军作战；在总务方面，积极募捐等，做了大量工作。到1932年1月12日，救国会常委会举行会议讨论会务改组问题，到25日，救国会机构改组完成：将委员会改名为执行委员会，执委41名，常委15人，监委5人。总务、宣传、军事三个组改为三个部：总务部、军事部和宣传部（后又改名叫政治部）。由阎宝航、王化一、杜重远分任宣传部长、军事部长和总务部长。

对于救国会的性质，确实存在不同说法。就参加人员的阶级成分而言，资产阶级占少数，小资产阶级知识分子及青年学生占绝大多数。就党派而说，国民党如梅公任（又名梅佛光）、吴焕章、黄剑秋及"改组派"钱公莱等，青年党如王捷侠、霍维周等，都曾参加。共产党地下党员和在党影响下思想进步的青年，则有宋黎、张希尧、宁匡烈、张雅轩（现名为张金辉）等。阎宝航、卢广绩、王化一、车向忱等，则大多属于无党无派。

阎宝航、卢广绩、杜重远、王卓然、王化一、孙一民（自左至右）在武汉合影

可见，阎宝航等组织成立的救国会，是在张学良的授意之下，由东北爱国流亡人士等自发参加的民众抗日团体。正是在这个团体中，阎宝航和他的同事们怀着对日本帝国主义的愤恨之情，从事东北救亡事业，为复土还乡进行着不懈的努力和斗争。

救国会成立时，阎宝航所做的第一件事，就参与起草救国会成立宣言：《告东北民众书》。宣言由秘书处长卢广绩交给胡石如起草，经阎宝航、高崇民润色修改后发表的。全篇对日本帝国主义以武力侵占东北，充满切肤之痛。对美丽富饶的东北大好河山充满着眷恋之情，表达了“共效驰驱，一息尚存，誓死靡他”的决心。

当时的北平街头，到处可见东北流亡的学生和民众，一个个破衣烂衫，疲惫不堪，彷徨不安，景象十分凄惨。阎宝航每看到这情景，便觉心痛。作为宣传部长，阎宝航每天都以饱满的热情，从事救亡宣传，同时用很大精力去帮助难民所安置难民。他开始在流亡北平的青年学生中挑选骨干组织各种宣传队，自编自演一些反映流亡抗日的小话剧、舞蹈、歌曲到街头、学校、工厂和郊区农村演出。《放下你的鞭子》等抗日歌曲节目深深地感染和打动了东北流亡者和关内广大民众。阎宝航还组织宣传队沿平津、平汉铁路开展宣传、演讲，号召民众开展救亡，支援东北抗战。在阎宝航的建议下，救国会把每月的18日和每年的9月18日，定为“亡省纪念日”。这一天，凡有东北人聚集的地方都要召开纪念会，发表专题演讲，控诉声讨日军侵略暴行。阎宝航支持和组织东北人联合外省人士到奉天会馆和哈尔飞大戏院举行亡省纪念会。许多报刊对救国会各机关、大专院校举行的亡省纪念会事先都发消息，昭示民众。事后进行专题报道。救国会还规定，每到这一天，救国会各常委、执委必须到各处参加纪念会。

为扩大宣传，阎宝航制定了内地讲演计划，计划中对组织、材料、手续、经费等都做了详细规定。

从1931年10月至1932年12月，由阎宝航选派各地的讲演者计18队，80余人。这些讲演队大多由阎宝航邀集杜重远、王化一、高崇民、卢广绩、车向忱、徐靖远等救国会主要负责人带队，分赴天津、南京、上海、福建、广州、浙江、江苏等地宣传抗日。阎宝航自己则利用基督教青年会的关系，多次到南京、上海举行报告会、座谈会和记者招待会，揭露日军发动九一八事变的野蛮罪行与亡我之心；痛陈东北人民的悲惨境遇；盛赞东北义勇军和民众抵抗外倭侵略的斗争。据上海《民国日报》1932年1月4日报道，阎宝航在应上海市商会和教育界救国联合会之请，到该市商会议事厅讲演时，不但揭露日军的侵略暴行，还批评当地政府事前不加防范，事后又抱不抵抗主义以致失地千里，不堪收拾。他坚决主张拒绝与日本直接交涉，要求日方赔偿我损失，树立我国东北之根本安全。他呼吁各界人民一致对外，与日本从经济上彻底绝交，以及厉行军事训练等等，在场两千多听众深受感动。

在北平，阎宝航和救国会执委把深入各大专院校进抗日救国宣传作为重点。除了到清华大学、北京大学和天津的北洋大学、南开大学外，阎宝航经常光顾的学校是在北平的东北大学、冯庸大学和东北中学。他的演讲报告会令人鼓舞，很受学生欢迎。在东北时，这些学校的许多学生都敬重阎宝航，称他阎会长。情绪激愤的青年学生们，在阎宝航的宣传鼓动之下，有的投入抗日救亡的运动之中，有的投笔从戎，奔赴东北参加抗日义勇军队伍。11月间，阎宝航协助救国会军事部长王化一组织学生军，以宣武门外的江西会馆为场所，对东北青年进行训练，准备派往东北进行抗日活动。此后，东北中学、东北大学、冯庸大学相继组织起学生军，阎宝航经常到这些学校的学生军中演讲。1932年1月28日，日军进攻上海，国民革命军第十九路军蔡廷锴率部抵抗，淞沪抗战爆发。冯庸大学成立抗日学生义勇军，由冯庸校长亲自率领到上海参加抗日，驻防在长江沿岸大场，挖战壕阻击日军登陆。当时阎宝航和救国会总务处长卢广绩正在上海，为东北抗日义勇军募捐。阎得到冯庸大学学生军开到上海的消息，曾亲到驻地看望。

在他的主持下，救国会宣传部还积极创办抗日救亡报刊。1932年2月，政治部创办了由李全林任主编的《救国旬刊》，其办刊宗旨“志在阐扬中华民族精神，叙述抗日战绩，报告抗日消息，采集抗日策略，团结抗日分子”，就是阎宝航亲自确定的。救国会《办事细则》中规定，宣传部第三科负责掌管《救国旬刊》，规定“所有到文、稿件、旬刊论文，及剪报等，均须按日送交部长核阅”，可见阎宝航对所办报刊是相当负责的。细则还规定《救国旬刊》首页评论，代表本会意见，应于本部每次部务会议讨论决定题材。阎宝航对旬刊重点文章、评论不但亲自审阅，而且常常亲自动笔。

《救国旬刊》刊头

这年9月，政治部还创办了《东北通讯》、《覆巢月刊》。所谓“覆巢”，即覆巢之下无完卵之意，以警世人。该刊题名就是王卓然与阎宝航共同商议确定的。1932年春，南京政府与日本当局签订了《淞沪协定》，不抵抗主义者到处散发“抗日亡国论”。张学良指示救国会将《覆巢》由三日刊改日报。这年12月，在阎宝航支持下，《覆巢月刊》正式改为《东方快报》并正式发行。该报从创刊之日起，即以抗日救亡、收复失地为宗旨，大量登载抗日文章、消息，揭露日本帝国主义的侵华罪行，抨击国民党政府的不抵抗政策，反映中国共产党领导和影响下的东北民众的抗日斗争，很受民众欢迎，日发行量达12000份。《东方快报》在坚持正常出版外，还出版发行许多进步书刊。1936年西安事变前夕，《东方快报》出版发行了美国记者斯诺访问陕甘宁边区的采访记《红星照耀中国》，这是该书在我国发行最早的中译本。该报一直到七七事变后日军占领北平后才被迫停刊。

日本关东军以武力占领东北三省的过程中，极力网罗汉奸，拼凑地方伪政权。无时无刻不在关注东北局势的阎宝航，在刚刚到达北平时，就得到知日本关东军于24日策划成立了以袁金铠为头子的奉天地方自治维持会。救国会成立后，阎宝航立即组织宣传部起草给国民党中央党部、国民政府蒋介石、张学良及各院长、各部长、各省主席、各市长等通电，痛斥日军一手扶植的伪政权的成立。阎宝航在电文中一针见血地指出，这个奉天地方自治维持会是日军“欲假此御用机关，以施其掩饰侵略之阴谋。”表示对该会一切与日方所订任何条件，决不承认。同时，阎宝航还以救国会名义，致函袁金铠等人，劝诫其不要甘当傀儡，认贼作父。日军占领吉林后，扶植原吉林省副司令长官公署参谋长熙洽成立吉林省长官公署。阎宝航以救国会名义致函卖国投敌的熙洽，警告他立即悬崖勒马，拒绝日方伪命，取消伪省署。10月20日，阎宝航就赵欣伯充任伪沈阳市长事，通电国民政府，疾呼对此等奸贼，“如不悬首高竿，何足以伸国法，而肃纲纪”，敦促“政府即日明令通缉，就地枪决，以除后患，而戒其余”。26日，阎宝航又以救国会名义致电东北各伪机关，严肃指出，“东省不幸，惨遭倭祸，日军所至，田庐为墟，稍具血气，莫不悲愤，乃竟有不知国耻之徒，乘此变乱，组织各种机关，阳假维持治安之名，阴行谋夺政权之实，早为一般人所不耻，本会曾发有最严肃警告，促其觉悟。”字里行间充满了对汉奸和日伪政权的愤恨之情。

救国会成立后，虽然得到张学良和社会各界的大力支持，但经费仍感不足。1932年1月，阎宝航接到上海爱国团体来电，表示可在财政方面予以支持。接到上海团体来电后，常委决定委派阎宝航、卢广绩去沪办理。卢广绩在回忆这段经历时这样写道：

我和阎宝航同志遂于1932年1月27日晚抵沪，住在上海青年会。第二天夜里，日本海军陆战队突然袭击驻守上海闸北的十九路军，遭到中国驻军的英勇抵抗。这就是震惊中外的“一·二八”淞沪抗战。十九路军的英雄行为得到上海和全国人民的坚决支持。我们在战火中，见到了黄炎培先生。黄先生看到我们都与张学良有关系，认为我们站在不抵抗的立场上。所以，对我们很冷淡，语多讽刺挖苦之意。我们回到住处谈起这件事，阎宝航讲了：“我们虽然受了点委屈，但却看到黄先生的一片爱国心肠，可敬可佩。”我们又找到了朱子樵将军，他们热情地接待了我们，并为我们筹措了一万元电汇北平。

回到北京，我们又讲起了黄的态度，大家很生气。高崇民当即给在上海的杜重远写信，要他离开上海。信中有“南人归南，北人归北，分道扬镳”等语。杜接信后找到了黄炎培先生，说明其意，黄始醒悟。后来黄随宋子文到北京时，曾亲自找我与阎宝航同志做解释。

此次阎宝航去上海，还会见了他的老朋友丁贵堂。丁起初以为阎来上海是应他之请来供职的，没想到阎不但不留在上海，还向他募捐，请其为东北救亡事业出力。丁贵堂和阎是同乡好友，又是基督教友。他对阎的要求，大力协助，特捐出五千元。此后十年中，阎宝航多次来上海，丁贵堂也多次为东北救亡事业捐款，足见阎宝航与丁贵堂个人交往之深。不过，此行因阎、卢二人归去匆匆，丁贵堂捐款当时未能交于他们，不久电汇北平。因有王化一在日记中“阎玉衡、卢乃赓两同志自沪归，因正值上海事变，进行困难，仅朱子桥将军捐助一万元”之记载。

阎宝航在就任救国会宣传部长期间所进行的救亡宣传活动，合民心、顺民意，特别受东北流亡民众、爱国军人的欢迎，但常常受到国民政府的监视与管制，阎宝航对国民政府的对日态度开始从不理解到不满。

1932年8月下旬，救国会召开常委扩大会议决定于九一八周年日上午8时，在西城皮库胡同东北学院举行群众纪念会。

消息传出，国民政府行政院长宋子文于第二天急电北平市政府，设法抵制救国会的这次纪念行动。具体规定：一、是日（9月18日）下半旗致哀。二、是日，星期日应为例假日，各机关仍照常办公，各学校照常上课，各工厂照常工作。迫于南京方面的压力，张学良也派人通知阎宝航，9月18日的纪念活动，不能组织游行示威活动。对此，阎宝航愤慨莫名。18日那天，在阎宝航主持下，救国会与北平各抗日群众团体一致表示极大愤怒情绪，周年纪念会通过了由阎宝航草拟的通电。通电严厉指出，“溯自九一八事变起于今一载，全国志士奔走呼号，以警冥顽；东北义勇军拼死斗争，而图挽救。顾以人心巧伪，柔靡成团；依赖国联，空谈抗日。”“凡我同胞应速奋发兴起，怀薪胆之苦心，作武装之后盾，同仇戮力，复我失土。”

一个群众性的纪念活动就这样被破坏了。阎宝航则建议各校应分别举行活动，也不枉大家还记得九一八，东北尚在倭寇之手！于是各校齐而响应：北师大、北大、平民学院、法学院、俄文学院、翊立女中、第一小学、第二小学等学校在校内召开纪念大会，表示对政府顽固推行不抵抗政策的强烈不满，声讨日本帝国主义强占东三省的罪行，呼吁全国同胞勿忘“国耻”，打败日本侵略者，复土还乡斗争到底。

3.3 南下请愿

早在1931年5月，汪精卫、李宗仁等反蒋派政客、军阀，在广州成立国民政府，与南京蒋介石政府相对抗。后宁粤双方达成协议，确定于10月28日至11月初，在上海举行所谓和平统一会议，上海、广东各界倡议东北民众应派代表参加会议，以督促国民党停止党派之争。

10月下旬，日本关东军已开始准备向黑龙江省发动大规模武装进攻。马占山将军率黑龙江省军队在嫩江桥一带布防，一个大规模的反抗日本侵略的战斗——江桥抗战打响了，全国为之一震。流亡关内的东北民众、青年学生群情激昂，发起各种抗日援马活动。阎宝航奔走于各学校和救国会之间，宣传救亡，支援马占山抗日。10月28日，他应冯庸大学校长冯庸之请，为全校学生作了政治报告，随后冯庸代表全校学生表达他们的心愿。冯庸说，咱们东北人要实现复土还乡的愿望，须靠东北军、靠南京的力量。现在少帅一味执行不抵抗，东北军不动，南京不出兵，就难以成事。但不抵抗的根子不在张学良，而在南京蒋介石那里。冯庸大学一致呼吁，东北流亡学生应速南下请愿，表达我们东北人的心愿，敦促政府出兵。阎宝航认为，这个建议很好，救国会应予支持。

当日，在阎宝航的建议下，救国会召开常委扩大会议，认真研究了当时的形势，决定接受冯庸校长的建议，利用宁粤双方召开所谓和平会议之机，组织东北逃难来到北平的各大学学生及旅平东北民众各团体，联合成立东北民众救国请愿团，赴京沪吁请和平。推举冯庸大学校长冯庸为请愿团总指挥，王化一为副总指挥，阎宝航、卢广绩、苏上达、李梦醒、高崇民、王宪文、苗可秀、林伟忱、杨治平等9人为指挥。“队员620人，分12个队，每队设队长一人，队下设组各设组长一人，以严守纪律，互相约束。”[①]请愿的目的为：一、响应和平会议，促成统一政府；二、团结全国爱国力量，一致抗日；

① 《王化一日记》，1931年11月5日。

三、督请南京政府出兵收复东北失地。[①]11月5日，请愿团组成，即发表《东北民众救国请愿团宣言》，宣言指责国民政府在此国家存亡关头“不闻有对外办法”，敦促国民党各派“捐弃成见，同赴国难”。

《宣言》强烈要求“（一）促成上海召开的全国和平大会；（二）立即完成统一政府；（三）全国一致抵抗暴日侵略。”“至希全国民众，一致奋起，督促党国领袖，激发天良，通力合作，共赴国难，东北幸甚！国家幸甚！”救国会在决定组织请愿团的同时，委派阎宝航先行赴上海为请愿团的活动做必要准备。在请愿团从北平出发的前一天，阎宝航先行出发至上海，了解和平会议情况，打通关系，以便及时向宁沪双方代表请愿。阎宝航到达上海后，同他的好友，时任海关总署副总税务司丁贵堂、上海基督教青年会总干事陈立廷等上海各界人士取得联系，得到他们的大力支持，顺利地做好迎接请愿团抵达上海的准备。

11月5日下午3时，参加请愿团的法学院、女子文理学院、师范大学、辅仁大学及东北各校学生代表，左臂佩臂章，上书“东北民众救国请愿团”字样，手持“还我山河！”“驱逐日寇，雪我国耻！”“严惩汉奸卖国贼”等标语横幅，齐集北平火车站。北平路局奉命阻止南下请愿队伍乘车，请愿队伍一面同路局交涉，一面向乘客宣传南下的目的，并把《宣言》分发给乘客。广大乘客十分同情和支持东北民众南下请愿的行动，纷纷自动下车，请愿队伍得以乘车南下。当列车途经天津时，“张学铭市长、社会局长到车站欢送，并派人送来大批食品。沿途各大站均有群众赠送点心，并致意表示同情”。

11月7日晨，请愿队伍抵达浦口，然后经在南京的东北群众协助，即时转搭沪宁列车去上海。当天深夜，抵上海南站时，阎宝航已经联络上海海关总署副总税务丁贵堂，上海基督教青年会总干事陈立廷、上海商会王晓籍、中华职业教育黄炎培等上海各界人士数千人前来迎接。在他们协助下，请愿团600余人分别宿于中华职业学校、西成小学、小海中学和务本女中等处。

---

① 阎宝航：《流亡关内东北民众的抗日复土斗争》，《文史资料选辑》，中华书局，第6辑，第91页。

请愿团抵沪后拟定发布了《东北民众救国请愿团抵沪宣言》。但请愿团得知，上海和平会议已经于日闭幕，双方未曾达成任何协议。请愿团员表示十分气愤。早已得到和平会议散会消息的阎宝航，建议立即发布他起草的《东北民众救国请愿团抵沪宣言》，遂征得王化一、卢广绩、冯庸等救国会常委同意，立即在上海各处散发。

《宣言》号召全国同胞“一致奋起，力促党国诸公之猛醒，一致对外”，“准备对日决战”！

当时，参加和平会议的各地代表大部已离开上海。阎宝航通过各方面的关系，得知汪精卫、胡汉民仍在上海。请愿团指挥部当即决定请愿团兵分两路，一路推举阎宝航、高崇民、卢广绩等为代表，会见胡汉民、汪精卫，痛陈民众抗日救亡之心声，要求政府对日作战；一路由王化一率领其他成员冒着倾盆大雨在市区游行示威。他们高呼抗日口号，吸引了众多上海市民自动加入到游行队伍当中。

在没有会见汪、胡之前，阎宝航确实还心存一线希望，以为能在他们这些头面人物嘴里，听到一些有用的话，期望他们说出与蒋介石“不抵抗主义”相对立的话来。可是，会见后，阎宝航大感失望。这些国民党大员同蒋介石一样根本没有把东北的沦丧放在心上。

由于阎宝航事先通过关系，汪、胡二人才不得不出来接见请愿团代表。汪精卫接见时，西服革履，神情傲慢。阎宝航代表请愿团说明来意后，汪精卫则开始大谈其对国事的意见，他“滔滔不绝，但不得要领。”他闭口不谈抵抗日本侵略，收复东北失地。等到胡汉民出来时，“则戒备森严，代表每人身后站着一个便衣”，以示威胁。胡开始对张学良大肆非议，他不无讥讽地说：“你们张副司令有那么多军队，为什么不抵抗日本侵略？却跑到上海来请什么愿？”胡汉民说：“东北之一隅，比起中华国土，不过是不毛之地。再说，国之强弱不在疆土之大小，日本土地很小，国家不是很强吗？至此，阎宝航站起来，与之争辩，他说，难道国土大，东北就可以不要了？丢了土地，作为一个中国人，可以无动于衷？”坐在他旁边的高崇民一声不吭，这时再也沉不住气了，他带着轻蔑不满的神情站起来，并转身对请愿团其他代表说：“咱们不必说了，走吧！”胡汉民见到这个场面，也觉难堪，便赔笑脸说：“你们来　趟不容易，我给你们5000元以表心意吧！”说完便令人开出5000元支票。阎宝航和大家一商量，此次南下请愿，经费紧张，既然他肯拿出线来，暂且收下，以补经费之缺。随后大家愤愤退出。

此时，由王化一、冯庸率领的游行请愿队伍，冒倾盆大雨，在上海沿街游行。请愿团队员个个精神振奋，意气激昂，高呼口号，散发传单，引起上海人民的莫大同情。当夜，请愿团回到驻地，指挥部立即召开会议，讨论行动办法，大家决定赴南京请愿。

11月10日，阎宝航与指挥部成员率请愿团到达南京时。“已晚8点，大雨如注，转乘小火车进城，全体住金陵大学体育馆及礼堂，既冷且饿，队员们精神极振奋。”海关总署的丁贵堂以及上海基督教青年会总干事陈立廷当夜驱车来金陵大学，请阎宝航及请愿团指挥部成员到他们那里住宿，阎宝航和大家谢绝了他们的好意，坚持和请愿团队员们住在一起。

第二天早晨，请愿团全体列队到国民党中央党部向蒋介石请愿。吴铁城、张继两人代表蒋介石向请愿团讲话，劝他们早日北返，不要受别人“煽动”，并说中央一定有办法等语。已知请愿团要来中央党部，蒋介石早已躲到中央军校去了。请愿团闻讯，怀着激昂愤怒的情绪，转赴中央军校。时大雨滂沱，一阵紧似一阵，队伍冒雨行进。阎宝航和请愿团指挥部成员走在队伍前列，率大家高呼“打倒日本帝国主义！”“收复东北失地！”等口号，大家似乎忘记了寒冷、饥饿和雨水的浇淋。大家互相鼓励，一定要找到蒋介石。经三小时游行队伍到达中央军校。阎宝航脱下湿衣裳拧了拧又穿在身上，便和王化一、冯庸一起与校方联络。他们明确告知，请愿团要求蒋介石尽快出来接见。这时，又有天津学生请愿团校方赶到参加。

下午3时30分，蒋介石才不得不在中央军校礼堂会见了请愿团。请愿团代表向蒋送交了请愿书，其原文内容如下：

为请愿事。国家不幸，暴日肆虐，辽吉猝被占领，民众惨遭屠戮，一时辗转流徙，形同乞丐，此种情形，举国同知。我党国领袖诸公，顾念国难非常，立于沪上聚会，以期全力对外。当此之时，东北民众虽惨遭田园庐墓之墟，亡省之痛，举首南中，至为额庆。惟久议未决，痛苦日深，故民等赴沪请愿，希以至诚促进和会，完成统一。不意抵沪和会即结束，虽曾推定代表分谒汪精卫、胡

赴南京请愿抗日的学生和蒋介石被迫接见请愿代表的场景

展堂先生，询以和会究竟，但仍以四全大会分开，虽有国府分立之观。故复转道来京，请政府顾念国难，恤民痛苦，明白解释，并立即实行下列各项要求，则不胜感激之至！（一）宣示沪上和会经过；（二）解释四全大会分开之意义；（三）立即完成统一；（四）克日收复东北失地；（五）暴日如再进扰各地应立以武力制止；（六）准备对日宣战；（七）悬赏拿办媚日汉奸袁金铠、熙洽、张海鹏等；（八）失地负责官吏应如何惩处。

蒋介石身着便服，手拿拐杖，接过请愿书，略加浏览后，脱口说道："政府对外作战已具决心，一切计划，不宜宣布"，"对外交涉，政府自有办法，人民不应过虑。"这时，站在阎宝航身边的高崇民，与讲台近在咫尺，他听到蒋介石如此说话，忍无可忍地慷慨陈词："东北易帜是为了拥护中央，促成统一；东北军帮助中央军制止了军阀内乱，我东北对全国统一有很大贡献。东北3000万民众，在党国训政时期，日日听训，自以为无负于党国，无负于党国领袖诸公。但自辽吉失陷后，政府除将此事提交国联而外，并无其他具体办法，而领袖诸公虽集议于上海，亦并未谈及此事。因此我们东北民众非常疑惧，遂赴上海。现在上海和会已烟消云散，不知是何情形，不得已特来到首都向蒋主席请示一下，政府是否还要东三省？我东北民众未逃出者被日屠杀，已逃出者将沦为乞丐，党国领袖诸公对此水深火热之状，曾否发过恻隐之心？政府如还要东三省，16号国联决议让日本撤兵仍无效，宜用何种有效方法收回东北失地，请主席立予答复，以释群疑。”蒋介石无言以对，半晌才说：“汝等由虎口中逃生，身受切肤之痛，来到首都责难政府，出言愤激，自属情理之常。惟政府自事变以来，时时注意这件事，并非未发过恻忍之心，你们所责难的话未免过火。”高崇民立即反驳说：“我们没有去广东请愿而来南京，正说明我们对中央的信任！”蒋介石被说得面红耳赤，不知说什么好，转身看到打着标牌的天津学生队伍，竟迁怒于天津学生说道：“东北失掉，东北人来请愿还可以。天津并未丢失，天津学生来请什么愿？”这一下又引起天津学生的极大反感，只听一个学生代表大声说道：“东北是中国的土地，我们是中国人，你是中国中央政府的最高负责人，所以来京向你请愿。”全场立时掌声回起，高呼“请中央领导抗日，收复失地！打倒不抵抗政策！”等口号。蒋介石强词夺理地说：“中央没对不起东北人民的地方……”。这时请愿团发出一片唏嘘之声。高崇民义正辞严地说：“东北人民对促成统一，保卫国土所作的努力，对得起中央，而中央在敌寇入侵以来，不发一兵，不作明确抗日表示，一味依赖国联，使敌寇得寸进尺，侵略无止境，中央何以对得起东北人民？”蒋介石闭口不说话，实际上他一句话也说不出来。会场立时掌声雷动，高呼：“拥护政府领导抗日！”“打倒日本帝国主义！”“打倒不抵抗主义！”蒋介石气急之下，竟转身退入后台。十几分钟后，才重新走出来，言语稍有缓和，但仍重弹老调，什么“不要听信造谣挑拨，要静听候中央的处理”，并且重复“到必要时候，中央一定抵抗，还要依赖国联正义制裁。”讲完后即悻悻而去。台下群情激愤，呼喊叫骂声不绝于耳。至此，阎宝航和请愿团的每个人方才认清蒋介石政府已打定主意把东北拱手让给帝国主义的卖国本质。东北同胞们满怀希望到南京请愿，却实实在在地白跑一趟，这口气真是难以下咽。

请愿团全体人员经连日奔波，饥寒交迫，疲惫万分。当日返回金陵大学，提早休息，准备次日北返。夜10时许，突然有大批宪兵和便衣闯了进来。叫起全体请愿队员作逐一检查，他们声称请愿团有共产党参加在内，散发反动传单等事情。但他们搜查一阵，却一无所得。被激怒的全体请愿团员纷纷说："抗日有罪，请愿有罪，爱国算是反动？什么不算有罪，什么不算反动？"有的竟气愤得痛哭失声。

这次请愿虽然没有达到预定的目的，但却在社会上产生了一定的影响。许多报刊对这次请愿作了如实的报道。北平《实报》发表了题为《难能可贵的救国请愿》，高度赞扬了南下请愿的爱国之举。

南京请愿，教育了阎宝航和东北爱国民众，他们既打消了寄希望于政府的出兵收复东北的幻想，也打消了人们依靠国联逼迫日本退兵的幻想。阎宝航说，咱们东北人的梦，还得咱们东北人自己圆！"自己干去"，表达了阎宝航等东北爱国人士的决心。

请愿团指挥部当夜决定，立即北返。第二天，请愿团离开南京时，中央军校二三百名东北籍学生和南京爱国人士与民众有组织地到车站送行。阎宝航和请愿团登船渡江时，回望送行的人们，勾起了他亡省亡家之痛，不禁流下了热泪。

阎宝航后来在谈到这段经历时写道：

南京请愿，白跑一趟。国民党政府决定不要东北，我们自己去干吧……这是请愿团六百余人的共同认识，同时也是流亡关内东北民众一致的决心。

如果说，在请愿前阎宝航就对国民党蒋介石的不抵抗政策抱怀疑的话，南京请愿后，他深切地体会到，国民政府不但对救国会持不信任不支持的态度，而且在对待东北问题上，完全是听之任之的不负责的态度，这深深刺痛了他。作为救国会的宣传部长，阎宝航对国民党的幻想逐渐被打消。因此，他在以后把主要的精力用在反对国民党的不抵抗政策，积极组织、支持东北抗日义勇军对日作战的方面来了。

3.4 组织和支援义勇军抗战

请愿团由南京回平后，东北的形势已有了新的变化。马占山江桥抗战以日军占领黑龙江省而结束。随后日军调过头向辽宁的锦州发动进攻。1931年末到1932年初，在辽西地区，日军所到之处，皆受到民众自发的东北抗日义勇军①的英勇抵抗，特别是辽西义勇军全歼古贺联队的战斗，大长了东北民众的威风，也鼓舞了东北人民的抗日热情。在这种情况下，东北民众抗日救国会更加有效地开展活动，积极组织、领导和动员东北民众支援抗日义勇军。在这一时期，阎宝航在致力于东北救亡运动的宣传工作同时，也直接积极投入到支援东北抗日义勇军的斗争中。

从南京归来后，张学良分别召见了救国会执委常委。东北四省沦亡，身为中华民国陆海空军副司令、北平绥靖公署主任，掌握着冀、晋、察、绥、辽、吉、黑、热八省军政大权的张学良，由于他对形势估计错误，造成严重后果，使他陷入了痛苦之中。对于逐渐兴起的东北抗日形势，张学良倾注了很高的热情，开始着力组织与领导东北人民的抗日复土斗争。为避免内政外交的麻烦，他还不能公开地支持抗日复土斗争，他对支援东北人民抗日复土斗争事宜，多交救国会“转办”或“机密”进行，暗中助力。他召见阎宝航等救国会执委常委，其主要目的就是成立救国会核心组，也称十人团。

东北民众救国会组成人员的成分比较复杂，有国民党改组派，有青年党、无党派人士，也有共产党和共产党影响下的进步青年。张学良向救国会阎宝航、高崇民等表示，他是一个国难家仇集于一身的人，他绝对为国效力，不负东北同胞的期望。但由于东北军力量有限，在对日的政策方针方面，还不得不依靠中央。所以，要公开号召抗日，组织和支援东北义勇军

① 九一八事变后，最早奋起从事抗日斗争的是东北各阶层人民和东北军中的爱国官兵组织起来并得到支持和帮助的东北抗日义勇军（“救国军”“自卫军”“义勇军”“红枪会”“大刀会”等抗日武装的统称）。1932 年秋东北抗日义勇军失败后，中国共产党领导的反日游击队联合东北抗日义勇军余部和抗日山林队共同对日作战，组成了东北人民革命军，1936 年统一改编为东北抗日联军。

抗战，必须以东北民众抗日救国会名义。鉴于救国会领导层中复杂成分，张学良建议成立核心组，以推动东北救亡运动。于是，他指定他的亲信幕僚计十人组成核心组，他们是：高崇民、阎宝航、卢广绩、杜重远、王化一、王卓然、韩奠邦、赵雨时、霍维周、孙恩元。核心组负责讨论救国会的原则大事，并按张学良的指令开展工作。

救国会成立时，不但确立了“抵抗侵略，共谋收复失地，保护主权”的宗旨，而且毫不含糊地确定了以宣传工作和军事工作为中心的方针。最初的军事工作，重点是联络各地的民众队伍，并派人出关，分赴辽宁各地，编练民团，以防匪为名，避免日人注意。后来，由于东北军爱国将领率部掀起大规模抵抗日军侵略，救国会把军事工作扩大到发动民团和民众武装，组织义勇军队伍，支持义勇军抗战上来了。阎宝航在做好宣传工作的同时，以满腔热忱协助军事部长王化一做好军事工作。南京请愿之后，阎宝航的思想更加明确，那就是以组织和支持东北抗日义勇军为中心开展宣传工作，并为此做了大量的工作。

在1932年1月召开的救国会执委会上，阎宝航拟定了救国会《办事细则》。《细则》分别规定了救国会总务部、军事部、政治部具体工作任务。各部的办事细则，是由各部负责人分别起草并最后汇总通过的。阎宝航在政治部办事细则中细致地规定了政治部的工作范围、内容和任务。

政治部的工作任务完全超出了原来的规定的宣传工作范围，工作重点放在刚刚兴起的东北义勇军的各个方面。

救国会北平成立大会之后，阎宝航、王化一就曾选派张新生到辽宁新民县沙岭子岗联络绿林队伍。当时活动在辽西一带的绿林首领高鹏振（报号“老梯子”），在张新生帮助下，成立东北国民救国军，公推高鹏振为司令，下设4个团，队伍达3000余人，在黑山、新民、法库、康平、彰武等地进行武装抗日活动。10月末，救国军遭到东北军骑兵第3旅的突然袭击。在张新生建议下，高鹏振派人去锦州拜会设在这里的辽宁省政府，要求其通令所属辽西各机关援助与支持救国军。荣臻了解到这个情况后，对救国军起兵抗日表示敬佩，发给慰劳金3000元，并通令所属部队对义勇军不得摧残。与此同时，张新生于11月6日到北平邀请军事人员。阎宝航会同王化一、卢广绩听取了张新生的汇报，对救国军的兴起兴奋异常，对张新生的工作大加赞许，立即委任他为救国会军事部工作人员，负责辽西各抗日军的联系和指导工作。随后选派进步青年史纯青、徐大同等五六人随张新生一同潜赴沈阳，会同沈阳的王正义等20余人到救国军中对其进行整编训练，该部发展到9个团，3个独立营。这是在阎宝航等救国会领导人组建的第一支抗日义勇军队伍。

在救国会定于10月20日召开全体执委会之前，阎宝航和王化一、高崇民等酝酿常委和执委名单时，他就力主辽宁省警务处长黄显声和沈阳公安局督察长熊飞参加救国会，并做执行委员。在救国会召开全委会时，已得到消息说，黄显声处长和熊飞督察长在锦州组织三个骑兵部队，以维持地方治安。阎宝航便通知二人前来北平参加全委会，并有意选二人为常委。为此，救国会内的国民党人士提出不同意见，他们认为，救国会属于民众团体，不宜邀军人参加，更不宜做常委。阎宝航、王化一、高崇民等人认为，关于邀请部分东北军将领参加到这个抗日民众团体的问题，张学良将军已经默许，所以，这一条决不能改变。但考虑到黄显声是锦州前方的主帅，不宜来北平救国会参加会议。大家便决定选熊飞作9人常委之一，任军事部副部长，黄作执委。果然不久，选举军人参加救国会的优越性便显示出来了。

日军占领沈阳后，急欲占领吉林和黑龙江两省。在辽宁地区，除占领南满和安奉铁路①沿线主要城市外，其他地区尚无力占领，遂培植汉奸队伍，以日军派出顾问率领进驻辽南和辽西地区。10月下旬，日军派汉奸凌印清在沈阳成立"东北民众自卫军"，拥兵"三厅九处十七旅，另具独立步兵三个团"。日伪报纸大肆宣扬，以壮声势。密切注视东北局势和日伪动向的阎宝航，从报纸上得知这一消息，便和王化一商量，决定派人去锦州，建议黄处长设法剿灭凌印清。并以此为契机，发动民众，创建抗日义勇军。黄显声是一位血气方刚的少壮派爱国军官，同阎宝航、王化一又素有交情，黄接受他们的建议，立即派熊飞利用旧关系，化装去营口策反。绿林头目张海天、项青山遂设计除奸。在公安总队配合下，张、项率部一举活捉凌印清及他的参谋长、日本顾问仓

---

① 中东铁路支线安东（丹东）至奉天（沈阳）段。

冈繁等12人，并秘密执行枪决。熊飞立即将所获战利品如日本参谋本部的委任书、汉奸司令部的大印、汉奸队伍编制表等证据带来北平，向救国会和张学良将军报告。张学良甚为高兴，奖赏出力人员现洋5万元。为此，阎宝航、王化一曾趁机向张学良建议将张海天、项青山等队伍编为正规军，张学良摇头说："把他们编成地方武装或义勇军吧！"这样，救国会遂委托黄显声、熊飞代表救国会委任项青山为东北民众抗日义勇军第一路军司令，驻盘山；张海天为东北民众抗日义勇军第二路军司令，驻台安。接着，救国常委、军事部副部长熊飞、执委黄显声抓住这一时机，收编加委任，一些绿林首领、中下级军政人员、帮会首领、爱国士绅纷纷而起，组织义勇军。至12月中旬，接受救国会委任者达22路。

到1932年3月，接受救国会委任的义勇军已达54路（后发展到56路）、27支队、6路骑兵，还有特种编制的义勇军十数支，计人数约十余万人。迅猛兴起的东北抗日义勇军给阎宝航等救国会领导人以极大鼓舞。后来，抗日义勇军的足迹发展到全东北，30余万人。斗争规模之大，人数之多，成为中国近代史人民反抗外倭斗争极为壮观的一幕。

11月下旬，日本关东军在占领齐齐哈尔之后，便掉转头来分三路向锦州进攻。当时，辽西重镇新民已沦陷，东北军正规作战部队防线远在大凌河沿岸。日军先头部队遭到新民、白旗堡、营口等地义勇军的顽强阻击。义勇军破坏日军必经之路的绕阳桥，并已占领皇姑屯火车站。西侵日军认为进入辽西后，将会因兵力所限而陷于苦战，遂下撤退命令。日军第一次西侵宣告失败，显示了义勇军的力量，也极大地鼓舞了阎宝航以及救国会同仁。

12月18日，黄显声在九一八事变三个月时，赴北平参加了救国会全委会《规复计划》的讨论。他详细介绍了辽西、辽南等地义勇军不断出击的情况，慷慨激昂地表示：一定要抓住有利时机反攻东北。受其鼓舞，阎宝航建议以救国会常委名义，说服张学良有所行动。同时建议黄显声回锦州做好布置，并及时向张学良将军提出具体建议。黄显声回锦州后，一面指挥锦凌一带的留守部队积极备战，一面部署义勇军做好迎击日军准备。同时给张学良发出一封电报，建议大凌河已结冰，工事亦欠坚固，与其待敌进犯，何不转取攻势。为避免"国联"责难，可俟日军越过大虎山，即迎头痛击。他报告说，警

东北义勇军长枪队

雪地中苦战的义勇军

义勇军破坏沟帮子车站附近铁路以阻日军西进

务处所属公安大队已潜伏在皇姑屯等处，沈阳现甚空虚，相信收复沈阳确有把握。黄显声的这一大胆建议，传到救国会里，阎宝航欢欣鼓舞，曾约王化一等一起去面见张学良，鼓励其早下决心。

在这期间，国民政府曾向国联提出划锦州为中立区的建议，与日军约定，以大凌河为中立区之东界，日军在国联调查团[①]来东北调查解决问题之前不得越界。中国方面，除留警察部队维持治安外，正规部队亦退出中立区。

义勇军的兴起和日军第一次西侵失败，也鼓舞了张学良，他曾企图利用中立区赢得时间，将在关内的东北军编成两个军开往大凌河防线，准备在锦凌地区与敌决战。在锦州的黄显声召集各界爱国人士大会，曾邀请阎宝航、王化一参加大会，以壮声势。时因天津《大公报》的胡政之、王芸生请阎宝航去天津接受他们读者捐赠给救国会的一笔款项，阎未能去锦州参加大会。事后，阎宝航听说黄显声在大会上向民众表示“与敌决战，保卫锦州，反攻沈阳”的决心；他的副官秘书刘澜波也在会上慷慨激昂地号召各界民众动员起来，挽救民族危亡，为复土还乡而斗争，令人十分感动。但张学良的此次反攻动议，终因南京的掣肘而未实现。12月29日，东北军驻辽西、锦州各部突然接到张学良下达的撤退的命令。此时，日本关东军以锦州为目标的第二次西侵开始，其先头部队已冲进大凌河畔，威胁锦州。

阎宝航闻讯，以救国会名义致电国民党中央，痛切陈辞，谴责国民党置国家、民族人民利益于不顾的卖国行为，敦请政府出兵抗日：“迩来倭寇进逼愈烈，锦州危在旦夕，或战或和，政府应早定大计，战则即下全国动员令，我东北民众，甘愿为前锋，惟政府应即拨发饷糈与械弹，以实力相资助，和则亦应以东北之真正民意为依归，公开交涉。否则，政府徒唱空言，使以一隅之兵，而敌敌人以全国之师，存意牺牲东北健儿。以固二三人包办政府之地位，言之深为痛心。现丧心病狂者，只为争夺禄位，据政府而分赃，置重大外交，国家存亡于不顾，既不宣战，又不言和，既不言和，又不宣战。因惧人

① 国联调查团：九一八事变后，国际联盟派遣以英、美、法、德、意五国代表组成的由英人李顿为团长的代表团。1932 年 2 月来华调查，10 月发表报告书，主张设立所谓“满洲自治”政府，东北脱离中国管辖，实为纵容侵略，以牺牲中国利益，寻求妥协，并乘机瓜分中国的阴谋。

民攻击，不惜牺牲他人之生命，为固私人地位，收买舆论，以作护符。更或不顾一切，秘密进行出卖东三省预定诡计。似此情形，以秉国政，是政府自绝于东北民众，非东北民众绝于政府也。”把国民党政府置国家、民族、人民利益于不顾，而顽固推行剿共、卖国、牺牲异己的反动政策，揭露得淋漓尽致。

对此，南京政府不置一辞。

东北抗日义勇军兴起后，并无固定经费来源。“义勇军的饷糈无法筹措，其给养不得不取之人民。然成千整百之义军，每过一村一邑，要食要宿，人民穷于应付，不免感受痛苦。”“然关外食粮，因日方收买，胡匪抢夺，甚感缺乏，人民自给不足，无力供养义勇军。”①

救国会成立之初，曾多次商讨支援义勇军经费问题。曾试图提出取消税制，每月征收各种机关军政各项费用和奖金中捐出一部分作为救国捐、爱国捐等。此议显然要通过国民政府明令实施。作为抱定对日不抵抗政策的南京政府，不可能颁令实施这一议案。

使阎宝航感到十分痛心的是南京政府对东北抗日义勇军的态度。自马占山指挥黑龙江省军队发动大规模江桥抗战时起，南京政府始终持不支持态度。对于义勇军的兴起，不但不关心、不支持，反而多方打压。当时，在救国会内的一些国民党CC派人物一再宣传，国府由于一直保持对日交涉，不愿予日人以藉口，所以不便公开支持义勇军行动。对此，阎宝航驳斥说，义勇军的抗日举动，同国民党政府不抵抗政策相违背，依靠南京支援义勇军仍然是幻想。因此，他极力鼓动救国会不可期望南京对义勇军会有任何作为。阎宝航还积极活动，利用各种方式为义勇军筹措经费。他大声疾呼：“为今之计，全国上下，当同心协力，广筹饷糈，不使歼倭战士，枵腹执戈，长期抵抗，其庶几乎！”

阎宝航和救国会同仁，积极地争取张学良对义勇军的援助。凡各路东北义勇军司令及其代表来京，救国会都要求张学良出面接见。仅1932年，张学良就接见了赵大中、陈勃然、项青山、陈经九、郑桂林、于程九、于显庭、于

① 阎宝航：《东北义勇军概况》，《阎宝航纪念文集》，辽宁人民出版社 1995 年 6 月版，第 226 页。

百恩、李春润、张一吼、徐柏村、艾中华等几十人，听取他们的汇报，了解他们在吃住无着、械弹两亏的艰苦环境中坚持抗日的处境，即批现款、衣物、枪弹交救国会分发给义勇军各部。同年10月，救国会从张学良处争取到一大批军械物资，分发给东北抗日义勇军。阎宝航在争取张学良对义勇军的支援中，一直持积极态度。凡有东北义勇军代表人士和抗日烈属、学生、难民代表到北平，只要有可能，他都要引见张学良。张学良每次接见东北义勇军代表，阎宝航都积极参加。

全力募集资金，争取国内各界和海外华侨给义勇军以资助，这是救国会自成立以来经常性的举措。阎宝航经常受常委会委托奔赴各地，积极利用他的社会关系进行募捐。在上海、南京等地，阎宝航与各界爱国人士进行广泛地交往，并与上海救国会领导人沈钧儒、邹韬奋、李公朴、史良、章乃器等人共同发起成立一个秘密团体“东北社”。该社由邹韬奋、李公朴和阎宝航三人领导。这个组织对策划、支持东北人民抗日斗争发挥了很大作用，也为阎宝航在宁、沪、苏、杭发起募捐活动创造了十分有利的条件。在他的积极活动下，这些地方的“文化团体、学生教师、律师、职员，甚至出家僧侣也捐献财物，支援义勇军”。

为给义勇军募捐，阎宝航和救国会常委王化一、高崇民、卢广绩等在上海、南京先后拜见各界许多知名人士和国民党军政要员。这些人士包括朱霁青、黄任之、史量才、王晓籁、张佩年、穆藕初、江向渙、褚慧僧、温宣尧、李济深、杜月笙、陈铭枢、蒋光鼎、蔡廷锴、宋子文、胡筠、杨志雄、齐世英等。他还通过宋美龄的关系，向蒋介石递交了一封信，要求给东北义勇军以支援。蒋接信后，派他的侍从秘书高凌百交给阎宝航一张3万元支票。阎宝航在和李济深接触时，李对东北人民的抗日运动深表同情，暗中联络当时担任国民党行政院副院长陈铭枢，一次拨给救国会大批炸药。救国会把这批炸药运抵南满地区义勇军手中，有力地支持了义勇军对日作战。

在上海，阎宝航利用他的同乡、同学，时任海关税务司副司长丁贵堂和孙一民的关系，联合上海海关高级职员张勇年等人通电全国，号召海关员工向东北义勇军捐献慰问金，得到响应。全国海关的中国员工按月扣献薪金的5%，经救国会寄给东北抗日义勇军等抗日部队。经过阎宝航等人的活动，

"数月以来，海外华侨、沪上绅士，同情义军，不忍坐视"，"踊跃解囊，所惠殊多。"[①]1935年，阎宝航在上海受到了宋庆龄、何香凝的"极其亲切地款待"，她们对东北人民无限关怀，"孙夫人（宋庆龄）曾许诺为东北义勇军向海外华侨募款"，并鼓励我坚持抗日救国活动。后来得知所有华侨捐款均被蒋介石半途截留，移作别用。孙夫人曾将募款情形专门派人对阎宝航作过解释。阎宝航对孙夫人的爱国热情表示由衷钦佩。

1932年3月下旬，阎宝航率同救国会委员关国侯、杜泊公受救国会派遣赴南洋、美国旧金山向华侨募捐。同年3月20日，《京报》报道了这一消息。报道说，东北民众抗日救国会委员阎宝航、关国侯、杜泊公三人为援助义勇军事，定于今日（20日）下午5时15分搭乘平浦道车赴京，预定在京耽搁2、3日，即行转往香港、菲律宾、南洋、檀香山及旧金山等地，分向华侨及友好为义勇军募款，以资补助，光复东北。但阎宝航代表救国会出国募捐之举，由于受到南京政府的掣肘，没能成行。他想起正在浴血奋战的东北义勇军，痛心疾首。1932年9月，阎宝航在他的《东北义勇军概况》一文中写道：

义勇军枪械皆取之于民，盖东北素称多匪，人民多藏枪械以资防守。九一八事变，萑苻四起，购买尤多。义勇军组织成立，各地人民纷纷投入，或持枪而来，或向民户索取，遂皆成有枪之战士。惟此等枪械，种类极杂，故购买子弹亦非易事。各路义军除步枪外，间有迫击炮、机关枪、手榴弹等。但为数甚微，终于事无济。辽宁义勇军数在二十万人以上。枪械约有十二万支，余均无枪，惟持大刀或扎枪与敌冲锋肉搏。其有枪者经数月累战，子弹缺乏，几与徒手无异。早经本会多方劝募，然已同杯水车薪。值此强敌披猖义勇军之械弹，实一重大问题也。

尽管阎宝航以高昂的热忱竭尽努力为义勇军募捐，对于偌大的义勇军而言，所得款项不能满足需要。对东北义勇军的援助，没有政府动员全国之力，是根本做不到的。

九一八事变发生后，蒋介石发表《告全国人民书》，表示政府已将日本侵

---

① 《致华北各机关》，《救国自刊》，第28期。

略东北事件提交“国联”处理，要求民众静候“国联”裁决。事实上，“国联”并没有遏制日军的侵略。蒋介石也曾为阻止日军西进，要求“国联”将锦州划为中立区。对此，日军不予理睬。1932年1月3日，日军攻占锦州，开始加快了拼凑伪满洲国的步伐。在这种情况下，南京政府对日仍采取间接谈判办法，不愿意东北的地方抗日行动影响到“国联”对中国的同情，或者造成中国主动挑衅的误解。阎宝航和救国会同仁们都非常清楚地看到，南京政府在攘外必先安内的政策之下，对东北问题仍坚持采取外交与政治方式解决。“国联”曾于1931年11月21日，决定组织调查团即李顿[①]调查团。但1932年3月初，日军扶植的伪满洲国成立时，国联李顿调查团尚未到达中国。救国会常委们对于“国联”拖延时间的怠慢行为十分不满。政治部副主任霍维周大骂“国联”的行径是有意袒护日本，为日军占领东北大开方便之门。

1932年3月下旬，救国会常委得到消息，“国联”调查团已经日本东京，到达中国上海。救国会常委召开会议，研究应对办法。阎宝航由于正在创办政治训练班没有参加这次会议，但他给军事部长王化一写信，建议由救国会政治部立即从政治训练班中选派人员回东北，调查日军罪行，为救国会人员会见调查团准备材料。同时应该发动义勇军在调查团到达时向日伪军发动攻击，以表示中国东北人民反对日满政权和光复故土的决心。就在李顿调查团到达北平时，救国会阎宝航负责派遣的人员已经到达东北各地了。

当时，救国会政治部派出的政工人员，兵分两路：一路分别在哈尔滨和沈阳等地，搜集日军罪行，准备会见李顿调查团。另一路人员则携救国会密令，到东北各地发动义勇军向日伪军发起军事进攻。

黄宇宙是救国会政治部工作人员，早在1931年9月底，救国会在北平成立之初，就被派回东北联络抗日。1932年1月，他在辽东联络唐聚五之后，便受阎宝航派遣，转道沈阳准备了许多日军杀害中国人的照片和罪证材料，随后，想方设法会见李顿调查团。但由于日军封锁了“国联”调查团与中国人接触的渠道，严密把守着大和旅馆，中国人根本无法接近国联调查团。黄宇宙通

---

① 李硕（Lytton），英国人，前驻印度总督，时任英国枢密院顾问，被国联任命为调查委员会（又称调查团）委员长。

过原东北军第五军军长于珍的儿子于国勋了解到，于珍的私人秘书叶奇风与李顿的机要秘书、法国人赫士是同学关系，便通过叶奇风坐上赫的汽车里闯进戒备森严的大和旅馆，终于见到了李顿。

4月底，李顿调查团从长春抵哈尔滨。此时，马占山已接到救国会政工人员送来的发动抗战的密令，他一方面给调查团连发两封电报，揭露日军侵略罪行，同时指挥所部进攻被日军控制哈尔滨对岸的松浦镇，向调查团表示对日军的抗议。

几十年后的1995年，辽宁省召开阎宝航诞辰100周年纪念大会时，90岁高龄的黄宇宙老先生仍满有兴致地来到沈阳参加纪念大会。他在谈起这件事时说，当年他在沈阳会见李顿后，不久便返回北平。不幸被宪兵三团逮捕。后由救国会王卓然等出面具保，又请张学良将军亲批，始终未被释放。此时已是这年10月。他记得阎宝航和王卓然前去看望他时，他仍然兴致勃勃地谈起他会见李顿调查团的经过。阎宝航告诉他说，马占山将军曾派王子馨到齐齐哈尔邀请到达那里的国联调查团去海伦会晤[①]。王子馨到齐市联络调查团时，不幸被日特发觉逮捕，经严刑逼供，打得遍体鳞伤，马占山写给调查团的信也被搜出。日军将王装入麻袋，从楼上掷下摔死。阎宝航知道黄宇宙在沈阳冒险会见李顿，十分激动，当即和他拥抱在一起……

当时阎宝航还派遣宋黎到沈阳调查日军罪行。宋黎到沈阳后立即与阎宝航领导的地下工作小组张金辉等8人一起，奔走于沈阳、铁岭、开原等地，发动学生、工人、农民、职员、医生、商人等写揭发控告信，寄给英国驻沈阳领事馆转“国联调查团”。他们还和沈阳基督教青年会的进步青年银行家巩天民、医师刘仲明、大学教授毕天民等联络，搜集大量日伪罪行，译成英文，并委托小河沿施医院院长、英国人雍大夫（Dr W Young）和仉博士（Dr Oniel）送到沈阳英国领事馆，然后请李顿和调查团全体人员来这里审阅这些材料。据当时《盛京时报》载：国联调查团在英国领事馆审阅了一些材料，颇为满意云云。后来李顿在发表的《国联调查团报告书》中提到的人，就是指救国会阎宝航发动的递送材料的这些人。

---

① 1931年11月20日，马占山率部发动江桥抗战失败后，率部撤退，率省政府于海伦。

1932年义勇军抗战高潮迭起，阎宝航以其组织者的身份，为其推波助澜，尽了最大努力。东北义勇军的抗日斗争，给阎宝航以相当的鼓舞。这年夏季各地义勇军所掀起的抗日高潮，更使他欣喜若狂。4月间，阎宝航在和救国会军事部长王化一一起指挥义勇军抗战的同时，领导政治部开始着手对义勇军的抗日斗争进行总结，形成《东北义勇军概况》一文。这份材料在九一八一周年时又作了补充。

该总结全面介绍了东北义勇军的缘起、规模、活动范围和战绩。指出义勇军完全出于吾人自卫，为民众生存而斗争的民众自发武装队伍，指出东北民众抗日救国会是民众自发组织的与政府无任何关系。这是一部很有价值的历史记录。4月15日，救国会领导人以东北人民代表身份在北京饭店与李顿会谈，所介绍的内容之一就是以这篇《东北义勇军概况》为基础而形成的材料。

《东北义勇军概况》在出版单行本时，阎宝航亲笔为该书作序。他说道：

去岁九月十八日，倭寇如狂风暴雨，进犯沈阳；不旋踵间，辽吉沦陷，黑哈随失。数万里河山，烟尘满目；三千万华胄，同受荼毒。为祸之惨，旷古未有；凡有血气，畴不心痛。东北民众，本匹夫有责之义，披发缨冠，纷起义军；转战数月，再接再厉。卒使强敌步步荆棘，四面楚歌；十万甲兵，疲于奔命。举首望辽东，犹见汉官仪；功虽未全，事亦足烈。夫义勇军之起也，激于义愤，初无严密组织，复无饷械供给。明知血肉之躯，不足以当弹雨硝烟，然为表示民族不屈精神，任何牺牲，均所不惜。果政府毅然出师以武力收复失地，则此二十万健儿，深伏敌背，以为策应，驱逐倭虏，指顾间事。呜呼！事变迄今，瞬将一年，大计未定，寇势日张；我义勇军将士，惟当益自淬励，努力杀贼，以报炎黄祖宗耳。溯自军兴以来，备邀各方仁人志士同情援助。所惠既多，属望尤殷。第以关山修阻，音讯鲜通，国人少知真相。爰将东北义勇军缘起，编制及战绩，汇辑成帙，公之于世。浏览斯编者，其亦有感于孤军苦斗，各抒伟见，进而教之矣。

阎宝航谨识

这是一篇檄文，对日本侵略者的行径充满仇恨。这是一首赞美诗，他满怀激情，对义勇军的兴起和战斗精神，给予崇高评价。这也是一份控诉书，字里行间对义勇军孤立无援的局面表示深深的遗憾，对“瞬将一年，大计未定”的政府发出愤怒的呐喊。

1932年秋，东北抗日义勇军斗争遭受严重挫折。马占山、苏炳文、李杜、王德林、冯占海部义勇军在主力受挫后，马、苏、李、王等带领余部退入苏联境内，冯占海、邓文等率余部转入热河、察哈尔一带。辽宁东部地区唐聚五、苗可秀以及辽南、辽西各部义勇军也相继失败，余部转入热河。面对这种局面，阎宝航和救国会常委感到无能为力，抗日义勇军的活动转入低潮。

1932年底，日军把侵略矛头指向热河、山海关，以图占领东北全境，威胁华北。阎宝航和救国会常委们多次与张学良谈话，鼓励他下最大决心发动热河抗战。在一段时间内，阎宝航看到张学良为发动热河抗战做准备，极为兴奋。

早在东北义勇军抗战高潮之日，阎宝航就冷静地估计到了孤立无援的义勇军未来的前途和“寇势日张”的结局。他一方面疾呼政府出兵支援东北抗日义勇军，一方面极力主张团结各地一切积极支持东北义勇军的团体，竭尽全力支援义勇军。

当时，对东北抗日义勇军以积极支援的民众团体，除东北民众抗日救国会之外，1932年4月26日，在上海成立一个专门指导支援东北义勇抗日斗争的东北义勇军后援会，会长朱庆澜。后援会在支援东北义勇军抗战中，做了大量工作。同年5月将东北义勇军后援会改称为辽吉黑民众后援会，仍由朱庆澜任会长。朱庆澜早年积极支持孙中山先生的革命斗争，民国后曾任黑龙江省督军、广东省省长、哈尔滨特区行政长官等职。1926年后，一直从事社会福利工作。在国内享有很高威望，更为东北民众所熟知。九一八事变后，面对东北沦丧，倭寇长驱直入，朱庆澜在上海联络爱国人士黄炎培、史量才、李子宽、沈钧儒、邹韬奋、陶行知等二百余人，于1931年11月间成立了东北难民救济协会，公推朱庆澜为理事长。但在这个过程中，东北民众抗日救国会与辽吉黑民众后援会之间互不联系，各按自己的计划行事，两会之间不可避免地产生一些矛盾，直接影响到对义勇军的领导和支援。在上海的杜重远对此十分忧虑，曾致函阎宝航和救国会常委，建议救国会与朱将军搞好团结，实现两会联合。阎宝航赞成杜重远的主张，表示尊重朱庆澜，共策抗战之事，这个建议得到张学良赞许，多次劝告救国会常委们，不要与朱庆澜领导的后援会发生分歧。但常委中有的认为后援会是国民党的御用组织，反对与其合作。所以两会虽经多次协商，一直未达成协议。

阎宝航在同国民党政府打交道的过程中，国民党着实没有给他留下什么好的印象。但对国民党左派人物，特别是主张抗战派人物是有好感的，并且愿意与其合作。在救国会成立之初，阎宝航与卢广绩一同去上海募捐时，正赶上朱庆澜的东北义勇军后援会刚刚成立不久，他便亲自去会见了朱庆澜，朱将军当即捐款一万元。在领导义勇军抗战以来，阎宝航也一直主张与朱将军领导的后援会合作。对于朱霁青，阎宝航认为他是国民党在东北问题上旗帜最鲜明的一个。特别是朱庆澜出关，以国民党人相号召，将各方联系起来。阎宝航对此给予很高评价。

3.5 面斥何应钦

1932年8月，阎宝航肩负救国会委托，动身去上海拜望朱庆澜，并请其北上，以便实现两会联合。因当年高崇民在朱庆澜任哈尔滨特区行政长官期间相识，也一同前往。朱庆澜为阎宝航、高崇民二人的至诚态度所感，遂于8月22日率后援会人士抵平，并在地安门内油漆棹一号开始办公。

1932年6月，救国会对辽宁、热边、蒙边、吉林南部地区的义勇军已接受救国会委任和领导，划分五个军区，建立了新的编制和指挥系统。后援会抵平后，密派代表深入辽北调查义勇军情况。考虑到义勇军系统复杂，意见分歧，各自为战的弱点，后援会将原由救国会委任和领导的义勇军重新加以委任，以协同各部作战。接着，后援会又把救国会对义勇军的军区编制，先后改编为三个军团。至1932年11月，两会达成协议：成立义勇军总司令部，由朱庆澜任总司令，东北民众抗日救国会的阎宝航、王化一、高崇民、黄剑秋及后援会的高仁绂为干事。保留东北民众救国会组建的辽宁义勇军总指挥部。同时，明确了两会职责：后援会专主募捐抗日资金；救国会协助朱庆澜指导义勇军军事训练和对日作战。

1933年1月，日军开始了对华北的侵略。在攻占山海关后，接着向华北东部进攻，占领了滦河以东各县。日本海军在秦皇岛登陆后，从三面包围了平津地区。整个华北地区处在日军的监视、控制之下，平津震动，全国舆论大哗，纷纷追究热河失守和长城抗战失败的责任，一片责难之声。为了摆脱困境，蒋介石迫使张学良下野出洋，改由亲日派何应钦出任北平军分会代理委员长。这使救国会的领导人大失所望。他们最担心的是下一步国民政府将对救国会下出什么棋来。1932年9月，张学良曾提醒过阎宝航、王化一，南京方面已注意到救国会，要格外小心。

救国会是得到张学良的默许和支持成立的东北民众救亡团体，其主要成员多是张学良知交故旧。尽管南京政府不喜欢它，也难以取消它。正如阎宝航自己说的那样，国民党不喜欢人民抗日，也不喜欢一个与张学良有关系的政治团体继续活动下去。为此，他们千方百计地对东北民众抗日救国会进行破坏活动。阎宝航在谈到南京政府与救国会唱对台戏的时候说：

首先是利用一些东北籍CC派反动分子，戴上抗日的假面具，挂出抗日工作的假招牌，借为不抵抗政策放烟幕，并妄图以此收揽东北人心，打击东北人民真正的抗日救亡活动。

以齐世英、梅公任为首的东北籍CC派纠合从东北逃亡进关的国民党CC派分子徐箴（原哈尔滨特区电信局长）、周天放（原哈尔滨特区教育厅长）、臧启芳（原哈尔滨特区地方局长）及早在关内的曹德宣、李锡恩、王星周等，大肆活动，从种种方面与东北民众抗日救国会相对抗。在组织民众方面，他们由周天放出面主持，组织"东北行健学会"，网罗东北上层人士，以国民党为骨干；由曹德宣出面主持，组织法西斯式的反动团体"东北青年学社"及其核心组织"力行团"，宣传法西斯思想，并收买东北青年作特务（一二九运动后北平各院校出现的东北籍特务分子，多为力行团员）。在青年教育方面，他们先后设立"知行中学"及"念一中学"，由梅公任、周天放分别主持。接着国民党教育部又在北平设立东北青年教育救济处，以周天放、李锡恩为正、副主任，并由该处直接办国立东北中山中学，以李锡恩兼任校长。当时中山中学、知行中学、念一中学收容从东北进关、食宿无着落的青年学生为数不少，显然与东北民众救国会所领导的东北中学和在平复校的东北大学相对立。齐世英则在上海以"抗敌救国"为幌子，成立一个"东北协会"，与远在北平的东北民众抗日救国会遥相对峙。

1933年5月，日军飞机频繁在北平上空盘旋恫吓。北平的达官显贵惶惶不可终日。在日军的威逼之下，盛传当局将以牺牲东北换取华北暂时苟安为条件，拟签订卖国条约《塘沽协定》。5月24日，救国会遂派常委阎宝航、王化一、霍维周、李梦醒为代表往谒北平政务整理委员会委员长黄郛。黄郛派秘书赵某在丰泽园接见了王化一，声明决心不以东北作谋和之牺牲品。黄的秘书表示愿意代为转达救国会的意见。随后救国会分工由王化一准备陈述材料，阎宝航起草致蒋介石、何应钦的公开信。

6月10日，救国会分别发表了给蒋介石、何应钦的公开信。阎宝航在给蒋介石的公开信这样写道：

委员长钧鉴：溯自九一八事变发生，同人等国恨家仇，椎心泣血，誓拼此生，其矢救亡。且以曩在辽宁，曾忝为农工商学各界领袖，尤觉责任所在，义不容辞。当联合东北有识之士，在平成立本会，纠集同志，陆续派遣出关，从事于民众自卫团之组织。迨日人进犯锦州，此项自卫团，遂以义勇军名义起而与敌周旋。其他各地民众，亦纷纷揭竿响应，声势乃日见浩大。对于铁路及日人各种建设，无不极力破坏，前赴后继，再接再厉。去年夏秋之交，南满安东沈海各路交通，均屡被切断，而两次袭击沈阳，焚毁飞机厂，尤为壮烈，卒使倭虏疲于奔命，有得之易而治之甚难之感，同时，我中华民族之不畏强权精神，亦藉以昭露于世，足为外交后盾……

去岁蒙钧座俯察微忱，拨助款弹，俾资转发各部，始得再接再厉（励）；关切之殷，感极欲泣。近自热河及长城各要隘相继不守，情势益非，在同人等流离扔据，幸保微躯，乡关在望，欲归不得；一息尚存，惟有自淬砺奋斗到底，任何牺牲均所不辞。钧座为国家柱石，全民所托命，御侮大计必有定算。而对于沦落关内之东北军民，应如何安集，使不致流离失所；对于水深火热中之东北三千万同胞，应如何抚慰，使不致绝望祖国；对国内外各地有志救国之士，应如何指导援助，使不致因受刺激过当而流入歧途，钧座当亦早虑及。抑又有不敢不言者，东北为三千万民众庐墓所在，东北之事似宜博采群议，以定取舍。其一二在位之士，非尽贤达，所言所行未必合于公意，或反与事实相谬。同人等不敏，窃愿披诚为钧座一陈其详，或者刍荛之献不无可择，倘蒙进而教之，幸甚幸甚。谨布区区，伏维垂首。

在这封信中，阎宝航简练地概述了救国会两年来从事东北救亡的业绩，表达了为收复东北失地，任何牺牲在所不辞的决心，敦促蒋介石采纳东北流亡民众的正义要求。

致何应钦的公开信这样写道：

敬公部长钧鉴：前以节麾北来，曾推派代表持函晋谒，适值我公军务旁午，未获听教。惟本会工作情形，业于前函略述梗概，当蒙垂察。本会成立迄今已逾二十月，虽绩效未著，而东北人心赖以不死，于国际观感亦不无影响。去岁并承中央多方援助，俾得再接再厉，凡我国人尤为感奋。窃以本会工作范围，原以关外为限，东北失地一日不复，对关外特务工作即一日不敢中辍，誓竭驽钝，奋斗到底，任何牺牲均所不辞。惟是对外步骤，朝野应归一致，用再推派本会常务委员韩则信、王化一，趋前请训，至祈惠予接见，示以机宜，并恳俯赐援助，实为厚幸。端上。敬请勋安，伏维垂鉴。

阎宝航和救国会常委们的要求和努力，并没有得到国民党当局的同情和接受。相反，华北当局对救国会的逼迫益加严酷。

6月17日，发生了救国会常委、政治部副部长霍维周被暗杀的事件，对救国会是一个不小的打击。

霍维周是东北青年党领导人之一。九一八事变前任冯庸大学教授。入关后，在东北大学、东北中学发展党员。1933年春，霍维周得知青年党头目曾琦、李璜与日人勾结，接受日本百万元巨款，作为反蒋活动经费，遂率三百余名青年党员，登报声明脱党，同时揭发了曾琦等通敌的罪行。青年党头目遂支使党徒对霍维周下了毒手。那天上午，霍维周乘坐一辆黄色车行至西四南大街，被人从后面射中头部而死，年仅32岁。

在救国会政治部，霍维周是阎宝航最得力的干将和助手，对于他的死，阎宝航和救国会常委们都悲痛万分，高崇民抚棺痛哭几至昏厥。阎宝航亲自撰祭文悼念霍维周。人们由此提醒阎宝航注意安全。

救国会自成立之日起，便成为日本特务和国民党当局所注目的对象，常委们的安全也大成问题。阎宝航和常委们的家住地附近，常有不三不四的人活动。救国会办公处也时时受到威胁。阎宝航的家住在北平比较偏僻的东厂胡同。他平时忙于救亡工作，经常不回家，只靠高素桐带着孩子们小心度日。有一天夜里，高素桐忽然发现有一人从大墙跳到院子里。她急中生智，高声呼叫厨师赶快起来。那人影慌忙逃走。天亮时才发现，昨夜闯进来的人丢在他家的一把菜刀。又有日本特务机关企图对救国会进行破坏的情报传来。张学良闻讯，通知救国会人员要提高警惕，并赠常委每人一支自来德手枪用以自卫。同时加强了对救国会及其领导人的保护措施，成立救国会警卫班，便衣保护救国会负责人员。不过，阎宝航这时所关心的问题并完全是个人安危，而是救国会前途命运。

7月14日，救国会派阎宝航、王化一、卢广绩、钱公莱等委员到中南海居仁堂同何应钦进行交涉。首先，由阎宝航、王化一先后详细陈述两年来救国会抗日救亡工作，并指出，政府应该考虑东北失地与几十万流亡民众，支持救国会的工作，而不应取缔。何应钦说，对于失去自由的东北人民特别是对于流亡关内的东北民众，政府和我个人表示同情和理解，但是，政府有政府的考虑，为了圆满地解决中日问题、东北问题，东北人民一定要树立全局观念，要相信政府。阎宝航说，要我及每一个爱国的东北人相信政府，这并不难，如果政府自九一八事变时起就能领导人民抗日，而不是不抵抗，那么，也许不是今天的这个形势。问题就在于政府对于东北问题不关心。不抵抗倒也罢了，对于日人得寸进尺却能加以容忍，对我们这些从事救亡活动，打回老家去的东北人不支持，甚至对义勇军加以取缔，对救亡组织加以限制、甚至取消，我们无论如何不能理解。

何应钦过去不认识阎宝航，从此再也没有忘记过他。他认为阎宝航操满口的共党腔调，对他一点不客气，是一危险人物。他说：“我想，这些具体的事情如何认识，我们现不要急于争论，不忙下结论。至于你们说的打回老家去的问题，政府从来没有说过相反的话。问题是面对日本这样一个强国，我们希望通过外交手段与其交涉。军分会对华北团体采取的具体办法，目的就是为了避免引起外交上的麻烦。救国会也不例外，从今后最好不要再公开活动。”卢广绩接着表示：当局不支持救国会也罢了，反倒釜底抽薪，我们要求恢复发售爱国奖券。何主任则把爱国奖券问题推到黄郛身上，他说：“这件事是华北行政委员会委员长的事，我何某无权过问。”王化一说，东北抗日义勇军从一开始就是孤军奋斗，其残部进入热河、察哈尔地区后，经过政府的改编、取缔，目前所剩无己，但在北平周围尚有一些余部坚持活动，作为救国会，我们已无力接济。我们要求军分会在物资、军械方面给予支援，他们在抗日斗争中是我中华民族的骄傲。何应钦说，对东北抗日义勇军的接济已不可能，对留在华北、北平周围者，一律取缔。至此，阎宝航激动地说，如此说来，东北民众抗日救国会在北平已无立椎之地了？何应钦毫不掩饰地说道：“不是北平，而是整个华北，我们和日本人已经有了协定，只有如此，只能如此。”

何应钦把我们和日本人已经有了协定（即《塘沽协定》），作为取消救国会的理由，这不奇怪，国民党当局历来屈从日人压力是有目共睹的。阎宝航认为，这并不是问题的全部。国民党当局从心底往外不愿意这样一个抗日团体存在，才是他们真实的目的。

何应钦与阎宝航的这次谈话，还提到了救国会内有共产党宣传品问题。在阎宝航看来，国难当头，大敌当前的时刻，中华民族无论何民族、何党派，都应捐弃前嫌，一致对外，何必这样神经过敏，看到一点宣传抗日的标语，就忘记国难，自相残杀起来！

阎宝航说："救国会只知抗日，不知其他。如果说救国会主张抗日，共产党也主张抗日的话，那么，这是不幸而一致，总不能说救国会主张抗日，就怀疑救国会与共产党有关系。依我看来，救国会的组成人员绝非共产党所能影响。东北流亡青年、爱国分子，在国难当头之时，用较为积极或激进的方式表达他们忧国忧民的思想情绪，要求政府改变对日政策，喊出一些抗日的口号，这是可以理解的，绝不能说这些人就是共产党，更不能说救国会写几张宣传抗日的标语，就因此怀疑救国会内有共产党参杂其间，甚至受其影响和控制。"

阎宝航以不紧不慢的节奏，说出这一番话，弄得何应钦不知如何应对，遂深恨之。7月16日，何应钦正式通知阎宝航、王化一、卢广绩等人："救国会应根据协定（《塘沽协定》）速予取消。"①7月31日，东北民众抗日救国会常务委员会召开会议，就"政府受日寇威胁，要求后援会和救国会停止活动，本会应如何对待这一问题"进行了讨论。会议决定：1.不仅不停止活动，更应积极开展抗日救亡活动；2.缩小组织，裁汰不必要人员要求精练；3.为避免磨擦，此后转入秘密行动。在国民政府的高压和何应钦的强硬措施下，救国会被迫停止公开活动，但仍以东北民众抗日救国会名义秘密地开展了一些活动。

① 《王化一日记》1933 年 7 月 16 日（未刊稿）。

3.6 成立秘密组织复东会

在何应钦逼迫救国会停止活动之后，救国会常委内发生意见分歧。有的主张顶一天算一天，到顶不住那一天再说。有的则要去发动东北军，或通过东北军的关系，活动北平宪兵司令部文凯对救国会实行保护，以便与何应钦相对峙。还有的则认为，这些设想都不宜实行，但又一时拿不出切实可行的办法。阎宝航就是持这种认识的常委之一。

救国会的常委都是东北人，都是九一八后流亡关内的，没有谁比他们更迫切地期望早一天打回老家去。正由于这样，他们沦落北平，聚集在一起，在张学良的支持下，以忘我的精神和积极开展救亡活动。他们曾经以很高的热情支持抗战，把复土还乡的愿望寄托在义勇军身上。义勇军的溃败，使常委们精神上受到严重打击。而热河抗战、长城抗战的失败，使他们再一次经受了严重打击。救国会笼罩在痛苦、悲愤、无望的低落情绪之中。张学良被迫出国留洋，离开东北军和流亡关内几十万东北民众而去，使常委们的情绪达到了最低点。性格沉稳的阎宝航，这一时期里也难以控制自己的情绪。在他于7月14日去居仁堂面斥何应钦之后，郁闷之下，借酒浇愁，这一天他一醉如泥。

自流亡关内之后，特别是救国会成立之后，阎宝航作为宣传部长、政治部主任，到处进行报告、讲演，宣传抗日，从未间断。而且正是出于他的建议，救国会把每月的18日都规定为亡省纪念日，后来把每年的9月18日，作为周年纪念日。凡临月、周年纪念，阎必作复土还乡的报告。在关内流亡的15年，阎宝航确实讲了许多话，作了大量的报告。从现在可以查到的资料来看阎宝航历次的报告讲话其内容无外四个方面：

第一，讲东北人民蒙受的耻辱。第二，无情地揭露和控诉日本帝国主义侵略东北罪行。第三，始终满怀激情地歌颂迅速兴起和英勇杀敌的东北义勇军的民族反抗精神。第四，严厉谴责国民党政府和蒋介石的对日态度和出卖东北的政策。

当然，阎宝航还经常讲的问题就是复土还乡的决心。不过，那时讲收复东北的决心，是在张汉卿在任时。汉卿走了，复土还乡的决心难道就改变了么？他突然感到自己政治上的脆弱性。汉卿走了，我们这些人还在，复土还乡的斗争不能就此停止。但由于蒋介石奉行对日妥协、出卖东北的政策，必须充分估计到蒋介石对救国会采取强硬措施的可能性，为此，救国会必须改变策略方法，继续坚持东北救亡活动。在救国会常委会多次磋商应付办法时，阎宝航阐发了这个思想观点，在常委中产生了影响。

1933年3月，阎宝航收到中华全国基督教协会会长余日章给他的一封信，余在信中说，日本人在山海关战事之后，加强了在美国的宣传，鼓吹“自日人统治满洲国以来，满洲国已现日渐繁荣与进步气象”等等。他建议阎宝航：“因思国内重要都市如上海、南京或北平等，是否亦能作同样有力之宣传，以与日人之宣传相抗？”他并提出三项要点：第一，以电报与信件，将国内重要新闻消息随时告知（如属必要，则请按日电告），以便转告美国有势力之人士，作一种的宣传。并说，这里的新闻社、重要日报皆愿得到与利用他所供给之各种新闻资料。第二，设法感化上海、南京及北平等处之欧美通讯员，并随时供给各项可靠的、有价值的，与支配迭当的新闻消息。第三，组织一宣传委员会，专事搜集关系“满洲国”与日本经济状况之可靠的材料。收集以后，既用优美之文字草成动人的报告，以与日人之宣传相抗。[①]

余日章的信，给阎宝航以很大启发。过去宣传东北救亡，多限在国内。他以救国会名义，向国外发了一些通电，但新闻报道从未发出过。他接信后曾同主管报刊宣传的霍维周多次商谈，力主办好国际宣传。霍维周则积极响应，曾草就一份宣传计划准备拿常委会上讨论。不料，热河与长城抗战相继失败，霍维周被刺。这一计划未能落实，这是留给他的又一大憾事！

阎宝航在参加救国会常委会上仍反复强调继续开展东北救亡决心。他说：“我们现在不仅不要悲观，而且要下最大决心。虽然热河失去，《塘沽协定》签订，也决不灰心，要把奋斗精神振作起来，挽回主衰颓的民气，坚持恢复东北的决心，不但要准备收复东北，而且要保住未失的国土。要沸腾我

① 《余日章在美所得之忠告——梁士绝致阎玉衡一封书》引自《救国自刊》，第2期，1933年5月10日。

们的热血，去干救国工作，绝对不要灰心！假如说我们失掉东北四省只两年，便灰心颓废，那就是无志气，荒谬绝伦！我们绝不放弃东北，东北一日不收复，我们便要再接再厉去干救国工作。”①

原来参加救国会的成员政治身份比较复杂，特别是由于国民党人和国民党改组派的参加，使救国会日常工作发生许多意见分歧。国民党人梅佛光、吴焕章等人，虽然不参加救国会的日常工作，却每每指责救国会这也不是，那也不是。对于这些人，阎宝航的态度是置之不理，我行我素。而救国会其他人常常按捺不住，经常和他们公开的争论和斗争。有鉴于此，救国会既然要转入秘密活动，就不能不考虑人员组成问题。对此，阎宝航回忆说：

原东北民众抗日救国会的领导核心，经过多次磋商，决定抛开原来委员中的国民党分子，团结热心救国的坚定积极分子，成立秘密组织，定名为复东会。

随后，救国会常委在9月18日，即九一八事变二周年纪念日，在北平欧美同学会举行了复东会成立大会。常委们采用中国古代结盟的方式举行入会仪式。会场正中摆放关公岳飞像，并置苦水一杯，庄严肃穆。大家站在前面，自取苦水一杯，依次一饮而尽，并在王卓然引领下宣誓：团结一心，誓死救国，不达目的，永不罢休！

（1）

九一八二週紀念感言

閻寶航

阎宝航在《东北旬刊》上发表的《九一八二周纪念感言》

① 《东北》杂志，1933年9月30日。

复东会第一次入会的会员31人。会员大会是复东会的最高权力机构，执行机构为理事会。理事会设理事长一人，理事若干人，秘书长一人。这年12月9日，复东会在欧美同学会举行会员大会，选举王卓然为理事长，高崇民为秘书长，理事9人。由于会员对当选人选有意见，王卓然于1934年2月18日辞去理事长职务，阎宝航当选为理事长。

复东会的成立了，成立后到底应该怎样开始工作？

根据常委的分工，阎宝航继续侧重负责政治宣传工作。鉴于东北抗日义勇军已不复存在，对义勇军的政治工作搁置，但对日伪的秘密情报工作则应继续进行。因此，由阎宝航重点负责对秘密人员的培训和派遣工作。同时，阎宝航挑选原救国会政治部工作人员张希尧、张金辉等利用一切条件和时机，继续坚持救亡运动。一方面要做好流亡关内的东北民众工作，另一方面联络东北军将领，建立同东北军将领的密切联系。“事实上，东北军将领与救国会领导人，多系知交故旧；东北军在张学良被迫下野后，失掉了领导，许多将领如王以哲、黄显声等多同情支持复东会，因而复东会成为关内东北军与东北人的联系的纽带。”

关于联络东北军将领的事，这年7月初发生的一件事使阎宝航难以忘怀。

早在这年6月，也就是张学良出国后一个月，蒋介石电召东北军第67军军长王以哲去庐山受训。时值盛夏，蒋介石在山上避暑，并在这儿开办高级军官训练团，传授剿共办法。在庐山，蒋介石给王以哲特别的礼遇，召王以哲到他的住所，备加称赞之后说：“汉卿走了，你要很好地掌握东北军。直接听我的调遣，参加剿共。我可以把东北军组成一路军，由你任总指挥。”王以哲感到味道不对，便说道：“我是张副司令一手提拔起来的人，他出国前一再叮嘱我们，有关重大问题，务必和他商量再做

王以哲

决定。委座，只要他同意把东北军调出来剿共，我绝对服从命令。非然者，背信弃义，只图个人的禄位，我将不齿于侪辈，有人如此，委座又何取焉！”蒋介石分化东北军的企图没有得逞。

王以哲回到北平，便邀救国会常委阎宝航、高崇民、王化一、卢广绩等在北海仿膳斋向大家介绍了庐山见蒋经过，引起阎宝航和常委们的警觉。大家认为，蒋介石这么干，无非是想趁汉卿出国之机，分化东北军。东北军将领和东北人士，对这一点一定要保持清醒的头脑，防止上当。阎宝航说，汉卿在出国前，曾通过王迴波[①]密嘱军政和各团体负责人，文要保存东北大学，武要保存东北军实力，看来他的担心是有道理的。

现在救国会被停止了活动，成立复东会，阎宝航敏锐地想到了这个问题。他认为复东会应该继续为此做出努力。他决定联络东北军骑二师师长黄显声，有必要提请他在这方面加以防范。

阎宝航比黄显声大一岁，彼此在对日态度和观点几近一致。黄显声一直反对蒋介石的对日妥协政策，并与救国会阎宝航保持密切联系。在此期间，阎宝航曾向黄显声的第二师派遣政工人员，两人的个人交谊也日益深厚。黄显声平时称呼阎宝航为“阎牧师”。黄显声认为，阎宝航利用基督教青年会作为阵地，领导民众反日运动之举，很了不起。再加上阎宝航处人处事的那种绅士风度，博得黄显声的尊重。阎宝航则十分钦佩这位少壮派军官鲜明的反日态度和刚直不阿的性格。两人结成莫逆也是很自然的事。

黄显声

自锦州失守之后，黄显声为收复失地、复土还乡的种种努力均未成功，感到非常失望。这位热血军人体会到，张副司令在蒋介石不抵抗政策的束缚下，已经很难自拔了。如此下去，不仅收复东北无望，华北

① 王卓然字。

难保，而且东北军的前途也不堪设想。从此，他暗中接受共产党人的建议，请共产党派人到他的骑二师来，帮助部队提高抗日觉悟，以便相机出关开展抗日游击战争。当时，在阎宝航身边工作的共产党员张希尧、徐靖远等同黄显声骑二师中的共产党员彼此相识，这一点阎宝航也略有所知。于是，他便通过张希尧给驻在河北易县的黄显声写了信。阎宝航在信中说，救国会已被迫停止活动，作为救国会的宣传部长，我阎宝航已无所事事，精神萎靡，不知所以。企盼与黄师长一晤。

黄显声接信，感到信中话里有话，有要事，又不便明言。便立即动身赴平。

原来，复东会成立之后，阎宝航开始注意同在北平的东北军高级军政人员的交往，目的在于向他们宣传东北救亡，了解军中动向，以便有针对性地做好工作。在这期间，阎宝航通过北平军分会中的戢翼翘、副官处处长汤国桢、鲍文樾、刘翼飞等东北军高级将领结识。他在同鲍文樾的接触中，无意发现一个很重要的情报，即南京方面正在考虑调动军队开赴福建镇压蔡廷锴的消息。阎宝航认为此情报意义重大，他敏锐地联想到蒋介石在庐山拉拢王以哲的事。他想蒋介石既然可以拉拢东北军将领王以哲，那么，在这种时候，调东北军去南方打内战的可能性是存在的。他希望和黄显声一晤，以便商讨防范问题。

当阎宝航向黄显声谈到防止调动东北军赴福建处理兵变情况，谈到调东北军弹压蔡廷锴时，黄显声将信将疑地说："副司令不在家，他们真这么干的话，简直就是混账王八蛋！"

阎宝航说："东北军是东北人复土还乡的资本，要防止被人肢解。我的态度是：宁可信其有，不可信其无。"他把蒋介石在庐山拉拢王以哲的经过讲了一遍。黄显声这才感到，阎宝航所提供的情报并非空穴来风，不可掉以轻心。黄表示做好应付准备。

1933年11月，第十九路军蔡廷锴、陈铭枢发动福建事变，建立中华共和人民革命政府，公开提出反蒋口号。就在这个时期，何应钦以北平军分会主任名义，召开了东北军将领紧急军事会议。

会议在北平中南海怀仁堂举行。到会的有东北军各军长、师长等主要将领30余人。会上，何应钦站起来宣布：“现在，《塘沽停战协定》已经签订，华北战事缓和，可是南方朱毛共匪却十分猖獗，第四次围剿未能取得预期效果。为清除后患，也为了收复东北失地，蒋总司令决心集中兵力，组织第五次围剿。总司令希望华北各军在这次剿共战争中大显身手。军分会经过反复考虑，并征得蒋总司令同意，决定调一部分东北军部队南下福建、江西，参加蒋总司令指挥的剿共战役，现在我宣布命令……”

在座的东北军将领们被这突如其来的调动惊呆了，一个个面面相觑，不知所措。

这时，只见黄显声愤然而起，当众宣称：“要调动东北军，除非张汉卿回国，由他来调我们当然服从，否则谁也别想调！”

他一面说一面环视在场各位将领，继续说道：“在座各位如果谁敢接受调动的命令，谁就准备吃这个！”他一边说，一边用手拍了拍腰间的手枪。

一一二师师长张廷枢也站出来说道：“我拥护黄师长的主张，少帅不在，谁也不能调。”

这一下，便打破会场的沉默，纷纷响应：“对，少帅不在，谁也不能调！”

就这样，东北军调动不灵，何应钦碰了壁，搞得很狼狈。在张学良不在国内的情况下，靠着东北军将领的团结合作，避免了东北军被肢解，维护了东北军的统一。事后，蒋介石深恨黄显声，称他为“桀骜不驯之徒”。阎宝航对黄显声的精神表示钦佩，同时提醒他，这种公开的斗争，必定引起蒋、何的忌恨，要时刻注意防范。黄显声则更加敬佩阎宝航的远见卓识，他不止一次地对阎宝航说，只要咱们东北人抱成团，这些“安内”投降派就没办法拆散东北军。

阎宝航和复东会成员们，在张学良出国期间，忠实地为东北救亡事业，为东北军的稳定，做了许许多多的工作。在这期间，阎宝航派往东北各地的地下情报人员，一直同他保持地下联系。他自己的生活费用很大一部分用于补贴这些人员的活动上。许多当年从事东北情报工作的人员，在几十年后才知道阎宝航当年慷慨解囊的真实情况，对这位从事东北救亡活动的主将尤加崇敬。

第四卷
进入国民党上层推动抗日救亡

4.1 四维学会吞并复东会

蒋介石调东北军南下的时候，张学良正在哥本哈根。他的部属很快把这一情况报告了他，与此同时，福建方面也在拉东北军反蒋，何去何从，希望他立即回国定夺。12月18日，蒋介石也电召张学良回国。

当时，阎宝航心里有本账。他认为，福建事变提出了抗日主张，这是很对张汉卿的心的，他要是回来，如果要在反蒋和联蒋这个问题上作出选择的话，他一定是站在反蒋这一边。因此，他也希望张学良赶快回国。

1934年1月8日，张学良将从意大利回到上海。东北方面准备派代表迎接。消息传到北平，复东会核心组成员决定在张汉卿回国后，再派人去向他汇报复东会工作。

张学良这次回国，南京方面给予特别地重视。上海市长吴铁城乘专轮到港外迎接，宋子文特派保险汽车，到天文台码头欢迎。此时的张少帅，同出国时相比，判若两人。他一改昔日萎靡憔悴的形象，身体康健，容光焕发。东北方面人士看到他如此状况，个个欣喜，立即将这情形电告东北各方面，一片欢腾。接着便有许多东北军政要人，蜂拥而入张学良在上海莫里哀路的寓所。有的述说在他走后蒋介石对东北方面待遇上的歧视，有的劝其速返北平，不要见蒋。有的则力劝他自立门户，不要以蒋唯命是从，他们无非是希望少帅摆脱昔日的羁绊，带领东北军打回老家去。

几天以后，复东会阎宝航、王化一、卢广绩等从北平到达上海。然而，张学良在向他们畅谈旅欧观感时，却大谈起“一个领袖、一个主义”的主张，阎宝航感到非常突然。张学良说：“各国民众皆能热烈地拥护领袖，俾得放手做事。意、德于大战残破之后，皆能转否为泰。而为领袖者亦忠诚无私，努力奋斗，返顾国内争做领袖者太多，猜忌争斗，阻人成功，而成既不能命令又不受命之亡国病症。宁受外侮，而不许自己兄弟来统治。”[①]“全国人若不愿为

---

① 《张学良游欧归来在沪发表书面讲话》，1934年1月11日，《国闻周报》，第11卷，第4期。

亡国奴，必大彻大悟，容许一人领袖，有试验机会，发挥效能”。“目前，我们只有两条路可走：一条是回北平，掌握自己的军队，整顿训练，待机而动；一条是拥护蒋介石，完全听他的。前一条路，必须得到日本人的谅解，受他们的摆布，不然，在华北是待不下去的。我张学良决不能屈膝投降，甘做汉奸，这条路是绝对不能走。要想抗日复仇，打回老家去，单靠我们几十万军队，是无法对日本作战的，即使加上中央军，也未必于事有济，必须全国统一，再得到世界上同情我们的国家的援助，才能对日本作战。”

阎宝航听后，心里很不舒服。他知道，蒋介石对东北人的复土还乡斗争，根本没有兴趣。对东北沦亡人的疾苦根本不关心，张学良对此何尝不明白呢？但在这种时候，阎宝航本想劝说几句，又觉得时机不对。原来盼望汉卿回来好好干一场的愿望落空了。这时候，张学良接受蒋介石委命，不久将赴武汉任豫鄂皖三省剿匪副总司令了。阎宝航感到，今后的事情就更为复杂了。

1月22日，张学良去南京谒蒋，并向蒋谈了旅欧观感。蒋问：“听说东北人组织一个复东会？”张答：“我刚回来，情况还不清楚。”张学良回到上海，听了王化一关于成立复东会经过汇报，认为蒋很注意这个组织。1月30日，他去杭州参加航空学校开学典礼时，向蒋介石说明复东会的问题。他说：“复东会是东北一些旧属为收复东北搞救亡活动的组织，如委座愿意，取消它也可以。”蒋当即表示，只要能合作，复东会可以存在，也可以发展。张学良以为得到蒋介石的谅解，便给在北平的复东会理事们捎来了口信。2月14日晚6时，阎宝航召集复东会十余个理事，在高崇民家中集会，由王化一向大家传达了张学良的指示。阎宝航和大家一样，以为复东会可以合法存在下去。3月11日，张学良电邀王化一、王卓然由北平来武汉再去南昌，向蒋介石说明情况并提出成立新团体的事。

但张学良很快得到情报，蒋介石实际上已下决心取消复东会。

原来，由于复东会排除了国民党CC分子，抗日活动转入地下，这就引起国民党当局的猜忌与仇视。复东会的领导人中王卓然、王化一都是国社党①

---

① 国家社会党是1932年由张君劢、张东荪等发起成立的，存在十余年，党内其他重要人物还有汤乡茗、胡青石、罗隆基等，宣扬“修正的民主政治”“国家社会主义”等思想理论。

领导人。有人将这一情况密报蒋介石，蒋介石对国社党不放心，对张学良部下也不放心，遂于2月中旬，密派戴笠和北平军给政训处长刘健群到北平、天津等地进行调查。戴笠、刘健群调查后认为，复东会成立时间虽短，但抗日活动多，影响大，此情报已向蒋作过汇报。张学良了解到这个情况，便决定对复东会采取措施，以打消蒋的疑虑。

2月下旬，王卓然、王化一来到武汉。张学良表示，既然复东会使蒋不放心，不如取消它，与蒋合组一个组织，以复东会干部为骨干，吸收蒋的干部参加。随后派王卓然、王化一去南昌面蒋，转达张学良的设想。蒋听后，连说很好，命戴笠、邓文仪、刘健群等人详加讨论，提出方案，再做决定。阎宝航这样叙述当时的情景：

戴笠、刘健群经过调查研究后，对国社党与复东会作出了显然不同的评价与对待。一方面，他们对国社党认为无足轻重，并采取了强迫手段，于1935年1月逼令宣布解散，王捷侠[①]被张学良软禁于武昌，短命的国社党遂告夭折。

另一方面，他们对复东会则认为是关内东北人的一个核心力量，且与张学良关系密切。事实上，东北军将领与救国会领导人，多系知交故旧；东北军在张学良被迫下野后，失掉了领导，许多将领如王以哲、黄显声等多同情支持复东会，因而复东会成为关内东北军与东北人的联系的纽带。同时，张学良从德、意考察归国后，主张拥护领袖、实行独裁政治等论调，复兴社认为大可利用。当时复兴社成立不久，羽毛未丰，正想从各方面拉拢实力，以与CC系对抗。他们认为，如果把复东会拉了过来，便可以影响张学良这一方面的力量，削弱敌对势力，壮大自己阵容，一举两得，何乐不为。于是，他们对复东会就打定了拉拢的策略。

4月1日，王卓然、王化一在戴笠的陪同下来到南昌，蒋介石在南昌北坛听取了他们关于复东会组织工作报告，并转达了张学良关于合作组织新团体的意见。蒋当即表示，张副司令主张很好，命戴笠、邓文仪、刘健群和王卓然、王化一等详加讨论有关成立新团体的具体事宜，再行定夺。这样双方

① 王捷侠曾任张学良秘书，淞沪抗战后，与李璜等组织东北义勇军。

人员商定以下各点：一、彻底融合蒋、张两方核心干部，拥护唯一领袖，肩负复兴民族大业；二、继续东北抗日工作，以作发动全国抗日之准备；三、复东会由张学良负责说服取消，领导人加入新组织；四、蒋为事实上的领袖，不居名义，组织理事会，由张学良就近领导；五、新组织定名四维学会；六、会址暂设武汉；七、对外暂守秘密。[①]最后形成一草案，送蒋审批。蒋轻而易举地吃掉了一个他不喜欢的民众救亡团体，自然毫不犹豫地同意成立这个新团体。随后，王化一、王卓然及邓文仪、戴笠同返武汉，向张学良汇报经过，张学良同意草案内容。实际上他们在这里召开了一次筹备会。张学良即派王化一回北平，向复东会核心组传达取消复东会，成立四维学会的经过情形。

4月15日晚，阎宝航、卢广绩、韩立如等来到高崇民家里，听王化一传达讨论取消复东会成立四维学会问题。及至深夜，讨论仍在激烈进行，终未取得一致意见。

阎宝航表示坚决反对取消复东会，同时对四维学会提出置疑。他问："何为四维？"王化一答："礼义廉耻。"阎问："复东会是以誓死救国为宗旨，这怎么能和礼义廉耻同日而语？"高崇民则表示："一个是'复东'，就是要收复东北，一个是礼义廉耻，一点抗日的意思都没有，不能接受。"

所谓四维，由蒋介石所提倡。当时的报刊曾做大量鼓噪宣传。以黄埔系和复兴社惟一政治理论家和指导者自居的贺衷寒对此曾做过阐发和注疏，他说："礼者理也，循规蹈矩，谓之礼；义者宜也，舍己济人，谓之义；廉者守者，安分守己，谓之廉；耻者疵也，刺激奋发，谓之耻。"在阎宝航看来，蒋介石提倡的所谓"四维"，无非就是让人循规蹈矩，又能舍己济人；安分守己，又能刺激奋发，总之是不可反抗，只能无条件服从，如此而已。阎宝航对于张学良取消复东会，成立四维学会的举动一直持不理解的态度。他认为，张学良执行蒋介石的不抵抗政策是个悲剧，那么，如今取消复东会的举动，将来也必定是个悲剧！

其实，张学良既然拥蒋武力统一中国，参与剿共，当然也要谋求在政治上、组织上与蒋介石的进一步合作。但阎宝航、高崇民这些一心要复土还

---

① 《张学良发表旅欧返国之书面谈话》，上海《时报》，1934年1月11日。

乡的人，对此是很难取得一致的。所以，成立四维学会问题，核心组织进行了多次讨论，争论很激烈。最初决定绝不同意参加四维学会，更不能取消复东会；后来则考虑可以参加四维学会，但不取消复东会，以高崇民、阎宝航主张为最力。

4月18日，王化一因说服不了阎宝航等人，不得不致电在武昌的王卓然称："此事（指取消复东会）最难解决，或兄回平，或高、阎去汉面商。"如此函电往复，终未解决。这样，王卓然于4月26日由汉到平，"转达张学良的希望，并进行说服"。结果，王卓然的到来，不但未能说服他们，反而引起更大意见。原来，王卓然去南昌见蒋时，蒋曾问及复东会能否取消，王卓然回答说，不成问题，他可负责。当时在场的王化一对王卓然这样未经理事会讨论决定，擅作主张的答复，没有表示反对。阎宝航在会上批评了二王的表现。

张学良了解到复东会领导人阎宝航等反对取消复东会成立四维学会意见，很是着急，决定再派他的机要秘书黎天才北上。黎能说会道，他到平后，与阎宝航、高崇民等多次讨论，最后初步决定，既然取消复东会成立四维学会的动议是张学良提出来的，如果抗下去，既得罪了蒋介石，又得罪了张学良，所以可以考虑加入四维学会问题。但四维学会必须明确继续抗日救亡工作。为了避免引起注意，仍采取秘密合作方式。关于上述要求，待复东会领导人去武汉面见张学良后再做决定。

5月7日，张学良在武昌徐家棚亲自向阎宝航等复东会领导人做了长时间的说服工作。他说："此次请你们来是开四维学会成立会的。"然后申明理由："咱们东北人的主要目的是打回老家去。我们自己力量不够，必须与握有军事实力的黄埔系相结合，同时，更需要国家的统一，需要一个强有力的领袖，这是我这次出国吸取德、意两国的经验。目前只有蒋先生有资格作领袖，咱们拥护他。蒋先生已批准四维学会以复兴民族为己任，让我们继续东北工作，咱们应该忠诚地与他合作，实现抗日。"张学良还说，我是如此想法，只是苦于没办法，我们东北军几十万军队不能单独对日作战，我若脱离蒋介石，不出三个月，东北军就得饿肚子，这个问题使我非常苦恼。阎宝航说，汉卿把话说到这份上，我就不好再说什么了。

5月12日，四维学会在汉口银行公会召开成立大会。蒋介石为名誉会长、张学良为会长、贺衷寒为理事长、王卓然为副理事长、刘健群为秘书长。刘健群主持会议，王卓然报告筹备经过。张学良在会上讲话，他要求大家打破自私，服从领袖，团结御侮。蒋介石派贺衷寒讲话，他大谈蒋是中国惟一领袖，要绝对服从，绝对拥护，四维学会的事也要一切听从委座指示。会议选出理事共15人。蒋介石方面的为：贺衷寒、刘健群、戴笠、邓文仪、邱开基（后因犯罪被扣，由曾扩情补充）、丁炳权、袁守谦；张学良方面的为：王卓然、王化一、阎宝航、高崇民、卢广绩、吴瀚涛、黎天才、关吉玉，另有后补理事5人。至此，表面上以“拥护惟一领袖、团结一致救国”（会章内有此两条）相号召，而实际上貌合神离、各有用心的“鬼胎”——四维学会，就呱呱坠地了。

四维学会一经成立，理事们便应召去南昌见蒋。在武汉至九江的船上，阎宝航、高崇民情绪低落。贺衷寒在和阎宝航攀谈时，大谈无条件服从领袖，阎宝航含蓄地表示不同意或纠正他讲话鼓吹绝对服从的论调，本来就对成立四维学会憋一肚子气的高崇民起而与之激烈地争辩起来，争得面红耳赤，高崇民仍不肯相让。在四维学会成立大会上，由于高崇民对贺讲的这番话就有反感，曾愤然退出会场，后在杜重远、吴涤愆、阎宝航的劝解下，他才勉强把会开完。阎宝航说，让他们把话都说完也好知道他们究竟想干什么。果真是为了吃掉复东会的话，那就对不起，各走各的阳关道也不迟。高崇民听信劝告才随大家到南昌来。果然，蒋介石在16日接见他们时以四维学会成立之始，声气过大，引起胡汉民反对为由，因此四维学会绝对秘密，不以它的名义做活动。入会手续要严格，反对分子不许加入。至此，蒋介石把刚刚成立的四维学会打入冷宫。阎宝航看得明白，蒋介石真实目的就在于取消复东会，现在他的目的已经达到了。同时利用戴笠等特务分子操纵和控制该会，这就决定了四维学会不可能有所作为。但复东会的取消使关内东北同胞的抗日救亡运动失去了一后援的核心机构，产生消极影响。后来高崇民终因对四维学会不满，与贺衷寒再次争辩起来，并说出“领袖是人而不是神”，“只有混蛋才迷信神”的话后，拂袖退出四维学会。他因此遭蒋介石通缉而隐居上海。四维学会也成为有其名无其实的空架子了，直到它无声无息地结束。

4.2 任新生活运动促进总会书记

1933年，《塘沽协定》签订之后，蒋介石经过几个月的准备，调集100万军队，200架飞机，于这年9月开始向红军和中央革命根据地发动了空前规模的第五次“围剿”。为了保证这次“围剿”的胜利，蒋介石在组织上、策略上作了周密部署。早在5月间，蒋介石在庐山举办军官训练团，轮训中下级军官，“其目的是要练习打赤匪的本领来消灭赤匪”。

接着，1934年1月，蒋介石在镇压了福建事变后，又回过头来围攻中央红军根据地。为了达到对红军在军事上“围剿”和在国统实行文化“围剿”的政治目的，蒋介石采纳了复兴社分子邓文仪等人的建议，在第五次“围剿”的大本营江西南昌发起所谓重整道德、改造社会风气的运动。2月间，蒋介石在南昌各界纪念会上，正式宣布从革新国民的生活习惯着手发起新生活运动。2月19日，蒋介石在南昌成立新生活运动促进会，自任会长。

关于发动新生活运动的目的，蒋介石说，“新生活运动是一个以道德的复活，来求民族复兴运动。”实际上，是企图通过它强迫人民军事化、思想奴隶化，以封建的伦理纲常来整治人心，禁锢人民的一言一行，使人民服服帖帖地接受国民党的封建买办法西斯独裁统治，为剿共服务。

四维学会成立后的5月16日，蒋介石在南昌接见全体理事之后，即留阎宝航、吴瀚涛作长谈。出乎阎宝航意料的是，蒋介石留吴瀚涛做军官训练团教官，留阎宝航做新生活运动总会书记。蒋介石对吴说：“我们将在庐山创办军官训练团，很重要。我们以后能不能剿清赤匪，整个革命的成败、党国的存亡，以至个人的生死，往往都看这次训练能不能发生效力。”

吴瀚涛事先并无精神准备，在这种场合又不便多说，他望望阎宝航，不得不表示同意。

蒋介石扭过头来对阎宝航说：“阎玉衡先生，你了解新生活运动吗？”

阎宝航在当时对什么新生活运动一无所知，但他去南昌时听到当地人说，蒋先生曾在这里讲过新生活运动，提倡礼义廉耻之类的话，便联想到四维学会的所谓“四维”，便说：“也许是礼义廉耻吧！”

蒋介石说："对头！礼，是规规矩矩的态度。义，是正正当当的行为。廉，是清清白白的辨别。耻，是切切实实的觉悟。三民主义的基本精神，就是总理指示我们的固有的八德——忠孝仁爱信义和平。实现八德的门径和着手之处是什么呢？就是我们新生活运动中提出来的革命行动。最高原则——'礼义廉耻'的四维。唯有照着这个礼义廉耻的四维来做，才能实践八德，实现主义。"

阎宝航听了他的这番话，不知道他的目的是什么，没有作声。

蒋介石继续说："我说这些话，阎先生，你知道是什么意思吗？"

阎宝航轻轻地摇摇头。

蒋介石显得兴致很高接着说："好吧，那我告诉你，这个新生活运动，实践八德的担子，只有你阎玉衡来承担了！我请你担任新生活运动促进总会的书记。"

阎宝航感到事出意外。确实，四维学会刚刚成立，张学良方面八个理事就一下子调出来两个，他立即想到，蒋曾有四维学会不妨碍东北救亡活动的承诺，大有上当受骗的感觉。他当即表示："新生活运动如此重要，本人对此无深刻理解，恐难胜任……"

蒋介石一挥手，制止他说下去："你的情况我了解。好吧，你可以考虑考虑再作决定。"随即结束了会见。

这天傍晚，阎宝航找到正在南昌的复兴社成员邓文仪，请他代为婉辞。邓文仪说，"眼下国家正是用人之时，你受蒋先生钦点之幸，怎好拒绝？"阎宝航说："一则不懂新生活运动为何物，二则在北方还担负抗日的一部分领导工作。"邓答应有机会进一言，但无结果。

第二天，阎宝航得到通知，蒋先生再次请他一晤。他被领到南昌理公会江西布道会西式楼房蒋的寓所，接待他的不但有蒋介石，还有宋美龄。

宋美龄热情地询问阎宝航近况之后，便问道："作为基步督教青年会的总干事，阎先生在奉天是赫赫有名的人物，久闻大名，今日得见，果然名不虚传！"

阎宝航说："夫人过奖了。本人只是按基督教教义做一点事情，也未见得做得那么好。"

宋美龄说："我和阎先生是教友呢，不知先生《圣经》曾读过几遍？"

阎宝航笑道："草草浏览，谈不到几遍。"

宋美龄说："茫茫四海人无数，哪一个是新生活运动总管？非先生莫属了！阎先生认识余日章先生吗？"

阎宝航回答："当然，余先生是中华基督教青年会全国协会总干事。"宋美龄说："余博士是我和蒋先生的证婚人，是他向我们推荐阎先生担任这一职务的，请先生不必推辞了！"

蒋介石说："新生活运动是社会运动，是为抗日做准备。熊式辉、杨永泰已在此组织了一个新生活运动总会筹备委员会，你可径去上任。改日我要告诉张汉卿，请他忍痛割爱吧！"

阎宝航婉辞不就，蒋介石与宋美龄再次敦促阎就任。阎宝航回到寓所，吟思良久，仍不愿就职。便起草一份给张学良的电报，内称阎宝航不擅官场，新生活运动一职奈难接受委任。张学良立即复电："万勿推辞"[①]并电谢蒋公及其夫人。按说，蒋氏夫妇请他到国民政府去做官，这是一个极好的晋升的机会。阎宝航却一再推辞。事后，阎宝航曾到武汉和张学良交谈时谈到了这个问题。张学良说：我们东北人在南京居高位的不多，玉衡兄应趁机会为东北人做点事情。蒋的力量大，我们回东北还要靠蒋的援助。蒋夫人又出面邀请，为什么不干呢？要接受这个职务，广泛接触蒋方人物，以便更好地沟通双方的关系。[②]

就这样，阎宝航不得不接受了这个职务。

谈起去南昌就职这件事，阎宝航仍有遗憾之处。他说：

当我由南昌返回北平，向我一向亲密合作的爱国青年同志们告别，就任新生活运动总会书记时，他们一致表示反对。张希尧同志最为热情，由于深深惜别，甚至哭出来。我和他们郑重表示，今后仍然坚持不渝进行抗日工作，并决定由张希尧同志担任总的交通联络。我将利用和蒋匪帮共处的机会，作

① 阎宝航：《四维学会和张学良》，方正等编：《张学良和东北军》，中国文史出版社1986年出版，第257页。

② 阎明光、阎晚复：《西安事变前后的张学良与父亲阎宝航》，《炎黄春秋》，2006年第12期。

支援和掩护的工作。在北京(平)停留一个月后，于1934年7月间去南昌。

阎宝航就任新生活运动促进总会书记时，南昌有个由熊式辉、杨永泰组织的一个筹备会，同时邀请邓述堃作为宗教界代表参加。看来，蒋介石搞的这个新生活运动，不仅利用中国传统封建道德作为幌子，还把宗教界人士拉进来加强它的影响力。阎宝航刚刚上任那几天，宋美龄多方授意，告之筹备进行事宜：即先以南昌为试验点，然后推及全国。接着，宋美龄邀请美国传教士长孙威廉在她的寓所举行茶话会，同时邀集南昌各基督教会中西传道士领袖及附属各教会学校、区院等团体代表30余人参加。会上，宋美龄首先讲话，大谈发起新生活运动的背景、政治意义。她说，这个运动之推行，关系到“国家兴替存亡之命运”。这个运动与基督教的关系，都是为“人类的幸福而服务”，“改造人们内心的恶念，成为自新再造的新人”，“中国新生活运动之目的，在目前国难当头，就是要通过一切宣传教育的方法，使全国民众内心改造，焕然一新，成为一个新国民，适合于现代的新潮流，与基督教救人救世的目标相一致”。宋美龄把这个运动与基督教义结合起来，希望基督教会对新生活运动予以协助，大力推广。

阎宝航就职后，把发动当地基督教会为推行新生活运动开展广泛宣传活动作为筹备工作的一部分。作为一种筹备活动，阎宝航上任伊始，参加和组织做了一些事。但实际说来，他对蒋介石提倡的新生活运动这一套的内容、理论尚不清楚。为此，他在筹备阶段，一边做事，一边学习，以便深刻地了解它。

从1934年2月至7月，从新生活运动开始到新生活运动促进总会成立这一时期，“是新生活运动创始时期。这一时期主要是创立新生活运动的理论，制定各种章则、条例、公约、方案等，并由蒋介石亲自出面，大造舆论。在新生活运动开始后的短短四个月内，蒋介石亲自召开多次会议，连续作了六次关于新生活运动演说，还发表了文章和手谕，并颁布了《新生活运动纲要》、《新生活运动须知》《新生活运动公约》《生活三化运动的目的》《新生活运动歌》等文件。这些演说和文件，对新生活运动的目的、内容和方法作了详尽的说明，形成为新生活运动一整套理论、方针和方法”。

就其内容来说，新生活运动以“礼义廉耻”为基本准则，以改造国民全部日常生活的“衣、食、住、行”为实行起点，以军事化为最后要求。在新生活运动中，蒋介石特别提倡“礼”。他在《新生活运动的中心准则》中说，“新生活的中心准则，为礼义廉耻”，而“礼义廉耻是以礼为首要”，“礼为四维六艺之首”。他还把“礼”同资本主义国家的文明礼貌结合起来，对人们的日常行为做了具体规定，如纽扣要扣好，不打赤膊、不随地吐痰小便，走路靠右，胸部挺起，吃饭要规矩，座位要端正，集会入室冠帽即脱，公共场所遵守纪律，就位退席，闻党国歌肃然起立等等。根据蒋介石解释的“礼义廉耻”的精神，按照“整齐、清洁、简单、朴素、迅速、确实”六项标准，达到整齐划一的程度，即军事化。同时，新生活运动还提倡禁烟、禁赌、禁娼等。

阎宝航认为，就社会改革来说，这其中不乏好事。但他也十分清楚，新生活运动的根本目的就是要民众不准反抗，服从领袖。他认为，政党一味高喊服从领袖是不行的，要从范畴更大的整个民族文化前途着眼，提出反对什么和要求什么，建立起一个巨大的文化思潮才能起作用。但在他看来，新生活运动是不可能做到这一点的。他知道，有关阐发新生活运动的理论不少，但读出点味道的不多。他曾比较注重阅读以黄埔系和复兴社政治理论和指导者自居的贺衷寒对新生活运动的阐发和注疏。他标榜的理论并不像那些口号式的理论，而总是咬文嚼字，力求说出自以为深奥的道理来。贺衷寒的《新生活运动的意义》一文，他读了几遍，可惜怎么也没有读出滋味来。所以，他在推行新生活运动时，不仅针砭时弊，还竭力插进抗日的内容，这是阎宝航同蒋介石根本不同的地方。他曾经对“礼义廉耻”做过自己的解释。他把“礼义廉耻”解释为“我们的耻莫大于国耻”，他说倘若通过新生活运动，人人以湔雪国耻为己任，“民族复兴，也就指日可待了”。

此后，阎宝航借用这个“耻”字，加以发挥，以“明耻教战”为题，作过关于抗日救国誓雪国耻的讲演。阎宝航还以共产党领导下的苏联的社会进步来激励民众，在国民党奉行反苏反共政策的情势下，阎宝航能说出这样的话，也是不容易的。

1934年7月1日，南昌新生活运动促进会秉承会长蒋介石之命，依据新生活运动纲要，改组为新生活运动促进总会（以下称新运总会），总会辖各省市新生活促进事宜。蒋介石自任总会长，宋美龄为指导长，并聘张学良、杨永泰、熊式辉、何应钦、黄郛、邵元冲、吴铁城、陈果夫、阎锡山、陈公博、朱家骅、石瑛、褚民谊、袁良、沈鸿烈、刘镇华、于学忠、何成浚、张群、陈仪、刘峙、韩复榘、何健、邵力子、宋哲元、徐永昌、龙云、刘湘、朱绍良、马鸿逵、傅作义、王家烈等为指导员。阎宝航任书记。新运总会下设总务组，组长黄仁霖，组员殷新甫、肖怀古、朱剑锋、彭雪村；推行组：包惠僧，后为李毓九、阎宝航；还设有宣传组与学校组：杜庭修、刘行骅、章楚、滕雪和、关吉罡、高维升、姜雨荣、孙绍刚、钟荣苍、欧阳言官、欧阳炯、余兆麟、宋振玉等。1937年春，阎宝航由总会书记改任总干事。

自蒋介石于1934年2月发起新生活运动后，各省市也依葫芦画瓢相继成立分会。各地组织新生活运动的办法与理论亦各不相同，与蒋介石主张的大相径庭。蒋介石这才开始着手颁布《新生活运动纲要》附《新生活须知》等，以为规范，颁布全国。

这时候，阎宝航对新生活运动的情况、内容、理论已有了全面了解。“新生活运动虽是一种‘复古’运动，但由于提倡生活生产化与生活军事化，在阎氏个人的理解上，这是一种发动民间的抗战准备工作。他曾经多年担任发动民间的抗战准备工作。他曾经多年担任沈阳青年总干事，新生活运动这种社会性的工作，自然很吻合其兴趣，因而，他做得很卖气力，也很有声色，蒋主席相当器重他就是在这个时候，阎也常常受蒋主席的召见，询问有关新运工作诸问题。”

阎宝航开始从不愿就职于新生活运动工作，到后来干得有声有色，这是一个很大的变化。有人说，阎宝航所以肯干，是由于蒋氏夫妇对他的器重使然。阎宝航被蒋介石在任用担当新生活运动促进总会书记一职，是以国民政府军事委员会委员长行营参议的身份兼任的。至于宋夫人同阎宝航同是教友，使这种关系更增加一层神秘的特殊色彩。阎宝航后来举家搬到南京大禹村一号，住所同宋美龄私邸很近，两人不但时常在一起参加会议和各种社会活动，还不时同坐一辆汽车出出进进，宋美龄对阎宝航确是十分的亲近。阎宝航所乘坐的“福特”牌小汽车就是宋美龄送给他的。他奔走在全国各地，报纸也经常刊登他行止的消息。然而，这些都是些表面的现象。阎宝航说，我从1934年到1937年夏，三年间作为书记，当然要宣传推行新生活的一套办法。在其位，谋其政，这也是一般的常识。但是，要说他干得很有声色，也有些勉强。阎宝航自己说，新生活运动就是鸡毛蒜皮，无事“磨牙”，无病呻吟。说的一些话，自己都不爱听。阎宝航做了三年新运总会书记，做了大量的演讲，讲了不少话。他讲了一些什么话呢？这里随便抄取一段即可明了。

在过去一年间所有的新运工作，正如领袖所批评的，一切工作都不免不踏实。只有四处看到新运的标语，而很难看到新运的实效。四处都可以看见新运的机关团体，却很少看到有多数的国民确实受了新生活运动的效果。这种种的弊病确实是全国的普遍现象，虽然大多数的国民不能在短期内接受到种种的训练，但是我们不客气的说，我们推行干部之不健全，确实是一个主要原因。

新运总会书记这个职务，属于国民党上层，再加上他既是张副司令的挚友，又是蒋总司令及其夫人眼前的红人，就连中统、军统头目戴笠、徐恩曾、贺衷寒等对他也都要另眼相看。阎宝航在南京的家大禹村一号，是一个大院套，设有两道大门，房屋宽敞。宋美龄也曾光顾过他的家，更使人感到得门庭显赫。这一时期，阎宝航广泛地开展社交活动，结识了许多国民党上层

阎宝航（前排左五）与新运总会职员合影

人士。在家里，阎宝航把夫人动员起来，按照基督教徒办法，读《圣经》，作祷告。在一些人看来，阎宝航是一个虔诚的基督徒。然而他在社交活动中，显得温文尔雅，落落大方，完全一副绅士的风度。为了社交的需要，夫人高素桐经常出面参加一些社会活动，使这位农家出身的妇女，长了不少的见识，对阎宝航帮助不小。阎明诗回忆说：

父亲由于工作需要，经常参加一些上层的社交活动。一次母亲也一同前往。母亲的庄重大方，温文尔雅和热忱，帮助父亲结交了许多朋友。有一次，各界人士谒拜中山陵，上台阶时，母亲的一只高跟鞋跟突然断裂下来，她镇静地弯身把鞋跟拾起来，照常走路应付场面，竟然没有被发现。事后，父母常引为趣事笑谈。

实际上，蒋介石对阎宝航并不客气，有时甚至吹毛求疵。据胡虑回忆，当时有两件事蒋主席对阎宝航的印象逐渐坏起来，他说：

第一件是：廿五年[①]春，新运总会从南昌迁移到南京，起初没有办公地点，就在南京第一公园内一家茶馆里临时借几间房子，一切当然很紊乱。蒋主席那时在京常喜欢突然去视察一些机关的。有一个星期天，带着侍从驱车到了新运总会，进去一看：行李、家具，堆得一团糟，蒋主席的印象当然坏极了！本来新生活运动是标榜“以身作则”的，而且天天在推行“规矩”“清洁”运动，现在总会本身尚且一塌糊涂，还能向别人推行吗？因此，阎宝航第一次受到蒋主席的口头责备。这在阎自身则有苦说不出，刚刚迁移，房子未弄好，宿舍的责任应该事务员负责。然而，他是很尊敬蒋主席的，背后他曾当着同人表示要诚意接受蒋主席的责备，从此要小心、谨慎，努力工作。[②]

第二件事是：虽然与新运工作没有多大关系，但从中可知蒋介石对阎宝航如何的看法，胡虑说道：

第二件事是西安事变时候，恰恰阎宝航从西安回京不到半月光景，有些人从张阎原关系上推断：他至少知道或参与了事变的预谋。更凑巧的是，事

① 即1936年。
② 胡虑：《蒋介石与阎宝航》，《人物》1947年，第2卷，343页。

变的第二日，阎又因事到上海去了，怀疑他的人，越发振振有词，简直把他看作重大嫌疑犯，并且由宪警机关逮捕阎的一位家人，形势闹得很严重。阎在上海听到了这消息，觉得问心无愧，又从上海赶回南京，事实虽然证明他的确不知此事的内幕，但当时却百口难辨，他只好在宪警“保护”之下躲在家里，一步不离，直到蒋主席的脱险归来。自此之后，蒋主席中的某一部分人，始终以怀疑的眼光看阎氏，这就使阎在蒋主席面前的关系更加隔膜起来了！

实际上，新生活运动是干不出什么名堂来的。在新生活运动着力宣传、推广了几年后，宋庆龄对此也持否定态度。她在《儒教与现代中国》一书写道：新生活运动“是带了儒教气味的”，“在新生活运动中找不到任何新东西，它也没有给人民任何东西”。

事实上，阎宝航从一开始就没有想过，也不知道在新生活运动中怎样才能干出名堂来。他想的更多的还是东北救亡事业，还是“打回老家去”。关于这一点，胡虑在谈到阎宝航与蒋介石的关系时说道：

这里，最重大的原因，恐怕还是由于阎和沈钧儒、邹韬奋、杜重远、李公朴诸氏的关系太密切，仿佛他还是当时上海救国会重要的一员，这在政府方面的人看来，阎宝航简直是“叛逆”。而阎氏自己则因为多年身受“家破国亡”的痛苦，一切努力的中心目标是“抗日救国”，“打回老家去”，对于本身的利害关系，自然也就顾不到那么多了！

当初，蒋介石和宋美龄拉拢阎宝航出任新运总会书记时就曾许诺，新生活运动是社会运动，是为抗日做准备，表示要对阎当时所做的抗日工作以援助。阎宝航到南昌来做官，而他的心还在救亡图存上。在任新运总会书记期间，阎宝航通过张希尧仍与东北人民的抗日活动保持联系，并做了大量的支援工作，他经常“在适当时机尽力鼓励抗日同志的志气和热情”。他刚刚到南昌就任时，专门把以前和他共同工作的爱国进步青年带到新运总会来（这二人都是中共党员），以便开展救亡工作。

阎宝航从不忘抗日救亡，常常利用工作之便对青年进行救亡教育。1935年秋，因《晨报》停刊，总编辑陈彬龢安排翟梅林到上海找阎宝航。阎宝航便把翟安排到新运总会主办的招商轮船茶房新生活训练班工作。据翟梅林回忆，该训练班由宋醒池任主任。根据训练班进行军事训练需要，阎宝航请宋崇九等合编了一本《国民军事常识》，由上海商务印书馆出版。训练班学员都是原公司船上在业茶房，抽调出来集中训练，一期两个月，共办三四期。每天有两小时军训，余下四个小时上课，有新生活须知、卫生、语文、算术、常识等课。阎宝航曾请章乃器、李公朴两先生到训练班讲演。他们都深入浅出的把日寇侵略中国东北，中国人要自强，保卫国土的道理说得通俗易懂，入情入理。阎宝航也在训练班上授课，在讲解“礼、义、廉、耻”时，把原释文中“衣食足则知荣辱，仓廪实则知礼义”的话反问同学，讲演深入浅出，深深引起同学们思考。训练内容结束前，阎宝航对训练班同仁都一一作了安排，还提请轮船公司多发了两个月工资。

1937年1月，东北抗日联军第四军军长李延禄按中共指示，组成东北抗联代表团，秘密到达上海，要求会见蒋介石，为促进第二次国共合作做出努力。蒋介石推拖不见。为扩大东北抗联的影响，李延禄决定举行报告会进行宣传。但当时党的活动处在秘密状态，要举行报告会，除了化名掩护之外，还要找到恰当的场地和请来听报告演讲的各方人士。这一切，对刚刚到达上海，又要保守身份秘密的李延禄来说是难以做到的。上海地下党通过各种关系找到阎宝航，请其协助。阎宝航不但帮助他借用了会场，请到上海各方人士来听李延禄演讲报告，还亲自出面作会议主席。当李延禄在报告中提到东北抗战的形势时，CC派分子梅佛光当场加以阻挠。阎宝航则以主席身份加以驳斥，使报告会顺利进行，开得很成功。事后，曾有特务前来追究，

1935年阎宝航与妻子摄于南京

阎宝航一一化解了。

身为国民党大员，阎宝航往往利用自己的身份成为抗日爱国青年和共产党员的保护伞。

1935年，东北大学邹鲁风等二位学生作为东大代表赴南京请愿，二人到浦口一下火车即发现被特务跟踪。他们便直奔大禹村一号阎宝航家。阎知二人境遇危险，便将二人留宿家里，次日阎宝航亲自用汽车把他们送到火车站，使他们安全返回北平。

和阎宝航一直保持密切联系的共产党员张希尧在北平街头张贴标语时，被国民党北平市党部逮捕，同时被捕的还有宁匡烈、张雅轩、徐静远、戴福纯、王牺忱等7人。这消息被车向忱所知，他知道阎宝航刚刚从南京赴平，住在北新桥，便立即通知阎宝航，请他设法营救。这时宁匡烈的妻子王萍女扮男装也来到阎的住处，阎便同他们商议营救办法。随后，阎宝航便以新运总会书记名义，找到当时担任新运总会推行股股长邵华说："北平党部逮捕的那几个人，是我的东北老乡，他们一直跟我搞救亡工作。他们在北方的活动是按我的指示搞的，请你转告军统局副局长徐恩曾先生。"于是，得徐一言，张希尧等7位青年即获释出。事后，阎宝航致陈立夫谢函，陈遂复信云："彼等在吾兄领导之下，即在吾党领导之下，彼等今后的行止，一切应由吾兄负责处理。"

1935年11月，华北冀察政委会成立后，竟把一批抗日爱国青年列入黑名单送交日本驻天津司令部。阎宝航闻讯，愤慨万分，径去找复兴社贺衷寒交涉，闹得贺不知如何应付，把一切责任推诿于华北当局。阎宝航气极叫骂："华北当局是你们中央政府的一部分，竟把抗日爱国青年出卖给敌人，而你们中央政府不问不管，你们这是什么政府？"在他的尽力营救和保护之下，使不少爱国青年免遭罹难。

4.3 西安事变前穿针引线

在阎宝航、高崇民等人的穿针引线下，促成东北军、西北军和红军三方面的联合，建立西北抗日民族统一战线。1936年4月，张学良终于实现了同周恩来的延安会谈，确定了联合抗日的方针。

1933年5月，日本帝国主义迫使国民政府签订的《塘沽停战协定》，作为控制华北的第一步。日本政府向国民政府提出对华北的统治权的要求，并调关东军入关，进行武力威胁。6月初，国民政府军委会北平军分会代理委员长何应钦开始与日方秘密会商。6月27日，察哈尔政府代主席、民政厅长秦德纯与日本关东军特务机关长土肥原在北平签订“秦土协议”，日本关东军控制了察哈尔省。7月6日，何应钦致函日本华北驻屯军司令官梅津美治郎，表示接受日方要求，这就是“何梅协定”。至此，中国在河北、察哈尔两省的主权大部丧失。中华民族到了空前危机的严重关头。日本步步进逼，国民政府一再退让，引起全国各族人民的强烈不满，一致起来谴责国民党蒋介石对日采取妥协政策。

使阎宝航受最大震动的是东北军第五十一军于学忠部被逼出华北。阎宝航对张学良丢掉东北有看法，但张学良反对日军对华北的挑衅和进攻态度非常鲜明，这不但阎宝航清楚，东北军以至流关内的东北人都清楚。1930年9月，东北军入关调停，张学良组编两个军，第一军军长于学忠，第二军军长王树常。于被任命为平津卫戍司令，王树常任河北省主席。日军特务机关在天津收买汉奸组成便衣队骚扰滋事，每夜枪声四起，甚至占领警察分所，闹得天津市民叫苦不迭，人心惶惶。王树常则采取消极办法，穷于应付。张学良将于、王二人职务对调，由王树常任河北省政府主席，于学忠任平津卫戍司令，目的

于学忠

是让这位铁腕人物应付日本人可能发动的突然事件。张学良交待说：日本人如果不再滋事，就和平共处。万一日本人发动战争，动用武力压我屈服，你就不顾一切牺牲，抵住日军进攻，我必率全军集结增援！于学忠上任伊始，把所部两个团调进市内，改穿保安队服装，集中警戒。派武工队闯进日租界地，抓捕汉奸郝鹏归案，从此便衣队消声灭迹，天津情形大有改观。张学良亲口和阎宝航说过这件事，他心里也踏实了许多。保住平津，反攻东北才有希望。出卖华北，又不保平津，南京到底想干什么，这和投降有什么区别呢？在这种时候，他不能不想到张学良。他很想知道，把五十一军调出河北他是怎么想的。

张学良自1934年初任豫鄂皖剿匪副司令后，东北军有半数南调“剿匪”，半数东北军仍留在河北抗日前线。张学良亲口和阎宝航说，留在华北的东北军一兵一卒也不能动了。现在的情况发生了一百八十度大转弯，驻河北的东北军一兵一卒也没有了。阎宝航说，看来南京是铁定让我们东北人成为不归人了。

1935年7月，从上海传来又一个令阎宝航震惊的消息：杜重远因“新生事件”被逮捕入狱，“判刑一年零两个月”。对阎宝航来说，这好比雪上加霜。

1933年11月，邹韬奋主编的《生活》周刊因支持福建事变被国民党查封，邹韬奋流亡海外。杜重远则挺身而出，继邹韬奋的《新生》周刊之后，于1934年2月创办抗日刊物《新生》周刊，十分的畅销。1935年5月，《新生》周刊发表一篇《闲话皇帝》短文，文中泛论中外君主制度时，提到日本天皇。说日本天皇是一个生物学家，因世袭的关系，他不得不做。日本一切事虽奉天皇之命而行，实质上他做不得主。于是被日本人攻击说《新生》周刊侮辱天皇。驻上海日本领事亲自出面，以妨碍邦交，侮辱天皇为由，向上海市政府和南京政府提出抗议。国民党当局惊慌失措，训令上海市政府向日本帝国主义道歉，撤换了上海市公安局长，判处杜重远一年零两个月徒刑，关进江苏第二监狱，后移到沪西漕河泾监狱。

新生事件在审理期间，阎宝航一直注视着案件的进展情况。7月7日，国民党中央和国民政府发表声明称：“此次新生事件，确有不敬之处，殊属妨害邦交，以使国民务须尊重（日本）皇家之尊严，严禁同类之事，违者严惩不贷。”阎宝航每想起这个声明，便有一种说不出的愤恨酸楚的感觉。一个失去家乡故土的人，说几句有关日本天皇的话，却受到本国当局的镇压，这到底是谁的政府呢？气愤之下，他曾串联东北军几位高级军官准备联名上书蒋介石具保杜重远，后考虑到这样做会引起蒋介石对东北军的警觉而作罢。

蒋介石竭尽全力企图把红军围堵于江西，但红军历经千难万险，突破重围，开始长征。1935年初，挺进到陕南的红二十五军，建立了鄂豫陕根据地。随后又挺进陕甘与红军二十六、二十七会合，组成了红十五军团。蒋介石急调大军到西北围追堵截。一面命嫡系部队尾追，一面调东北军转入西北，梦想一举歼灭红军于陕甘地区。4月，武昌行营令东北军六十七军开赴陕南。1935年8月上旬，中国工农红军第一、四方面军在毛儿盖会师后，组成左、右路军继续北上以创造川陕甘根据地。张学良命令东北军第六十七军严堵陕甘根据地的红十五军团向西南转进。结果，六十七军在劳山一带遭到红十五军团袭击，一一〇师几乎被全歼，师长何立中阵亡。

东北军剿共损兵折将，在关内东北人中引起强烈震动。阎宝航和流亡关内的东北人一样，把东北军看作是复土还乡的资本，把复土还乡的希望放到东北军身上。他们希望能经常听到有关东北军的好消息，东北军的每个好消息都使他们受到鼓舞。阎宝航说过，对东北军的这种感情，只有我们这些沦落之人才会有的。但是自从东北军六十七军王以哲部、第一一五师何柱国部南下执行剿匪任务后，东北军打过胜仗，也吃过大亏。师长何柱国就曾向他透露过：红军是不好“剿”的。“剿”的结果如何，难以预料。何柱国说，第一，东北军是北兵南调，水土不服，语言不通，民众歧视，官兵思想动荡，情绪不安。第二，红军是游击战，来无影去无踪，我穷于应付，有时一个营，一个连，一个排的被吃掉。第三，红军的俘虏政策最能瓦解我军。抓去的官兵，又给放回来，士气无形中被瓦解。第四，红军不扰民，受百姓欢迎，我军所到之处，涸辙之鲋，人地两生，百姓相继逃避，我军找不到向导，动弹不得，只有被动挨打。阎宝航听到这些话，心里真不是滋味。东北军是被日本帝国主义给逼出故土的，却到他乡打起共产党来。东北军对外战争对内战争都打过，“然则剿灭‘赤匪’，则系初次”，越打越没劲，越打越没意义。在阎宝航看来，东北军现在打的仗，完全是一种内耗，是兄弟相残。共产党能剿得了么？他怀疑。对这一点，张学良也持怀疑态度。有一回，张学良和秘书张填修来南昌办事，曾向阎宝航透露过，何柱国师长和红军打仗总结的那四条，也曾和张学良报告过。当时，张副司令什么话也没说。何师长一走，他就把张秘书叫过来问道："你对共产党如何看法？"张秘书没敢回答。张学良便坦率地说："即使把红军主力击溃，共产主义恐怕也不可被消灭。"他说，"这问题也不妨研究研究。"阎宝航虽然初步接触过共产主义理论，并无深入地研究。但他从自己的切身经历中体会到共产党的反帝政策，特别是九一八后的反日政策，确实是很得人心的。1935年8月1日共产党发表的宣言（即《八一宣言》），号召各党派、各界同胞、各军队，捐弃前嫌，停止内战，集中国力，一致抗日。阎宝航极为赞成，果然能做到这一点，收复东北便指日可待了。但阎宝航对宣言中把张学良和蒋介石、阎锡山一样说成是"人面兽心的败类""卖国贼"有看法。他认为，要集中国力，一致抗日，不能把张学良排除在外！

从1935年下半年，中央红军即将入陕。蒋介石认为这是消灭红军千载难逢的大好时机。除东北军六十七军之外，从这个7月份开始，东北军第五十一军、骑兵第五十七军、第六十三军、第五十三军一〇五师等，由河北、湖北两省相继开进西北，准备一举消灭红军。

这年夏季，蒋介石为了消灭红军，开始酝酿成立西北"剿匪"总司令部，调东北军转进西北，任张学良为"剿总"副司令。消息传出，立即遭到东北老将重臣的反对，纷纷劝说张学良不可一误再误。阎宝航也曾想过加入这个劝说的行列。他知道张学良也不愿率大军进入西北。在于学忠五十一军被逼出华北之后，特别是红军突围至陕西后，他本想剿匪已告一段落，将部队留在湖北练兵，为抗日做准备。后来，觉得陕西红军不过数千人，大军入陕围剿，消灭红军指日可待，然后再做抗日准备也不迟。当阎宝航于9月中旬准备由南昌赴武汉时，听说张学良已率一彪人马赴西北上任去了，劝说张学良停止内战的想法也就放下了。

1935年9月下旬，阎宝航收到了高崇民的一封信，信中请他于10月初到上海，有要事相商。

10月6日，正在武汉的王化一乘江和轮在九江与阎宝航会合，9日上午，他们与王卓然同抵上海。恰好，这时刚刚结束访问欧美归来的卢广绩也抵达上海，与在上海的高崇民见了面。

自6月26日高崇民因反对复兴社分子贺衷寒神化蒋介石遭到通缉后，便一直隐居上海。此时，他的好友杜重远因“新生事件”已被判刑，关押在监狱中。他便经常到杜重远的关押地——漕河泾第二监狱探望他。杜重远便向他介绍一位小同乡宋介农（孙达生）①。高崇民与孙达生一见如故。在孙达生帮助下，高崇民开始研读马克思主列宁主义理论，思想觉悟提高很快，决心跟共产党走。他们在交谈中，高崇民把张学良不愿参加内战，苦于抗日无路的思想告诉了孙达生。“孙当即向中共江苏省委汇报了东北军的调动与张学良的思想动态。省委认为，统辖东北军的张学良符合当时党中央提出的停止内战，实行民主，坚持抗日三个条件下联合的对象，应争取与其联合，建立反蒋抗日统一战线。”省委指示孙达生做好杜重远、高崇民的工作，通过他们开展对张学良、东北军的工作。当张学良去西安就任西北“剿总”副司令之职时，孙达生则立即向上海党组织建议，“由他与崇民去西安，崇民做东北军上层统战工作，他

高崇民

孙达生

① 孙达生，中共地下党员。当时利用同乡关系，经常到狱中探望杜重远，给他讲解共产党的主张和抗日政策。

做东北军的下层兵运工作，互相配合。在取得党组织同意后，孙达生便向高崇民、杜重远提出了这个建议，立即得到他们的同意。杜因为身陷囹圄，不能亲去西北，认为只有崇民去才比较合适。同时，他们认为除了做张的工作外，还要做他周围人的工作。高崇民和杜重远决定召开一次核心会议。”于是，高崇民便给阎宝航等写了信，请其务于10月初抵达上海。

阎宝航和高崇民、王化一、王卓然、卢广绩等核心人物齐聚上海，便一起去监狱探望杜重远，并利用这个机会，共同讨论时局，研究办法。

这是一次核心会议。会上，阎宝航首先向大家透露了东北军一一〇师在甘泉县大小劳山被红军歼灭的消息。他说，这消息传到南昌，各方面人士为之震惊，蒋介石却无动于衷。大家认为，蒋介石“安内攘外”和不抵抗政策，断送了东北、华北，以维护四大家族小王朝。他命令东北军参加“剿共”，是他消灭共产党同时消灭东北军的一箭双雕政策。要收复东北失地，打回老家去，必须停止内战，保存实力，准备抗日，不应在内战中把东北军损失殆尽，否则复土还乡更无希望。应该设法说服张学良，利用东北军在西北之机，与杨虎城联络，停止内战，搞西北大联合，以西北为抗日根据地和国内各实力派联合起来。随即大家决定由阎宝航、高崇民起草给张学良的信。11日，经大家讨论通过。杜重远因与杨虎城和杜斌丞素有交往，便给他们写封信，请高崇民代交。此外，他还给东北军、西北军方面的许多熟人朋友写了信，交给了高崇民。最后，大家还讨论了高崇民的安全问题，认为他虽然被通缉，但在张学良身边，安全会有保障的。会后，阎宝航便回南京去了。

高崇民肩负重任准备出发时，又想到一个问题未能在这次会上充分讨论，那就是，我们只建议张学良转变思想，退出内战，那么下一步到底应怎么办，还有个出路问题没解决。他便把这个想法和杜重远讲了，二人商定，把阎宝航找回来再作商议。

阎宝航这次回南京，得到了一个令人难以置信的消息。

原来，1935年10月，即将回国的中国驻日大使蒋作宾与日本外相广田进行了一次长时间的会谈。广田提出了三点意见，即著名的广田“对华三原则”：一、中国政府不应挑拨一个大国反对另一个大国，中国要中止与欧洲和美国的关系，只与日本建立友好同盟。二、日本希望中国政府承认——如果不是在法律上，至少应在实际上承认满洲政府。三、应建立中国和日本之间密切合作关系，携手反对中国共产主义。不仅在北方，而且要在全国各地消灭共产党。阎宝航还得到消息，关于反共问题，行政院长外交部长汪精卫明确表示，中国愿意与日本讨论如何剿灭中国北部边境地区的共产党根据地问题。

当阎宝航再次来到上海把这一消息告知杜重远、高崇民时，大家越发感到问题的严重性。他们认为，虽然现在不知道蒋介石对三原则的态度，但可以肯定地说，蒋介石很可能要借助日本人的力量共同防共。在这个借口下，日本在中国各地驻军便合法化了，中国的主权必定丧失殆尽。因此，东北军的惟一出路是实现东北军、西北军和红军三方面的联合，建立西北抗日民族统一战线。于是，阎宝航与杜、高二人再次联名给张学良写一封建议书，大意是：不能对蒋抱幻想，不能继续与红军作战，消耗实力。现在，东北人民生活在水深火热之中，抗日运动有逐渐被镇压下去的趋势，不能再等待。东北军现集中西北，有利于整训军队，对外应联合苏联、外蒙，举起抗日旗帜，打回老家去，不宜迟疑不决。随后，高崇民便持信与孙达生相约北上前往西安。

继9月末10月初，在劳山战役中东北军一一〇师被红军全歼之后，10月25日，东北军一〇七师六一九团在榆林桥战役中被全歼。11月21日，在直罗镇战役中，红军又歼灭东北军一〇九师全部及一〇六师一个团。这消息更使阎宝航坐卧不宁，倍感痛楚。在这期间，阎宝航得知张学良往来南京，便以新生活运动书记名义在南京活动。他一方面很关心高崇民去西安做张学良工作的情况与效果，另一方面也想亲自见见张学良，同他当面谈谈东北军的当务之急。他为此做了一些准备。

阎宝航是了解张学良的。他是一个国难家仇集于一身的人，东北丢在他的手里，他也是认账的。问题是他现在受蒋介石的影响太深，束缚得也太紧。照这样下去，东北军非在内战中消耗殆尽不可。所以必须尽一切可能抓紧说服张学良。

这年11月12日，汪精卫遇刺，身负重伤，辞去了行政院长及外交部长职务。阎宝航注意到，南京方面盛传外长职务将由张群继任。蒋介石在南京会见了日本大使有吉，开始讨论广田三原则问题。在那些日子里，阎宝航把新运总会的活动范围扩大到南京国民党总部，他发动妇女委员会及各机关、学校、居民，大讲“新生活须知”，组织职员、学生，戴上袖章，检查行人，并在广播与报纸上大作宣传。他自己则深入到各重要机关，大讲新生活运动。他走到哪里，不仅哪里的机关职员要组织听讲，其机关要员也必须亲自出面陪同接待。阎宝航因此结识了不少上层人士，了解到许多消息。这年11月下旬，阎宝航来到行政院外交部演讲，新任外长张群热情地接待了他。利用这个机会，阎宝航在同张群的谈话中，得到了一个重要情况：蒋介石在同日本大使有吉讨论广田三原则问题时，向日本保证，为了重新调整中日关系，他将接受广田三原则。阎宝航当即表示，中央政府这样做，对不起东北民众，东北永无希望了！张群劝说道：“我认为，委员长在给我的信中这番话只是他个人的意见，不能代表中国政府的立场，这一点也请东北的同志放心！”[①]

1935年12月初，张学良到南京参加国民党五届一中全会时，阎宝航把他得到的关于广田三原则的消息透露给了张学良，并告诉他，蒋介石曾为此给张群写过一封信。

张学良对蒋介石接受广田三原则感到非常失望。他执行蒋介石的不抵抗政策，拥戴蒋介石为中国惟一领袖，参与“剿共”，目的是希望蒋能领导抗日，解放东北。现在，这种希望破灭了。他设法得到了蒋介石给张群的这封信。接着便去上海秘密会见了从苏联回国的东北抗日义勇军将领李杜，并请李替他秘密联络共产党的关系。同时探视了正在上海服刑的好友杜重远。返回西安后，便开始秘密与陕北红军联络。

事后，据说蒋介石知道了他写给张群的信已落在张学良手中，便向张学良索要这封信，张学良却托辞拒绝了。西安事变后，张学良被扣押，蒋介石曾在1942年命令于学忠在东北军中查找过这封信。

1936年3月上旬，李杜电告张学良称：你要找的“朋友”（共产党）找到了，张立即派高级参议赵毅去上海迎接。是月20日或稍后一点，赵把刘鼎（秘密党员）从上海接到西安。次日，赵把刘请到张公馆与张学良会面。

---

① 罗瑞卿、吕正操、王炳南：《西安事变与周恩来同志》，人民出版社1987年版，第6页。

1936年4月，周恩来和张学良秘密会晤的肤施（延安）天主教堂

为安全问题，刘在西安自己找好住处，并告诉赵，如有事找他，可以告诉与他同来的马海德。在此期间，张学良并向刘鼎提出了加入中国共产党的问题。[①]

1935年12月，中共中央在陕北瓦窑堡召开政治局会议，会议明确地提出了建立广泛的抗日民族统一战线。在会议前后，毛泽东、周恩来通过信件的方式与张学良建立了联系。1936年2月，中共派李克农与东北军六十七军军长王以哲达成互不侵犯协定。3月初，张学良飞抵洛川，与李克农就联合抗日问题交换意见。4月9日，张学良终于实现了同周恩来在延安的会谈，确定了联合抗日的方针。

1936年11月初，西安事变前一个月，阎宝航以视察新生活运动名义到达西安。在这里，他首先会见了高崇民。他从高崇民那里了解到许多张学良的情况和西北的政治形势。

高崇民于1935年11月到达西北之后，张学良甚为高兴，在金家巷楼上客厅单独会见了他。高崇民向他转达了核心组的意见，转交了他与阎宝航、杜重远三人写给他的建议书。张学良唤出赵一荻小姐，与他共进午餐，并把他留在西安。在这里，高崇民广泛接触东北军的中高级军官，进行抗日宣传。在西安，高崇民通过各种关系，与西北军的爱国将领杨虎城建立了良好的

① 郭俊胜：《张学良史事笺证》，辽宁人民出版社2010年4月版，第100页。

关系。1936年2月，高崇民因与栗又文、孙达生合编秘密刊物《活路》，宣传联共抗日而被当局第二次通缉。在张学良的保护下，高崇民去天津躲避。1936年10月，按张学良安排，高崇民潜返西安，住在杨虎城将军军需处长王惟之一座封闭的大院中。张学良、杨虎城经常在夜间来此与高崇民面谈。经常来这里与他交谈的还有东北方面的王化一、卢广绩、王以哲、陈先舟等。阎宝航认为高崇民西行不辱使命，很是高兴。

11月14日，张学良把阎宝航接到金家巷公馆。同时来到这里的还有卢广绩、黎天才、王卓然、王化一等。张学良与阎宝航等从上午十时到下午四时，作了一次长时间的谈话。张学良明确而坚决地表示了不再参加内战和实行联共抗日的决心，并进而谈到如何调整人事、掌握舆论等具体问题。但他表示还要以至诚去“感动”蒋介石，以实现其主张。张学良在结束谈话时，还要大家去和高崇民谈谈。事实上，阎宝航等人和高崇民在前一天晚上，已经在杨虎城的军需处长家做过长谈，大家一致认为除停止内战、联共联苏、实行抗日外，别无出路。“此时距西安事变只有一个月左右，山雨欲来，箭在弦上，东北人民、东北军将领和张学良一起要求停止内战，实行抗日的最大决心，已经是无法遏止了。”①

1936年12月12日，张学良、杨虎城将军在西安扣押蒋介石，迫其抗日，闻名中外的西安事变爆发了。

① 阎宝航：《流亡关内东北民众的抗日复土斗争》，《文史资料选辑》第6辑，第105页。

4.4 痴心救汉卿

南京有些人从阎宝航与张学良的关系上推断，他可能参与了张学良发动事变的预谋。西安事变爆发的第二天，阎宝航又因事去上海。南京方面就越发怀疑他了。于是，派宪兵首先逮捕了他的一位家人。并派警察、密探把阎家监视、控制起来。

阎宝航在上海听到了西安事变的消息，觉得事发突然，为尽快获得事变详情，他立即返回南京。这时，大禹村1号被警宪严密地“保护”起来了，表面上他对此不以为然，心里却一直为张学良担心。他不知道事态将如何发展。

西安事变牵动着阎宝航的心。由于何应钦对来自西安消息严加控制，使外界对西安事变的真相无从了解。张、杨抗日民主的政治纲领更是鲜为人知。南京的宣传机构不惜捏造谣言，张学良在世人的眼里变成了一个具有乃父遗风的绑票土匪。何应钦乘机扬言委员长已被杀害，力主下令讨伐。何应钦派数十架飞机飞临西安上空侦察示威，准备进行轰炸。何应钦举行白衣誓师仪式，声言讨伐西安。起初，阎宝航确实搞不清西安到底发生了什么事，以及西安事变后的进展情况。但是，他经过冷静地分析，认为张学良发动事变，目的一定是为逼蒋抗日。他坚信张学良决不会鲁莽从事，把蒋介石杀掉。他还因此有几种设想：蒋介石答应抗战，回到南京；蒋介石不答应抗战，继续被扣在西安；事出意外，蒋介石死了，南京与西安开仗，中国开始新一轮的内战……

那几天，阎宝航大有度日如年的感觉。他注意到，国内外舆论除了广西等几个地方实力派以外，大多对张、杨采取规劝、谴责以至警告的态度。他们几乎一致是要求释放蒋介石，消弭内乱，和平解决西安事变。全国各家报纸甚至联合发表一篇措辞强硬的文章，呼吁各界无条件地支持政府的立场。这种几乎是一边倒的形势，给阎宝航很大的压力。

西安事变爆发后，蒋介石经过张、杨的多次恳切进谏和中共代表周恩来的调停，以及宋子文等的多方奔走，被迫接受了张、杨提出的八项主张，作了不签字的“人格保证”。25日下午，他在西安机场乘机起飞前，又向杨虎城许下了“停止内战，集中国内一致对外”等六项承诺。

没过多久，阎宝航便得到消息说，张学良亲自陪蒋介石回到南京。这是他没有想到的。12月26日，他接到通知，蒋委员长将抵南京。阎宝航率新运总会全体人员到明故宫机场欢迎。随后，他便听张学良也已到达南京，行止不详。他似乎已觉察出其中的不祥之兆。

他后来得知张学良是和戴笠同乘另一架空军飞机在另一机场降落的，随后便被软禁起来了。阎宝航谈起这件事这样说道：

张学良由于个人英雄主义和政治上的幼稚，在西安事变释放蒋匪时，不顾我党和东北、西北将领之劝阻，陪送蒋匪回京，他这一盲昧无知的行动，当时引起我莫大的焦虑，不知将何以善其后。①

12月28日，阎宝航接到戴笠的通知，宋子文请他到南京近郊北极阁公馆一谈。刚刚到达南京的张学良就软禁在这里。这一天，阎宝航见到了张学良。从这天起，他就开始漫长的营救张学良的行动。阎宝航后来专门就张学良送蒋介石回南京以后，开展的营救行动写过回忆文章，写得较为详细。阎宝航在接到宋子文通知后，怀着对张学良的生命安全的焦虑心情，立刻前往。他回忆说道：

到达时，宋子文已在大客厅相候，见面就说：“我与蒋夫人和张副司令已经商量好请你去西安一趟，告诉东北军、西北军将领，张副司令几天内就回去。副司令有一封信带给杨虎城先生，让他把那批马丁飞机放回来，抗战时还需要这批家伙，不要损坏啦。”又说：“我已从上海包妥一架专机，明天你就动身。”这个似从天外飞来的任务，使我当时惊讶而又欣喜，我表示接受后说：“我可以和张副司令见面谈谈吧？”“是的，副司令就在小客厅等着你呢。”宋子文边答应边带路。我转进小会客厅时，张学良已在候我，大事当前，无暇寒暄。当我提及宋子文叫我去西安一事，他说：“我们商量过了，你去一趟吧，我这里有封信你带给杨虎城先生，把飞机给他们放回来。”我问道：“宋子文让我告诉东北军、西北军将领你几天内就回去，你对这有什么把握吗？”沉默一会儿，他说：“我这次举动是为了国家，也为了领袖，

① 《阎宝航自传》，未刊稿，原件现存中共中央组织部档案室。

他们对待我怎样我不在乎。”我也沉默了。但是到底有什么把握呢？我沉默地注视他，期待着他的答复，张以手指向西北轻声说：“他们不让我回去，那边能答应吗？”我领会了。我说：“好罢，我去一趟吧。”张说：“你走以前，还要去和蒋夫人谈谈。”“是的，我就去。”我边辞去边答应着。

西安西关机场扣留的新式马丁战斗机

阎宝航见到宋美龄时，她很客气，说了叮嘱的话，也作了保证，她说：“阎先生，你辛苦一趟吧，这回事险些闹出大乱子来，子文和我也跟着吃了苦头，告诉东北、西北军将领，副司令几天就回去，大家要安心，不要再闹出什么问题来。”又说：“见着杨虎城先生，说我问候他的老母亲，在西安时没得机会去看望她。”阎宝航答应一切照办，并问：“你和宋子文都说张副司令几天就回去，可有什么保证吗？”宋美龄宣誓似地表示：“我们牺牲一切也要做到。”阎宝航得到了她的保证，便说：“好了，那我就这样对东北、西北军将领传达罢。”阎宝航随即告辞。

次日晨，阎宝航乘车来到明故宫机场，新运总会成员前来送行。这时，空军司令毛邦初偕同派去西安接收飞机的两个军人来到机场，和阎宝航相互介绍之后，便登机离去。

阎宝航当日飞抵西安后，立往新城[①]。东北军、西北军将领无论新知旧交，大家相见甚欢。当阎宝航说，在蒋被扣时，何应钦曾阴谋企图将蒋杀死或用飞机炸死的事实。接着，他便传达了张副司令几天内就回来的消息，大家都喜出望外，欢欣鼓舞。关于放飞机等问题，杨虎城看过张学良的信后表示：“这没问题，飞机给他们放回去。”

① 西北军司令部所在地。

軍委會高等軍法會審
判處張學良徒刑十
并褫奪公權五年即呈國府核
軍事委員會高等軍法會審判決書
判決
被告張學良
主文
事實

1937年元旦《中央日报》的报道

时值1937年元旦，心情稍事轻松的阎宝航参加了西安举行的阅兵典礼。他和西安军民的心情一样，庆祝新年，欢腾鼓舞，准备迎接张副司令回西安。然而，刚刚从南京飞来的鲍文樾，气急败坏地带来一个坏消息：张副司令已受军法审判，并已从宋子文公馆迁往别处，任何人不准接见。阎宝航大惊失色，东北军、西安北将领们感到愤慨莫名。当场一致表示，必须要求南京履行“诺言”，放回张学良将军。东北军、西北军将领当即联名分函宋子文、宋美龄、孔祥熙、何应钦、戴笠、张继等，交阎宝航带回。

动身返回南京之前，刘多荃师长[1]邀阎宝航吃饭。刘铭九、应德田等在座，中共代表团周恩来也被邀参加。这是阎宝航第一次见到周恩来。[2]大家在一起密商了如何恢复张副司令自由的问题。阎宝航郑重地复述了张学良所说“他们不要我回去，那边能答应吗！”这句话，强调：“要争取张副司令回来，主要在于你们坚持团结到底！”阎宝航诚恳地对周恩来说：“我们东北人在政治斗争上缺乏经验，希望多予指导帮助。”“东北人在政治斗争上缺乏经验”，这是阎宝航从事抗日救亡运动数年来的经验谈，也是肺腑之言。他认为，张学良在政治上的幼稚，会导致他失去自由，造成东北军群龙无首，抗日力量将受到巨大损失，整个西北将出现不堪设想的结局。

“政治上的幼稚”当然也是阎宝航的一种自责。西安之行，他一直有上当受骗的感觉。假如说，此次去西安，他再老成持重一些，或者他在政治上成熟一些，把放回飞机等事情放在张学良回西北后再处理，也许不会是这样的

① 曾任张学良卫队长，与阎宝航很熟。

② 阎明光、阎明复：《西安事变前后的张学良与父亲阎宝航》，《炎黄春秋》，2006年第12期。

被扣留的南京军政大员之一部。右起：蒋作宾、陈诚、陈调元、陈继承、朱绍良、陈继承夫人、蒋鼎文、万耀煌夫人、卫立煌、万耀煌、龚道明

结局。关于这一点，应德田认为：

蒋介石头一步就要张学良将军签署电报叫西安放回陈诚等四人，接着又派阎宝航来西安追索五十架战斗机。他的目的是极其明显的，这是投石问路，试探性的措施，意在摸清西安的态度，只有落实了第一步，才能迈第二步。他想到陈诚等是他的重要将领，并且，要想压迫西安，就一定得摆出军事威胁的形势，这就必须有他的最得力的军事大员陈诚、卫立煌、蒋鼎文等做打手，去统率。另外，如果丧失了这么多的重要大员，毫无疑问地必将动摇他在南京政府中的统治；同样，五十架战斗机在当时也是一支不可忽视的空中威慑力量。如此雄厚的军政实力被扣在西安作为“人质”，无可否认地有利西安，加强了西安的发言权和主动地位。假如西安方面在营救一事上采取强硬态度，张学良将军如不回来，就不放蒋介石的一人一机走，这对蒋介石来说，就等于把自己压在必输的赌注上，花费的代价和遭受的损失太大了。为挽回他这一大批最得力的打手和军政支柱，挽回这一大批强有力的空中

阵容，蒋也就无法坚持扣张了。[①]

1月3日，阎宝航乘鲍文樾专机飞往南京。杨虎城按照何应钦的要求，派其驻京办事处处长李志刚随其同去南京。4日，阎宝航抵达南京，下榻中央饭店。此时，张学良的亲密幕僚王卓然、王化一、关吉玉等也在这里，遂共同紧急商量营救张学良的问题。最后决定王化一、吴瀚涛同戴笠联系，莫德惠、刘哲向何应钦联系，阎宝航、王卓然向宋子文联系，并分头行动。

时宋子文、宋美龄、孔祥熙、戴笠等已去上海，只有何应钦、张继在京。阎宝航与李达刚商定先去见何应钦。何问道："西安情形怎样？"阎答："很平静。"何应钦却说："西安挂红旗了吧！"阎宝航知其不怀好意，加以否认，何便让阎宝航发表对西安事变善后处理意见。

阎宝航清楚地知道，西安事变后，何应钦曾一直想借"讨伐"张学良、杨虎城的名义，向西安方面动武，他们调动陕、甘、豫等地的中央军准备进攻西安，并打算派飞机轰炸，其目的是企图扩大事态，借张学良之手杀掉蒋介石。而西安事变的和平解决，使何应钦等人的阴谋破产了。现在，张学良被囚禁在南京，要使张学良安全返回西安，惟一的办法也只有停止内战，实现共同抗日。因此，阎宝航力主"和平解决，不可打仗"，否则就无法营救张学良。阎宝航严肃地说："这次西安事变，张副司令、杨虎城将军以及东北军、西北军将领是为了抗日，并不是为了争夺权利和地盘，而且他们和共产党结成三位一体，如果打仗，不论结局如何，总是抗日的损失。"何应钦愤然而起，说："非打不可！"阎答："还应加以考虑吧？"他说："这有什么考虑的？"接着大骂张学良，"他抗日，我不抗日，我们的抗日计划都被他破坏了。"阎宝航觉得，此人也许是想起了在取消救国会时，阎宝航与他据理力争的旧账，在这个气氛中寻求报复而已，不可理喻，随即辞出。

接着，阎宝航和李志刚去张继处。想不到，还没等他们说什么，张继就先开了腔："张学良劫持统帅，大逆不道，姑念他拥护中央不无功绩，国民政府将予特赦，交军事委员会管束。"张继给阎宝航传递了一个信息：张学良将军从此失去了自由，东北军失去了统帅。阎宝航敏锐地意识到，形势的发展变

---

① 应德田：《张学良和西安事变》，中华书局1980年版，第135—136页。

化提出了两个重要问题：一是必须和平解决西安事变的善后，以利于全国统一抗战的实现；二是如何保障张学良的生命安全，使其尽快恢复自由。从这个时候起，阎宝航便开始了营救张学良的行动。

事不宜迟。阎宝航首先想到要去上海与宋子文、宋美龄商谈。出发前，他曾对李志刚交待说，“我今晚乘车去上海找宋子文和宋美龄商谈，你在这儿把未交到的信设法交到。”这时，何应钦突然来电话，请李志刚去。阎宝航觉得自己的行踪不宜泄露，恐生阻碍，不应该对李志刚说出去上海的事情。但又一转念，不管怎样，由他去罢！

蒋介石回到南京后，不仅大禹村一号门前盯梢的警察撤了，跟踪阎宝航的“尾巴”也没了踪影。但阎宝航这次从西安回到南京，从何应钦处出来就已发现又有人跟踪他了。他便径直到达新运总会。这里的一批东北青年知道阎宝航回来了，都来看望他。又得知他要去上海，大家便共同商量阎去上海的办法，为了保密，连夫人高素桐也不知道阎宝航将赴上海。考虑到紧张的局势，为保证他的安全，大家决定将他护送到上海宋子文处。

阎宝航一见到宋子文，便愤慨地质问道：“事情变了，你们的保证落空了。东北军、西北军将领坚决要求非放回张学良副司令不可，你们有什么办法呢？”宋默然。接着，阎宝航把南京见到何应钦的经过和谈话讲给他听，明确表示了和平解决西安事变的善后问题，绝不可打仗的态度；必须保证张学良将军的生命安全等等。宋子文表示赞同阎宝航意见，他同时建议阎宝航去奉化和蒋先生谈谈。他操起电话和宋美龄通了电话，回头对阎说：“蒋夫人也同意你去奉化见委员长。”阎宝航说：“我一个人去能有什么用，你们对这件事负有道义上的责任，不应该推开不管。”宋子文说：“就请李石老（李石曾）陪你去好吧！”他即刻用电话邀来李石曾。李了解此行任务后表示同意，但他同时坚持要宋子文同去。宋不好再加推脱，三人立即驱车到虹桥飞机场，乘宋子文自用飞机飞向奉化。

蒋介石从西安返回南京后，委员长脱险的“号外”铺天盖地。南京、上海等地竟出现狂欢的场面。这并不单是对他个人的崇拜，而是受“抗日有望”的鼓舞。半陶醉半清醒的蒋介石请辞行政院长和军委会委员长职务。国民党中央慰留之，给假一个月，蒋遂到奉化来了。

此时，在飞机上的阎宝航深以张学良的生命为虑，曾向宋子文、李石曾提出："应该向蒋建议，把张副司令接到奉化，一则以安东北军、西北军将领之心，二则能借助于张副司令和平解决西安事变善后问题。"宋、李二人均表示同意他的建议。

到奉化后，三人吃过午饭，宋子文忽然向阎宝航道别："阎先生，你同李石老在这儿，我要回上海去，有必要时我再来。"说罢告辞。

既然来了，未见到蒋介石怎么就回去了呢？阎宝航感到十分诧异。李石曾轻声地对他说道："让他回去罢，刚才蒋公馆来电话，说蒋先生不见他。"很久以后，阎宝航才知道，张学良被终身监禁，是宋子文的终身遗憾。据说，他曾向蒋介石表示，他要离开中国，并将公开地宣布蒋介石的背信弃义。尽管如此，阎宝航对宋子文的表现尚感不满，他说：

可以推想，宋子文自己对这件事尚有一点责任感，又鉴于西安方面坚决要求他履行"诺言"，见蒋时可能还要争论，至少这样做来敷衍搪塞一下，也算说得过去。而蒋介石决心扣张学良不放，拒绝接见宋子文是势所必然的。

蒋介石拒绝会见宋子文后，当天深夜却将李石曾叫去。李石曾趁机建议将张副司令接来奉化，蒋说他早有此意。李又问："蒋先生是否知道阎先生也来了？"蒋答："知道"，李问："见不见他呢？"蒋答："我身体不好，派布雷去见他罢。"李不便再问，便起身告辞。蒋又说："你知道阎宝航怎么言语挑拨呢？"李不知所问何意，未能回答，蒋挥手让其辞出。

李石曾把蒋介石"阎宝航怎么言语挑拨"的话说给阎宝航听时，阎宝航恍然大悟。

问题还是出在李志刚身上。那天，阎宝航与李志刚从何应钦处走出来，回到中央饭店，又有何公馆电话请李志刚去。何应钦一向敌视张学良，对张学良的亲信慕僚的态度也自然十分恶劣。他与阎宝航吵翻之后，深知阎宝航是个通天的人物，万一自己恶言传到蒋介石耳朵里，于他不利。于是便把李志刚请到公馆，大加慰勉。李志刚便大有受宠若惊的感觉，把阎宝航这次去西安的情形诉说了一遍。李志刚说，西安传说南京有人将派飞机轰炸西安。阎先生到西安后，和东北军、西北军将领晤谈时曾说，在蒋被扣时，南京是戏中有戏，他是指何部长企图将委员长炸死，然后勾结日本来继续反共扩大内战。李志刚还把阎宝航将去上海，并同宋子文将去面见委员长的事告诉了何应钦。李志刚走后，何应钦立即给蒋介石打电话，来个恶人先告状，大讲阎宝航在西安为张学良申冤，大肆挑拨各方面与委员长的关系，并提醒蒋介石不要上当。蒋公拒绝与阎宝航会见，看来何应钦先发制人的办法颇为有效。

第二天早上，蒋介石派陈布雷会见了阎宝航，传达了蒋介石同意将张学良接来的意见。阎宝航一下奉化，没有见到蒋介石，却实现了他希望蒋能把张学良接到奉化的愿望，这也是他在营救张学良的行动中稍觉心安的一件事。

阎宝航在营救张学良的行动中，一直受何应钦的监视和跟踪。他从奉化返回上海后，又去见宋子文。宋子文就曾对他说："你不要走动了，住在我这儿吧，有特务跟着你。"阎宝航说："我不怕这个，我还要奔走，谢谢宋先生的好意。"事实上，从这个时候起，直到抗战胜利，何应钦曾数次威胁说阎宝航是共产党。东北老资格莫德惠、万福麟两人曾为阎宝航向何应钦说情，莫德惠且以身家性命担保。而何冷笑地对他说："你不懂得共产党和我们的斗争，你也不了解阎宝航的一切。"为了营救张学良，阎宝航痴心不变，早已把自己的生死置之度外。

在阎宝航看来，张学良被蒋介石扣押于南京后，东北军目前没有第二个人能驾驭全军。当前的情况已同张下野出洋时大不相同了。那时东北军处在抗日前沿，任何人提不出擅自行动的理由。汉卿又是代人受过，蒋不能对他过分处置。因此，汉卿委托于学忠军长统帅东北军，可以保持相对的独立状态，甚至拒绝蒋介石调东北军南下剿共的命令。现在的情况完全不同了，汉卿成了阶下囚，一切都得听蒋介石的摆布。东北军危在旦夕！这正是他舍身营救张学良的出发点。继第一次去奉化之后，阎宝航又接连三下奉化，为营救张学良竭尽全力。

阎宝航回到上海后，便约莫德惠第二次去奉化。接着，又约李杜、萧振瀛第三次去奉化。但阎宝航的希望和努力却落空了。

1937年2月中旬，阎宝航约刘尚清第四次去奉化，请蒋释张，再遭拒绝。这时，张学良住在奉化雪窦寺内，阎被允许同张会面，不过，当时的情形令阎宝航感怀颇深。他在描绘当时的情形时，这样写道：

山上积雪未消，寒气侵人，日色黯淡，一踏入雪窦寺，令人不禁有凄凉萧

雪窦寺今景。两棵楠树是当年张学良亲手种植的

1937年，张学良、赵一荻等在奉化溪口合影

索之感。

刘尚清和张学良晤谈半小时，退出后，我被引进一间小屋里。屋里升着火炉，窗户则斜开一扇。和张相见之下，我不知话从何处说起，转念间，急欲把前此奔走经过作简要陈述。每入话题，张辄以手势急加阻止，示意窗外有人窃听。我最后说："汉公，为国家，还要保重身体，再见罢！"张微笑点首，默不一言。

辞别下山，数十步外，回望张学良，犹伫立门前，目送我们离去，形影孤单，特务环伺。大敌当前，侵略未已，民族危机如此深重，张汉卿虽已亲见内战之停止，而身仍系囹圄。不得率领东北健儿，打回老家，收复失地，壮志未偿，怅恨曷极！蒋介石背信弃义，以怨报德，对国家民族犯下滔天罪行，定将受到全国人民的最后审判。①

这是阎宝航最后一次见

① 阎宝航：《张学良送蒋介石回南京以后》，《阎宝航纪念文集》，辽宁人民出版社1995年6月版，第395页。

到张学良，字里行间流露出他当时那种痛楚的心情。他曾深有感触地说：

西安事变和善后的奔走予我以莫大的教育和启发，张杨在我党影响和指导下所提出的停止内战，实行抗日，保障人权，释放政治犯等八大主张，使我在政治觉悟上更有所提高，使我更加认清蒋匪集团祸国殃民的内战政策，也更进一步了解共产党的实行民族抗日统一战线的主张的伟大正确。

尽管阎宝航为营救张学良竭尽全力，终因蒋介石不守诺言而未能如愿。这是他自认为一生中最大的憾事！若干年以后，他仍对蒋介石继续扣押张学良而耿耿于怀。每当谈起张学良，都抑制不住自己的思念之情。

1946年，阎宝航在出席“双十二”十周年纪念会上，声泪俱下的演讲，听者无不动容。他说：

自从回到别离了15年的东北老家以来，每遇父老亲友都问到“张学良的消息怎样？什么时候能回来”。“为什么还不得自由呢？”是的！东北同胞对张学良将军都在怀念，都在盼望他能早获自由，像我们一样回到东北老家来。

今天，“双十二”十年后的今天，张学良将军和我东北父老子弟姊妹，仍然是，云天遥隔，恨何极！

九一八后，省亡家破，父仇未报的张学良将军，看到东北同胞流亡关内的痛苦，东北军队被迫“剿共”的重大牺牲，真是痛定思痛，欲哭无泪！在东北、西北武装健儿、全国人民、爱国青年一致的要求和中国共产党的停止内战共同抗日的号召下，毅然决然的和杨虎城将军对百谏不听的蒋介石举行了十年前今日的“兵谏”，要求蒋介石停止内战，改组政府，肃清亲日分子，容纳各党各派共同负责救国，实行抗日。

张学良将军这一伟大英勇划时代的行动，停止了蒋介石的祸国殃民的十年内战，奠定了抗战胜利的基石。

张学良将军既有大功于国家，试问又何负于蒋介石？在张学良由西安护送蒋介石还京次日，曾对笔者说：“这次举动是为国为乡也为了领袖（指蒋介石）。”我们听其言观其行，张学良将军确是蒋介石的义薄云天的诤友，政治生命的救星。所以，十数年来，全国民主人士，中外公正舆论，莫不主张正义，争取张学良将军的自由，唾骂背信弃义、倒行逆施的蒋介石！①

张学良被羁押期间，与阎宝航时有书信往来。1946年他在贵州给阎宝航的一封信中曾述及日常生活：

莫柳老昨忽来山，述及乡长故旧，诸多关怀良之日常生活、健康状况，听闻之下，愧感交集。良每日时为游钓，而涉猎书籍不少。不能算是读书，更谈不到成果，说来断愧。一切盛情，衷心铭感。

学良四月十九日

全国解放以后，阎宝航始终没有忘却张学良。1961年12月17日，阎宝航在灯下写下了《纪念“西安事变”二十五周年宴会点滴》一文。

1961年12月12日晚6时半，周恩来总理在北京饭店举行宴会以纪念有着历史意义的西安事变25周年，应邀出席宴会的有阎宝航、南汉辰、赵寿山、申伯纯、杨拯民、杨明轩、林枫、高崇民及夫人、张学思及夫人、张学铭及夫人、邹大鹏、王一夫、赵毅、王化一、刘鼎、邓颖超、李维汉及夫人、薛子正、童小鹏、李金德等20余人。当周恩来讲到对西安事变，对张学良、杨虎城两位爱国将领的怀念之情时，不禁热泪盈眶，深情地说：“我的眼泪是代表党的，不是我个人的。25年了，杨先生牺牲了一家四口，张先生还囚禁在台湾，没有自由，怎能使人想起他们不落泪呢？”

12月17日，阎宝航在灯下写了《纪念“西安事变”二十五周年宴会点滴》一文，记录了当时的情形：

总理谈到杨虎城和谢葆贞被杀害时，忽然痛泪盈眶，急以手帕掩面，继续说：“革命这么多年，我从未伤心流泪，今天想到虎城、葆贞的牺牲，真觉痛心。”杨拯民起立向总理说：“牺牲是有代价的。我要好好干，才对得起牺牲的爸爸。”“好孩子，虎城有后。”总理很欣慰地对拯民说。

席间，高崇民赋诗一首。诗曰：

兵谏功成廿五年，旋乾转坤书凌烟。

今日同席均康健，一人憔悴在东南。

总理读后说：“一人憔悴在东南一句有点消极，可改为‘一人不屈在

① 阎宝航：《关于东北东北问题》第三版，胜利印刷厂印刷，1947年8月5日，第4–5页。

东南’。”

1990年张学良在接受唐德刚采访中曾感慨地说：“我的事情是到36岁，以后就没有了。真是36岁。从21岁到36岁，这就是我的生命。”最后以101岁高寿离开人世的张学良，竟然对生命有这样一番别样的、令人震撼的表白，不能不让人感到他内心的悲怆和酸楚。

张学良由于九一八事变背上骂名，而西安事变则使他成为千古功臣。张学良曾坦言：“西安事变是被逼出来的。”他在口述历史回忆中谈到当年与蒋介石争论中指出：我与蒋先生冲突没旁的，就是这两句话——他要安内攘外，我要攘外安内。所以蒋先生的秘书汪日章说：我从没见人敢跟他这样吵的。我跟蒋先生痛陈，蒋先生也骂我骂得很厉害。我说你这样下去，你等于投降。蒋先生说汉卿你真是无耻，我从来当军人没有“降”这个字。我说你这样做比投降还厉害，你这叫日本人这就一点点……叫不能战而屈了兵，是胜之上者也。这是军事上说，不战就把我中国一点点吞了，不等于比投降还不如？蒋先生大骂一顿。我跟他这么样吵啊！蒋先生当时看我的情形很怪，你怎敢这样呢？……蒋先生也很安慰我几句。还有蒋先生几句话，他现在不在了，我不愿意说出来，他一句话把我激怒了，我真怒了。就因为学生运动时候，我不好意思再说他了，我真是……①从张学良的话语中我们可以体会出他对蒋介石是欲言又止。

对于西安事变张学良在1990年接受日本NHK记者采访时说：“我简单答两句话：一个是这件事情不应该出自我的口，从我口里说出来就成了自夸自满了，我不想让别人夸我，另外我也不想为自己辩护；二是我也不愿意伤害人，如果我在这里全都说了，就会伤害许多了。”张氏口述中的若干重大保留，无疑令读史者深感遗憾，却给后人留下思索的空间。西安事变成为实现全民族共同抗战的转折点。张学良兵谏西安，继东三省易帜后，再次扭转中国历史的走向，成为民族英雄，千古功臣。

---

① 郭俊胜：《张学良史事笺证》，辽宁人民出版社 2010 年版，第 129 页。

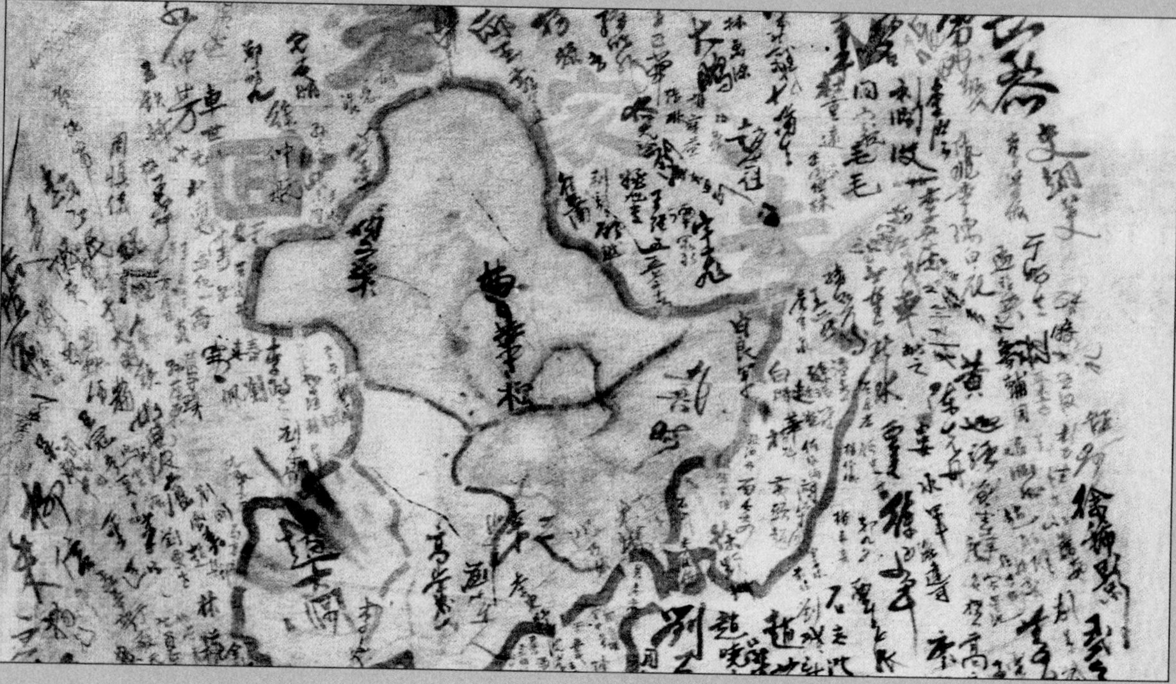

第五卷
在中国共产党领导下

5.1 加入中国共产党

西安事变前，阎宝航以视察新生活运动名义到达西安时，看到西北“三位一体”大好形势的形成，曾为东北军和中国抗战的前途感到欢欣鼓舞。西安事变后，他为营救张学良获得自由，重掌东北军大权而奔走努力，但毫无结果。张学良将军被扣押，东北军内部发生混乱，王以哲军长被杀，东北军东调豫、皖、苏境内……这一切令阎宝航十分痛心，茫然无措。

1937年春，阎宝航遂辞去新运总会书记职务。蒋介石改组新运总会，取消了书记，任黄仁霖（原新运总会总务组长）为总干事，阎宝航改任副总干事推行组长。原在新运总会任职的东北人，大多离职他去。

西安事变后，特别是东北军东调后，蒋介石对待东北军及其难民和家庭的处理越来越苛刻。高崇民等大批东北爱国人士和在张学良身边的亲信幕僚遣散各地，各个心灰意冷，深居简出，不问世事。

中共中央十分关心东北军和东北流亡同胞。1935年12月瓦窑堡会议明确提出了建立抗日民族统一战线的主张。之后为加强对东北军的工作，中共中央专门成立了周恩来任书记的中共中央东北军工作委员会（简称“中工委”），同时在东北军内设有秘密的东北军工作委员会（简称“东工委”），刘澜波任书记。

一二·九运动之后，流亡关内的东北民众唾弃蒋介石对日妥协投降、对内镇压的政策，纷纷组织抗日救亡团体，开展救亡运动。北平的东北救亡运动开展得最为深入。东北留平各大专学校在一二·九运动中纷纷成立学生会。1936年春，又有李延禄、于毅夫等组织了东北人民抗日会，出版了《东北之光》。接着，东北旅平青年救国会、东北基督教青年会、黑龙江救国联合会、吉林救国联合会等十多个团体相继成立。1937年2月，周恩来曾对东工委的刘澜波、解方说，蒋介石虽然在西安事变中允诺了六项条件，但如果没有人民的推动，他是不会兑现其诺言的。他要求刘澜波等，尽快建立一个新的统一的东北救亡团体，扩大抗日民族统一战线。鉴于东北军中一部分军人不愿东调而逃避平津，东北军和东北人民在河北有很大数量并有相当组织这一情况，正在西安同国民党谈判的周恩来于3月13日、18日先后两次致函中共中央北方局书记刘少奇并转河北省委，要他们担负起对这部分人的工作。信中提出，东北军的东调增加了亲日派分裂它的危险性，我们必须加紧东北各救国团体的统一运动，用东北群众的力量推动东北军的团结。[①]“建立整个东北民众救国团体联合会，可以作为建立东北群众统一战线活动的中心。”[②]这个团体的任务：“一是促蒋实行诺言，实行抗日，扩大抗日民族统一战线，拥蒋抗日；二是营救张学良将军；三是声援东北抗日联军。”为建立东北民众救国会联合会，周恩来还提出五项具体意见：

1.把现有北方的东北各种救国团体加以整理并充实其群众基础。首先，把北平、天津等地的东北救国团体的总会建立起来。然后，号召并筹备东北的救国联合会的召集。2.在这些团体中，用最大力量来吸收并罗致东北名流，特别是东北军官来参加。3.在进行这一工作过程中，应当采用各种宣传与组织的方法来团结东北军的长官，提高部队抗日情绪。4.这一工作，应特别注意到团结整个东北人民与军队。否则，只是以团结一部分左倾分子为满足，那不但无益，反而会加深东北军的分裂。5.应当注意到，把建立整个东北团体联合会的工作和国民代表大会的选举工作联系起来，利用选举运动来团结东北军内部。[③]

接到周恩来的信后，刘少奇领导的中共中央北方局便给东北特委发出指示，要求他们要“以有组织的东北人，去组织无组织的东北人；以东北人的组织，来推动东北军，影响东北军及东北中上层进步人士，使之更加进步，更进一步走向团结抗战，以推动国共合作”。1937年3月的一天，在北平的刘澜波、张希尧来到在西安事变后来北平隐居的高崇民的住处，同他研究关于联络东北各群众团体联合开展救亡运动的事。高崇民未表态。恰好这时苏子元从苏联回国，来到北平，张希尧告诉苏子元，中共中央副主席周恩来希望由一些在东北人中有影响的人士出面，把东北各救亡团体联合起来，开

① 《周恩来年谱》，人民出版社、中央文献出版社1989年版，第358—359页。

② 《周恩来统一战线文选》，人民出版社1984年12月版，第38—39页。

③ 《周恩来给中共中央北方局书记刘少奇的信》，《周恩来统一战线文选》，人民出版社1984年12月版，第38页。

展救亡运动，推动东北军抗日。他们认为，高崇民是东北知名人士，由他出面联络有号召力，但他未表态。苏子元自告奋勇去动员高崇民出面组织发动东北流亡民众开展救亡运动。高崇民了解到这是中国共产党的主张，精神振奋，积极参加新救亡团体的筹备工作，联络在北平的各救亡团体，取得一致意见。随后，高崇民、苏子元、于毅夫等一行人来到南京与阎宝航会商。对于成立救亡新团体，阎宝航十分赞成，表示积极参加和支持这个救亡团体的筹备工作。他和高崇民等人商讨了具体行动办法之后，和苏子元进行了一次长时间的交谈。

"十年久别，相见甚欢。"阎宝航自1927年同苏子元分手，一直不知他的去向。阎宝航对这位思想引路人的到来，颇为激动。他大体上了解苏子元的身份。苏子元是受韩乐然、任国桢等早期共产党人的影响，积极开展反日反军阀斗争的。1927年被奉天当局通缉后，进入苏联远东地区担任国际情报工作。此次回国来北平是筹建地下电台站的。北方局的刘澜波、张希尧都是他的老熟人，而高崇民、阎宝航又是他的老朋友、老同事。所以，他乐意出面发动高、阎二人。特别是阎宝航，当年他曾介绍阎先生入党，10年过去了，阎宝航政治上、思想上情形如何呢？他十分关心，很想负责任的了解一下情况。他认为，党需要阎宝航这样的人。

苏子元对阎宝航说："1927年，满洲省委曾派周东郊同你谈话，后因省委遭破坏未能实现。而我被当局通缉突然离沈，致使党和你失去联系，真是遗憾得很。不过，你的这段历史，我和周东郊等人都可以证明。但不知这些年来你的境遇如何？"阎宝航说："半明半白。有些事知道怎么做，证明干得对了。有些事则不知如何是好。汉卿一时糊涂，送蒋介石回南京，永远失去了自由。在关内的东北军、东北人茫然失措。复土还乡恐怕无指望了！"苏子元说："玉衡兄为何这样悲观？难道真的看不到中国还存在一种了不起的力量么？"阎宝航知道他指的是中国共产党。他们从郭松龄反奉谈起，谈到东北反日斗争，谈到九一八事变。他最后说："在这个过程中，我注意到中共的主张，令人钦佩。"苏子元说："是啊，共产党出于民族大义，冲破蒋介石的重重阻拦，北上抗日，呼吁停止内战，提出抗日民族统一战线政策，一致对外，合民心顺民意。正是出于民族大义，捐弃前嫌，促成西安事变和平解决，现在为促成全国抗战，拥戴蒋介石做领袖领导抗战。玉衡兄，希望在这里，你还犹豫什么？”阎宝航说：“怕只怕我个人的条件是不是……”苏子元：“我认为，你对党的认识就是最好的条件。关于你的情况我要向组织上介绍，组织上会了解你的。”阎宝航说：“子元兄是督促我重复1927年的故事！”苏子元：“如此而已，现在是解决这一问题的时候了！”

苏子元最后嘱咐他，关于他入党申请，可以同刘澜波等人联系。阎宝航愉快地“毫不犹豫地决定申请”①。这是他第二次提出入党申请。

组织一个更加广泛的东北抗日团体，不仅包括东北各救亡团体，还包括东北军和东北抗日联军各方面代表。形成一个关内统一的东北抗日救亡团体。刘澜波、高崇民、苏子元等在征得阎宝航意见后，又到上海与杜重远、李延禄会商。当时，上海的筹建工作是在周恩来的亲自领导下进行的。1937年3月下旬，周恩来在上海同国民党代表商谈国共合作问题。3月底，周恩来在上海八仙桥基督教青年会指示当时在上海的东北抗日联军第四军军长、共产党员李延禄，要他“尽快地把东北人民的救亡团体组织起来，造成声势，促蒋抗战”。先在上海开筹备会议，由高崇民、阎宝航、栗又文主持，再去北平开成立大会。在党的组织发动之下，阎宝航积极参加了各项准备工作。这年4月下旬，筹建东北救亡团体联合会的主要人员齐集上海，在上海八仙桥青年会召开了该会的筹务会议。阎宝航、高崇民、杜重远、车向忱、刘澜波、栗又文、李延禄等人出席了会议。阎宝航、高崇民和栗又文主持了会议。参加筹备的有200余人。根据周恩来的指示，筹备会研究确定了今后的主要任务：“一是拥护国共合作，共同抗战，共同建国；二、营救张学良将军；三是声援东北抗日联军。”

为成立东北救亡团体联合会，刘澜波于5月间由上海赶到延安向党中央汇报工作情况，朱理治代表周恩来听取了筹备情况汇报后指出，中国共产党抗日民族统一战线的政治基础和要求就是抗日，嘱咐该团体要成为抗日统一战线性质的群众团体。对于成员和阶级成分，也要考虑到抗日的形势和具体的历史条件。毛泽东、朱德还接见了刘澜波，鼓励他认真工作。

---

① 《阎宝航自传》，未刊稿，中共中央组织部档案室存。

1937年6月20日，阎宝航在北平参加了东北救亡总会（以下简称“东总”）成立大会。

大会在北平西城崇元观5号东北大学礼堂举行。会场内备有一块画着东北四省地图、上写“打回老家去”五个大字的签到布，正式代表70人，列席代表150余人，签到者计286人（签到布图片见卷首页）。参加大会的各方面代表有：原救国会、复东会的代表阎宝航、高崇民、卢广绩、陈先舟、车向忱等；东联[①]及其所属团体代表于毅夫、赵濯华、张希尧、陈大凡、宋黎、李向之、张庆泰、关梦觉、王桂五、田雨时、韩立如等；东北军代表解方、苗勃然（中共党员）；东北抗日联军代表李延禄（中共党员）、孙山等；东北义勇军著名将领李杜的代表于炳然、刘丕光等；东北大学代表周鲸文，东北名流王之相、纪元等；归国留学代表张克威（留美）、徐寿轩、杜清轩等出席了会议。北平、天津、上海、汉口、保定、太原、西安、淮阴等各地代表出席会议。此外，还有一百多名东北青年也参加了大会。[②]大会通过了《工作报告》《组织大纲》《宣言》，选举阎宝航等30人为常委，又从常委中选出阎宝航、高崇民等5人为执委，主持日常会务。东总总部下设1处5部5个委员会，阎宝航任救济委员会主任。东总内成立中共地下党组，直属东北特委领导，刘澜波任党组书记。

东总成立大会通过的《组织大纲草案》规定了东总的宗旨：“本会以团结东北救亡力量，领导东北救亡工作，并推动全国抗日运动，以期达到恢复东北失地，完成民族解放为宗旨。”经过东总内部领导层中中共党员的努力，东总的“工作报告”按照周恩来的指示和关内东北救亡运动的实际情况，提出了东总成立后应开展的六项工作任务：

---

① 西安事变前在中国共产党北方局领导下，以东北人民抗日会等16个团体联合成立的东北人民抗日救国联合会组织。

② 出席成立大会的代表人数，据某些回忆录和一些研究文章记载有代表200多人。但据兰渤（刘澜波）在1938年3月16日出版的《反攻》1卷4期上发表的《一年来关内东北人民的救亡运动》一文记述，东总在成立时“代表约70余人”。可是，在成立大会签到布上签到者却有268人（这块签到布现存沈阳张学良纪念馆内）。由此可知，出席成立大会的正式代表70余人，但参加会议的人数是268人（正式代表与东北青年的总和）。

1.“不放弃抗日主张，拥护抗日领袖和保障抗日力量”三条原则下，加强东北军的内部团结；2.培养、教育和训练东北流亡青年，增强抗日救亡力量；3.关心东北流亡同胞的生计困难，通过动员、组织和教育，使其成为抗日救亡运动中的一支铁流；4.加强东北救亡团体的相互配合；5.针对国民党于1936年4月22日公布的《国大组织和选举法》，把东北列入“无法竞选省份”，积极参加竞选活动。

东总的成立，标志着关内东北抗日救亡运动，在中国共产党的领导下已经由自发的分散活动阶段，走向了组织严密的统一联合行动的新阶段。对阎宝航来说，这也是一个新阶段的开始。从这个时候起，阎宝航面临的问题，便是如何利用新生活运动副总干事的角色，从事东北救亡这个更重要的工作了。

1937年7月7日，卢沟桥事变爆发，北平失守。东总随之撤出北平，迁往南京①，总部设在芦席营大禹村一号阎宝航家办公。东总执委高崇民和东总中的中共党组书记刘澜波等也常来这里会商东北救亡总会工作等事宜。当时，中共中央副主席周恩来经常往来于南京、上海，同国民党谈判国共合作问题。8月中旬，周恩来同叶剑英飞抵南京，参加国防会议。从这年6月，一直住在阎宝航家的卢广绩因与周恩来是同学关系，便约阎宝航一起去看望。很不巧，恰值周恩来外出，他们便留言相告。

时置上海八一三抗战，为防敌机夜袭，南京全城实行灯火管制，市内交通断绝。就在这天夜里，周恩来出乎意料地来到大禹村一号阎宝航家。②大家相见，极为亲热。据卢广绩回忆，那天，“周恩来同志就住在阎宝航家，同阎宝航和我谈到下半夜三点钟。给我们讲抗战初期的形势，国共重新合作的情况等。我们还特别提到关于张学良将军恢复自由的问题。那时我们还有些天真幼稚的想法，认为国共合作、全面抗战开始了，主张团结抗战的张学良将军自然应当获得自由。并认为只要周恩来同志向蒋介石提出这个问题，会得到顺利解决。周恩来同志当即表示：‘我和你们同样关心汉卿，但事情并不像你

① 东总原拟迁往上海，行至山东济南，因上海八一三战起转而迁到南京。

② 阎明复:《两代情——记周恩来对我家两代人的亲切关怀》,《党的文献》1998年第2期。

们想象的那样简单。蒋介石不是为了抓我，悬赏20万元的高价吗。’”

算这次，阎宝航与周恩来已见过三次面。但面对面这样长时间交谈还是第一次。周恩来对时局和国共合作前景所作的全面透彻的分析，使他深为折服。几天后，周恩来再次来到大禹村一号，与阎宝航交谈。交谈中，阎宝航谈到了自己的斗争经历和认识。他从参加奉天学生反袁斗争谈起，谈到领导东北反日斗争，谈到九一八事变后救国会的反日斗争，谈到西安事变，他说："我是屡屡碰壁，一事无成。特别是西安事变后汉卿被扣押后，更感到力不从心，茫然失措。今后的路到底应该怎么走？"他请周恩来给予指导帮助。周恩来认为，东北爱国人士和阎先生多年来追随张学良将军从事反日斗争，为国家民族是有贡献的，这是有目共睹的。张将军是东北军主帅，是东北流亡人士的主心骨。现在，张将军失去了自由，大家感到茫然失落，这是很自然的事。当然，大家把复土还乡的希望寄托在张将军一人身上，表现了东北人士政治上的脆弱性。周恩来说，我还记得阎先生在西安时给我说过东北人在政治斗争上缺乏经验的话，我想应该竭尽全力营救张将军恢复自由，重新领导东北军。另一方面，也一定要有另一种思想准备，那就是蒋介石继续扣押张将军。如果是这样，东北的爱国人士也不应丧失信心，要勇敢地把东北救亡运动坚持下去，这也是张将军所希望的。现在，阎先生不是已经积极参加东总的工作了吗，我看这是一个良好的开端，阎先生一定会为此做出努力。东北的爱国人士只有把复土还乡的斗争，同整个中华民族的反日斗争结合起来，同民众的反日斗争结合起来，才能克服脆弱性而坚持到底。我相信像阎先生这样的人，在反日斗争上，迟早会同中国共产党人走到一起的。阎宝航说，我有很多共产党的朋友，我从20年代起就同他们一起开展反日活动。我从他们身上看到许多好的东西，令我钦佩。周恩来说，阎先生在反封建反帝斗争中的表现，也同样令共产党人所钦佩。这是阎先生与共产党人共同奋斗的政治基础。

早在1937年春，苏子元专门就阎宝航入党问题来到南京。苏子元当时是联共党员，不直接参加中共工作。便向东北特支及东工委转达了阎宝航的要求。当时中共党组织决定，由刘澜波负责阎宝航入党审查，苏子元便直接向南京八路军办事处周恩来、秦邦宪报告，请求批准。[1]代表团同意阎的入党要求，同时将阎的申请报告报送共产国际。共产国际认为，阎宝航是国民党上层反动分子，不同意吸收其入党。鉴于阎宝航与国民党一些要员的关系，党内也有人因其经历及社会关系较复杂而提出疑虑。对此，周恩来明确指出，发展党员不能只看出身，主要应看他是否有共产主义觉悟和为共产主义奋斗的决心。[2]周恩来还说：要正确地认识阎宝航，他做的许多事情和所起的作用，都是我们难以代替的。毛主席讲过，国民党能从我们队伍中拉走人，我们也能从国民党队伍中拉走人，因此要正确地认识阎宝航。就这样，由周恩来、刘澜波作为介绍人，经中央同意，阎宝航于1937年9月光荣加入中国共产党。[3]为便于工作，周恩来指示阎宝航仍以民主人士身份参加活动，代号阎政。

根据周恩来的指示，东总于10月6日在南京召开常委会，把领导核心由执行委员会制改为主席团制，除阎宝航、高崇民、车向忱、杜重远、卢广绩五人之外，又吸收了王化一、王卓然二人为主席团成员。东总改组对其发展产生了重要影响。东总是中国共产党领导下的抗日救亡团体，实际上是中共的外围组织。但由于它是团结关内东北救亡同胞在国统区公开开展救亡活动的团体。因此，它虽有中共党组，但中共党组只能秘密开展活动，共产党人则以无党无派面目出现。秘密的地下党组织领导公开的东总，其中很重要的一点，就是东总的领导层中有中共党员，而且中共党员自身即是有影响和地位的东北人士，同时又吸收了具有很高威望的东北人来担任，这样才能使东总在我党的影响下，公开有效地开展救亡工作。把东总的执行委员会制改为主席团制，吸收王化一和王卓然为主席团成员，不但加强了东总领导，而且也进一步扩大了东总的活动范围与社会影响。事实也是如此。例如，东总在北平时没有到国民党社会部立案。南京改组后，为扩大活动范围和社会影响，东总党组决定争取合法存在，申请立案。阎宝航说，当时为了求得掩护，避免

---

① 苏子元：《怀念共产主义者阎宝航同志》，未刊稿，现存辽宁社会科学院党史研究所资料室。

② 吕正操：《一生无私奉献，风范长留青史》，《人民日报》，1988 年 6 月 2 日。

③ 《阎宝航自传》，未刊稿，原件存中共中央组织部档案室。

打击，不得不利用名存实亡的四维学会的旧关系，不得不在复兴社和CC的矛盾中间求存在。为此，责成王化一与高崇民利用复东会旧关系，赴上海找了国民党军统特务头子戴笠。由于复东会与复兴社曾共同组织四维学会，戴笠为拉拢张学良旧部壮大自己的声势，不仅"赞成东总存在"，并捐助了2000元的开办费。虽然后来由于群众团体到国民党社会部登记立案须具文呈报该团体的宗旨、任务、机构设置及负责人名单，手续繁杂，且容易暴露东总是中共外围组织的真实情况，所以东总最终未申请立案，但戴笠对东总存在的认可及东总负责人与国民党各界的较多联系，是东总能够在国民党统治下公开活动的重要原因之一。

1937年11月20日，东总由南京迁到武汉，在武昌明月桥14号顺直会馆办公。周恩来指示重建东总党组，阎宝航被批准为党组成员。东总党组由中共长江局领导，直接在周恩来指导下工作。

5.2 领导东北救亡总会加入全面抗战洪流

阎宝航入党的时候，正是全面抗战的烈火已经燃烧起来的时候，“数年来促蒋联蒋抗日的计划已经实现，当时我的兴奋和紧张的心情，不可言喻”。然而就在这时，他曾被蒋介石委任为驻苏联海参崴总领事。方庆瑛回忆说：

八一三抗战，国共合作共同抗日有了成熟条件，周先生来南京是与蒋介石共商怎样对抗日本帝国主义，如何形成统一战线。在周恩来到南京前后，阎先生与康泽经常联系，昼夜奔忙。在此应特别提到的，康泽曾向蒋介石推荐阎先生任海参崴总领事[①]，得到蒋的同意与任命。阎先生叫我随他去海参崴，由于孔祥铎同我是同乡又是东大同学，孔对我说：“愿随阎去，但要与当局谈后才能决定。”与此同时，CC集团知道阎先生被任命为驻苏联海参崴总领事，派张厉生（CC大头目之一）来到阎家，与阎先生晤面。不久阎先生在国府外交部已领制装费。

但是，当东总执委卢广绩、高崇民了解到这个情况后，“希望他留在国内，为抗日救国做贡献。阎宝航遂坚辞没就职”。新生活运动总书记、副总干事新任外交官，这都是美差。但是，国内大战即开，战火遍布，这个时候到国外就职，许多人连争都争不到的事，阎宝航却坚辞不就。他因此赢得许多人的赞誉。白浩、聂长林在他们《不矜名位自辉煌》一文中这样写道：

在蒋介石积极笼络张学良将军时期，蒋介石提议双方出人联合成立一个团体，名四维学会。代表国民党方面的，几乎都是蒋介石亲信——“十三太保”[②]中的有刘健群、贺衷寒、戴笠等，而阎老和崇老[③]都被张学良将军指定为东北军方面的代表。尽管有如此的社会地位，但崇老和阎老，都是从开始步入社会就淡泊名利，誓不为官。有一次，崇老当着阎老的面对我们说：你们阎老是给官也不做的人，蒋介石单派他去苏联任驻伯利总领事，他却坚

---

① 一说是派往苏联伯力总领事。

② 十三太保：胡宗南、刘健群、贺衷寒、曾扩情、邓文仪、康泽、刘亮、桂永清、戴笠、郑介民、袁守谦、腾杰、萧战育。

③ 即高崇民。

辞不就。以后蒋介石提倡“新生活运动”，由宋美龄主持其事，选中阎老当总干事，经常是和宋美龄同坐一辆汽车出出进进，真够显赫一时，一般人就是削尖脑袋也找不到这样好的攀龙附凤的机会；可阎老却往往违拗蒋夫人，蒋介石批了六个字：“此人万不可用”，改用黄仁霖。阎老几次摆手：“过去的事，不提了，不提了！”阎老“富贵不能淫，威武不能屈”的高贵品德给我们留下了深刻印象。

阎宝航在谈到这件事时是这样说的：“在入党之后，我的抗日工作必须在党的领导下进行，在我得悉蒋匪拟以联络东北义勇军为由，发表我为驻苏联伯利总领事之后，遂立即向当时在南京的博古同志请示，得到同意。后来未得苏联同意作罢。”可见，他坚持不就总领事一职的真实情况，显然是按共产党员的要求，力争在抗日战争中做出自己的贡献，表现了一名共产党员严明的纪律性和高度的历史责任感。

全面抗战的爆发，确实使阎宝航兴奋了一阵子，他全力参与东总的工作，全力支援全面抗战。9月间，八路军在平型关大捷中沉重地打击了日本侵略者的气焰，鼓舞了全国人民。阎宝航利用这个机会向上海海关为八路军募集捐款1万元，上海海关税务司丁贵堂亲自把捐款交给阎宝航。当阎宝航了解到南京中共代表团经费团难，便当即把捐款送给代表团。叶剑英同志将其中5000元又转给东总。这笔捐款对中共代表团和东总开展活动发挥了重要作用。

随着战局的展开，形势日渐紧张。新运总会的黄仁霖从励志总社抽调一部分人手，成立军事委员会战地服务团，黄仁霖任主任，阎宝航任副主任。战地服务团下设总务、慰问、服务三个组。阎宝航多次率南京知名人士乘汽车，携慰问品，到上海抗战前线慰劳抗日将士。为避开白天敌机轰炸，慰问团常在夜里前去。他不避艰辛，不怕危险，为多多慰劳前线将士，有时候专门到上海去征购慰劳物品，再由上海出发深入前线慰问。上海方面的爱国人士、社会贤达给阎宝航的慰劳活动以大力支持。报纸上纷纷报道阎宝航与各方人士赴前线慰问的消息。

1937年11月20日，日军逼近南京，国民政府通告中外即日迁都重庆，南京所有机关单位和抗日指挥中枢暂移武汉，于是南京居民迅速撤退。新运总会人员分水陆两路奔向武汉。阎宝航和卢广绩、方庆瑛三人在长江渡口登上英国太古公司的船。船开后，阎宝航发现船底层满是从前线下来横躺竖卧的伤兵，表现出异乎寻常的焦急。他立即闯进同船来的朱庆澜将军的房间，与他商酌办法。他们决定立即在船上开展募捐，救济伤员。于是，在阎宝航的安排下，由方庆瑛和同船的徐仲航各带一位护士和自告奋勇者开始募捐活动，共募得现金2000元左右，全部献给了这些伤兵。

撤退到武汉的东总总部和新运总会总部设在武昌明月桥14号。这时的阎宝航，既是东总主席团成员，又是东总地下党组成员，具体负责关外工作。其他人员的分工是，高崇民、陈先舟负责组织工作；于毅夫负责主编东总机关刊物《反攻》半月刊，该刊成为宣传党的抗日民族统一战线政策和团结广大东北人民的言论核心与阵地。

1938年1月，为了给抗日根据地培养、输送干部，根据周恩来指示，东总党组决定在北平、武汉、西安等地秘密开办短期干部训练班，把在武汉开办训练班的任务交给了阎宝航。为掩人耳目，阎宝航将训练班命名为新生活干部训练班，而且经费也由新运总会支付。阎宝航成立了训练委员会，负总责，执行委员为徐寿轩，日常工作由徐仲航负责，设秘书处专门负责训练班的具

阎宝航（中）代表东总到凤翔视察东北竞存中学[①]，在国民公约宣誓典礼上领誓

① 竞存中学是车向忱1936年在东北创办的，1938年迁至陕西凤翔。1936年至1946年，培养革命志士6000多人，有230多人投奔延安，被称为“国统区的抗大”。

体工作。以新运总会名义举办的新生活干部训练班在武昌明月桥顺直会馆开办。训练班由刘澜波、于毅夫担任主讲，聂鹤亭讲游击战术，宁匡烈讲爆破技术，同时邀请中共长江局的邓颖超、李涛以及刘咸一等讲授民众运动、政治常识、宣传办法、农村工作、救护等训练课程。政治课主要内容是讲授动员组织民众、坚持抗战到底以及如何巩固抗日民族统一战线等。训练班学员从东北大、中学校学生中挑选。先后共办3期，每期两个月，受训青年近50人。第一、二期学员毕业后，阎宝航分别通过八路军办事处介绍他们到太行山抗日根据地和安徽李宗仁第五战区工作。第三期开办不久，黄仁霖对训练班的实质似乎有所察觉，对阎宝航说："这期训练班的学员我们都不要了，由你随便安排，钱花就花了，也不用作报销手续。"从而迫使这期训练班提前毕业。阎宝航把一部分学员介绍给各战区，一部分学员介绍给陶铸、李范一主办的湖北汤池合作社干部训练班，其余都陆续介绍去延安和各战地工作。《新华日报》发表文章称赞：三期训练班"成绩均甚优良，受训青年，均已介绍到前方工作"。另据徐寿轩《两周训练纪实》一文记载，训练班共计109名学员，结业时自谋工作者只有28人，参加太行山游击队者14人，赴河南农村工作者10人，赴临汾游击队者32人，赴浙江从事民运者3人，赴石友三部队者4人，到湖北农村合作工作者28人。[①]

到达武汉初期，阎宝航仍然担任新运总会与战地服务团领导职务，工作相当繁忙。"他奔走国是，席不暇暖。饮食起居，也独自操持，十分辛劳。"

战地慰劳工作是阎宝航在武汉时期最热心的工作。1938年2月6日，国民政府军委会政治部成立，陈诚任部长，周恩来任副部长，郭沫若任政治部主任，阎宝航任战地党政设计委员，参与第三厅工作。这样，阎宝航便有更好的条件发起和组织对前方作战官兵的慰劳工作。在他的努力下，由军委会第三厅、新运总会联合成立了全国慰劳总会。这个慰劳总会在郭沫若、阎宝航的领导下，分批分期地去前线慰问，十分活跃。又成立了战地服务团的军人服务组，配合慰劳组成若干军人服务队，深入前线部队，做代写书信，洗衣、灭蚤、文艺活动等事。又成立了军事委员会伤兵慰问组，

---

① 徐寿轩：《两周训练纪实》，《反攻》，第1卷，第1期（1938年2月1日）。

抗战期间，中华全国文艺抗敌联合会前线慰问团在重庆合影。前左一至左三为老舍、刘清扬、邓颖超，后排右三为阎宝航

专门针对伤病军人，按照受伤程度，发给慰问金。同时到各伤病军人医院作检查，监督、改善伤病军人的衣、食、住、卫生等事。事情越办越多，人手也越来越不够用。因此，郭沫若同阎宝航一面甄选人员，充实机构，一面主持日常工作和以上各项抗日救国活动会议，还要参加赴前线驻地慰劳军队，还要亲自率领伤兵慰问组人员到后方各军事医院向驻院伤、病员发放慰问金，还要接待很多的爱国青年并安排工作，确实繁忙劳碌。

在第三期新运干部训练班结束后，阎宝航脱离了新运总会。从此以委员长行营少将参议、军委会政治部战地党政设计委员身份出现在各种场合，以东总负责人的身份参加救亡活动。

1938年春，东总党组召开会议，决定召开追悼自九一八以来东北抗战阵亡将士大会。在阎宝航建议下，东总决定这次追悼会由在武汉的东北各团体联合举办，并邀请东北各界人士参加，以促进东北人民的内部团结。同时，他还建议邀请国共两党要人参加，以敦促他们关注东北问题。东总遂责成阎宝航与于毅夫、陈先舟等办理此事。为此，阎宝航等首先走访了国民党CC系的东北党务办事处和东北协会等团体，与这些团体的领导人梅佛光、齐世英、吴翰涛、吴焕章等协商，决定联合举办追悼会。双方商定成立追悼大会筹备组，一致推举阎宝航任筹备组主任，并商定大会于3月20日下午在汉口总商会礼堂举行。

接着，阎宝航又与陈先舟等走访东北元老及各界著名人士刘哲、莫德惠、陈兴亚、张元夫、王树常、萧振瀛、高云昆、谢刚哲等，向他们说明举行追悼会的目的、意义，请他们做主祭和陪祭，得到他们的支持。随后，阎宝航又登门邀请孔祥熙、何应钦、于右任、邵力子等出席会议并讲话，邀请八路军驻武汉办事处派人参加大会。《新华日报》等多家报纸还征集东北阵亡将士传和挽联。

3月20日的早晨，天淅淅沥沥地落着雨，和每个后死者一同奏着凄楚的挽歌！下午3时，追悼东北抗敌阵亡将士大会开始。大会由阎宝航、梅公任、吴焕章、齐世英、吴瀚涛五人组成主席团。孔祥熙、邵力子、于右任、晏道刚、蒋忍坚、沈钧儒、朝鲜民族战线联盟的男女代表和八路军驻武汉办事处代表等1000余人冒雨前来参加追悼会。开会那天，周恩来、王明、叶剑英、邓颖超等亲临致祭，并为大会送挽联：“为五千年祖国英勇牺牲，功名不朽。有四百兆同胞艰辛奋斗，胜利可期。”蒋介石也送了挽联，文曰：“家国艰难雪耻固应凭血战，关山阻绝歼仇还与慰忠魂。”《新华日报》报道说：“到会的群众共计千余人，满屋子挤得很紧。素白的礼堂，四周挂满了各方的挽联，每一句、每一字都是痛悼先烈，激励人们要踏着烈士的血迹，前仆后继去与敌人拼命，归复我们黑水白山的老家。”

阎宝航代表大会主席团致答辞，他说：“今天追悼九一八以来东北抗敌将士，想到东北三千万父老没有一天忘了祖国，没有一天不盼望祖国的胜利，更加悲痛。”他希望“在全面抗战中，东北同胞要作急先锋是义不容辞的，我们要流尽最后一滴血，才能对得起自己，才能对得起国家。我们在今天要加倍地奋勉，在最高领袖领导之下，坚决抗战，惟有全面胜利，我们才能回老家去。至于关内外许多孤儿寡妇，许多遗族的照顾问题，我们要用集体的力量，来替他们设法，这也是我们后死者义不容辞的责任”。

1938年武汉保卫战期间，在纪念九一八大会后阎宝航与妻子儿女合影。纪念会上，九岁的阎明光（左一）演唱《松花江上》

大会开了两个半小时，最后由一个七八岁的孩子唱了一首“向前走别退后”的歌，歌声过了，哀乐又从楼头吹送过来，仿佛吹奏着千万的号角，人们就在这悠扬的号角声中走出了会场。

这次会议由于时机得当，开得很成功。这是九一八事变以来，两个对立的派别系统——一个是共产党的外围组织，一个是国民党御用组织在携手抗日的大背景下联手开展的一次救亡活动，是阎宝航落实党的统战路线的一次实际行动。对于推动东北人的团结乃至全民族抗战产生了积极作用。此次会议之后，仍然是通过阎宝航、陈先舟等人的努力，九一八事变8周年、9周年纪念大会，都是双方共同举办的。

1938年旧历除夕，东总的阎宝航等会同东北党务办事处、东北协会联合在汉口基督教青年会所召开的东北旅鄂同乡恳亲大会。参加大会的东北同胞1000多人汇聚一堂。与会者在观看了抗日歌曲和戏剧表演，如《我的家在东北松花江上》、《义勇军进行曲》后，群情难抑。阎宝航跳上台，带头呼喊："打回老家去！""坚决抗战到底！"等口号，群情激昂，催人奋进。会后，东总党组成员、宣传部主任于毅夫发表文章写道："假如你参加了这个会，在你乍进会场的时候，你也许还想着某人不对，某些人对，不解合作谅解的观念。但是等你开完会走出会场的时候你一定想，除了汉奸亲日派外，再没有一个人能合作不能谅解，摆在我们面前的敌人只是那可憎的魔影，再没有别人了。"1938年4月，阎宝航组织和领导东总会员与武汉各团体召开了庆祝台儿庄大捷的火炬游行。6月在东总成立一周年的时候，阎宝航参与制定了《加强东北人团结案》、《积极发动东北青年参战案》、《对关内东北同胞民众武装援助与扶助案》等。7月，阎宝航参加了七七抗战纪念募捐和七七献金活动。阎宝航为团结抗战确实做了许多的工作。

全面抗战的爆发，阎宝航似乎看到了复土还乡的一线希望。他曾在公开场合表示愿意遵循"最高领袖"蒋介石的领导，"更英勇、更热烈的为收复失地，打回老家去而奋斗！"

但是，国民党的御用组织东北协会，始终没有停止对东总的破坏活动。1938年东总迁至武汉后，以齐世英为首的东北协会特派会员韩韬等潜入东总内部进行分化瓦解活动。韩韬经常散布一些挑拨离间的言论而被东总取消了会员资格。韩韬便捏造了一个惊人的密报，说"东北救亡总会与共产党勾结，联合武汉工人，准备在武汉危急时，夺取汉阳兵工厂武器，举行暴动，劫杀蒋委员长"。他还假刻盖印，伪造了一个有东总负责人签名，各部盖印的"会议记录"和"暴动计划"。这个密报是由韩韬交由齐世英转陈立夫而上呈蒋介石，企图把东总负责人一网打尽。蒋介石命戴笠严办。后经王化一辩白和专家鉴别，认定这些所谓密报是假的。戴笠一气之下，派人到国民党东北党务办事处和韩的寓所进行突然检查时，搜出了伪造文件的底稿和仿刻的印章。

这起诬告事件遂告破产。但是，戴笠对东总也是不放心的，曾于1938年8月28日突然派大批警察搜查东总，结果一无所获。事后，戴笠放风说这次搜查是CC派的报复行为。

当然，戴笠为拉拢张学良旧部与CC派抗衡，在形式上仍支持东总。阎宝航也一向主张利用CC派与戴笠的矛盾，以更有利于东总的生存开展斗争。在八一三抗战爆发的第二天，戴笠在南京以抗日相号召，成立军统局，特聘王化一为军统设计委员。王化一拿不定主意，找高崇民商议是否应允此事。高崇民找到阎宝航斟酌。他们认为，这是个机会，一为张将军的安全（张的安全掌握在戴笠手中），二为东北人士免受CC派打击，三为可以掌握国民党内部情况，机会不可放过。于是支持王化一应聘。事实上，王化一应聘后，虽然戴笠对张学良的情况都回避他。使他在任设计委员期间，未能有机会见到张学良。但王化一利用设计委员身份，为抗日，为党的事业做了不少好事。在武汉CC派对东总的诬陷事件中，东总没有受到重大损失，王化一在其中起了关键的作用。

5.3 心向延安

1937年12月12日，在汉口一家白俄餐馆里，阎宝航和高崇民、杜重远、张学思、苏子元、张希尧等正在喝啤酒。他们根据杜重远的提议，每人必须喝满12瓶啤酒，以纪念一年前张将军发动双十二的壮举。阎宝航第一个举手赞成。这一天，大家都喝完了12瓶啤酒。

阎宝航这次与东北人士的集会与其说是纪念双十二，倒不如说是借酒浇愁。张学良被蒋介石扣押后，东北爱国人士都竭尽全力开展营救行动，结果都告失败。张学良初到南京北极阁时，他的四弟张学思曾要求探望被拒绝。张学良被押送奉化时，张学思在特务的监视下同张学良见了一面。从奉化回来到达济南，张学思由冯静安介绍第二次加入中国共产党①。随后，按照周恩来的意见，张学思继续从事营救张学良工作。他先后会见了驻沧州的六十七军军长吴克仁、驻河南的五十三军军长万福麟，到安徽、河南等地会见了五十一军军长于学忠、骑兵军军长何柱国、四十九军军长刘多荃等，请他们一一给蒋介石写信，要求释放张学良。

营救张学良将军，是东总的三大任务之一。因此，东总成立后一直没有停止营救工作。七七事变后，全面抗战爆发，阎宝航认为，正值国家用人之时，蒋介石也许会恢复张学良自由。结果释张仍然是杳无音信。为此，东总党组决定抓住这个时机，加紧营救工作。当时，南京刚刚弃守，东总迁至武汉。东总党组认为由两个人出面营救最为有力：一个是张学思，一个是黄显声。党组织决定由刘澜波出面联络张学思开展营救工作。黄显声则由阎宝航出面联络。时任五十三军副军长的黄显声接到阎宝航的信，火速赶到武昌。随后同张学思一起到庐山、安庆等地，请东北政界元老王树翰、刘尚清给蒋介石写信。受张学思、黄显声之托，东北元老、国民参政员莫德惠和王树翰要求面见蒋介石。结果，遭蒋拒绝。张学思、黄显声便在上海会见了宋子文，蒋介石不予

① 张学思于1933年4月，经王金镜同志介绍，关成章代表党组织批准，成为中共党员。后与党组织失去联系。

理会，营救迄无结果。最后，黄显声和张学思托人给蒋介石捎信，表示愿意以他和张学思两人的自由换取张汉卿一人自由，蒋介石仍不予理睬。张、黄二人快快不乐地又回到了武汉。

在那些日子里，阎宝航同黄显声常有往来，每次见到黄显声都要大发感慨，大骂蒋介石背信弃义。他们在一起回顾抗战爆发后东北军的遭遇。抗战之始，由于蒋介石对抗战缺乏充分准备，面对日军大举进攻，节节败退。为削弱东北军实力，将东北军主力六十七军在汛期长途奔袭参加上海抗战。由于孤军奋战，全军覆灭，军长吴克仁殉国，蒋介石借机取消六十七军番号。这事件暴露了蒋介石削弱东北军实力的真实企图。这之后，东北军又成建制地折损，20万人马几被折损殆尽。东北军的败落，不仅满足了蒋介石一石双鸟的计谋，同时也使张学良手中又减少了资本和筹码，释放的希望更加渺茫。所以，借双十二一周年之机，大家约张学思谈一谈一年来营救经过，讨论一下未来的办法。结果，越谈越愤慨。那天阎宝航还喝了点白酒，喝得酩酊大醉。

阎宝航喝酒是从郭松龄反奉失败后开始的。九一八事变后，脱离虎口到达北平后，他喝醉了。1933年救国会被何应钦强行停止活动，他喝醉了。张学良受军法审判，他四下奉化全力营救希望破灭后，他喝醉了。这一次，他也喝醉了。不过，同以前相比，这一次，他是和同乡好友在异地他乡因营救张汉卿无望借酒浇愁。而他对抗战前途的信心却少了悲观和失落的情绪。这时候，他感到在自己背后一股无形的强大的力量在推动着他。他没有忘记组织上交给他的任务——做好黄显声的工作，向他宣传党的抗战政策，提高他的抗战必胜的信心。

在离开漳河五十三军来武汉的时候，黄显声曾先后两次将一批精锐武器和在西安熊飞处保存的一批武器通过八路军办事处安全送到延安。此事被军长万福麟所知，多次向黄索要，甚至派部队到虢镇准备强行搜取。但黄显声千方百计把这批武器保存了下来，后来黄显声组织东干队时，通过八路军驻西安办事处把这批武器安全地运送到了延安。事实上，黄显声早已对蒋介石失却了信心。东总组织营救张学良失败后，他更加认识到靠乞求、说服来使蒋介石释放张学良，是不可能的了。在武汉，他在刘澜波、阎宝航的工作影响下，产生了同共产党合作，发展东北军，使东北军在抗战中发挥更大的作用的想法。他告诉刘澜波、阎宝航，他希望能面见周恩来陈述自己的意见。

1937年12月的一天，阎宝航与东总王化一、陈先舟、卢广绩邀请黄显声到一家旅馆来。当时他的老朋友，原东北军第十二师师长张廷枢也来到武汉，阎宝航便邀他一起前来。周恩来已经在旅馆等候。

周恩来对黄显声在漳河战役中的功绩给予很高评价。他耐心地听取了黄显声、张廷枢和王化一等人对抗战的意见和要求之后，全面分析了抗战的形势和前途，鼓励大家要坚定信心，坚持抗战到底。黄显声坦率地讲述了他心中的苦闷。他说，过去蒋介石是用内战来削弱东北军，现在是用外战来削弱东北军。抗战爆发了，蒋介石仍不还我东北军统帅。东北军在各个战场上分散作战，作出很大牺牲，蒋介石却不予接济补充，长此以往，东北军前途不堪设想。他建议在中国共产党的领导下重建东北军。周恩来感谢他对本党的信任。在谈到黄显声关于重建一支由中共直接领导的新的东北军问题时说，东北军的爱国官兵和广大东北民众，抗日复土的要求最迫切，许多朋友信任本党，愿意与本党合作，我们热烈欢迎。他建议黄显声、张廷枢二位将军可先将流亡武汉的东北籍青年学生和其他爱国人士，组织一个东北干部队，经过学习和训练，到各地去组织抗日武装，开展敌后游击战争。这次谈话，从晚8时一直持续到深夜。

同周恩来谈话之后，黄显声的心情极为兴奋，说服张廷枢先行到太原召集东北军旧部，组织东干队，奔赴延安。随后便立即召集旧部和一批东北流亡学生和东北籍人士，迅速组织了一支100多人的东干队，由张学思等人带领，奔赴延安。他自己则继续组织活动，集结旧部，组成第二支、第三支东干队，再离开武汉。1938年1月12日后午3时，周恩来到黄的寓所与黄再次交谈营救张学良问题。这次谈话阎宝航没有参加，事后由王化一把全部经过通知他。在这期间，黄显声在积极组织东干队的同时，不断与周恩来见面交谈，与阎宝航、王化一等东总负责人也时有会晤。阎宝航了解黄的性格，非常担心他会引起国民党当局的注意，几次提醒他有所戒备，黄不以为然。阎宝航还专门向周恩来汇报过自己的想法。一天，黄显声在《大光报》编辑部宿舍与几位东北军中下级军官等几十人交谈，他毫无顾忌地痛骂蒋介石，越说越激动，赢得与会者的喝彩。1938年1月末，黄显声组织了第二支东干队，作好离汉赴陕的准备。这时，周恩来通知他迅速转移，立即停止公开活动。黄显声认为，自己做事光明磊落，没有必要躲躲藏藏。1938年2月2日晚，黄显声被国民党特务骗出家门，秘密逮捕。[①]

2月3日上午，黄显声夫人找到刘多荃、万国宾说，黄显声昨夜被人找走，一去不返。二人很惊慌，立即找到阎宝航和王化一，请其设法营救。大家经过分析，认为这是秘密逮捕，定是军统特务所为。阎宝航立即和大家去找戴笠要人，戴不承认，说他根本不知道黄被捕的消息，可能有别的意外。万国宾便说他在一个文件上看到写有蒋先生亲批“拘审”二字，确信政府已将他逮捕，不会有其他意外发生。戴当时听了表现很不自然，答应问询明白再为设法。第二天，阎宝航又约刘、万二人一同去找宋子文，请其向蒋、戴说情。3月8日，阎宝航、王化一分别找到戴笠，提出保释黄显声。戴笠知隐瞒不住，便推卸说：“宋部长和我说了，但是此案是康兆民[②]签呈的，又是委员长亲批，案情严重，暂时不能保释，稍缓再为设法。”并告说，黄显声已转押武昌行营，归第二科办理。阎宝航遂与王化一当即在武昌要求面见黄显声，终未获准。接着，阎宝航又与王化一发动东北知名人士刘哲、莫德惠等联名向蒋介石提出保释黄显声。

本来是秘密逮捕，却搞得外面全知道了，气得蒋大骂戴笠。戴笠一气之下，将密告黄显声的特务张碧天以泄露机密的罪名关起来，此人因此精神失常，后死于狱中。阎宝航等的营救行动，暴露了蒋介石丑行，为各方面的营救提供了依据。蒋介石一时陷于被动局面。后密令将黄显声押解湖南益阳，又转移贵州息烽。1946年军统撤销后，黄被解往重庆歌乐山下的中美合作所内的渣滓洞。1949年重庆解放前夕，蒋介石亲自下密令将囚禁于重庆的共产党员和进步人士全部杀害，其中包括黄显声[③]。没有营救出黄显声，这是阎宝航一生中深感懊悔的另一件事。

全面抗战初期，国民党军队主要担负正面战场的作战任务，是比较努力

---

① 王化一：《我们记忆的黄显声将军》，《革命史资料》第11辑，文史资料出版社1983年出版，第67页。

② 康泽的别字。

③ 经东北军党史组通过中共中央组织部查证：黄显声系中共特别党员，1936年8月入党。

的取得一些战斗和战役的胜利。但由于国民党坚持片面抗战路线，实行消极防御的战略方针，终于招致正面战场的大溃退。同时，蒋介石借日本侵略者的手，削弱和消灭共产党的企图没有实现，共产党不但没有被消灭，反而更加强大了，这不能不引起蒋介石集团的恐惧和仇视。随着日本侵华策略的改变，蒋介石开始由抗日转移到投降反共方面来了。作为生活在国民党营垒里的秘密共产党员阎宝航，对此深切地感到，蒋介石的抗日本出于被迫，所以在上海南京失陷，蒋政府迁往武汉时，妥协投降的阴谋活动亦在进行中。

孔祥熙曾在武汉中央银行邀集抗日爱国人士，公开宣称“没钱打仗”，提出“抗战不如参战，参战不如观战”的荒谬观点，被阎宝航称其为“三战论”加以讽刺。当时，蒋政权抗战势头锐减，中国共产党反对妥协投降运动也及时展开。以董必武为首的中共代表联合当时在武汉的各界爱国人士奔走宣传，坚决反对蒋政权妥协投降活动，阎宝航则以东北救亡总会代表身份，参加公开活动。当时蒋政权对抗日爱国人士加以种种威胁迫害，“但我在党的领导和爱国同志的互相鼓励下，坚决奋斗。我曾与范长江同志于一月夜在江岸散步，谈及斗争之紧张严重时，彼此会心一笑地说：‘这也许就是我们的最后归宿地。’”

1938年1月，国民政府决定改组军事委员机构，按照第一次国共合作时期北伐军的经验设立政治部。政治部的领导权由蒋介石嫡系人物陈诚把持（部长），以便控制军队和民众运动。同时邀请周恩来任副部长，郭沫若任第三厅厅长。这样，第三厅在周恩来、郭沫若的领导下，聚集了一大批致力于抗日民主运动的进步文化人士，开展对敌、对国外宣传，成为国统区抗日民族统一战线的一个重要阵地。

阎宝航时任政治部战地党政设计委员，参与第二厅、第三厅工作。这时，阎宝航已正式辞去了新运总会副总干事职务，他利用设计委员这一职务，不失时机地同国民党的片面抗战路线作斗争。一次，阎宝航以设计委员名义参与第二厅工作会议，厅长康泽以国民党中央宣传部制定的民众组织训练办法为题，讨论拟定抗战动员民众条例。其间，戴笠在家设便餐招待东北人士，阎宝航被邀居首席。席间谈及康泽拟订动员民众抗战条例一事，阎宝航对他们说，我曾对康泽办法提出批评，原中央宣传部所拟订的组织训练民众的办法，完全是限制民众，何从谈起动员。若真动员民众起来抗战，就不能限制民众。戴笠即满面红涨地说：“你这是给共产党张目。老实说，我们是病汉，共产党是壮汉，我们不但不和他们赛跑，还要限制他们跑。若照你的主张去动员民众，那就给共产党创造机会。”阎宝航不甘示弱地说：“问题是我们不抗战，那就无话可说。如果要抗战，就要动员民众，而不可限制民众。”这样双方针锋相对，举座惊愕，不欢而散。戴笠留住阎宝航说道：“玉衡兄，你是社会上有地位的人，言论有影响，以后有机会，我们再仔细谈谈，使你好好了解我们的政策。”[①]此后，戴笠不但未再邀他去谈，却派特务跟踪他，康津也不再找他参与其事。

对这件事，阎宝航曾作过反省，组织上也曾指示他，在国民党的营垒里，为了某种特殊任务，也可以讲些对国民党的奉承话，甚至说点对共产党的批评话。他认为，岂能这样。为复土还乡，无论是在东北时还是在救国会工作时，如果对国民党采取阿谀奉承的态度，反而会引起他们的怀疑。他说：“我一贯站稳爱国的正大立场，我的社会地位，特别是在东北的社会地位，全国爱国人士和进步青年对我的同情和支持，加上过去几年中在蒋政权中取得的声望，以及和国民党上层的种种关系有利条件，断言特务不敢轻易动我。也正因为我有上述的条件，才能担负并完成组织上在这以后交给我的特殊任务。”[②]

1938年，阎宝航在武汉送长女阎明诗赴延安临行前合影。阎明诗为表革命的决心和勇气，特意剪短头发

1938年，日军在占领上海、南京

① 于毅夫：《东北抗敌阵亡将士追悼大会速写》，《反攻》1938年第1卷，第6期。
② 《阎宝航自传》，未刊稿，中共中央组织部档案室。

之后，开始威逼武汉，战火愈燃愈烈。许多人离开武汉，流亡巴蜀。而正在成都金陵女大就读的阎宝航的大女儿阎明诗却放弃学业，参加首都平津学生救亡宣传团工作，来到武汉。她对父亲说："我应该去做群众工作，揭露敌人的残暴，宣传抗日救亡。"阎宝航支持她的想法，说："你应该去学习革命的道理，先去找周先生谈谈吧。"[①]阎明诗来到十八集团军驻武汉办事处，第一次见到她崇拜的周伯伯。明诗向周恩来表示去延安的迫切心情。几句对话使她紧张的心情得以缓解，周恩来最后问她：你能吃得苦吗？明诗把声音提高，响亮地回答："能！我能吃得苦。"为了表示吃苦的决心，她把一头乌黑的秀发剪得像男孩子一样短，并和父亲一起照相留念，以表示坚定的革命决心。就这样，阎明诗带着周恩来的介绍信，登上了开往西安的火车。阎宝航望着北去的列车渐渐远逝，噙在眼里的泪顺着面颊淌了下来，火车的汽笛声划破了夜空……

1938年7月，在重庆的高素桐送长子阎大新、二女阎明英赴延安临行前合影。从右至左：阎明智、阎大新、阎明复、高素桐、阎明英、阎明光

① 曹峥岩：《从事特殊斗争的优秀共产党员》，《社会科学战线》，1982年第2期。

阎明诗1938年5月到达延安，进入抗大学习，同年7月加入中国共产党。她在延安一呆就是4年，主要学习军事技术、马列主义，学会两种以上外语。当时在抗大学习期间经常能看见毛主席、周总理、朱老总，跟他们打招呼，他们都能叫出阎明诗的名字。不久，阎宝航把18岁的阎大新、16岁的阎明英、15岁的阎明智也先后到了延安。阎大新分到瓦窑堡抗大一队，培训了3个月就赶赴抗日前方了。

5.4 抓住抗战到底的“底”不放

1938年10月，中国军队在保卫大武汉会战中失利，国民政府不得不放弃武汉迁往重庆。按照中共长江局的指示，东总党组讨论了在紧急情况下东总的撤离与工作布置，决定东总分四路撤离武汉：陈先舟、张希尧率一部分会员撤往西安，会同在西安的高崇民、车向忱、卢广绩等东总负责人，加强东总陕西分会工作；刘澜波、张学思等撤往延安，建立延安分会；于炳然、刘丕光率一部分会员撤往衡阳，以便联合两广及湘赣等地会员及东北流亡同胞创立东南分会。阎宝航和于毅夫则率东总总部迁往重庆。

东总迁重庆之初，在重庆村17号阎宝航家办公。东总党组成员都住在这里。董必武曾亲自到阎宝航家，宣布组成新的东总党组，由于毅夫任书记。东总党组由中共南方局领导，在周恩来、董必武直接领导下工作。新的东总党组成员除阎宝航外，还有徐仲航、韩乐然、于炳然，后又增加陈先舟。东总仍采取武汉时期的主席团制。①成员有阎宝航、高崇民、王卓然、王化一、卢广绩、陈先舟等。秘书长于炳然。东总的随迁机构秘书处、宣传部由阎宝航、于毅夫负责；抗日统一战线的工作仍由阎宝航、陈先舟负责。国民党五中全会后，阎宝航按照党的指示，以东总的负责人身份更加积极地开展工作。

抗日战争进入相持阶段，日本帝国主义在灭亡中国的总方针下，对其侵略战略和策略作了一些调整。在把主要兵力用以打击八路军、新四军的同时，把对国民党政府以军事进攻为主、政治诱降为辅的方针，转变为政治诱降为主、军事打击为辅的方针。1938年12月，国民党副总裁汪精卫在南京成立傀儡政权后，国民党政府中对日妥协逆流开始蔓延。在这种形势下，国民党政府的政策也由积极抗日转变为消极抗日，积极反共的政策。东北救亡总会和它的每一个成员，都面临重大考验。

1939年1月，蒋介石在国民党五届五中全会上讲话，声言要“坚持抗战

---

① 于毅夫：《周恩来同志与东北救亡总会》，《西安事变资料》第2辑，人民出版社1981年4月版，第214页。

到底”，但他所说的“抗战到底”的“底”，是“恢复七七事变以前原状”。同时，他还声明“吾人绝不愿见领导革命之本党发生二种党籍之事实，更不忍中国实行三民主义完成革命建国一贯之志业，因信仰不笃与意志不坚，致生顿挫”。会议还确定了“溶共”“防共”“反共”的方针，设立了专门的“防共委员会”。所谓“恢复七七事变以前的原状”，就是说，蒋介石主张的是，只要保住华中、华南和部分华北的利益，东北和部分华北地区可以让给日本。就是蒋介石所谓抗战到底的底线，其时也暴露了他反共的真实意图。

此论一出，阎宝航勃然大怒：身为中国抗战的“最高统帅”，怎么能这样轻易把领土让人，这不啻是对中华民族利益的拍卖，更是对多年来一直为复土还乡而奋战在关内外的广大东北同胞的背叛。

抗战到底的“底”到底在哪里？这年6月30日，毛泽东在《反对投降活动》一文中，表达了中国共产党抗战到底的立场，指出：“我们共产党人公开宣称：我们是始终站在主战派方面的，我们坚决地反对那些主和派。我们仅仅愿意和全国一切爱国党派、爱国同胞一道，巩固团结，巩固抗日民族统一战线，巩固国共合作，实行三民主义、抗战到底，打到鸭绿江边，收复一切失地[①]，而不知其它。”为此，中共南方局领导人周恩来、董必武、叶剑英、邓颖超等多次指示于毅夫、阎宝航：“流亡关内的东北军、东北同胞要团结起来，坚持抗战到底，打回老家去，要把东北救亡总会办成一个同乡会，团结一切可以团结的东北同乡，尽管有各种不同立场，只要不愿当亡国奴的都可以联合起来共同抗日。”根据这一指示精神，阎宝航和陈先舟等东总党组成员从做好上层人士抗日统一战线工作入手，和在重庆的爱国人士、团体统一认识，坚定复土还乡的决心，与蒋介石投降妥协政策进行针锋相对地斗争。

1939年春，阎宝航联络在重庆的各方面人士赵康、张申府、王葆真、谢大祺、张柏亭、黄炎培、曾琦、梅武彬等50余人，将他们请到家里，协商成立游击区抗敌工作协进会组织。在国民党政府加紧推行投降反共政策的时期，阎宝航能同这些不同党派的人士坐在一起，共商抗日大计，协商共同组织抗

---

① 1939年1月，蒋介石在国民党五届五中全会上说出他的所谓抗战到底的“底”，是恢复卢沟桥事变以前的状态。毛泽东因此特别提出抗战到底的界说，是“打到鸭绿江边，收复得一切失地”，以对抗蒋介石的投降政策。

日团体，难能可贵。当然，在协商组织协进会过程中，国民政府社会部派人参加监视，使组织协进会的工作更加困难。但由于阎宝航出色地活动，促使各派人物在抗日救国的旗帜下，求同存异，拟定了章程，并呈报社会部立案。但如此众多的国民党要员和社会名流共同组织抗日团体，参与拟定章程，蒋介石十分惊恐，一面假意称赞“会章所载尚称详尽，足见爱国忧时，同仇敌忾。殊堪嘉慰”；[①]一面又暗示社会部不准立案。最后，社会部则以“军委会已有此战地党政委员会之设立，更无组织此团体之需要”[②]，把阎宝航精心组织的游击区抗敌工作协进会打入冷宫。

1940年4月，阎宝航联络在渝的东北讲武堂同学会、东北抗敌建国协会、东北青年会、辽吉黑热旅渝同乡会、东北论坛社等团体，在重庆青年会举行聚餐会，欢迎从抗战前线归来的东北将领。席间，阎宝航致辞，希望乡人能够精诚团结，奋勇杀敌，抗战到底，打回老家去。5月18日，辽吉黑旅渝同乡会在一心花园聚餐，除阎宝航出席外，还有万福麟、邹作华、马亮、马愚忱、龙竞、韩幽桐、韩立如、王化一、陈先舟、于毅夫、王殿之、关梦觉、邓建中、徐仲殷、田雨时、王迴波16人，席间大家一致表示要“精诚团结，同乡会要特别注意互助，对于失学业的青年和同乡都应该想些具体的办法”。对于四省府工作，大家提出“希望四主席能够领导流亡9年的关内东北同胞打回老家去”。阎宝航和陈先舟等还与马占山绥远挺进军驻渝办处、何柱国骑兵军驻渝办事处、五十三军军长赵镇藩、四十九军军长刘多荃等保持密切联系，经常向他们赠送《反攻》杂志，鼓励他们团结起来，坚持抗战到底，收复东北。这年，阎宝航还利用纪念东北沦陷9周年活动之机，注意做好东北元老和名流的工作。他和陈先舟经常走访住在重庆南山的莫德惠、刘哲、李杜、邹作华、万福麟，[③]同他们叙旧，共同讨论如何看待国共两党关于抗战到底之“底”的主张。这些人对共产党有这样那样看法，但他

① 中国第二历史档案馆：《国民党战地党政委员会呈文》1939 年。

② 中国第二历史档案馆：《国民党执行委员会密函》1939 年。

③ 南山五老：刘哲（张作霖时代的教育总长）、李杜（国民党委任的东北抗日联军总指挥）、莫德惠（张作霖时代的奉天省长）、邹作华（张学良时代东北炮兵司令）、万福麟（原黑龙江省督办）。

们都赞成共产党抗战到底的主张，这就是打到鸭绿江边，解放全东北。阎宝航的耐心工作，促使他们公开表明收复东北抗战到底的决心。在九一八事变9周年这天，莫德惠发表题为《告东北同胞书》的广播讲话，郑重声明要“抗战到底，收复东北”。他们还在《反攻》上发表文章，指出：所谓东北并非抗战到底的“底”，收复之事可以稍缓的谬论，毫无存在价值。所以国人对于东北的重要，应更深刻地认识，切勿为无耻的谰言所欺骗和动摇。

阎宝航还注意联络和团结国民党官办团体东北协会、东北党务办事处负责人齐世英、梅佛光、高惜冰、王德溥等，向他们反复阐述牺牲东北，必为东北人民所坚决反对，为全国人民所唾弃，将遗臭万年的道理。对政学系的吴焕章（立法院委员）也晓明大义，促使这两个团体中的大多数人愿意在抗战到底的“底”的问题上，与大多数东北同胞站在一起开展救亡。在蒋介石转向消极抗日，积极反共后，阎宝航很好地执行了党的统战方针，同这两个组织中追随蒋介石的一小撮顽固派进行了有理、有利、有节的斗争，争取了相当一部分人站到抗日统一战线方面来。

明光与明复

为了坚持抗战到“底”，阎宝航经常组织和积极参加东北流亡人的各种爱国活动。在重庆时，东北乡亲经常举行募捐游行，有时还在晚上打着火把游行，从都邮街经两路口、上清寺、林森路到国民政府，一路唱着《打回老家去》等抗日歌曲，并进行募捐。那时阎宝航的女儿明光、明复年纪小，参加游行时走不动，叔叔们背着走、牵着走。每逢九一八纪念日，东北乡亲还要聚会，每次总有几十人。阎宝航和一些东北知名人士高崇民、王卓然、王化一、陈先舟、徐寿轩、孙一民等，在会上慷慨激昂，发表演说。每次开会还有一些朝鲜人参加，如大韩民国临时政府主席金九、外交部长赵素昂等。会议结束时，大家便不由地站起来，含着眼泪唱《流亡三部曲》。每次会议完后还要过长江到南岸去看望流亡的东北元老莫德惠、马占山、万福麟、李杜等。他们和老家有联系，东北老家给他们送一些高粱米来，大家就吃高粱米饭，怀念盛产大豆、高粱的黑山白水。

九一八事变后，国民党东北四省的政治机构已不存在，只有徒有其名的抗日联军总指挥部和东北党务办事处。国民党是否决心收复东北失地，恢复东北四省的政治机构是一块试金石。几年来，阎宝航和东总领导成员一直把要求东北政治机构的恢复作为中心任务之一。

阎宝航在这篇文章中还提出一个重要设想和建议，这就是这个东北地方政权应该设在何处的问题。他说道：

有人主张应设在中央政府的所在地，理由是因为在东北不能行使职权。我们的意见是，为了使这一政权名副其实地领导起来东北人民的抗战工作，为了使这一政权能与东北的伪政权针锋相对，为了使这一政权能动员千百万的东北民众积极参战，无论如何应该设在东北——最好是设在东北人民抗日力量最雄厚的地方。

对于东北政要的人选问题，阎宝航也有他的想法，他说：

关于人选问题，我的主张应在东北人中，遴选有声望、有地位、有才干、有号召能力而能点起我们所希望的任务者担任之。

东总在武汉时期就召开了多次会议，向国民政府提出了恢复东北政治机构的要求。阎宝航曾为此建议国民参政会东北参政员杜重远、王卓然等，请他们在国民参政会第一次会议上提出这一议案。他认为，恢复东北地方政权问题，有非常重要的意义：一方面从政治上表示不忘东北，不忘东北3500万同胞，给东北抗联及其他民众武装以鼓舞；另一方面与抗战前途有密切关系，“粉碎敌人分化中华民族的诡计，给国际间以正确的观感”。为敦促国民政府尽快实施这一提案，东总以国民参政会为重要场所，反复阐述这一主张。1939年9月，在第一届四次国民参政会上，参政员、东总主席团成员王卓然在会上发表意见，敦促国民政府从速恢复东北行政机构。东总的这一要求，得到了各民主党派和各阶层民主人士的支持。国民政府终于允诺组建了辽宁、吉林、黑龙江、热河四省政府，对此，阎宝航发表讲话，指出：

据闻，恢复“东北政治机构”问题，政府最近已有决定，或许采用别种方式和名义，不论何种方式和名义，决定发表一种机构，是不成问题了，这真是好消息！

当前，我们要注意的，不是这个组织的方式和名义，而是要明了他的意义和任务，并且如何运用发挥它的功能。

首先，对东北同胞来说：政府这个决定，是说明政府不但没有忘掉被压迫被蹂躏的三千五百万东北同胞，而且，要从全民抗战胜利中，去拯救他们，解放他们，决定收复东北的领土主权！八年来苦闷彷徨的东北同胞父老，听得这个好消息。当如何的欢腾鼓舞，而更能坚定他们对于国家民族的信念啊！

其次，对世界来说：政府此举，是将郑重表示我们神圣的领土主权，必须完整恢复，这就是我们抗战到底的最低限度，和抗战胜利的最后目标。

再次，对敌伪来说：八年来，强奸民意，诬蔑我东北同胞的“伪满”，在政府将来发表这个新东北新机构之后，这是宣告“伪满”的死刑，和他的必然毁灭，这正符合了东北同胞及全国同胞八年来对“伪满”的预断！

以上所述，是说明我们所期待发表的东北新机构的重大意义，至于他的任务，则可以数言蔽之曰：“收拾振奋东北同胞人心，坚定国家民族信念，积极发挥抗敌力量，从事于瓦解敌伪组织，达到东北领土主权之完整收复，中华民族之完全解放”而已！[①]

在这篇文章中，阎宝航再一次阐述了他“抗战到底”的最低限度，以及衡量抗战胜利的最后目标，说得有理有据。

1939年11月24日，东总就恢复东北政治机构问题，在重庆座谈会。在这次座谈会上，阎宝航提出了要促成一次运动来促进恢复东北政治机构的问题。他主张，要把东总的干部组织起来，配备在适当地点，布置基础，布置进入东北的前卫。同时集中东北各方面人士，设计收回东北失地的计划。他说，“我们要把收复东北的声浪再提出，让它高涨起来，唤醒和加强

① 《东北人对东北问题的意见》，《反攻》，第6卷，第6期（1939年9月16日）。引文中着重号为作者所加，

那些已经陈旧了的灵魂。”他的意见，得到与会者的赞同。为此大家认为，应特别努力做好各方面的团结工作，尤其是下层工作，做好收复东北在政治机构的准备工作。

1940年5月2日，国防最高委员会以国治字第9470号公函，告知国民政府该会第31次常务会议决议：终于正式组建了辽宁、吉林、黑龙江、热河四省政府。国民政府于1940年5月3日明令发表：任命万福麟为辽宁省政府委员兼主席、邹作华为吉林省政府委员兼主席、马占山为黑龙江省政府委员兼主席、缪澂流为热河省政府委员兼主席。阎宝航为东总领导东北同胞复土还乡斗争的胜利感到十分高兴。这不但使东北同胞大为振奋，就是全国同胞也为之振奋！这缘故就是因为东北四政府之改组，表示政府抗战到底的“底”是包括东北四省在内的，一切主张抗战到底的“底”是恢复七七事变以前的状态，一切主张中国领土主权完整只限本部十八省的，以及要把东北四省奉送给敌人而干脆承认伪满的汪逆精卫，在政府这一严正的表示之下，自然会黯然无光的！

在《反攻》杂志创刊两周年前夕，阎宝航、于毅夫、陈先舟以编辑部名义邀请冯玉祥为该刊撰文，谈谈对抗战到底的看法。不久，冯玉祥派人送来一篇题为《把日本强盗完全赶出中国去》的文章。文章中指出：“如果有人问‘什么时候才算抗战到底，什么时候才算是抗战胜利？’回答很简单而且只有一个，就是收复东北，把日本强盗完全赶出中国去。”文章对“我们只需要保持本部十八省领土与主权完整”的言论，给予严厉批驳，指出：“这种论调真是丧心病狂之论。”

5月12日，重庆东北救亡总会专门召集会议，就“东北四省政府改组”问题进行探讨。出席会议的有阎宝航、于毅夫、丘琴、舒展、陈先舟、王国章、刘琳、丁强、杜弘如、秦笠、郭仁、孙秀林、徐仲航、孙其如等，大家就东北问题畅所欲言，认为“东北政治机构，已由中央用改组四省政府的手续恢复了。这是值得我们全体同乡深深庆幸的。东北救亡总会几年以来，就以要求东北政治机构的恢复为中心任务之一。这事的意义非常重大，希望大家尽量交换意见，将来把记录在《反攻》上发表，一方面可以表示我们的态度，另一方面也可以作为本会会员工作上的指导。”阎宝航在谈到四省政府改组的原因及经过时说：

恢复东北政治机构，原是东北同乡间的一种政治运动，这一运动原在武汉的时期，就已经开始了。当第二次参政会开会的时候，同乡们就曾推动东北籍的参政员，把这一问题提出。到渝以后，个人方面，有许多与中央有关系的人，仍然继续不断地推动此事。团体方面如本会及各东北团体等也都继续积极推动此事。兄弟到渝以后，在去年九月对此事的内容和任务等也曾供献意见。几位东北朋友曾共同见过孔院长一面，另外，张岳军、①李仕潮诸先生也都见过。后来政治部陈部长又召集东北同乡谈过一次话。那一次，到会东北同乡有万福麟、马占山、李杜等。陈部长的意思是想谈一谈关于争取伪军反正的问题，但是大家认为争取伪军反正与恢复东北政治机构的关系极大，遂又把此事提出。最近两次，在参政会方面的推动，以及各方的努力，此事终底于成，使关内外东北同乡得了极大的安慰。

中央所以发表此事除了东北同乡积极推动是一个原因外，也还有别的原因。

自从汪逆逆行伪组织以后，即积极出卖中国尤其是东北，东北同乡以及东北军人无不恨之入骨，中央为了安抚东北同胞以及东北人，提高他们的抗战信心，针对汪逆的阴谋，打击汪逆，也是促成这次发表的原因。

我们深信，东北同胞不会当汉奸，但是几年以来，东北同胞彷徨不安，也是事实。为了这点，中央此次改组四省政府，确是贤明的措施。是值得庆幸的。

东北沦陷已经八年，在这八年的亡省状态中，东北同胞不拘是在关内的或关外的，对东北政治机构的恢复，都在一致要求着，东北救亡总会始终站在东北同胞的前边主张此事的实现。我想，这都是促成此次改组的原因。实际上，东北抗日力量的产生和不断的发展，也就是在那里恢复机构。②

针对蒋介石的抗战到底之“底”的谬论，阎宝航还组织了大量的文章在《反攻》上发表。他和东总负责人高崇民、陈先舟等为统一各党派、团

① 即张群。

② 阎宝航在东总于1940年5月12日在“关于恢复东北政治机构问题”座谈会上的发言。《反攻》，第8卷，第5期。

体和东北爱国人士对抗战到底之“底”的看法，做了大量深入细致的工作，取得共识。各党派、团体不但联合召开会议，批评蒋介石的错误观点，还纷纷公开发表言论，支持东总关于“抗战到底就是收复东北失地，打到鸭绿江边”的观点。1939年6月15日，陈诚邀请东北元老及在渝的东北各团体负责人座谈，他说：国民党中央在此时重新解释抗战到底的原因，是“因汪精卫之徒企图把东北和华北一股脑送给日本，滥造谣言，煽动视听”。而抗战到底，“最低限度要恢复‘九一八’以前状态，最低限度要恢复中国领土主权之完整”。陈诚的讲话仍无法平息人们对国民党政府的批评，迫使蒋介石不得不在九一八事变10周年这天，再次发表《告东北同胞书》，对他的抗战到底之“底”重新解释。他说：“我们东北同胞与全国同胞的生命是整体的，东北四省的土地与全国的土地也是整体的，不容有寸土分割。我们整个民族和整个领土，是存则俱存，亡则俱亡，生则同生，死则同死，这是我们天经地义的道理。”对比他一年前对这一问题的解释，有着根本性的区别。这是人民斗争的结果，东总斗争终于取得胜利。这场关系中国人民抗战前途的大论战，是抗日战争进入相持阶段后，直接参与的国共两党开展的一次影响较大的斗争。在这场斗争中，阎宝航发挥了他特殊的作用。

5.5 苦撑《反攻》阵地

东总成立后，把扩大抗日宣传工作列入东总六项中心工作之一，经常组织讲演团、报告团、办剧社、进行舞台和街头宣传。1938年2月，东总开始创办《反攻》半月刊，由宣传部正、副部长于毅夫、关梦觉担任正、副主编。由著名爱国人士沈钧儒题写刊头，卢广绩以杂志社社长的名义在国民党中央宣传部登记，使其成为合法刊物。东总以《反攻》为阵地，笔杆子为武器，用极其锐利的笔锋，向日本侵略者发起了反攻。《反攻》被人们赞为国统区的一盏明灯，是抗日复土的号角，是研究东北乃至华北的权威刊物。东总在武汉时期，是宣传工作最为活跃、最有成效的时期。

在武汉时期，阎宝航分管东总党内的统战和关外指导工作，但对宣传工作，特别是对《反攻》杂志特别关心，不但自己为《反攻》写文章，还亲自为《反攻》组织稿件。东总迁至重庆之后，党组决定阎宝航和于毅夫分管宣传工作，《反攻》的出版发行就自然地落在了他们的身上。1941年皖南事变后，国民党顽固派加紧迫害共产党人、各民主党派和进步团体，在设立东北四省政府期间，他们以平、津等地区的东北人民团体错综复杂，派系分立，缺乏统一领导为借口，攻击东总是“军阀残余集团”、是“中共外围组织”等。

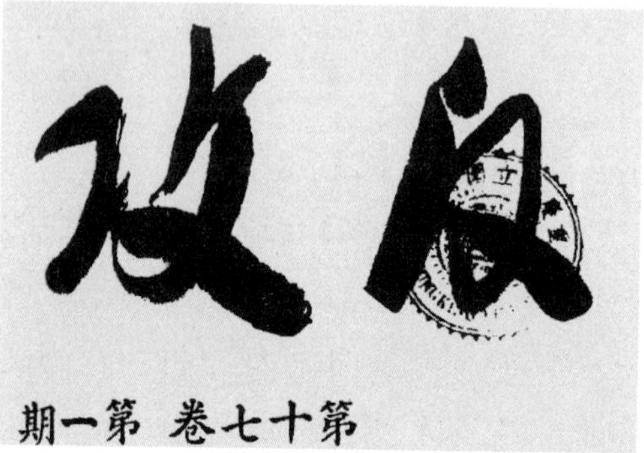

《反攻》杂志刊头

1941年4月2日，国民党第五届中央全会推举吴铁城为中央执行委员会秘书长，对于整理取消民众团体一事，即由吴铁城会同教育部长陈立夫负责。[①]7月21日，吴铁城举行谈话会，召

① 国民党中央第177次常会决议：“组织指导东北人民团体党团，派吴铁城、陈立夫两委员为指导委员，指导各团体之活动，并拟定整理计划密交社会部执行。”

集各民众团体负责人参加，意在动员各团体合并新团体。当时出席会议者有阎宝航、刘尚清、梅公任、王宪章、李永新、于斌、张鸿图、马亮、卞宗孟、彭济群、郭任生、陈先舟、王星舟、齐世英、杨致焕、黄恒浩，由陈立夫担任主席，各人就取消原有团体，成立新团体问题发表意见。在会上，阎宝航代表东总慷慨陈辞，坚决反对东总与东北协会等团体合并，取消东北救亡总会。会议不欢而散。8月21日，吴铁城请陈立夫在上次参加会议人员名单中圈定10人，以便定期约谈作具体决定，陈立夫仅圈定刘哲、莫德惠、于斌、阎宝航4人。有人猜测，这样做的目的“很可能就是为了避免两派意见之争，干脆都不请教，由旁观者乃至党外人士来提供客观的意见，显然这是个比较有效的方式”①。但阎宝航并非他们所说的“党外人士”或“旁观者”，他在商谈中巧妙地否定当局关于取消原有团体，成立联合团体的意见，使有关调整工作搁置下来。

1942年4月，国民党中央通知东北救亡总会、东北协会、东北抗敌协会、东北青年学会等团体于4月15日前自动结束。5月30日，由国民党CC派和军统两个特务组织合谋，以取消原有东北各团体，另组一个总的团体为理由，组织成立了由CC派把持的东北四省抗敌协会，至此，东总即行撤销。东北协会本来就是专门反对东总而成立的国民党CC派官办团体，既然已经搞垮了东总，它也就无所谓撤销不撤销了。

中共南方局对东总表示了极大的关注和支持。周恩来、董必武指示东总要转变斗争策略，指出：“只要东北救亡总会的牌子、《反攻》的牌子存在，蒋介石便很难出卖东北，以这样的团体和刊物跟国民党作斗争。”②遵照党的指示，阎宝航和东总党组负责人陈先舟商议，《反攻》已成为东北救亡的一面旗帜，一定要利用《反攻》这个阵地，继续开展东总的工作，把东总这面大旗扛到底。为不致遭到非议，原由卢广绩任社长的《反攻》改由在国民党政府中任职的王化一、王卓然为发行人和主编，并在国民党内务部再次登记。这样，在东总被撤销后，《反攻》能合法存在。由于东总党组成员刘

---

① 陈立文：《从东北党务发展看接收》，东北文献杂志社2000年10月出版，第104页。

② 于毅夫：《周恩来同志与东北救亡总会》，《西安事变资料》（第二辑），人民出版社1981年4月版，第223页。

澜波、于毅夫早在国民党发动第一次反共高潮时期就离开重庆，留在重庆的东总负责人除阎宝航外，还有陈先舟、王卓然、王化一和高崇民。王卓然、王化一就职于国民党政府，而阎宝航的公开身份是军委会政治部党政设计委员、东北各团体联合部会赈济委员会组长，同时又经商。陈先舟公开身份也是经商。所以，这时领导《反攻》杂志的工作只有由高崇民来承担。

高崇民是于1942年4月初来到重庆的。1940年，到新疆开辟工作的杜重远被盛世才软禁。高崇民闻讯，立即动身来重庆准备活动戴笠给予通融，必要时去新疆。到重庆后，戴笠托词不见，实际已把他限制在重庆。这样一来，却使东总的领导得到加强，《反攻》的出版也成为可能，这是戴笠所始料不及的。1942年5月，东总从领事巷14号搬出来，在重庆猫儿石李家坪37号高崇民居所前，挂起了由郭沫若题写的“反攻杂志社”的牌子。

坚持《反攻》阵地谈何容易。出版经费除中共重庆办事处给少量补贴外，主要靠各方面筹措，常有断“炊”之虞。同时国民党为《反攻》的出版发行设置了重重障碍，他们迫令市内印刷厂不准承担《反攻》的印刷。后经大家努力，陆军经理杂志社印刷所所长陈彦之冒风险承担了印刷任务。由于担任《反攻》编辑的共产党人都已离开重庆，经郭沫若同意，将当时在郭老领导下的抗敌文化工作委员会的刘砥方、绿川英子[①]夫妇借调来该刊担任编辑，同时还约请张兆麟、白振铎、聂长林等在该刊从事编辑工作。为了解决出版经费，大家从自己的生活费中挤出一部分。高崇民在前妻过世后，把他和王桂珊结婚时得到的资助，都作为出版之资，甚至把已故夫人留下的首饰变卖资助《反攻》。尽管如此，对坚持《反攻》出版仍然是杯水车薪。

在重庆时期，阎宝航在国民党的营垒里先后在十来个岗位上任职，而他的真正工作和岗位则是东总党组成员和主席团成员之一。因此，在东总被取消后，坚持《反攻》这个阵地，是党交给他的任务。他经常和《反攻》的主要编辑人员谈话，鼓励他们“一定要把刊物办好”，他说：“要重视舆论宣传，

① 绿川英子：（1912—1947），原名长谷川照子。1936年与中国留学生刘仁（原名刘砥芳）结婚。1937年4月，随刘仁来到中国，参加上海世界语协会工作。上海伦陷后，辗转到达武汉、重庆，从事对日广播和抗敌文化工作委员会工作。抗战胜利后，参加东北民主政治协会工作。1947年1月病逝。

要使咱们的主张，咱们的奋斗目标，为人们所了解，乃至拥护，这是需要进行多方面的宣传工作的。《反攻》半月刊就是咱们的宣传阵地。它也是惟一宣传东北人民在家乡的斗争、苦难生活、流亡关内的东北人颠沛流离以及在抗日战场上的英勇杀敌，和今后奋斗目标的刊物。”除此之外，阎宝航想尽一切办法，在经济上资助《反攻》出版发行。

1940年春，阎宝航到重庆住军政部署第五十兵工厂福利处任处长。为了资助《反攻》，他开始走经商之路。

重庆第五十兵工厂厂长江杓特邀阎宝航去兼任该厂福利处处长。阎宝航说：“我的颜色红，恐对你不利。”江不以为然。阎又说：“重庆城内俗务缠身，势难兼顾。”[①]江则允阎宝航每周从重庆到郭家沱五十兵工厂二三次办公。据王国章回忆说：“阎到厂后江杓设宴接风并请了冯庸，邀我去作陪，阎公谈笑风生，看出来他为人豁达心胸开朗。”后阎宝航便欣然就任福利处处长之职。在这里，阎宝航热心筹划改善工人生活，工作得心应手，很受工人欢迎。不久，时为参谋总长的何应钦知悉。何应钦一向对张学良心怀不满，对东北爱国人士自然成见甚深。特别是阎宝航在怀仁堂反对解散救国会时与他软中带刺的抗议，他一直记恨在心。西安事变后，阎宝航受宋氏兄妹之托去西安安抚东北军、西北军将领后，回到南京来见他的那次，何本打算以权势刹刹阎的锐气，报怀仁堂一箭之仇。不想阎宝航并不理会，不动声色地告辞，径直去上海会见宋氏姐妹去了。这次，他得到阎在兵工厂任职消息，遂勒令兵工署署长俞大维驱阎离开。何对俞说：“你怎么把一个共产党搞到兵工厂来了？”俞认为，此人很有才干，工作很有成绩，便争辩说：“阎的思想还没有我左呢！”事后，俞不但没放阎走，反而将他调到兵工署搞福利工作计划。何应钦很不满意。俞等继续争辩说：“我们不过是让阎搞福利而已。”何说，“你们让他搞福利，就会把职工搞到共产党一边。”兵工署副署长杨继和对阎宝航透露说：“为什么何总长对你的成见这样深？为你的事，我们和何总长吵过三次了！”东北元老万福麟、莫德惠找到何应钦为阎说情。他们说，在东北时就了解阎这个人，他正直，忠厚，做事光明磊落，有话就说，他们愿

① 重庆第五十兵工厂在重庆郊外30余里，来往须乘船。

以身家性命担保。何冷笑道：“你们老先生不了解我们的斗争，也不了解阎宝航的一切！”仍强迫阎离开五十兵工厂。

在蒋派人物中，陈诚与何应钦矛盾甚深。阎宝航到兵工厂工作，陈以为阎投靠了何，故解除了阎的政治部设计委员职务。后得知阎被何驱出了兵工厂，又有礼貌地将他请回。陈诚对他说：“我这里也有许多关于你的情报，可是我不相信，主要问题是你参加的活动太多了，这次回部可安心工作，计划一下在抗战胜利后，如何处理东北问题。”陈诚哪里知道，阎宝航是在按党的指示，为东总千方百计地筹措经费而奔波呢。

阎宝航到五十兵工厂工作为工人办福利事业的举动，不仅引起何应钦怀疑，也引起了戴笠的注意。当时任国民党西南长官公署第二处处长沈醉回忆了当时的情形：

当时重庆每一个兵工厂内部都有一个军统特务组织，即兵工署警卫稽查处派驻各兵工厂的警卫稽查组。对阎宝老在兵工厂的活动，他们更是特别重视。军统的东北特别工作组组长是共产党的一个叛徒，幸喜他不知道阎宝老是共产党员，否则他又可以出卖一位革命同志而得到一笔奖金。不过，他从东北同乡方面去进行侦察、监视，虽然没有得到什么证据能足以逮捕阎宝老，可是军统早把阎宝老列入黑名单了。

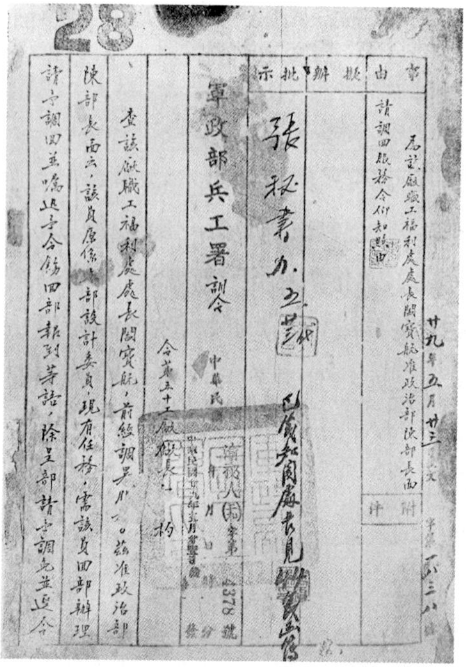

1940年5月，军政部兵工署调离阎宝航的训令

阎宝航在五十兵工厂共挣得5万元，为长远打算，他把这5万元入股于永昌商行，准备和美国人合作创办酒精厂。后由于他在大明公司打捞部任职，遂将这5万元全部用于《反攻》杂志的出版。

阎宝航到大明公司任职，所得颇丰。但在一般同事看来，他仍然入不敷出。人们只知道他仗义疏财，并不知道他将所得大部分资助《反攻》。唐功楷在回忆当年和阎宝航共事的这段历史中写道：

1942年初，东北名人萧振瀛先生，在重庆开设大同银行及大明公司，从事打捞海军部巴东沉舰，以所得钢铁，成立富国机器厂，计划造船，发展航业，而以大明公司航运部主其事，特别由兵工厂邀请玉老[①]为大同银行顾问兼该部经理，月薪初为五千元，约为当时一般机关待遇之十倍左右。那时我任公司副经理，主管财务工作，听到玉老来公司任职的消息，脑筋里一时泛起以前听玉老讲演时的印象，心理上觉得很高兴。从此与玉老因业务关系，承教机会很多。玉老那种爽直而明快的态度，对一个青年人来说，真像有很大的磁力，所以与玉老接洽公事总是很容易得到解决。萧董事长对玉老来公司工作亦特别留言，曾一再关照我说，阎先生在公司所主管的工作，对公司发展前途很重要，对于这部分的预算要从宽支持。同时我已知道玉老很清正，对公司财务一丝不苟，但是他是个慈善人，如有朋友向其私人求助，他是有求必应，从不吝惜，甚至倾囊相助，有时连身上衣服及使用的手表，亦脱下来送给穷朋友。因此玉老每月所领高薪，多感不敷支用，时常囊空如洗，连家中零用买菜钱，亦需夫人设法，另外张罗。为了应付玉老私人用费的不足，我建议玉老在大同银行，开一支票透支，由我管理，如有需用不足，时用时透支，这样比预支薪水便利。同时金额上亦无限制，好在当时在通货恶性膨胀时期，货币价值一落千丈，而公司待遇，亦逐月向高调整，透支了银行的钱，还款时期亦可以无限制，这样所透支的货币，等到结算偿还，简直等于赚了很多币值。即借用十个钱，可用借时一个钱的价值即可还清，因之，玉老用钱的问题，从此可以暂时解决。玉老平常生活，非常俭朴，除抽点雪茄烟，打打小“苏哈”外，本身用的钱很少，可说玉老解决用款，问题并不是为玉老个人图利，而是十足地鼓励他老人家进一步行善啊。

阎宝航到大明公司供职，也为何应钦所猜忌。唐功楷回忆说：

萧董事长在华北当政务委员时与何应钦将军曾有相当的友谊，因此为结送存款利息，我时常有机会到何公馆向王夫人接洽，有时亦碰到敬公。

① 对阎宝航的尊称。

有一次敬公[1]在书房里看见我，向我说："听你们萧董事长说，阎宝航先生已由南岸五十兵工厂转到大明公司工作了，他很精明机智，深藏不露，人缘亦好，曾是在张汉卿那里，策动西安事变的主要人物之一。前些时候，在兵工厂担任福利工作，利用各种关系，搞左倾活动，我曾警告俞大维署长，要他们小心点，现在到了你们公司，虽然是做生意，但要留意，不要参加他的活动……"当时，我听到敬公这么说，非常感到惊讶，一方面说，谢谢，总长！一面说，阎先生很温文儒雅，对人热情，亦很爱国，我们在公司工作，很忙，没有工夫多谈话，亦没有注意他的政治思想。不过，听说另一位王化一经理，他是戴笠局长派来的，我想他会注意每人行动。敬公说："那就好。"我回公司没有对任何人谈过这件事，但是我看玉老在公司内，总是那样四面八方的为公司业务接洽而忙碌，没有什么异样，我反而觉得我们的国民党气魄小，妒忌心大，不能为国家容纳人才，常将有用的人才，排挤于政府之外，陷政府于无能，可惜之至！——其实，在五十年前，我确实不知道玉老真正是共产党员，听敬公那么说，我反复推想，即使敬公说的手内有相当资料，玉老似不过像爱国七君子那样的情况而已。

阎宝航还利用担任大明公司四川内江酒精厂经理的机会，大挣美国人的钱来资助《反攻》。酒精厂生产当时最需要的运输燃料。起初，产品是卖给国民党军政部，及到抗战接近胜利时，改由美国军方续约收购，因此，此时公司与美国军方公司的联络工作特别重要。因阎宝航曾留学英国，英语流利，交际手腕灵活，说话充满吸引力，易为外人所接受，所以对外联络事宜全部由阎宝航担任。他经常与美军司令魏德迈等接触，由业务关系，而进入私人友谊，交酒精，收货款，进行得十分顺利。后来与美军总部战略情报处长贝德亦搭上关系，并建立了私人友谊。照交易程序，起初是交酒精后，即刻取款。到后来大家彼此信得过，在酒精未交货之前，亦照数预收货款，甚至收到货款，亦久不交货。在当时恶性通货膨胀，货币价值急速贬值情况下，公司受益很多。大同银行头寸亦因之特别充裕。多财善贾，业务扩张，一日千里，真是令人兴奋！

① 何应钦的号。

除在大明公司时每月最低的工资5000元外，其他兼职的收入也不算少，阎自己从不知每月究竟有多少收入，他把大部分工资都资助《反攻》用了。他个人的生活是艰苦的，每天早饭时常就是啃几口白薯而已，夫人高素桐不得不时常变卖家具、衣物来维持生计。至于《反攻》编辑部的工作人员的生活，完全是“延安式的”艰苦。

在阎宝航、高崇民、陈先舟以及《反攻》编辑人员的共同努力下，《反攻》艰苦支撑，一直到抗日战争胜利之日。1945年春的一天，阎宝航、杜弘如、吴一凡到《反攻》所在地猫儿石开会，看到这里的编辑人员生活太苦，阎宝航和杜、吴临时凑30元钱给杂志社买了一头小猪。抗战胜利后，10月的一天，原东总成员20余人到重庆新村阎宝航家开会，聆听周恩来讲话。周恩来深刻地给他们讲述了当时国内外形势，并分析了今后革命战争的长期性和必胜的条件，真是精辟入里，使他们提高了认识，坚定了信心，给他们留下了极其深刻的印象。不久，阎宝航和杜、吴再次来到猫儿石。当时，高崇民接受党的任务准备回东北。这一天，大家杀了那头自喂的小猪。高崇民说：“咱们今天就算吃了散班饭吧。”自此，《反攻》完成了它的历史使命。

5.6 阎家老店

谈到“阎家老店”，就不能不谈到老店的两个掌门人：一个是阎宝航，一个是他的夫人高素桐。阎宝航性格笃厚，“善于与人交际，对任何人全好，任何人对他也好。他有佛家的仁慈智慧，并有耶稣基督舍己救人的精神”。“耶稣教以舍己救人，为他人服务为宗旨。这教义深合于老阎的志愿。耶稣被钉在十字架而死时，仍饶恕世人。老阎是这样人”。

阎宝航给许多人留下了深刻印象。有人说他“慈祥、和蔼”；有人说他“待人盛情，处事稳健，谈吐风趣，与上层人交往的那种潇洒自如的神态，则使我多少年来都不能忘怀”。甚至对阎宝航的政治背景持怀疑态度的国民党中统局的一个特务头子在谈到阎宝航时也这样评价说：“一副欧美绅士的派头，举止潇洒，谈吐豪放，落落大方，身上如有磁石，张口就能把人抓住。”这些话，准确地反映了阎宝航的仪表、言谈举止非凡之处。仪表是一种天赋，言谈举止恐怕也不是刻意学来的。

当然，阎宝航给人留下深刻印象的不只是这些外在的素质。最值得怀念和赞誉的，是他的热心、善良和至诚的品德。

热心肠的阎宝航，早在奉天两级师范读书时，就由于热心助人而被同学们称作大善人“阎老佛”。在奉天基督教青年会供职期间，收入菲薄，他却要拿出一部分资助贫儿学校。他不仅要养活全家10口人，还常年接收二三个家乡亲戚、乡亲到奉天求学的学生在他家寄居。九一八事变后，他对流亡关内的学生、难民更加倾注了满腔的热情。看到他们有困难，便尽其所能给予帮助。

1995年6月，中共辽宁省委召开阎宝航诞辰100周年纪念活动，秘书处收到当年阎宝航的同事、同志、朋友写的纪念文章，其中有相当多的回忆提到了阎宝航当年对他们的帮助。

九一八事变后，随难民逃到北平的学生刘启新，无依无靠，不知所措。一次偶然的机会在街上碰到了阎宝航。刘启新是阎宝航同学刘石轩之子，阎认识他，便问他住在哪儿，到哪里去。刘启新答不上来。阎宝航便掏出5元钱给他，要他去东北救国会找他。在阎宝航帮助下，刘启新后来参加了东北学生军、中华民族解放先锋队。还有一位原东北中学的学生，后在北平从事党的地下工作时的郭峰（后任中共辽宁省委书记）在经济上遇到困难，便和另一位同学到东北救国会找阎宝航。阎当即掏出20元钱，帮助他们渡过了难关。郭峰每谈起这件事，都十分地感慨。其实，很多受过阎宝航资助和眷顾的人都有这种心情。当时，阎宝航在担任北平救国会常委、宣传部长，每月只有张学良给他的200元生活费。他每月只把少部分交给夫人高素桐维持家人生计，其余都是随手接济别人了。《水浒传》上的宋公明仗义疏财，是因为他家里有钱。阎宝航并无别的经济来源，他和家人的日子过得很清苦。他还要拿出大部分给别人。阎宝航到南京任新运总会总干事期间，其每月收入应该是不算少，他家的生活也并不充裕。原因就是每看到大批东北青年，流落关内，衣食无着的情景，便心有余痛，每每倾囊相助。问题是他没有那么多的钱可以赠送。在武汉时期，有的人亲眼看到，阎宝航身上已无分文，竟将戴着的手表摘下来，把他的外衣脱下来送给落魄的东北青年，让他去典当。

1943年，曾经同阎宝航在重庆大同银行共事的青年吴一凡去昆明办事，为旅途方便和节省路费，阎宝航为其办了一张陈纳德"飞虎队"的货运飞机的搭乘证，同时托他去昆明市郊由东总举办的东北青年培训班去看望和慰问培训学员，吴一凡回忆说：

启程那天，天刚蒙蒙亮，下着小雨，我急匆匆赶到菜园地飞机场登机时，却看到阎宝老一人打着伞站在雨中来为我送行。我心头一热，急忙迎上前对他说："阎先生，天这么早，还下着雨，您这么大年纪了（当时他已年近50岁），怎么还赶来了！"他微笑着说："我知道你不在大同银行做事了，恐怕手头不宽裕，给你送点盘缠。另外，也想来送送你。"说罢，往我手里塞了五十元钱。我感激得一时不知说什么好。阎宝老又嘱咐我路上要小心。同时，托我转告昆明培训班的东北青年，要安心学习，去解放区的事，组织正在为他们办理手续，千万不要着急。我到昆明后首先去完成了阎宝老交办的这项任务。培训班的学员们非常感激"东总"和阎宝老的关怀，表示一定好好学习，日后为抗战事业贡献力量。

1943年春，陈涤吾携妻子孩子从敌占区开封投向四川，准备参加抗日战争。不料路经陕西宝鸡时，被国民党特务机关扣留。陈便给重庆的亲戚陈莺齐写信请其设法营救。陈莺齐的丈夫杜弘如曾请阎宝航设法帮助。阎便通过西安的朋友就近营救。陈涤吾一家获释后，来到重庆，见到了“阎老这位显赫人物”，“这时见到阎老，除表示敬仰外，还表示希望得到他老人家的关照和帮助。阎老握住我的手说，你们远道而来，路上是很辛苦的，像你们这样热情来投奔光明，应当受到欢迎，可是路上遭无端的留难，是令人不平的。然而既来之则安之，先休息一些时候，慢慢解决工作问题”。经过一番努力，阎宝航为他找到一份工作，孩子也介绍到一家托儿所，使他们一家人有了安身之处。不久又先后介绍他到银行、大明公司工作。1944年陈因故又离开大明公司，阎宝航又热心给他介绍到四川内江县一所私立中学任教，因这所学校被停办，陈又不得不回到重庆找阎宝航。如此数次反复，又长期住在阎家，阎宝航从无任何厌烦表示。

1939年2月，在重庆的一次文艺界集会上，年青的孔柯嘉和他的妻子薛文华见到了阎宝航，并把陶行知先生的名片递给了他。孔柯嘉夫妇原在哈尔滨，他创办哈尔滨口琴社，以普及音乐教育为名协助地下党，联络爱国青年进行反满抗日的爱国活动。1937年4月，该社惨遭破坏，孔柯嘉被捕入狱。七七事变后出狱。孔遂与妻子逃离哈市，从海路到达昆明，途中巧遇去重庆开参政会议的陶行知先生。陶很欣赏孔柯嘉夫妇的勇气和爱国心，并对他们去重庆的生活表示关心，遂写个名片让他们去找阎宝航先生，并说阎乐于助人，有困难他可以帮助解决。当阎宝航看到陶先生名片便说，既然是陶先生托付于我的，我尽力去办。孔会俄语，经阎宝航多方斡旋，将孔介绍到编译局作俄语翻译。审查部门坚持要有两名中央级的委员作保。阎宝航便又请一名委员作保，孔柯嘉的事得到圆满解决。几十年后，孔氏夫妇仍对此念念不忘，“我衷心感谢阎先生如此重义尽责，为人排忧解难不厌其烦。感激之情，难以言表”。

在谈到阎宝航有求必应、热心助人的品德时，历史学家李侃也抑制不住谈起他受到阎宝航恩典的情形：

1962年深秋，我十岁的儿子李格患了严重的肾炎，在儿童医院住院多日，病情非但不见好转，而且日益加重，医院似乎已经束手无策。我在焦急之中，去找宝老求援，他听了我说的情况以后，不但立刻写信给著名中医叶心清先生，请他给予治疗，还亲自打电话，请叶老务必加意救治。在叶先生的精心治疗下，李格的肾炎终于完全治好。

现在每次提起宝老，李格还念念不忘老人家的救命之恩。这虽然是一件私事，但从这里，我们更加具体地体会到宝老平素那种助人为乐的美德，实在是名不虚传。

唐功楷在追怀阎宝航时写道："记得从前孔夫子曾称晏平仲善与人交，久而敬之后世传为美谈。以我看，玉老诚意，爱心交人的德行，较晏平仲所表现的亦不相上下，他不论对何人总是和颜悦色、轻言细语地对待。"他真心待人，他受到人们的爱戴是很自然的事情。但是，他对受过他恩典的人对他的致谢，从来不重视。正如蔡承祖所说的"我深感阎宝航同志做了好事而并不以为意的优秀品质，后来知道这是他为人一向的原则，做了好事决不自以为有什么可贵之处，类似之事不胜枚举，这是他非常可贵的高尚品质，使我久久不能忘怀。"

其实，阎宝航对他人的热心和真诚，完全出自对他人的尊重。在与人相处中，他特别地注意尊重他的下级、年青人，以平等的态度与其交往。从1942年初起与阎宝航在大明公司共事的唐功楷对此有深切体会。当时，唐功楷主管公司财务，年龄不过30岁。人长得矮小，常有人质问公司经理萧振瀛为何把公司财务副经理这么重要的位置交给这么一个外乡人呢？并嘲笑其形象与公司不相称。原来，大明公司是萧振瀛创办的，萧是东北人，因此公司用人多为东北老乡，他们的乡情似乎要比别省人浓厚，关系也紧密。但公司的东北人很有正义感，有人这么说唐功楷"他们并不怎么认为有道理，所以对于我反而很同情，尤其玉老特别是这样，好像处处留意，引起我的兴趣，凡是有顾客或朋友来公司，他老人家总是抢先为我介绍，殷勤地说：'这位功楷小老弟，学识很好，是高等考试第一名，工作能力亦强，我们萧董事长很器重他……'其实我是国府第六届高等考试财务行政第六名及格，而非第一名。玉老这么称赞我，完全是一片爱心来鼓励我，提高他人对我的印象，这是多么令我感激的呀！"

阎宝航以至诚待人，不仅赢得了人们对他的赞扬，也赢得了人们对他的信任，他确实交了许多的好朋友。他的这些朋友出于对他的信任感激，并从中受到鼓励。为革命事业做了许多有益的事情。这里只举李正文经历的一件事：

1941年7月，我奉命从重庆到沦陷区上海开辟地下工作。我人地两生，又是阎宝航介绍我两个人：一位是上海慈幼教养院的院长姚淑文，另一位是中国海关副总税务司丁贵堂。姚淑文的慈幼教养院作了我的秘密工作联络点，对我的地下工作起了不可缺少的作用。我和工作人员以及工作对象的联系，全靠姚淑文这个中间环节。因此，敌伪特务是找不到我的。我能在上海敌伪的心脏里不仅有成绩而且安全地搞隐蔽战线斗争，这不能不感谢阎宝航同志。至于阎宝航介绍给我的那位海关副总税务司丁贵堂，对革命的贡献就更大了。在1949年，人民解放军节节胜利，蒋介石匆忙把北京故宫的文物运到上海，准备海运台湾。丁贵堂通过我，接受党的指示。他一再拖延，把北京故宫的相当大的一部分无价宝贵文物、大量金银财宝以及武器弹药等，扣留在上海，等待人民解放军接收。解放后，丁贵堂受到上海市长陈毅同志和周恩来总理的赞扬，这里面自然有阎宝航同志的功劳。

在14年流亡生活中，阎宝航对流亡关内的东北难民倾注了大量的心血，他关心体贴难民的思想感情和热心，当年的晏平仲何尝能比。九一八事变之初，阎宝航每当看到沦落关内的难民时，心里极为不安。他身为救国会的宣传部长，却主动协助负责难民救济工作的王化一策划难民救济问题，为难民联络解决住处、吃饭和穿衣问题。到南京后，也经常有不少同乡和熟知他的难民找上门来。他总是设法解决他们的困难。到武汉、重庆后，他仍然对国民党统治区的难民问题十分关心，筹设东北难民救济委员会，并任委员。他对政府当局不关心难民疾苦的政策表示不满，多次进行公开的批评，呼吁当局重视难民和失业群众的救济，提出增设难民工厂的建议。1939年，行政院长孔祥熙拨救济款30万元，东北难民救济委员会用救济款筹建了纺织工厂。至1940年，难民纺织厂已发展二百余人，“其中半数为东北同乡。工人在学习期间，每月除去伙食，可得8元工资。期满后，按工作成绩给值，每月三五十元不等。至于有家眷的工人，厂方建有住宅，可以分门别户住居。子弟读书受免费优待，每月出3元伙食费。”阎宝航经常去难民工厂指导，亲自参加救济工作。据《反攻》记载：东北难民救济委员会为救济东北难胞，特在重庆设难民纺织工厂，寓救济于生产，开办以来，虽为不久，却成绩斐然。1939年12月中旬该会曾特开专论，邀请在渝东北名流前往参观指导。是日到会有：阎宝航、莫德惠、于斌、高惜冰、王卓然、彭志云等20余人。阎宝航为此撰写《东北难民纺织工厂参加记》一文，他写道：

参观后，厂方曾集全体工人，聆取刘海泉先生、柳忱先生及于野声主教训词。工人歌流亡曲一阕，歌声悲凉，参观诸人皆不禁泪下；但，悲凉中尚感到一些安慰。因为这些难胞现在“已经得其所哉”了！政府拨款，意在加惠难胞，而办事者之负责、筹划、推行，亦在使东北难胞得以解决生活，增加生产充实抗战力量。

但是，阎宝航认为，“不过现在救济的东北难胞人数还少，我们希望这个范围更要扩大些，救济东北难胞也更要多些。”在他的建议下，此次前来参观的东北难民救济委员会及常委参观后即召开了一次委员会，讨论工人福利、教育、卫生、体育诸问题，以及东北青年的救济与招待问题。并决定将工厂盈余提出5万元移作开办青年招待所和救济东北难胞之用。

在重庆期间，阎宝航除任国民党军委会政治部战地党政设计委员之职外，曾任国民政府中央赈济委员会顾问、重庆市动员委员会设计委员、陪都劝募公债运动秘书、重庆市空袭救护委员会抚济组组长等职。这些岗位大多是从事民众福利服务的，这同他的思想感情很对拍。他利用这些岗位，竭尽全力，做了许多有益于穷苦民众的事。然而他时时感到力不从心。他的夫人高素桐曾经给大家讲过这样一个故事：有一次，她和阎宝航在街上走着，一个饥民突然从对

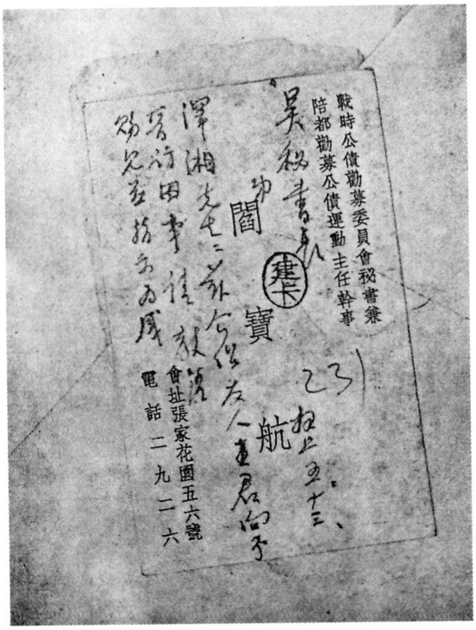

1937年阎宝航用的名片

面冲过来，抓起高素桐菜篮里的豆腐就往嘴里塞，一边吃一边胆怯地看着阎宝航手中的手杖。阎宝航望着这个饥民，一句话也没说，便转身拐进路旁的小店里，买了些食品，包成一大包。他望着那人的背影对高素桐说："你送他一程，嘱他匀开吃。"在回来的路上，阎宝航感慨地说："我阎宝航搞了多年的赈济，但势单力微，治末不治本。将来人民当了政，这种事就永远不会有了。"

东北有句俗话"破车好揽载"，意思是车破牲口老，不能拉重载，但因赶车的热心肠，谁求到了，宁肯自己克服点，也要尽力相助。当时在重庆东北人圈子里有三个"大破车"的说法，为首的就是阎宝航。送给他这个"大破车"称号，实际就是对他充满深情的一种赞誉之词。阎宝航当年的一位老朋友这样评价阎家老店：那时男男女女长咸集诸色人等，各路英雄好汉，没饭吃的落魄豪杰、流浪街头的志士，全到阎家吃一碗饭，喝一口冷开水。老阎是万家生佛。阎家是没钱没米的救济处。他有孟尝君的风度雅量，没有孟尝君的资财。抗战艰苦时期，大家穷在一起，共患难同努力，是阎家老店的精神。

1941年，日军飞机对国民政府陪都重庆进行野蛮的疯狂轰炸和疲劳轰炸。6月5日，日军飞机夜袭重庆。由于国民党警宪玩忽职守，使进入防空大隧道的居民发生窒息，造成数千人死伤的惨案。[①]当局派军警进行名为抢救实为抢劫的救护，使死亡人数又增加了许多。时值盛夏，臭气逼人。负责善后救济的阎宝航亲自到现场指导运尸，接连几昼夜不曾合眼。由于数日劳顿，加上对当局愤怒和对无辜死亡的老百姓的悲伤情绪，使他身心憔悴，竟晕倒在泥水中。为了推卸责任，掩盖真相，当局曾发布一条消息，说蒋介石亲临大隧道防空洞洞口坐了两三个小时，只看见从洞口抬出几具尸体，以此说明"大隧道惨案"并没有死多少人，妄加掩盖真相。阎宝航得知此情，先后多次在《新华日报》发表文章，提供了许多有关大隧道惨案的现场目击的具体材料，揭露当局掩盖事实真相的卑劣行径。阎宝航在他的日记中写道："吾

---

① 关于大隧道窒息惨案死亡人数问题有三种说法：百人说；千人说；万人说。据有关学者研究结果，认为"千人说"较为正确可靠。见《抗日战争研究》2001年第2期。

阎家老店女主人高素桐

之最大悲痛，莫过于民族同胞惨遭牺牲；吾之最大欢悦，莫过于同胞骨肉彻底解放。”

当然，阎宝航虽然是阎家老店掌门人，但他的公开身份是国民政府要员，他要做的事情很多。因此，他在阎家老店里的角色只能是“主外”。阎家老店“主内”的角色则是他的夫人高素桐。

早在20年代，阎宝航在奉天基督教青年会就职期间，阎宝航举家搬到奉天，全家八九口人。家乡的亲戚朋友的孩子投奔奉天求学，就寄居他家，有时一年有二三个。高素桐对此毫无怨言。九一八事变后，阎宝航在北平的东北民众抗日救国会从事救亡运动，经常不能回家。许多家乡难民和流亡学生到他家吃饭借宿，高素桐总是尽可能地让每一位来者高兴而来，满意而去。这是阎家老店的雏形。到南京之后，来阎家老店借宿吃饭的乡亲也是常年不断，高素桐仍是悉心招待。阎家老店美名在东北流亡者中开始传播。1938年10月，东总由武汉撤至重庆，不但办公地点设在重庆市两路口村17号阎宝航家里，工作人员也挤住在这里，还要接待大批流亡学生、难民和革命者。直至1939年春东总会址迁至重庆村17号之后，阎家老店几乎就是东总的招待所了。许多投奔东总的青年都到这里食宿。他家客厅、房间的地板上，经常挤满睡觉的人，有时多达一二十人。走进阎家，乡音不绝，使你立即产生回到家乡的亲切感。高素桐则是这个老店名副其实的“招待所长”和“炊事员”。阎家老小对这些川流不息来去匆匆的过客，习以为常。凡是来客都是自家人，从无生疏的感觉。在流亡的岁月里，高素桐不仅全力支持阎宝航从事救亡运动，而且把全家都动员起来，为流亡者服务。多少个日日夜夜，阎家老店经常接待突然的来客，高素桐经常从被窝里叫起他们的幼子幼女，为来客腾出床铺，而他们自己则要睡在地板上。有时屋里住不下时，高素桐在院子里搭棚子住。正是由于高素桐的操持，阎家老店才成为东北流亡人士和革命者温暖的大家庭。解放后，周恩来多次称赞高素桐：“高素桐一生不易，是有功的，是我们的好大嫂，革命的好妈妈。”

阎家老店是革命者的蔽护所。

1937年，共产党人陈同生[①]在南京出狱。当时，他身上还带伤，被国民党

住在阎家老店的东北救亡总会妇女干部与抗日英雄赵同之母赵老太太合影

① 陈同生，解放后曾任上海市委统战部长，在文化大革命中被“四人帮”迫害致死。电影《东进序曲》中的新四军黄主任是他的原型。

监狱剃光了头。周恩来特别关照地对他说："我介绍你到一个很可靠的同志家去住，在那里安心养伤，把头发长起来，再出来工作。"陈同生便被送到大禹村一号的阎家老店，高素桐把他隐蔽在二楼储藏室里，每天为他煮牛奶，煎鸡蛋，亲身为他洗伤换药，直到两个月后，他伤愈投入新的战斗。

一些革命者遇到危险时，也是阎家老店为他们提供安全的住所。当年，陶行知遭到国民党当局残酷迫害，情况十分危险，他便直奔阎家老店躲避一时。1941年秋，东总骨干成员、重庆大学教师徐仲航、中法比瑞文化协会秘书长李羽军等3人被捕。阎宝航接到通知后，立即布置有关人员转移。回到家时已近薄暮，全家看到阎宝航的样子，知道出了非常严重的事情，都很紧张，聚在一起，沉默不语。阎宝航知道这几位同志的被捕，直接威胁到蒋管区整个东北地下党组织的安危，他的处境也十分危险。在这紧要关头，忽然楼上传来木腿叩击地板的声音，阎宝航从椅子上一跃而起，兴奋地说："周先生来了！"原来这是周恩来秘书王梓木来打招呼的信号。[①]天黑后，周恩来亲到阎宝航家和他研究营救方案，他坚决表示："任务在身，一定顶住！"随后继续抛头露面为营救被捕同志努力斡旋。高素桐则和女儿们连夜为被捕同志赶制冬衣，准备食品。经过阎宝航等人多方努力，终于使徐仲航获释。徐仲航在狱中宁死不屈，从而保证了党组织的安全。他出狱时，已被打得皮开肉绽，他没有家，到哪里去养伤呢？有人提醒阎宝航注意，徐仲航以前曾私下散布过对他的意见。阎宝航并不在意，他说："仲航被捕被打得遍体鳞伤，却保守住党的秘密，革命一家，我欢迎他。"他亲自用汽车把徐仲航接到家中，并特意为他腾出一间房子为其养伤，高素桐则悉心照料。阎家老店就是这样以宽广的胸怀保护革命者，奉献着他们的爱心。

阎家老店是革命者和东北流亡人士的招待所、中转站。

多年来，究竟有多少来客在阎家老店寄居，谁也说不清。但是，凡是在阎家老店吃过饭、住过宿的人，都有难以忘怀的回忆，而许多人深切地感受到，他们当年在阎家老店受到了高素桐给予的是慈母般的照顾。

姚艮是1930年入党的共产党员。九一八事变后，奋起参加抗日义勇军与

---

① 王梓木腿瘸，手里要拿拐杖。木腿叩击地板的声音就是他拄拐杖的声音。

日寇浴血奋战。由于势单力薄，在一次战斗失利后，被迫撤往苏联境内，苏联当局诬其为日本间谍，流放到北极冰冻地带，经过长达6年的劳改生涯，方予以无罪释放。回国后，到达新疆，便给在苏相识的李正文写信。李正文回信告诉他说，在重庆的阎家老店是东北革命青年的家，阎宝航大哥和阎大嫂会像亲人一样接待你们全家。你可以带上妻子、儿女先到他家里去住。同时还告诉他，关于他找党中央驻重庆办事处和周恩来的事，阎大哥也会为他安排好的。姚艮接到李正文的信，非常高兴，但他当时与苏联妻子已有5岁的儿子和3岁的女儿，深恐对阎家老店是拖累，便和妻子商量，决定先由他带儿子到重庆阎家老店，妻子则回苏联设法把女儿养大。于是，他带上妻子为他们准备的衣服和干粮，辗转来到重庆阎家老店。姚艮在他的回忆中写道：

开门迎接我们的是一位五十岁上下的老妈妈。她面部消瘦，亲热地问道："你是咱东北老乡从新疆来的姚老弟吧？"我被她的慈母般的微笑，亲热的乡音亲情所感动，我的心在颤抖，眼中充满泪水。我拉着儿子维佳走上前去。她就是"阎家老店"的女主人，阎宝航同志的妻子高素桐。当我们随同她走进屋里时，她急切地谈了起来。李正文来过几封信介绍你。我们欢迎你们来！他来信说你们一家四口，为什么只有一半啊？另一半呢？你的太太和女儿呢？为什么没有一同来？

我这时好似被什么东西卡住嗓子，说不出话来。被阎妈妈搂在怀里的维佳一知半解替我作了解答："妈妈和妹妹留在新疆了！爸爸说要带我去革命，上前线打仗。我们怕妈妈、妹妹拖后腿……叫她们到苏联西伯利亚去……"听了维佳的话，阎妈妈显得很激动。

我站在阎大嫂——阎妈妈面前，不知道怎样称呼她最恰当。但是随口叫什么，都有一种骨肉亲情。当她用那温存的双眼看着我，轻声地问这问那时，使我又感到阔别十六年的祖母和母亲的慈爱！①

姚艮一家同阎妈妈建立了深厚的感情。事隔多年，当姚艮一家再一次见到阎妈妈时，她高兴得流出泪来。"我真想你们啊！你们走后我像丢了魂

① 姚艮：《温暖的大家庭——阎家老店》，《阎宝航纪念文集》，辽宁人民出版社 1995 年 6 月出版，第 141—143 页。

似的，总想春燕和两个孩子。”多少年来，姚艮每想起在阎家老店的日子就激动不已，他曾赋诗来表达积郁多年的心声：

垂暮老朽八十三，执笔怀旧情万千，

“阎家老店”今何在？高风亮节换人间……

阎家老店急人所难，危难之中更见真情。

亲身参加过江桥抗战的关吉罡，在江桥抗战失败后，领着全家流亡南京。一家老小六口人无依无靠，靠典当祖传首饰和祖母衣物暂时维持生计。就在这朝不保夕的情况下，关的二子关长椿又患上白喉病，连日高烧昏迷，生命垂危。关吉罡无奈之中，向阎家老店求助。阎宝航夫妇闻讯，立即把关长椿送到医院抢救，终将小长椿从死亡中夺了回来。不久，日军攻下上海，开始轰炸南京，在十分危急的情况下，阎宝航亲自用汽车把关吉罡一家送到浦口，搭车途经津浦、陇海、平汉，撤至武汉，使他们全家躲开了日军的大轰炸，逃出了日本侵略军在南京大屠杀的噩运。多少年后，关吉罡和他的后代仍然念念不忘的是，在阎宝航送他们一家逃离南京时，他的一家还没能离开南京，事隔两载，到了1939年，关吉罡一家在重庆，又是阎家老店帮助他们脱离了死亡的威胁：

在震惊全国的1939年重庆“五三”“五四”大轰炸中，我们祖孙三代，在重庆通远门、七星岗附近，金山饭店后面的一座防空洞躲避空袭。黄昏时分，金山饭店大楼在日军炸弹爆炸的隆隆巨响中被炸倒塌，壁断垣残，烟尘蔽空，几乎埋没防空洞口。数百难民呼爹喊娘，惊恐万状。争先恐后，狼突豕奔，拼命爬出洞口。我们个个拿出吃奶的力气，翻墙跳坎，踩着倾倒的还在燃烧的梁椽，越过破砖碎瓦，扑扑跌跌，奔逃在一片火海之中。当时，夜幕已经降临，四面八方，火光冲天，我们一家老小，走投无路，举目无亲。忽然，祖母和母亲想起了阎大爷、阎大娘，仿佛找到了大救星。辨明了方向，在黑夜中匆匆奔向曾家岩大田湾附近的重庆新村阎大爷、阎大娘的寓所。

阎大爷、阎大娘看到我们满身烟尘、狼狈不堪的样子，热情接待我们，安慰我们，安排我们当晚在他家歇息。并相邀我们就在他们家里避难。此后，相当长的一段时间，当山城重庆雾季尚未到来，空袭仍然十分频繁的时刻，我们全家经常一日三餐，都在阎大爷家吃住。遇到空袭，就和他们一道，到盐

阎家老店主客合影。后左三李公朴夫人张曼筠，后左四位沈钧儒女儿沈谱

业银行的防空洞去躲避，在战时的重庆这个防空洞也是一流的，是一个十分坚固的钢骨水泥结构的地下室，设有多层防弹钢板，以及防毒、防火、通风设施。躲在里面，相对是较为安全的。

像这样地度过了相当长一段时间，直到我们一家离开重庆市区，迁居到重庆郊区的长江南岸巴县铜元局附近的华裕农场，才同敬爱的阎大爷、阎大娘一家暂时告别。

阎家老店接待过许多的名人志士和他们的家人。沈钧儒、范长江的家人，陶行知一家以及李公朴的夫人张曼筠及孩子在这里暂居；高崇民、卢广绩、于毅夫及其家人在这里长住；宋黎、徐仲航等在这里落脚。他们都得到很好的照顾。有些来客在这里还得到阎家老店的特别照顾。如杜重远一家。1944年杜重远在新疆被盛世才杀害后，杜夫人侯御之、子女和妻弟来渝后住在阎家老店。杜夫人因悲愤过度，卧床不起，不思茶饭。高素桐则特为杜夫人另作伙食，朝夕相伴，给予安慰和鼓励。阎家老店对每一个来人都是细心照料，从不菲薄。吃饭时，如有人没回来，高素桐则耐心等待，担心他们的安全。由于来客多无经济来源，要维持老店的生计，实属不易，客人临走时，高素桐往往还要为他们筹划资助。高素桐常常带着孩子们出去典当或出卖家具物品。

那是1944年，一位东北同乡的女儿王忆丽刚刚一岁，突患急性肺炎，在她生命垂危之际，高素桐把戴在她手上的她一生中惟一一只金戒子摘下来送给王忆丽的父亲，去换当时昂贵的潘尼西林（青霉素）针药。由于治疗及时，王忆丽得救了。长大成人后的王忆丽，每谈起这事儿仍然十分激动，她说：“我的命是高妈妈给的！”

在经常出入阎家老店的人中，有三个人给阎家子女们特别是阎明复留下深刻印象。第一位是韩乐然。

韩乐然一家

韩于1925年秋受党组织派遣离开奉天后，曾赴法国勤工俭学，在巴黎美术学院深造。1937年冬回国到达武汉。经周恩来决定，韩参加东总工作。这样，韩乐然与阎宝航这两位阔别12年的老友又重新并肩战斗了。1939年春，阎宝航把韩乐然介绍给李济深，被任命为战地党政委员会少将指导员，这时，他也是阎家老店的常客，阎明复回忆说：

韩叔以此身份经常去前线。每次回来都住在我们家。也就是那个时候的韩叔深深留在我的记忆里。韩叔身材高大，性格爽朗，常常给我们孩子们讲前方打日本鬼子的故事，讲到精彩的地方还用铅笔勾画几笔，生动地描绘出鬼子挨打的狼狈样子，引起孩子们哄堂大笑。在我们家，韩叔住在三楼。这是一间二十多平米的阁楼，韩叔一回来，就支开画架，不停地画，大都是油画。每次我到那里去，他就给我讲解画的内容。韩叔还喜欢画漫画，揭露社会的种种丑恶现象。“东总”刊物《反攻》杂志的封面和插画许多都是韩叔画的。我记得有一次父亲和母亲带我去看韩叔的画展，参观画展的人很多，排了很长的队。①

1939年秋，韩乐然与刘玉霞女士结婚时，阎宝航为他们作证婚人。

第二位是刘兴仁。

“正当梨花开遍了天涯，河上漂着柔曼的轻纱。喀秋莎站在峻峭的岸上，歌声好似明媚的春光。驻守边疆爱国的战士，怀恋着这天真的姑娘。勇敢保卫着祖国的土地，喀秋莎的爱情保护着他……”这首苏联爱国歌曲《喀秋莎》就是刘兴仁教阎明复学唱的。刘兴仁，中共地下党员。解放后曾任吉林省检察院院长。

---

① 阎明复：《忆韩叔》，《缅怀韩乐然》，民族出版社1998年11月出版，第85—86页。

刘兴仁曾帮助阎明复学习，并督促做作业，还经常讲抗日故事给大家听。刘兴仁有一副很好的嗓子，在一次聚会上，他起来唱《中国人不打中国人》被国民党特务抓去，经过阎宝航百般营救，才放了出来。“文革”中，江青诬陷阎明复是“苏修特务”，阎明复一直唱着《喀秋莎》这首歌度过七年半的监狱生活。后来，刘兴仁也受到“四人帮”迫害，患了肺癌。阎明复去看他时，刘兴仁激动地说：“多想看到你呀！多想念你的爸爸呀！想把他的一生写出来，可是现在不行了，真是遗憾。”

还有一位叫周茂林。

1939年一个傍晚，有人敲响阎家老店的门。8岁的阎明复打开门，见是一人穿着一身破烂的打补丁的军服，腿黑黑的，脸也没洗，眼睛眯着。阎明复赶快告诉妈妈，说来个瞎子。高素桐让青年进屋来，听他作了自我介绍。原来，这位青年是东北吉林人，家在农村，在东北军当兵，打仗时日本人放毒气，害得眼睛几乎失明。军队被打散，他逃到重庆，饥寒交迫，无法生活。他忽然听说这里住着一位阎善人，所以就慕名而来，要求救救他。说着说着，他还跪下了。高素桐赶紧把他扶起来，叫他不要着急，先洗个澡，换换衣服，住下来再说。周茂林很小就当兵，除了种地什么也不会，视力又很差。高素桐留下他做了厨师。开始煮饭总夹生，菜也烧不熟，慢慢才学会了做饭烧菜。后来，高素桐还帮他娶了个四川媳妇。

重庆新村17号的阎家老店，也是党内外人士从事抗日活动和革命斗争的重要场所，又是中共地下党和东总活动的据点。周恩来经常在阎家的二楼小客厅或顶楼召集会议，布置工作；董必武代表中共南方局在阎家老店安排重建东总党组事宜；邀集民主人士的宪政座谈会也曾在此举行。叶剑英在阎家召集韩幽桐等十几名妇女干部开会，讲述皖南事变的经过，传达分散活动和安全转移的注意事项等。此外，沈钧儒、李公朴、陶行知、李德全、杜重远、许宝驹等民主人士也经常到阎家聚会。周恩来利用阎宝航的合法身份作掩护，多次在他家召集会议，并对文化界负责人布置工作。①

徐盈在《抗战纪事》的《三家“抗战饭店”》一文中写道：抗战时期，革

① 吕正操：《无私奉献的一生——阎宝航生平事略》，《党史纵横》1990年第1期。

命者到处是家，就我所知，大后方有这么三家所谓“抗战饭店”，广结善缘。来吃饭的人吃得坦然，招待吃客的主人处之坦然。革命的情谊交融座间，血浓于水，这自然有助于早日取得抗战的最后胜利。在重庆沈钧儒家的“沈家饭店”、王炳南家的“王家饭店”还有“阎家老店”，就是被人们广为流传的三家“抗战饭店”。20世纪90年代，著名书法家董文应阎明诗之邀为阎家老店题写“老店家风”条幅，以永远铭记阎家老店的历史功绩。

1991年为纪念阎宝航先生，由张学良将军和阎宝航的子女阎明复和阎明光创立了上海阎宝航社会公益基金会，张学良将军首先赞助阎宝航教育基金会5000美元。该基金会秉承阎宝航一生作慈善的宗旨，汇集民间力量向辽宁、上海、广西、四川，以及全国范围内许多多弱势群体提供了力所能及的帮助。自2005年起，救助了广西300名贫困生；2009年向广西河池市高中的1000名优秀贫困高中生，捐赠100万元人民币，资助数额每年递增1000人，5年计捐款600万元人民币作为优秀贫困高中生的伙食补助款；向广西50所学校捐赠图书价值125万元。还向全自治区493所高中、2075所初中、2400所小学捐赠奥运知识光盘；向50所贫困地区学校捐赠图书，建立图书室；向10所特殊学校的盲人班级捐赠生活设备。

总之，阎宝航社会公益基金始终一贯的工作理念是：“不可因善小而不为”，应当“积小善为大善”。他们继承父辈多年慈善事业的历史所留给他们的博爱精神，阎家老店的风范会永远传承下去。

上海阎宝航社会公益基金会理事长阎明光（右二）向广西河池市捐赠助学款

РОССИЙСКАЯ ФЕДЕРАЦИЯ
УДОСТОВЕРЕНИЕ
К ЮБИЛЕЙНОЙ МЕДАЛИ
„50 ЛЕТ ПОБЕДЫ
В ВЕЛИКОЙ ОТЕЧЕСТВЕННОЙ
ВОЙНЕ 1941—1945 гг."

„50 ЛЕТ ПОБЕДЫ
В ВЕЛИКОЙ ОТЕЧЕСТВЕННОЙ ВОЙНЕ
1941 — 1945 гг."
Н № 11537486

Янь Баохан
НАГРАЖДЕН
ЮБИЛЕЙНОЙ МЕДАЛЬЮ
„50 ЛЕТ ПОБЕДЫ
В ВЕЛИКОЙ ОТЕЧЕСТВЕННОЙ
ВОЙНЕ 1941—1945 гг."
М. П.
Президент
Российской Федерации

第六卷

杰出的战略情报家

6.1 事先获取德国进攻苏联、日本偷袭珍珠港的战略情报

20世纪的反法西斯战争中有两条战线：一条是“看得见的战线”，即军事战线，在这条战线上炮声隆隆，硝烟弥漫；另一条是“看不见的战线”，即情报战线，在这条战线上神出鬼没，惊心动魄。两条战线上都曾涌现出众多的英雄。阎宝航、于炳然、于毅夫、徐仲航等东北救亡人士就是在“看不见的战线”上的杰出人物，他们为世界反法西斯战争的胜利作出了卓越的贡献。

1939年欧战爆发后，英美等国由于惧怕日本配合希特勒德国在东方向他们发动进攻，阴谋制造了“远东慕尼黑”，逼迫国民党政府向日本侵略者屈服，企图牺牲中国，以换取日本同他们妥协。在日本的诱降和英美的劝降之下，国民党蒋介石更加动摇，投降危险急剧上升。

中共南方局机关设在曾家岩50号，对外称周公馆。周恩来特约阎宝航来，向他下达新的任务：“共产国际、苏共希望中共能介绍中共党员帮助他们搜集情报。”周恩来同董必武、李克农、叶剑英研究后，认为阎宝航最适合这个工作。中央调查部老部长罗青长后来说，阎宝老具有得天独厚的条件。1965年12月阎宝航在《谈地下党工作的经验》一文中写道：“1941年周恩来同志亲自交待给我国际情报工作任务，并由苏联大使馆武官罗申向我交代了任务范围、具体要求和商定一切技术问题”。罗申说，国民党日趋反苏反共，形势日趋恶化。苏联大使馆随时准备撤退。他要求阎宝航设置电台，以建立直接联系。收集情报的范围是多方面的，包括蒋介石本人及国民党的一切军事、政治、外交的动态以及经济、文化各方面的情况，特别是以他们反苏反共的动态为重点。周恩来嘱托他利用他和国民党上层人物联系广泛的优越条件，开展统战工作，为党搜集情报，包括国际情报工作。这是一项光荣而艰巨的任务。

阎宝航入党后，他的主要工作是贯彻党的统一战线策略。在国共合作抗战开始后，在重庆政界、商界、文化界和抗日民众团体各方面人士联络，广交朋友，他以东总名义多次请国民党许多上层人物参加各种会议，为团结抗

战做出许多努力。他与东北元老人物莫德惠、万福麟等保持密切关系；他和宋美龄、冯玉祥、孙科、张群、于右任等国民党名流有密切接触；他同国民党CC系、复兴社、军统、黄埔系、政学系的头面人物陈立夫、戴笠、康泽等也有特殊关系。他正是利用这些关系，从事党的地下工作。

举家迁移重庆后，阎宝航立即着手建立情报机构和设置无线电台。他在重庆郊区北碚（北温泉）买下一栋古旧幽静的宅第，将党的电报员张志敏和地下交通员纪华安排在这里长住。阎宝航还在家里的卧室箱子下面安装了活动地板，将电台隐蔽在地板底下。张志敏则以高坑岩水电站技术员身份作掩护，按时发送情报。在必要时，阎宝航则以洗温泉为名到这一带来安排一切。根据周恩来、董必武的指示，阎宝航后来还设立了极为秘密的备用电台。他的大女儿阎明诗是阎宝航的译电员。

1940年7月，希特勒制定了对苏作战计划。为达到进攻的突然性，德国采取了许多欺骗措施。为更有力地打击苏、英、美势力，德、日两国于这年12月在柏林和意大利签约，正式结成军事同盟，形成德、意、日法西斯“轴心国”。德国开始拉拢国民党政府，使其丢掉对美、英的幻想，与德国一起进攻苏联。在一段时间内，国民党政府也认为英美不行了，向德、日靠拢。皖南事变就是在这种形势下发生的。1941年春，希特勒为实施突袭苏联的作战计划，密派“狼团”谍报组到东方活动，企图拉日本一起进攻苏联。日本则摆出一副动武的架式，明里在苏联东线加紧部队调动，实际上却在暗中加紧做好南下发动太平洋战争的准备。而德国在狂妄之际，泄露了进攻苏联的准确日期。这一重要情报被阎宝航得到了。

在重庆的日子里，阎宝航身兼数职，经常以各种不同身份被邀参加各种会议和活动，如救亡会议和文化会议、商业会议和外交活动。1941年5月间，阎宝航被邀参加一次欢宴德军代表的宴会，正是在这次宴会上，阎宝航有机会获得了这一情报。

绅士派头十足的阎宝航在1941年5月上旬的那一个盛大晚宴上一如既往，谈笑风生地周旋于达官贵人、显爵名媛之间。他很快就觉出周遭气氛的异样。他发现孙科、于右任特别兴奋，频频举杯，相互敬酒，还说什么预祝德军旗开得胜，马到成功，踏平高加索，会师莫斯科。他就找于右任打听，于右任就说德国马上要打苏联了，日期已经定在6月20日前后的一星期内。阎宝航转身又找孙科核实。孙科说这事千真万确，先是德方透露给了中国驻德使馆武官桂永清，再是桂永清报告委员长，委员长又亲口告诉他和于右任等人。阎宝航听后伺机离开宴会厅。铁的纪律不允许他直接去曾家岩50号面见周恩来。他只能找隐居在他家的战友李正文谈。李正文二话没说，连夜赶往“八办”暨南方局所在地，将这一惊天大秘密报告周恩来，周恩来马上紧急电告延安，党中央立即通报苏联。①

李正文于1937年在莫斯科受王明、康生陷害而送到苏联劳改营审查两年，回国后，在阎宝航的帮助下与党接上组织关系，在正式工作分配之前，被分配在阎宝航领导下担任交通工作。李正文回忆说：

阎宝航同志的工作是在周恩来同志直接领导下进行的，与苏联使馆罗申②联系。当时阎宝航交际甚广，同重庆的国民党要人几乎都有来往。他通过孙科等一些国民党要人那里获得法西斯德国准备在1941年6月22日进攻苏联这个重要情报后，亲手交给我，我当即报告了周恩来同志，同时转交罗申。不久，苏联塔斯社“辟谣”说，近来英美政客无中生有地挑拨苏德关系，胡说德军将在6月进攻苏联红军。事实上，德国法西斯军队果然在6月22日发动了对苏联的进攻。这件事，阎宝航对共产国际特别是对苏联立了大功。③

阎明复在2009年发表的一篇《父亲得到了一枚迟到的纪念章》一文中写到：“当时在延安机房里值夜班的是叶子龙。叶子龙是毛泽东的机要秘书。叶子龙拿了译电员译出的电文去给毛泽东看，毛泽东看完就转交康生。康生是中央社会部部长。跟苏联人联系都通过他。毛泽东要康生即刻通报苏方，康生就批了一个‘即送友人’，也就是直接送达‘塔斯社小组’，也就是直接送达当时常驻延安的苏联情报人员。苏联情报人员就用他们的电台反馈给了莫

---

① 罗青长：《反法西斯的无名英雄——纪念阎宝航同志百年诞辰》，《人民日报》1995年7月21日。

② 时任苏联驻国民政府大使馆武官，1949年后任苏联驻华大使。

③ 李正文：《我所敬重的阎宝航》，《阎宝航纪念文集》，辽宁人民出版社1995年6月出版，第99—100页。

斯科。”

阎明复还说：“那天晚上，李正文从‘八办’回来，又去了苏联大使馆，见到了罗申。听说德国已经制定了一个全面入侵苏联的‘巴巴罗萨’计划，这计划即将在未来的一两周内实施，罗申大惊失色。他也就在第一时间里作出反应，向几千公里外的斯大林报警。”

叶子龙证实了阎明复的叙述。叶子龙在他的回忆录中说：“1941年6月中旬，我们接连收到我党从香港、上海和重庆发给中央和毛泽东的密码电报，从不同渠道得到的消息表明，德国即将对苏联发动进攻。毛泽东指示：‘马上向斯大林同志通报！’我们通过驻延安的苏联情报站给斯大林发电报，明确告之希特勒德国将于6月21日进攻苏联，希望他们采取相应的对策。但从结果看，斯大林并没有对中共提供的情报给予重视。6月22日凌晨，德军向苏联不宣而战，苏联由于准备不充分，遭受了重大损失。”斯大林之所以“没有对中共提供的情报给予重视”，那是因为斯大林对德国抱有幻想。他一心想“以自己正确的政策，其中包括同德国签订互不侵犯条约，以赢得一定的时间”。所以，他把所有有关德国即将进攻苏联的传言全都看作无稽之谈，一概认作“一场大游戏”，一概认作是“英国甚至可能是德国情报机关发出的蒙蔽人的假情报”。所以，直至1941年6月21日，战争爆发前夜，虽然根据中共中央的严重警告，他已下令前方将士进入战斗准备状态，却还叮咛部队务必“不要受任何挑衅行为的影响”。

曾经长期担任周恩来总理办公室副主任、中共中央调查部部长的罗青长在他纪念阎宝航的文章中谈到，他和阎宝航是在“看不见的战线”上相识的。他说：“阎宝老自西安事变之后，即在周恩来同志直接领导之下从事秘密工作。我当时也在周恩来同志领导下，在延安党中央机关分管我党在国民党统治区的一些机密工作。虽然和阎宝老没有见过面，但早慕其名，早闻其功。”在谈到阎宝航获德国进攻苏联的情报时，罗青长说，“正因为阎宝航同志在国民党内有得天独厚的条件，加之他敏锐的观察力。因此，他对于国民党内各派系的政治动向，以及各界人士对时局的反应，甚至各国驻重庆使节的外交活动，都能够有所了解，并及时向党反映一些可供决策的参考的重要情况。”他认为，“阎宝航了解到德国法西斯进攻苏联的准确日期，为苏联提早进入战争争取了时间”。然而，鉴于当时国民党猖獗的反苏反共活动，苏联驻重庆大使馆甚至担心随时可能被国民党驱逐。罗青长说道：

德国为了配合日本的诱降，稳住国民党在两个阵营的动摇，丢掉对美、英的幻想，也积极进行对国民党的拉拢，曾明确地告诉国民党驻德武官，德国决定于6月20日前后一星期内突袭苏联。这个情报像一针强力兴奋剂一样，使重庆国民党内欣喜若狂。蒋介石甚至认为，德攻苏，日军必北进与之配合，八路军和新四军的敌后主力也势必北调抗日，以策应苏联腹背受敌的局面，而国民党则可堂而皇之地以“收复失地”的名义坐收渔人之利。国民党的上层人物被这种如意算盘冲昏了头脑，得意忘形地在酒酣耳热之际，竟按捺不住内心的兴奋，在一次社交场合对阎宝航同志和盘托出德国突袭苏联的计划。周恩来同志得到阎宝航同志的报告后，于1941年6月16日紧急电告延安，党中央立即通报苏联。当时苏联虽然也担心德国在西方得手之后将回师东进，但仍对《苏德互不侵犯条约》存有幻想，甚至说西方舆论界认为德军将转向东方的猜测是“挑拨苏德关系”。由于我党及时准确地向苏联通报了德军突袭的时间，加之其他情报来源的佐证，使得苏联红军能够争得时间，提早进入战备。虽然由于准备时间不足和战略指导方针的原因，苏军在战争初期不得不采取战略撤退，但是毕竟避免了更惨重的损失，为战争积蓄了力量。苏联红军经过英勇奋战，终于于1941年冬在莫斯科近郊挫败了德军的锐气，并于次年取得了斯大林格勒保卫战的胜利，扭转了世界反法西斯战争的战局。苏联朋友对阎宝航同志提供的情报的价值给予了高度评价。斯大林曾致电毛泽东主席，对中共中央表示感谢。苏联一些知情者也称赞“阎宝航同志是第一个知道德国进攻苏联日期的人”。①

1962年初，周恩来总理在北京人民大会堂给在京的高级干部作形势报告。当谈到中苏关系时，他指出，中苏两党两国的关系从来都是互相帮助的，而不仅仅是苏联单方面援助了中国，中国也援助了苏联。周恩来说，1941年希特勒进攻苏联前，就是我们党向苏联提供了德军发动战争的准确

① 罗青长：《世界反法西斯战争的无名英雄》，《阎宝航纪念文集》，辽宁人民出版社1995年6月出版，第54—55页。

情报。斯大林后来还来电表示感谢。这就是无法估量的援助嘛。但周恩来记不起来是谁把这情报给他的。他记得，当时得到情报后，马上发电给中央，中央转告了苏联。周恩来说这番话时阎宝航在场，会后马上把他1955年写的一份密件交给周恩来。这封信详细谈到了他当年根据周恩来的指示从事情报工作的情况。1962年3月6日，周恩来在这封信上亲笔作了批示，对阎宝航对中国革命和世界革命做出的贡献给予了充分的肯定。

阎宝航在给周恩来的信中写道：

1941年1月，蒋匪帮配合纳粹德国进行第二次世界大战。发动进攻我新四军之后，反苏反共的形势极为紧张。就在这期间，周恩来同志亲自交待给我这个任务，由当时苏联驻华大使馆武官罗申同志（1949年出任苏联驻华大使）直接领导。

罗申同志对我交待了任务范围和具体要求，并商订完一切技术问题，并对我说，鉴于国民党反苏反共的阴谋暴行形势日趋恶化，我们苏联大使馆可能随时要撤退，你必须作好和我们直接通讯联系的准备，为此你必须掌握一部电台，必须准备一批技术交通人员。我接受了这个任务，掌握了一部电台，并找到了发电技术人员（我的小同事）张知敏同志曾在苏联受过专门训练，交通人员有张知敏的爱人纪华同志、高维升同志及沈慧（女）同志等三人。密码则由我的大女儿阎明诗（党员）学习掌握（由延安回重庆养病，好以后开始工作）。

工作范围很广泛，凡有关蒋匪军人及匪帮的一切军事政治外交的动态以及经济文化各方面的情况，均在搜集研究报告之内，而且要求作到迅速详实。因此工作有时很急迫紧张，可以说绝大部分都经过努力，完成了任务。

最感困难和危险的是电台的安置隐蔽和使用，四年多时间中曾转移两次，周密布置煞费苦心。

阎宝航在信中提到了他搜集到的两个重要情报，其中之一就是报告了德国进攻苏联的准确日期。阎宝航在信中说：

蒋匪驻德武官桂永清于1941年5月上旬向蒋匪密报："纳粹德国决定于6月20号左右约一星期内开始进攻苏联。"蒋匪帮首要分子于匪右任孙匪科两人均喜形于色地透露于我这个消息。我立即简单作了报导。事实证明不错，德国于当年6月22日开始进攻苏联。我的报导约在一个半月以前。报导事实证明不久以后，罗申特别请我吃饭一次，当席对我伸出大拇指说："你的情报第一，斯大林同志知道你。"我笑说："真的吗？"他说我敢随便说谎话吗？又说：将来你要到苏联去，你的儿女们将来都可去学习，我可负责供给一切，云云。

1954年春，军委外联处处长蒋克定同志忽而问我："宝老你从前作过什么工作？"我问：什么意思，他说："苏联大使馆副武官富敏科对我说过，阎宝航同志是第一个最先知道德国攻苏的日期的。"是我从（富敏科的话可找）蒋克定同志口中听到富敏科自己有过这番话的。所以（予以证明）：这个报导对于苏联对付德寇的进攻是有帮助的，是有一定作用的。

为了搜集情报，阎宝航总是不失时机地利用各种条件和场合，开展活动。有时他以富商大贾的身份，西装革履地出现在美军俱乐部。有时则打着"V"字（Victory）手势去搭乘美军汽车；有时又与国民党上层人士约会在赌场。有一次，地下组织的情报送迟了，误了接头时间，阎宝航利用警方拦住郊线客车进行"检查"，亲自把情报交给车上的地下交通员。还是在他为资助《反攻》经商的时候，阎宝航就结识了美军部战略情报中校处长贝德（Bird），并成为朋友。当时，大明实业老板萧振瀛为了售给美军酒精以牟大利，对美军极尽拉拢之能事。曾先后宴请美军司令赫尔利、魏德迈及其总部高级军官，阎宝航以经理身份出席宴会并作翻译，从此与贝德交谊甚厚。贝德曾与其机要秘书奸宿于萧振瀛之乡间别墅，以阎知密，对阎表示特别好感。他先告之阎宝航，美军在云南开远地方训练一批人员，准备送到山东沿海一带日军占领区作情报工作。训练内容为跳伞、电报密码及射击等。并请阎介绍可靠青年参加训练。阎宝航认为"借水养鱼"，也无不可，遂经请示组织同意，于1945年夏派达光、李藩、董佩霖、张世泽、丛林等六人，由阎宝航带去介绍给贝德转送昆明接受训练。这些人受训期满时，日本已宣布投降。组织上把这6人送到西安，接受阎宝航的派遣，遂分别潜赴华北及东北各地活动。

6.2 一枚迟到的勋章

1944年夏，在太平洋战争中的美、英联军遭到日军的顽强抵抗。巨大的人员伤亡，使联军特别是美国对与关东军作战及在日本本土作战所要付出的代价极为忧虑。他们期待着苏联红军挥师东进，对日作战。自九一八侵占我东北之后，日本就把东北作为其侵略全中国进而称霸亚洲，建立所谓“大东亚共荣圈”的根据地，苦心经营。经济上，日本各大财团迅速到东北设厂，进行掠夺性的资源开发；军事上，以重兵驻守，关东军是日本侵略军中最精锐的部队，也是日本侵略军的总预备队，在侵略中国的各大战役需增援时，宁肯从日本国内调动兵力，也从未动过关东军；即使在太平洋战争最紧张的时期，兵源枯竭，日本国内不得不把应征年龄从20岁降到18岁的情况下，而驻守东北的100万关东军也未调出一兵一卒。与此同时，还把入侵东南亚立下战功、被称为“马来亚之虎”的山下奉文中将调任北满驻军司令官，以增强防备。日本军部甚至准备一旦美军在日本本土登陆，仍以东北为基地作最后挣扎，足见其对关东军的倚重。1944年2月，苏、美、英三国首脑签订《雅尔塔协定》。三国背着中国在该协定中以许诺，战后把旅顺口租让给苏联，中长铁路仍由中苏共管等为条件，换取苏联对日本关东军作战。这一方面暴露了大国之间肮脏的政治交易，另一方面也可以看出美、英恐惧日本关东军的心态。

1944年，国民政府军委会政治部部长陈诚向时任战地党政设计委员、少将军衔的阎宝航下达任务，要他了解日本是否会进攻苏联。于是，阎宝航更加名正言顺地做起钮先铭的工作。从时任国民党军委会第三厅副厅长钮先铭口中得知日本关东军在中国东北地区的详细军事部署情况，包括陆空军的配置、要塞地点、布防计划、兵种兵器、部队番号、人数及将领姓名花名册等全部绝密材料。据阎明复回忆，那位副厅长答应让阎宝航把材料拿回去看，但三天之内必须归还。周恩来得到这些材料后即令中共驻重庆的南方局拍照报送延安，中共中央迅速通报苏联，使得苏军对关东军的军事部署了如指掌。1945年8月8日，苏联对日开战后，苏军按图索骥、所向披靡，只用了几天时间就全面突破了关东军经营了十几年的防御体系，彻底摧毁了这支王牌军，日本企图以中国东北为基地进行最后挣扎的幻想也彻底破灭。

阎宝航在1962年给周恩来总理的信中，也提到了他当年得到日军情报，他写道：

约在1944年夏季，我从蒋匪军委第三厅副厅长钮先铭手里拿到了日本关东军的全部材料，包括陆空军的布署、设防计划、要塞地址、兵种、武器、翻译人数、将领姓名等一全套内部机密材料，交给罗申，迅速照相，三日内交还。这份材料对于苏军出兵东北，很快消灭了关东军也是有帮助的。

此外，我曾介绍李正文同志（现任高教部政治司副司长）给罗申到上海，担任京沪一带的情报工作，并给他布置了掩护关系，李正文的工作也很有成绩。①

1995年，时任民政部副部长的阎明复去俄罗斯档案馆查阅有关资料，在翻阅有关伪“满洲国”的材料时，看到了有关日本军队在满洲布防的军事情报。他记得父亲晚年曾经提到过这件事，便立即填写清单调阅。在档案中查到了“关于日本关东军在满洲驻防的材料”，有翻拍的照片、地图，全部是日文、俄文注释。经过回国后认真审核后确认，这就是中共中央当年向苏联提供的日本关东军在东北布防情报。这就更加证明此情报的准确性。

阎宝航凭着他卓越的情报悟性，获取了反法西斯战争中的两份举世公认的最有价值的情报。1995年11月1日，俄罗斯驻华大使罗高寿受叶利钦总统的委托，授予阎宝航等人“卫国战争胜利50周年纪念奖章”（见卷首页图片）。罗高寿大使评价说：“阎宝航同志1941年6月16日向苏联提供了关于德军进攻苏联日期的准确情报，在二次大战最后阶段，在苏军对日作战前向苏联提供了日本关东军在东北的详细军事部署资料。这两件事将载入世界人民反法西斯战争的史册。”②

---

① 阎宝航：《担任国际情报工作的经过和成绩》，现存辽宁社会科学院党史研究所（未刊稿）。

② 阎明复：《我父亲阎宝航的情报生涯》，《炎黄春秋》2005年第12期。

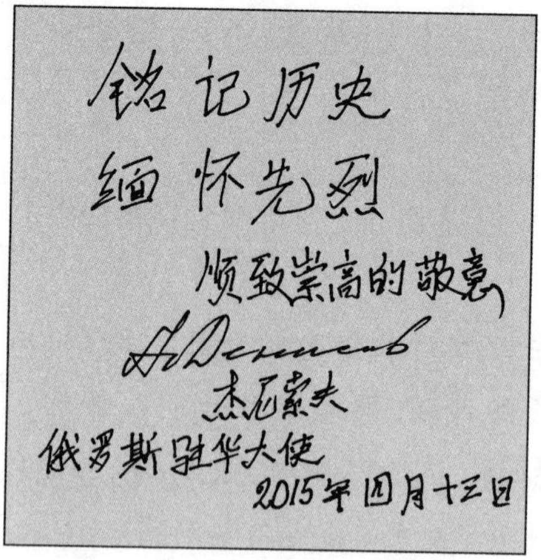

俄罗斯驻华大使杰尼索夫的题词

现任俄罗斯驻华大使安德烈·杰尼索夫高度评价:“阎宝航先生在20世纪苏联卫国战争和中国抗日战争中都出色地完成了任务,是战争获得胜利不可或缺的人物。他是中国人的骄傲,是俄罗斯人民感谢之人,也是世界反法西斯战争中永远铭记的幕后英雄。俄罗斯人民永远记得阎宝航先生的贡献。”

6.3 盗门寄食 原具深心

在国民党的营垒里，阎宝航以过人的智慧和胆识，秘密地从事情报工作，营救了许多同志和革命者出狱或掩护他们脱离危险。而他自己实际上也已处在敌人的视线之内。他的所作所为不能不引起国民党特务当局的注意。在重庆村17号住宅附近，经常有便衣特务游荡。家里也有人无故闯进来察看虚实。有一回，阎宝航正在和几位同志开会，有两三个穿警察制服的人进来声称抓赌。阎宝航很镇静地拿出一张戴笠的名片给他们看，警察毕恭毕敬地退了出去。这些事，阎宝航心里是清楚的。国民党军统渝特区特别组对中共代表团地下党员、进步人士的监视一直没有停止。在重庆，特别组徐德溥专门搜集东北人士的情报，而对阎宝航的监视报告材料为最多。下面这份“奋”字第六十五号件，就是特务徐德溥的秘报材料（原文无标点）：

阎宝航最近活动情况

一、近与郭沫若徐（？）庆轩等合租启蒙出版社拟定五千万元资本，现仅筹划到一千万元。

二、据谈，尚有张申府组成一个出版社，股款筹齐，不日即可设立，另有某（失名）亦筹组出版社，中均为左倾分子之职业文化之活动。

三、阎于12月26日被邀参加东北文化协会，当推入主席团（阎宝航、杨晦、骆宾基、徐仲航、周鲸文等）。阎称提议数项均经反对而否决。如招待政治会议代表及推东北代表（指周鲸文）参加政治会议等案，并会后更以既成稿件（详另纸）嘱签名发表。当时情面难却，遂勉强签字，自觉彼等此种动作太幼稚。又称该会无何作用，其中心人物为周鲸文及卢广生两氏。[①]

1944年，也是这个徐德溥在呈罗先生的“奋字第三十八号”、“明字第十八号”件中，专门秘告宋星池[②]，称宋星池确系共产党员，认为宋于

① 重庆市档案馆，特工4卷，第67—68页，奄字第65号。

② 宋星池，乂名宋醒池。

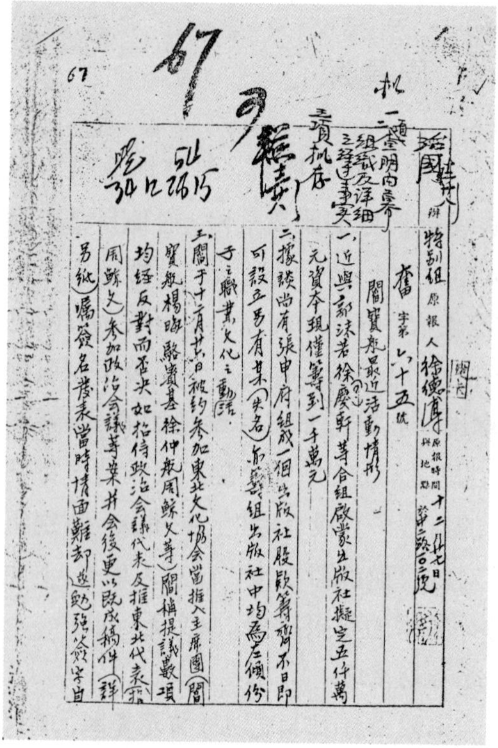

特别组 原报人 徐德溥

奄字六十五号

阎宝航最近活动情形

一、近与郭沫若、徐庆轩等合组启蒙出版社，拟定五仟万元资本，现仅筹到一千万元。

二、据谈尚有张申府组成一个出版社，股款筹齐，不日即可设立。另有某（失名）另发组出版社，中均为左倾份子之职业文化之动态。

三、关于十一月廿日被约参加东北文化协会，当推入主席团（阎宝航、杨晦、骆宾基、徐仲航、周鲸文等），阎倡提议数项均经反对而否决，如拾（？）政治会议代表及推东北代表（周鲸文）参加政治会议等案，并会后更以既成稿件（详另纸）嘱发名发表，当时情面难却，遂勉强签字且

国民党特务机构有关阎宝航活动情况的档案

1934年“在平读书时曾与奸伪分子张德厚（北平市委）同住宿，行迹诡秘，言论左倾。当时宋氏确有奸伪嫌疑。据后勤总部少将专员马志青称，宋星池确系共产党员”。而这份秘告文件称，宋星池“接下来脱罪实情系托民盟阎宝航从中设法说项并对萧振瀛施行恫赫、威胁。”[①]而在这之前，即1943年12月16日在“奄字三十八号”文件中称，宋星池在取保释出后，“现住阎宝航家，连日收拾衣物，有畏罪潜逃之准备”。

阎宝航参加张潜华召集的东北人士座谈会情形也在徐德溥的监视秘报之例：

呈施先生的秘报说，东北行营秘书张潜华、王冠五、王回波等发起，于十一月五日[②]以宴会方式召集在渝东北人士，在四德里王冠五寓所开东北问题座谈会。计到会者有周鲸文、阎宝航、毕载宇等十余人（内有少数非东北籍人员亦参加，名不详）。其决议内容系向中央提出对东北措施的建议三项如次：一、请扩大东北政务委员会之权限与范围，取消东北行营机构。二、以先求安定次求繁荣之原则，停止在东北军事行动，以免事态扩大，糜烂地方。三、请尽量遴用在渝留连之东北籍优秀干部。该项建议书刻正在起草中。[③]

据沈醉回忆，他当年在重庆时，就了解阎宝航的一些活动情况。当时他

① 重庆市档案馆，案奉明字18号，特工4卷，第16—18页。

② 即1945年12月15日。

③ 重庆市档案馆，奄字第11号。

对阎宝航到兵工厂去为工人办福利事业很不理解。他说：

当然，那时谁也不知阎宝老是共产党员，只知道他是张学良的骨干。蒋介石为了想收买张的部下，曾经邀请阎宝老去为他搞“新生活”运动，而且不止一次接见过他，他要愿意投蒋，是不愁无官做的。但他去为兵工厂的工人办福利事业，这却引起戴笠的注意。当时重庆每一个兵工厂内都有一个军统特务组织——兵工署警卫稽查处派驻各兵工厂的警卫稽查组。对阎宝老在兵工厂的活动，他们更是特别重视。军统的东北特别工作组组长是共产党的一个叛徒[①]，幸喜他不知道阎宝老是共产党员，否则他又可以出卖一位革命同志而得到一笔奖金。不过，他从东北同乡方面去进行侦察、监视，虽然没有得到什么证据能足以逮捕阎宝老，可是军统早把阎宝老列入黑名单了。[②]

阎宝航不顾个人安危，以自己的身份掩护和营救共产党人和革命同志。徐仲航、李羽军、孙复起被捕后，阎宝航已得知特务当局的黑名单上有他的名字了。但是，他想到的是党交给的任务，必须坚持下去，继续为营救被捕的同志奔走，并将衣物、食品交他转交押在江北宪兵队的徐、李、孙三位同志。阎宝航在自述情报工作的文章中写道：“1942年夏，东总有三人被捕，三人中李羽军病死狱中，徐仲航知道我的关系，他坚持斗争，没有承认。孙复起自首了，但他不知道我的党的关系。当时，我担任着情报工作不能跑。”徐仲航是一位地下党员，长期参加东总的活动，刘澜波、于毅夫先后撤离重庆到延安后，南方局决定他参加东总的党组，所以他知道阎宝航是党员，以及许多机密。同时，徐仲航又是另一个地下情报组的负责人，其成员之一沈安娜一直打进到国民政府中央党部秘书处任机要速记，得以参加国民党中央全体会议，她所接触到的机密可想而知，而且她得到的情报都转报周恩来。当时徐仲航的公开职务是一家国民党御用书店的高层管理人员，而为了更好地掩护，沈安娜女士通过关系介绍徐仲航加入国民党，成了特别党员。所以，徐仲航被捕马上成为周恩来及南方局领导极其关注的大事。获悉徐仲航被捕后，阎宝航当即安排有关人转移，而他本人则毅然决然地决定坚守岗位，

---

① 即袁晓轩。

② 沈醉：《我这三十年》，湖南人民出版社 1983 年版，第 171 页。

正如他在《谈地下党工作的经验》中写道："当时我担任情报工作，我不能走。"阎明复后来回忆：那天，父亲很晚才回家，沉默无言，相伴多年的母亲当即猜出来一定是出事了。直到深夜周恩来到家里来，亲自同父亲商议对策，母亲才放下心来。

同周恩来商议后，阎宝航向逮捕徐仲航的中统局的人说："听说名单中有我，要是有什么，不要费事，我自己来。"但由于他有一定的社会地位，中统始终没抓他。当时经阎宝航、高崇民同意后加入军统，成为设计委员的王化一在营救被捕人员中也做了大量工作。王化一加入军统后，东总的几位领导人给他提出的任务，就是打听张学良的情况，了解被特务关押的东北乡亲的情况，设法营救他们。

1941年春，皖南事变发生，国民党掀起第二次反共高潮，重庆开始大肆逮捕共产党人。毛泽东发电周恩来，请他和叶剑英、董必武设法离开重庆。八路军办事处和新华日报可留少数人看管。周恩来复电自己必须坚持在重庆，以打退国民党反动高潮，争取时局好转。同时也作最坏打算，紧急疏散党内人员到安全地区。这一天，东总党组书记、《反攻》主编于毅夫忽然接到组织上秘密通知，国民党在一个黑名单上列了18个人，其中就有于毅夫。周恩来令其立即秘密离开重庆。叶剑英对他撤离作了安排，指示他不要坐飞机，而坐江轮去泸州到云南转皖町到缅甸，然后坐船到香港找廖承志接关系。为于毅夫安全离渝，晚上，叶剑英在临江门宽仁教会医院病房里约见了阎宝航，向他下达了保护于毅夫安全撤走的任务。叶剑英以军人特有的简练语言对阎宝航说，不仅要保证于安全离开重庆，还要认真选择好路线，不要走海棠溪公路，因那里有军统检查站。要走川康到昆明路。哪条路设卡，哪条路没设卡，都要弄清楚。叶剑英还令阎宝航联络黄炎培，请其设法保护东总服务队的男女青年。阎宝航受命后，利用他在宗教界的关系，沿于毅夫撤退的路线设法保护。终于使于毅夫安全脱离险境。抗战开始不久，共产党员张雅轩以东总名义赴保定工作，被河北保安队冯治安部逮捕，阎宝航则出面营救，于9月获释。1940年到山西、陕西地区开辟工作的韩乐然在宝鸡被捕，阎宝航等极力设法营救，屡电西安国民党当局要求释放或解送韩到重庆，交战地党政指导委员会自行处理，并请李济深保释，终使韩乐然于1943年出狱。

阎宝航甘冒风险不遗余力地营救革命同志，当听到自己的亲生骨肉被捕的消息时，他首先想到的是党组织的安全。一天，阎宝航从复兴社一特务口中得知，阎大新在山西被捕，被关押在集中营里吃了不少苦。阎大新于1939年去延安后不久，就报名北上晋察冀抗日，后来又传说他牺牲了。高素桐征求阎宝航意见，是否把这一情况向周恩来汇报，以便组织营救。阎宝航说："这样的事怎么好惊动恩来同志。一来消息是敌人送的，未经核实。若情况属实，营救大新可能使一系列组织的暴露，我们应该有为革命做出牺牲的思想准备。当然，这也有可能是敌人的圈套。"此后，关于大新的消息，阎家从不轻率闻问。

但是，已经上了国民党特务黑名单的阎宝航，始终是特务的眼中钉。据宋星池回忆，国民党西南长官公署第二处处长特别行动组织沈醉一度想趁阎宝航过嘉陵江南岸坐滑竿上黄桷垭拜望东北上层人物之机干掉他，后由于戴笠干预而未实现。[①]但康泽则公开警告阎宝航说："关于你的情报很多，我还不相信，但不要和共产党接近。"国民党社会部部长谷正纲在一次会议上直言不讳地说，阎宝航这个人不是共产党，至少也是给共产党利用了。他责成国民党中央赈济委员会委员长许世英改组空袭救护委员会，撤销阎宝航抚济组长职务。重庆卫戍区总司令刘峙曾约阎宝航到他的司令部来谈话。阎到时，放哨兵荷枪实弹，林立两旁。刘峙煞有介事地问："阎先生，我们并非初交，老实说，你是不是共产党？"阎宝航不动声色地反问："那么你看呢？"刘问及阎的四个儿女去延安等情况，阎宝航大气凛然地说道："共产党是啥模样？是不是疾呼复土还乡，引领企望白山黑水，力争中原沃野还我中华的，都是共产党？那好吧，我自报一名，今天也就不走了，你还可以加官晋爵。"其实，刘峙并没有充分证据弄清阎宝航的真实身份。又气恼，又无从下手。

许多和阎宝航要好的人都在为他的安全担心。一天清晨，住在郊区歌乐山的宁武老先生[②]一大早便匆匆赶到阎家。他气喘吁吁满身是汗，走上来一

① 《宋星池回忆阎宝航》未刊稿，辽宁社会科学院党史所资料室存。

② 宁武：原名宁梦言，辽宁省海城县人。1908年加入同盟会，追随孙中山从事革命活动。新中国成立后，曾任辽宁省政协副主席、副省长等职。

老同盟会员宁武

把抓住阎宝航说："玉衡，你还在……"原来，宁老先生夜得一梦：在一座阴森寺院里，阎宝航表情冷峻，用身躯挡住女儿，正与一个身穿皂色袈裟，项挂白纸钱，头生牛犄角的人对峙着。他惊醒过来，想到"牛"与"寺"合在一起是个"特"字，莫非玉衡叫特务抓去了？于是他晨起就急忙赶来探望。阎宝航听后哈哈大笑说："日有所思，夜有所梦。梦言兄，国事千钧重，头颅一掷轻。他们随时可以把我抓去，这无关大局，我去了，还有大家呢。"看到阎宝航泰然自若的神情，宁武眉间的"川"字舒展开了。这时大家才发现宁老先生只有一只脚穿着袜子，惹得大家一齐大笑起来。

当然，阎宝航在国民党营垒里为党工作，经常出入于国民党、政机构，和国民党上层人士以及军、警、宪、特交往密切，往往被人们所误解。东北青年抗日将领徐靖远后来接受了国民党军委会的委任。连他的哥哥都不能理解他。徐靖远找到阎宝航说："我哥哥指责我说，你屡次坐牢，都是戴笠搞的，你同他们水火不同炉，又为什么接受他的委任呢！"阎宝航说："为了革命，要大抓武装，利用敌人的旗号，扩充自己的力量。'盗门寄食，原具深心'嘛！"

"盗门寄食，原具深心"，恰好说明阎宝航身处险境而不顾，仍忠心耿耿地为党从事秘密工作的真实思想。

第七卷

站在全国和平民主运动的前列

7.1 参加民盟、民联、民建的组建和活动

“国民党反动集团对‘接受’东北阴谋和措施，早已是洞若观火，路人皆知的事实。因而流落关内14年的东北儿女们，能不悚然而惧，戚然而忧，奋然而起吗？为了东北同胞不再遭战争惨祸，并且使东北永远为东北人民‘所有’、‘所治’、‘所享’的东北，还能不起来，反对‘武力接收’，而坚决主张民主协商，以求解决东北问题吗？”

早在抗日战争全面爆发前夕，中国共产党就把改变国民党独裁政体，建立民主制度，保障人民民主权利作为建立抗日民族统一战线的必要条件而提出来了。抗战爆发后，中国共产党在抗日救国十大纲领中再次提出了抗日与民主宪政问题。1941年3月19日，由国共两党以外的全国各党派、无党派民主人士张澜、黄炎培、张君劢、梁漱溟、罗隆基、李璜等13人在重庆秘密组建“民盟”（当时称中国民主政团同盟）。1943年11月，阎宝航和东总的主要成员陈先舟、陈彦之、杜弘如加入民盟，连同早些时间已加入该同盟的高崇民组成民盟东北小组。民盟东北小组建立后，一般是两个月左右在阎宝航家里集会一次，除座谈有关国内外的时事和形势，还学习党的统一战线政策和中共的其他文件，并讨论在工作中遇到的一些问题。中国共产党十分关怀民盟东北小组的成长，从民盟东北小组诞生的第一天起，就得到党的及时指导和支持。小组集会时，周恩来往往亲自参加指导。先期陪同周恩来与会的有王若飞、王炳南和王梓木，后期是王炳南和宋黎。

早在1939年10月1日，张澜、沈钧儒、章伯钧、张申府等人，在重庆发起了宪政座谈会。至1940年3月，在中国共产党倡导和支持下，宪政座谈会在重庆连续召开了8次，对宪政运动的深入发展起到了重要推动作用。在这期间，东总把推动宪政运动作为中心任务，阎宝航和东总主要成员都是宪政座谈会的积极参加者。

开展民主宪政运动的意义不仅在于制定宪法，召开国民大会，主要是提高人民的民主意识，推动民主运动的深入发展。在抗战期间，蒋介石表面上讲开放民主，实际上是施行个人独裁。在宪政运动中，阎宝航不仅是个积极

参加者，也是个出色的组织者。

1940年1月14日，阎宝航被邀参加了在重庆银行公会召开的第六次宪政座谈会。出席会议的有：张澜、莫德惠、黄炎培、董必武、张申府、秦邦宪、王造时、孔庚、李璜、章伯钧、史良、冷御秋、邹韬奋、王家祯、胡绳、王卓然、李中襄、左舜生、胡石青、刘清扬、白萍等。此后，宪政座谈会还在阎宝航家里开过多次，经常参加的有沈钧儒、邹韬奋、黄炎培、许德珩、沙千里、史良、李公朴、胡愈之、李济深、刘清扬、胡子婴等。曾在东总《反攻》杂志工作的丘琴谈到宪政座谈会的情景时说，参加座谈会的许多知名人士都是阎宝航请来的。

国民党讲，建国分三个时期：军政时期、训政时期、宪政时期。可是，训政"训"个没完没了。中国共产党有针对性地发动了反独裁争民主的斗争。阎老一向是以民主人士的身分出现的，这时，便公开参加了民主运动。一时间，实施宪政的呼声，鹊然而起。正是在这种形势下，《反攻》半月刊召开了"宪政座谈会"。出席会议的20余人大都为建国初期各民主党派的首脑。这次座谈会是我和郭仁记录的。出席人大部分是阎老请来的。这次会议的重要意义在于：一、它显示党的统战政策的胜利，阎老付出了很大的努力。二、策略运用的巧妙："以子之矛，攻子之盾"，使国民党反动派无法招架，十分尴尬。三、座谈会没有党的色彩，完全是民间团体出面，这是人民的呼声，国民党反动派既无法反对，也无力反驳。四、它是突破国民党的新闻封锁的一次胜利。《反攻》半月刊的稿件，每期都得送审。国民党重庆市图书杂志审查委员会每每对送审稿件或扣发或大加砍杀。可这次却乖乖地将座谈会记录放行。五、《反攻》半月刊率先发表了宪政座谈会记录，起了带头作用，其影响是广泛的。所有这些，阎老功不可没。

1940年1月16日，反侵略中国分会开始筹备东北支会，由邵力子先生宴请东北同乡后，由支会筹备负责人阎宝航、莫德惠、徐守玄定于当日下午3时召开筹备会议，出席会议的有十余人，筹备会决定于1月21日召开成立大会。1月18日，东北旅渝同乡会召开追悼冀察抗日名将唐聚五大会，推举阎宝航、李杜、李梦醒、李雨霖、韩立如、袁荫、吴焕章、王卓然、王化一、马曼青、白沛霖、于炳然、于毅夫等筹备一切事宜。

从1939年冬到1941年春，国民党接连发动了两次反共高潮，中国共产党鉴于大革命时期没能很好地联合国民党内部的左派力量，而遭到惨重失败的教训，注意开展国民党内部爱国民主人士的工作。

1941年国民党第二次反共高潮被打退后，在周恩来、董必武、王若飞等同志的关怀和指导下，开始建立中共外围组织。这一时期，阎宝航还按党的指示，参加了“民盟”“民联”和“民建”的活动。

阎宝航根据中共南方局的指示，参加了中国民主革命同盟的组建工作。为了贯彻党的隐蔽精干16字方针，接受大革命时期血的教训，保护革命力量，团结国民党上层人士共同抗日，于1941年5月29日在重庆领事巷10号康心之公馆召开会议，成立了中国民族大众同盟，一年后改称中国民主革命同盟，简称“民革”（1948年后为与民革区分，改称“小民革”）①。参加成立会的亦即是“小民革”的发起人，有王昆仑、王炳南、邓初民、刘仲蓉、许宝驹、阳翰笙、闵茂、侯外庐、屈武、阎宝航、高崇民、郭春涛、梁霭然、赖亚力、曹孟君、谭惕吾等18人。根据中共南方局周恩来、董必武、王若飞等的指示组织起来的秘密政治工作团体，主要成员除阎宝航、王炳南、梁霭然之外，还有国民党左派和上层国民主义分子。这是一个在中共中央南方局和周恩来直接领导下的统一战线组织。②该组织的任务是积极贯彻中国共产党抗日民族统一战线政策，宣传党“坚持抗战，坚持团结、坚持进步”的方针，争取团结国民党进步人士，分化顽固派。

据阎宝航回忆：南方局是由王炳南负责和“小民革”保持密切联系，并传达党的主张，参与指导一切比较重要的会议。我们经常作国际国内形势的分析，王、许、谭、曹③等多系国民党党员，接触上层，了解内幕，因此得以对国民党的活动，甚至有关国内国际的重大消息，常能得到迅速确实的报导。在反对国民党投降卖国政策中，“小民革”发挥了集体智慧和有计划的集体行动。毛泽东到重庆谈判时，曾在红岩村接见过“小民革”的主要成员。周恩

① 另据这个组织的成员，曾担任过冯玉祥秘书的吴茂荪回忆说：小民革定名为“民族大众同盟”。

② 朱企泰等编：《统一战线大事记》，中共党史出版社 1991 年 11 月出版，第 148 页。

③ 即王昆仑、许宝驹、谭惕吾、曹孟君。

来对“小民革”给予高度评价“在国民党反动政府下的某些可以争取的分子与中共之间发生了桥梁的作用”。[①]

1943年2月，正当再次兴起酝酿宪政运动的时候，由谭平山、陈铭枢、王昆仑等在重庆发起组织民主同志座谈会。开始名为中国国民党民主同志座谈会，后改为三民主义同志联合会。这个组织侧重在国民党内部进行工作。高崇民是老同盟会会员，他也是这个组织的成员。阎宝航参加这个组织的活动，还经常介绍东总其他成员参加。在团结爱国民主人士方面做了大量工作。在中共周恩来、董必武启发帮助和“小民革”的联络下，三民主义同志联合会正式举行了第一次座谈会，参加人有阎宝航、邓初民、高崇民、郭春涛、张志让、李世璋、甘祠森等14人，有一半是“小民革”成员。这次会议讨论了国际反法西斯战争形势问题。

1945年10月28日，三民主义同志联合会（简称“民联”）在重庆特园召开第一次全体大会，由谭平山主持，到会的有全国18个省市的代表和会员。大会制定了《三民主义同志联合会临时组织总章》、通过了《三民主义同志联合会政治主张》和《三民主义同志联合会第一次全体大会决议案》等文件，选举谭平山等17人组成中央临时干事会，由7人组成中央常务干事会，主要负责人有谭平山、柳亚子、王昆仑、马寅初、邓初民、余心清、高崇民、阎宝航、李世璋等人。其政治主张是“接受三民主义及中国国民党第一次全国代表大会宣言与决议案”，“中国国民党应即自动结束党治，建立举国一致的民主联合政府”，保障人民自由，各民主党派一律合法平等，召开各党派及无党派人士的政治会议，“解决目前全国所迫切要求的民主、团结、和平、统一诸问题”；并主张实行军队国家化，在民主政府之下，任何党派及个人均不得拥有军队；在经济上实行“民主主义的计划经济”。《临时组织简章》规定会员范围主要是现具有或曾具有中国国民党党籍者。

此外，阎宝航还在民主建国会、中国经济事业协进会等组织内也担任重要职务。民主建国会（简称“民建”）于1945年11月18日在重庆西南实业大厦举行成立大会，出席会员93人。大会通过了成立宣言、政纲、组织原则

---

① 1949年5月2日，周恩来同志对中国民主革命同盟在北平诸同志的谈话。

和章程。大会选举理事37人，选举监事19人，有阎宝航、李组绅、董问樵、彭一湖、贾观仁、张雪澄、沈肃文、杨美真、萧松立、胡景文、董幼娴、邓建中、徐伯听等人。

关于民主建国会的活动情况，国民党特务机关也有记载：

该会每临国内局势重要关头或重大事件发生时，均发表主张，如反对美国援华、要求国际干涉中国、发起反内战运动、保障人权运动。国大开会，制颁宪法，声明拥护政协决议，不同意一党包办之国大及所通过之宪法。美国特使马歇尔、魏特迈等来华，均派代表往见，并提出备忘录，要求民主和平，反对美国援华。并去电欢迎美国左倾领袖华莱士来华访问。其一切活动，均与民盟互通声息，并直接间接呼应中共之宣传。[①]

中国经济事业协进会于1945年11月23日在重庆西南实业大楼正式成立。董必武、叶剑英、邓颖超、沈钧儒、马寅初、梁漱溟、胡厥文等应邀出席大会。会议通过了章程和对当前经济问题的意见书。会议选举阎宝航、沙千里、杨修范、林大琪、罗叔章、胡子婴、王寅生、耿一民为理事，推选阎宝航为理事长。这个协会，是中共南方局为在经济界扩大统一战线而推动组织起来的。七八月间成立的筹备会，由许涤新、沙千里、罗叔章、杨修范、陈希、王寅生组成核心小组。

从1943年起，世界反法西斯战争发生重大转折。苏联红军转入大规模战略反攻，同盟国美苏联军在各个战场都掌握了主动权。9月，意大利宣布无条件投降。1944年，苏军越过波兰向德国本土推进；英美联军在诺曼底登陆，开辟了欧洲第二战场。苏军和英美联军以破竹之势迅速向柏林挺进。在东方，日军在瓜达尔卡纳尔岛争夺战中遭到惨败，成为太平洋战争的转折点。美军转入战略反攻。中国国内各敌后抗日根据地，由相持阶段转入反攻阶段，收复大片乡村和城镇。在这种形势下，周恩来代表中共南方局指示东总党组和东总负责人，要组织新团体，开展工作。当事人回忆说：

1945年初，崇老[②]从办事处（这是我们当时对我党驻重庆办事处，即南

① 重庆档案馆：《同学录》，目录工卷号146，第170页。

② 即高崇民。

方局的称呼）回来，传达说：周副主席（当时我们这样称呼周总理）和董老指示我们，为了迎接抗日战争的胜利，应该在原来东总的基础上，重新成立一个组织，开展工作，为战后在东北的斗争准备干部。他已和阎老、先老[①]商量过，要刘砥方和我们起草一份组织章程。

1945年，法西斯德国全线溃退，反法西斯战争呈摧枯拉朽之势。苏、美、英三国首脑签订《雅尔塔协定》，大有划分势力范围主宰世界的强权政治的势头，甚至对东北将实行国际共管的喧嚣也已吹进重庆，使人不禁担心，东北又将成为国际政治集团角逐的场地。在形势如此紧迫的情势下，改组东总，成立新组织的事也加紧了步伐。为此，在猫儿石《反攻》杂志社编辑部所在地。酝酿商量了几次，前后参加的有高崇民、阎宝航、陈先舟、刘砥方、陈彦之、金福如、吴一凡、白浩、孙汉超和聂长林等。

1945年春，在猫儿石召开了东北民主政治协会成立大会。通过了成立宣言和组织章程。根据周恩来的指示，东北民主政治协会组织上要绝对秘密，活动也不要暴露痕迹。东北民主政治协会的核心小组，也即民盟东北小组的成员有：阎宝航、高崇民、陈先舟、陈彦之和杜弘如。民盟东北小组成立后，一般是两个月左右在阎宝航家中集会一次，讨论时事政治。1945年10月中旬的一天，在阎宝航家里开会，周恩来也参加了这次会议。并在会上指出，“日本帝国主义现在是投降了，但今后的任务还是很艰巨的，希望大家能争取尽快回到东北去，或到东北解放区，或仍留在东北国统区，继续从事反对内战、争取和平统一的民主运动。”[②]同时，协会改组了《反攻》编辑部。协会还发展组织，在重庆朝天门、两路口、复兴关、沙坪坝建立了几个青年民主同盟小组。

① 即陈先舟，共产党员，东总党组成员。

② 东北三省盟史编辑委员会编：《东北民盟简史》，吉林省内容资料准印证第六三二四号，第5－6页。

7.2 反对国民党武力接收东北

1945年8月15日，日本宣布无条件投降。受“敌伪压迫、剥削、奸污、屠杀14年的东北同胞，终于‘八一五’后得到翻身解放”。流亡14年，并且为救亡奋斗了14年的阎宝航，终于以激动的心情等到了这一天。为庆祝胜利，他请高素桐备了一桌酒菜，请来几位同他一起为之奋斗几十年的东北故知，在阎家老店痛痛快快地喝了一顿酒。

事实上，他很快就发现，东北的解放，还不等于东北马上就能回到人民的手中。“敌人投降了，国民党也跟着抗战胜利了。东北解放了，国民党的反动集团，马上就来‘收复’东北了。”[①]对此，他表示极大愤慨！

1947年，阎宝航返回东北后，在齐齐哈尔曾写一篇《关于东北问题》文章，历数了15年来国民党政府出卖东北的种种事实，提出要接受历史的教训，提醒人们反对内战，要求和平，反对独裁。

正是为了反对国民党武力接收东北，主张民主协商解决东北问题，在周恩来的领导下，阎宝航联络在渝东北人士、国民党老派人物宁武、徐寿轩以及东北大学前后四任的校长刘凤竹、宁恩承、王卓然、周鲸文，前辽宁法团领袖卢广绩，中央大学教授杨晦，重庆大学教授金锡如，国民参政员卢广声，金融实业界孙雪樵、齐廉等，以及东北青年30余人，发起成立东北政治建设协会，阎任理事长。协会的宗旨是：一、对目前东北问题主张“政治协商解决”，反对“武力接收”。二、永远使东北成为“民有、民治、民享”的新民主主义的新东北。

1946年1月，周恩来、叶剑英等应邀参加成立大会。《新华日报》还在显著位置刊载了该会成立的消息。东北政治建设协会发表了解决东北问题的主张和具体办法，主要内容是：主张政治协商，组织一个包括国民党二人、中共二人、东北人民五人为代表组成的临时东北政务委员会。撤销东北行营，在该委员会协商之下，解决地方政权、整理军队、处理政治及建立民意机构一

---

① 阎宝航：《关于东北问题》，1947年8月5日。

切事宜。从1945年11月马歇尔来华到政治协商会议召开的时期，东北政治建设协会为解决东北问题，奔走呼号，不遗余力地积极开展各种活动。

1946年1月4日下午2时，东北政治建设协会举行茶会，招待政治协商会议各方代表，交换对目前国是和东北问题的意见，到会的东北人士有宁武、刘凤竹、王卓然、宁恩承、周鲸文、阎宝航、金锡如、徐寿轩等，政治协商会议代表有沈钧儒、邵力子、章伯钧、缪玉台、周恩来、叶剑英、钱新之、陈启天、张申府、常燕生、金家菊等。会议提出，东北问题要和全国问题联系起来看，东北急待和平的局面，全国迫切要求停止内战。周恩来在会上致词："东北主权属于中国，尤其属于东北人民……但在东北的行政管制与行政机构，应决于东北人民，给东北人民以民主，所以我很赞成东北政治建设协会在这个问题上的主张。"东北政治建设协会对于当前国是提出意见：一、停止军事冲突。二、实行民主政治。并指出：中国今后纠纷之源泉及今后建国之障碍，为政治不民主与军队为党所拥有，全国大多数老百姓，一同居于被统治地位，因之消极的不能监督政府，积极的无法贡献力量。

1月8日，中共代表团在重庆招待东北政治建设协会的阎宝航、宁恩承、王卓然、周鲸文、徐寿轩、徐仲航、刘东轩，卢广绩等。同日，民主建国会在重庆西南实业大厦举行茶话会，招待政协会议代表及各界人士，宣告民建会成立经过及政治主张。应邀出席的有中共代表董必武、王若飞、陆定一，国民党方面于右任、邵力子，民主同盟代表罗隆基、张东荪、梁漱溟、张申府、章伯钧，青年党代表陈启天等，无党派代表王云五、胡霖等，阎宝航等140余人也参加了此次会议。

当时，国民党反动派散布两种论调，一曰：东北因苏军占领，只由国民党政府收回主权即可，东北问题是个外交问题；二曰：东北没有中共军队，只有土匪，不存在协商，只有剿灭。对此，阎宝航给予的反驳，并利用各种公开场合阐述东北问题必须通过政治协商解决。坚决反对采用武力控制办法，更不应利用伪军姜鹏飞部接收东北。阎宝航认为，目前的东北行营，东北各省政权及接收机关，应立即加以改组，吸收东北公正人士及各党派参加，共同进行接收工作。民意机构也应立即成立，准备实行普选。对目前有关东北的外交问题，阎宝航指出："为实行民主，外交问题自可迎刃而解。有人只把东北看成外交问题，以为外交搞好，即可武力解决东北问题，其结果将解决不了任何问题。”他说：“遭日寇蹂躏十四年的东北人民，不堪再受兵劫，东北人民素称强悍，目前又有数十万武装，如政府武力接收，势必兵连祸结。为了东北人民，实不应发生不幸事件。且全国内战可以停止，全国问题可以协商，东北不应作为例外。”他进一步说：“为了正确明了东北真象，正确解决东北政治纠纷，军事冲突，应立即组织东北以及全国公正人士和各党派参加的调查团，赴东北实地调查。”阎宝航以及东北元老反对武力解决东北问题，一致赞同中共主张。阎宝航认为，中共主张是解决东北问题最适当方法，他说：“东北问题是内政问题，不是外交问题。如在东北实行民主，一切问题即可迎刃而解。”①

同年2月24日，阎宝航在现代妇女社座谈会发表讲演，阐述当前有关东北各问题主张要采取协商办法来解决。他指出：

东北问题是我们东北人最关心的，然而根据我所知道的东北情况，实在没有像有些报纸上所渲染的那么严重。

如东蒙问题：兴安省共有三个县，二个设治局，十三个蒙旗，中央要将各旗都改为县，十三个蒙旗就联合起来，向东北行营要求保持蒙旗形式。行营没有接受，于是引起了纠纷。现在他们已推出七个代表，即将和兴安省主席吴焕章先生同来重庆，与中央政府协商。政府方面人士也表示这事并无重大困难。这样看来，东蒙问题只是一个内部的问题，少数民族自治的问题……

东北问题的真正危机，是武力接收的办法。如果这种办法不改变，就会在东北造成内战的局面，不但使苏联会感到忧虑，更将使东北人民生灵涂炭。

因此，东北问题，也就是民主问题。就现在的接收机构——东北行营——看来，显然是与民主原则不符合的。东北行营不但统揽军事、政治、经济、文化等一切大权，而且执行着武力接受政策，在经济接收方面，照目前的办法、结果，只有使东北人民的财产尽归少数官僚资本所私有和独占。

---

① 《东北日报》，1946年3月2日。

这样的措施，我们是不能赞同的，我们主张应该放弃武力接收，而采取政治协商解决……[①]

阎宝航痛斥国民党当局藉口接收东北主权进行大规模内战，指出："今天东北的严重局势为国内外所关切，尤为14年来受尽痛苦的东北人民所万分关怀。无论如何，现在应立即在东北停止军事冲突。望三人小组速予调处，武力接收一定会失去人心，为全国人民所反对。"因此，阎宝航要求"军事调停执行小组应马上前往东北工作"。

1945年11月末，马歇尔将军刚到重庆，阎宝航便同宁武、王卓然、卢广绩等就用东北政协名义致函马歇尔，要求与其会谈，并交给他关于东北问题的意见。几天之后，阎宝航应邀会见马歇尔，力陈东北问题必须按政治协商原则解决，而且必须从速解决，以免发生武装冲突。马歇尔仅表示重视阎宝航的意见。

阎宝航还积极联络各方面人士调停东北内战。早在1946年1月，莫德惠由长春到重庆出席政协会议，阎宝航马上约莫商谈东北问题，用以明确提出建设协会的主张，并要求莫把东北问题提到政协会上，以求协商解决。经过几个小时商讨，莫德惠认为：阎先生所提方案，国民党绝不能同意。于是又改拟一个最低限度的办法，由政协会议产生出一个东北考察团，希望把东北问题能在会议上提出，并且如实反映东北的现实情况，再做进一步的解决。可是，就连这个最低限度的方案，也被国民党拒绝。

1946年2月，重庆召开政治协商会议期间，阎宝航加紧活动，拜访和宴请各党派以及无党派的政协代表。他先后拜访了宋子文、张治中、邵力子、吴铁城等国民党要员，并分别同他们作了两个小时以上的谈话。但这些人的意见几乎同出一辙：同意政治协商解决东北问题，但要等中央政府改组之后。这种托辞实际上就是肯定对东北进行武力接收，因为这时国民党军队已在东北动武了。

4月11日，陈诚设宴于官邸约阎宝航商谈东北问题达三个小时。交谈中阎宝航明确指出，中央对东北问题处理失当，因为武力并不解决东北问题；并

---

① 《新华日报》，1946年2月27日。

提出，在现状之下，停止冲突，同时开始政治协商与军队整编。陈诚当即表示同意，鼓励阎等出来奔走，同时希望阎同中共周恩来一谈。

这时所谓的东北现状，就是国民党在长春和哈尔滨的市政府依然存在。阎宝航便于第二日早9时，先拜访民主同盟领袖，并邀他们共同出来奔走，用以促成陈诚同意的方案。当时约定：如果中共方面也赞成这个方案，当晚就由民主同盟①和东北政协②联名设席请客，藉以进行最后协商。11时左右，阎宝航来到周恩来处。这天，叶挺、王若飞、博古等于4月8日所乘飞机失事得到证实，周恩来出来见阎宝航的时候，正为叶挺等同志的牺牲而痛苦地流泪，阎宝航表示痛心和安慰之后，即提出东北政治建设协会对东北问题的主张。周恩来尽力压抑着他内心的沉痛，明确表示，中共一向主张东北问题的和平协商解决的方针，完全同意东北政治建设协会的主张。

这样，阎宝航满怀着对东北停战成功的希望，马上打电话给陈诚，向他报告晤见周恩来经过，并提出民盟和东北政协当晚拟请国共两方代表便餐，藉以商谈东北问题。陈诚答说："很好，但不必请客，等我酌定时间，再会！"阎宝航等到深夜，却毫无消息。次日早8时，阎宝航等往见陈诚，直到他的官邸，才知道他已于早7时半乘专机飞往南京了。阎宝航连忙打电话给九龙坡飞机场询问，回答说，"陈诚部长专机已经起飞了"。

阎宝航等人极为愤恨："这是何等不信不义的事啊！又是何等使人意料以外的大失所望呀！"阎宝航明白，国民党军政要员们无非是"拖延搪塞，以谈判为烟幕，决心内战到底，无意协商而已。蒋介石是这样，陈诚还能两样吗"？

几天后，东北内战扩展到法库、铁岭、开原一线，仅在法库的秀水河子战斗中，国民党精锐部队有三个团以上被消灭。接着，东北民主联军进驻长春。消息传到重庆，阎宝航、宁武等于4月20日，假华侨兴业银行宴请各党派领袖。阎宝航在发言时警告说："国民党要不接受政治协商办法，硬要继续打下去，将必定逼迫东北老百姓走上自决的道路！"宁武也举杯含泪向邵

---

① 即中国民主同盟。

② 即中国民主革命同盟东北小组。

力子说："邵先生！请你把我们东北老百姓的要求，转达给蒋介石先生。这就是我们东北老百姓的血和泪，请喝一杯吧！"[①]出席宴会的民主同盟梁漱溟先生当即报告民主同盟，决定为解决东北问题举行一次谈判会议，做最后的努力，并请东北政治建设协会推两人出席次日的会议，参与谈判。阎宝航和周鲸文被推为出席这次会议代表。

这次由民盟组织的谈判会议之前，曾请马歇尔约罗隆基、张君劢往谈，又与蒋介石往返磋商数小时。蒋介石始终坚持非收回长春不能谈判。民盟的最后努力又宣告失败。

这时，蒋介石政府已宣布还都南京。马歇尔也决定29日飞南京。而此时，阎宝航、宁武等东北政治建设协会的负责人在重庆的奔走，也已到最后阶段。遂于24日在中苏文化协会招待中外记者和重庆各人民团体，由周鲸文主持，阎宝航报告东北政治建设协会自成立以来，对东北问题的主张和奔走经过，引起出席招待会的20余个团体民主人士的强烈反响，当即一致决议："东北问题要用政治协商解决，并要求24小时内停战。"同时又联名发出致马歇尔及各党派的意见书。

阎宝航组织东北政治建设协会，为了东北的和平、民主，尽到了作为一个东北儿女应尽的良心和天职，但正如他自己所说："一无所成，惭愧归来，有负于家乡父老。一年来，事实的发展，证明国民党反动集团对东北的军阀独裁、官僚统治、经济独占的阴谋与措施，必定失败；蒋介石进攻东北人民的军队，必将遭到粉碎；东北政协的主张，迟早必然实现。"[②]

① 阎宝航：《关于东北问题》，胜利印刷厂印刷，1947年8月5日，第5页。
② 阎宝航：《关于东北问题》，1947年8月5日。

7.3 从沧白堂到较场口

1946年1月10日，有国民党、共产党、民主同盟、青年党和社会名流代表参加的政治协商会议在重庆开幕。蒋介石代表国民政府致开幕词，宣布政府保障人民自由，释放政治犯等。这次会议在中共代表和民主人士的共同努力之下，国民政府作出一些让步，从而使会议通过了一些有利于人民的决议。

在政协开会期间，由重庆各界人民团体共同发起了一个重庆市各界政治协商会议协进会（以下简称“协进会”）。参加该会的计有：中国经济事业协进会、中国劳动协会、妇女联谊会、青年民主实践社、民主建国会、杂志联谊社、中华全国文艺协会、三民主义同志联合会、重庆基督教青年会以及民主宪政促进会等23个团体。协进会配合政协会议的进行程序，每天午后在沧白堂举行公开演讲大会，邀请政协会议代表到会报告，然后请听众自由发言，次日把大会情形和人民的意见公诸报端或用书面正式转达给会议代表。1月11日晚，民主建国会、陪都文化界政治协商会议协进会筹备会和救国会三团体邀集各界代表，在江家巷一号迁川工厂联合会开会，商讨成立协进会，提出了政治协商会议“只许成功，不许失败”的口号，选出阎宝航、陶行知、章乃器、胡厥文等35人为理事，并决定：在政协会议进行期间，协进会将在沧白堂连续举行会议，听取各界代表的意见。同时决定近期内举行陪都各界民众庆祝和平大会。

从1946年1月12日至27日，协进会先后举行八次各界民众大会，听取政协代表报告。到会群众由最初的几百人增加到3000余人。1月16日下午，召开为庆祝停战协定的签订，并促其彻底实施的陪都各界民众庆祝和平大会。参加大会的有两千余人，由阎宝航、李德全、史良、钟复光、茅盾、杜斌丞、王葆真、章乃器、施复亮、李公朴等11人组成主席团。中共代表王若飞在会上强调指出：要求得和平，就得停止内战；但停止内战，仅使国内和平得到初步的保障，一定要有长期和平，全国才能进行建设。要争取长期和平，永久不发生内战，就要全国人民共同努力促其兑现。大会还通过了王葆真和许多听众提出的要求和平、反对内战、实行民主、保障人权的提案。

协进会组织的各界群众的八次大会，前三次在江家巷口中国工业合作协会的合作会堂举行，因场地较小，参加的人多，挤得水泄不通。为了有更多的人能参加这样的集会，从第四次起改在沧白堂举行。沧白堂全称叫“杨沧白纪念堂”，坐落在重庆沧白路中段，是抗战中期蒋介石为了缓和中央和地方的矛盾，堵塞四川地方势力要求“川人治川”之口，以纪念国民党元老、四川人杨沧白而修建的。厅堂较大，院落宽敞。各界群众大会改在沧白堂举行以后，参加群众就更加踊跃，每次总在千人以上，特务的捣乱和破坏，也就愈益加剧。阎宝航曾担任在沧白堂召开的第四次和第八次大会执行主席。阎宝航主持的第四次大会是16日晚举行的，民主同盟代表张东荪和社会贤达代表郭沫若作报告。当阎宝航讲到以后军队要成为国防军，不能再有党军时，台下就跳出十几个特务打手，狂叫“政府军队是国军，不是党军”。听众见此情景十分气愤，同声高喊：“是国民党的党军，不是国军！”严加批驳，把邪气压了下去。

1月27日，协进会举行第八次群众大会。这次大会是下午2时在沧白堂召开的，到会军民达3000余人。大会由阎宝航、李公朴、章乃器主持，国民党代表张群、吴铁城没有到会。会议首先由王若飞讲话。他说：政协开幕那天，政府就下停战命令，经过几天的分组讨论，关于政府改组、和平建国纲领、军事、国大和宪章五项问题，许多基本要点已经趋于一致，这是一大成功。而昨天政协代表黄炎培等人住宅却受到非法搜查，说明蒋介石的“四项诺言”的执行，仍甚缓慢。会议随后在阎宝航的主持下通过了两个提案：一、以大会名义致函黄炎培及其他同样遭受无理搜查的政协代表，表示慰问。二、向前来保护会场的宪兵、警察致以慰劳之意。在大会进行中，时有特务喧哗、谩骂，丢掷石子，围困主持大会的主席团，捣乱会场，气势汹汹。有一次，阎宝航同李公朴（阎同李都被大会推为主席团）陪着郭沫若和其他政协代表们，刚刚走出会场，一群特务就尾随其后，破口大骂，阎宝航他们只得置若罔闻。特务们接着又向他们丢石头，打到李公朴的背上，一直跟他们到大会办公的地方——迁川工厂联合会大楼，又围困会议代表一小时多，才一哄而散。这就是历史上的沧白堂事件。

政协会议于1月31日闭幕，会议通过了政府组织、施政纲领、军事问题、

学生们打着“只许成功不许失败”的标语游行

1946年2月10日在重庆较场口举行的庆祝政治协商会议成功大会

国民大会、宪法草案等五项决议。这五项决议，在不同程度上初步解决了国共两党的问题，理所当然的受到全国人民一致的拥护。蒋介石也表示承认这些协议。为了巩固政治协商会议的成果，促使五项决议的贯彻实施，2月2日，政治协商会议陪都各界协进会等19个团体发起举行庆祝政协成功大会。由政治协商会议陪都各界协进会、中国经济事业协进会等23个团体组成陪都各界庆祝政治协商会议成功大会筹备会。

2月10日，在重庆较场口举行庆祝政协会议成功大会。阎宝航作为大会主席团成员之一参加了大会。主席团成员还有郭沫若、李公朴、章乃器、施复亮、李德全、马寅初、徐崇林等20余人。会议还决定邀请政协代表周恩来、邵力子、孙科、沈钧儒、李烛尘等12人到会演说。筹备会负责印制了《告全国同胞书》，以备散发，向市警察局洽定以较场口广场做大会会场；拨经费四五十万元，连夜赶筑大会讲演台，布置会场。为了保证大会顺利进行，防止破坏捣乱，除函请军警到场维持秩序外，还由社会大学、中国劳动协会、中国中小工业联合会等团体，分别发动所属成员到场协助。

庆祝大会于2月10日上午9时半在较场口广场举行，全市欢腾，人心振奋。

远在一二百里以外的学生，许多住在下关的教授学者和各界知名人士，头一天就赶到了城内。阎宝航8时半就来到会场，其他政协代表邵力子、周恩来、莫德惠、李烛尘、张君劢等也先后到达会场。对于较场口大会的情景，阎宝航曾有详细记述：

庆祝大会定于10日早9时半开会，我8时半到了会场，这时到场群众约有5万人。一到主席台，就看见主席台的周围，布满了特务模样的人，为数不下数百，主席台上竟出现了许多素不相识的人们正在和李公朴、章乃器、施复亮诸先生争论着，一问便知，乃是“重庆市农务会会长刘野樵要求做庆祝大会总主席”。这种要求当然遭到合理、合法的拒绝。正在争论之际，重庆市教育会长周某抢过播音器就宣布开会（还没有到预定的开会时间），那个刘野樵就挺然地站出去说：“我代表中国人民百分之八十的农民（他的农务会一个农民也没有）做大会总主席”云云，话刚说完，当由大会总指挥李公朴先生夺回播音器，并立即宣布刘某不是大会公推的总主席。这时候预伏主席台上的特务，立时开打，同时台下周围的特务，面向出席群众，动手大打；主席台上的主席团、代表和来宾，都被打到台下去了，会场群众当被打散，只剩下少数特务，刘野樵独自一人，继续讲话，并掏出事先借大会名义预备好的“宣言”，向特务们宣读一遍，举手又“通过”了，这才一哄而散。当时我同另外一位主席团的王葆真先生始终在场，一直看完这幕丑剧。

李公朴头部被特务用铁器打开很长的一条伤口，当时昏迷倒地，送往市民医院。施复亮被10余特务围打，受伤很重，送往市民医院。郭沫若在额角上被打起一个青肿的大疙瘩，眼镜被打落在地上，胸部也被打得不能出气讲话。马寅初老教授手里的马褂预备给人家作证婚人用的也被抢走了。中国劳协的队伍中，被特务打伤了四五个人。①

这场由国民党一手制造的较场口血案，共有60多人被打伤。可是，在第二天国民党的《中央日报》、《和平日报》、《世界日报》等报纸上，却刊登与事实完全相反的报道，说到“刘野樵被大会公推总主席，竟被李公朴等阻拦不准讲话，并且捣乱会场，大打特打，陶行知唆使育才小学生开打”等等，甚至

① 阎宝航：《关于东北问题》，1947年8月5日。

以大字标题说刘野樵也“光荣负伤”。这天，刘野樵还装伤到地方法院进行所谓检验等等。最后，刘野樵以陶行知、章乃器、李公朴、施复亮、朱学范等侵害人民集会自由权利，控告到重庆地方法院。法院的传票很快就送到陶行知等的手里。

在较场口事件中，在李公朴受伤住院期间，阎宝航亲往医院慰问。法院开庭前两天邵立子曾在国民参政会设宴招待大会主席团成员，以个人名义向大家道歉，赔偿损失，保证以后不再发生同样事件，劝阻大家不要出庭，以维持国家司法机关的“尊严”。被阎宝航等当即拒绝。

较场口事件发生后，周恩来即和邓颖超、廖承志等携带中共代表团慰问信和鲜花等物，赶赴市民医院慰问受伤人士。晚8时，周恩来出席了民盟代表团召集的紧急会议，同时到会的有政协代表董必武、王若飞、章伯钧、沈钧儒、张申府、陈启天等11人，联名向蒋介石提出抗议。周恩来接受大家委托，准备与张君劢、陈启天、李烛尘一道去面见蒋介石交涉。蒋第二天就借故飞沪。一批特务打手，不惜施展各种威胁手法，以“冠英”的化名，于12日写信给周恩来，并附一粒手枪子弹，送到中山四路中共代表团住处，进行恐吓，狂叫“假如你向蒋主席报告十日民众大会被捣乱的情形，请先看看这颗子弹。”周恩来大义凛然，立刻将原信交付《新华日报》公布。

当重庆地方法院开庭的时候，阎宝航被邀出庭作证。同时被邀请出庭作证的还有王葆真、李德全、郭沫若、沈钧儒等。阎宝航和王葆真等在法院上进行了有理的力的斗争，并向报界声明“王葆真、阎宝航亲见刘野樵没有受伤”。①

国民党虽然被迫召开了政协会议，但绝不希望其成功；虽然被迫签订了政协会议五项决议，但决不允许其实施，并且加以破坏，破坏之后，又利用它作烟幕，反而说人家不施行协议，再反过来假借政协决议名义，来大喊其“改组政府”，这完全是国民党在欲盖弥彰的阴谋诡计掩护下，实施其打内战、卖国、独裁的勾当。②

---

① 《新华日报》，1946年2月14日。

② 阎宝航：《较场口事件》，《人民日报》，1966年2月10日。

庆祝大会主席团公推阎宝航、王葆真、李德全、朱学范四人为代表，去见国民党中央党部秘书长吴铁城。当时阎宝航愤慨地说：任何人还有一分爱护国民党的意思，就应该对你们说老实话，较场口事件是万目共睹的事实，为什么你们的机关报却歪曲颠倒地报道？假使你们这一次报道算是真的，那么，你们以往所有的报道都是假的。正当其他代表对吴铁城提起多人被打伤的时候，阎宝航又愤然地说："受伤是小事，在这样是非不明的社会里，活着又有什么样意义！"吴铁城推诿说："是地方政府当局没维持好社会秩序，和本党无关。"阎宝航又说："大会的当时，还可以说治安机关有责任，在大会被捣毁后，国民党的机关报的报道是中央宣传部指导下的通讯社发出的一致消息，那和地方治安机关有什么关系呢？"

较场口事件发生之后，政协代表和各民主团体，都愤慨万分，要求国民党、国民政府惩凶道歉，赔偿损失，保证今后不再发生侵害人民自由的事件。当时在场的有正义感的记者30余人，也曾联名向中央通讯社质问为何歪曲报道。通过这个事件，阎宝航更加看清了蒋介石的真面目，他相信毛泽东1945年8月13日说的话。毛泽东说："必须清醒地看到，内战危险是十分严重的，因为蒋介石的方针已经定了。按照蒋介石的方针，是要打内战的。"所以，阎宝航认为，和国民党还能讲什么是非吗？只有消灭他们，彻底地消灭他们。

7.4 在下关事件中

1946年5月3日，国民政府还都南京。中国共产党派出以周恩来为首的中共代表团由重庆飞赴南京，准备与国民党当局举行和平谈判。但是，蒋介石在美帝国主义支持下，在调停、谈判的幌子下，继续派遣军队猖狂进攻解放区。在军事连连受挫情况下，蒋介石又被迫停战15天，在南京恢复谈判；接着又停战8天，继续谈判。这次停战和谈判，不仅关系东北的和平、民主前途，而且关系到全国的和平、民主前途。东北问题是全国问题的一部分，东北问题不能和平、民主地解决，整个的中国就不能得到和平、民主。中共中央指示上海地下党组织领导上海人民开展更广泛深入的反内战、争民主的斗争，阎宝航积极响应，立即行动。

1946年5月6日，阎宝航来到已成为和平民主风潮中心的上海。他一到上海，就参加了由中国民主促进会、上海人民团体联合会在上海南海花园饭店招待由渝来沪的民主人士座谈会，出席座谈会的还有郭沫若、沈钧儒、沈雁冰、柳亚子、沙千里、陶行知、马寅初、黄炎培、李公朴、梁漱溟、胡厥文、吴耀宗等人。会议发起组织上海人民反内战运动大会，反对蒋介石发动内战。

为了全国的和平、民主，特别是东北问题和平、民主的解决，阎宝航于5月13日成立了东北政治建设协会上海分会，并作为该会负责人在八仙桥青年会招待各界团体负责人。出席会议的有黄炎培、马叙伦、章乃器、王绍鏊、施复亮等及各报记者，共约百余人。招待会首先由阎宝航报告该分会成立经过及该会在去年12月底在渝成立的意义后，即叙述东北政治建设协会对解决东北问题的努力，始终未被当局重视，东北人士不能处理东北问题，而演成今日之局面表示非常遗憾。阎宝航在会上就政府接收东北问题再次发表自己意见，指出国民党犯了两大错误：一是东北问题本来就是内政问题，硬要说成是外交问题。二是独自成立军事独裁的“行营”组织，不符合东北人民的意愿。因此，东北问题应用政治方式解决。阎宝航指出，5月以来，东北政治建设协会上海分会，曾根据民主政治必须组织联合政府的原则，拟定了解决东北问题方案，即首先在东北政务委员会，代替“行营”，9个委员中有东北人民代表5人，国共各2人；组织保安队维持东北秩序，国共两党军队都撤离东北，等一年后联合政府成立宪法正式颁行时国防军在东北接防。特别市市长由政府遴选，其他省市县长概由民选，届时撤销临时东北政务委员会，而一切均步入常轨。此种方案，未被当局理睬。说是调子过高。但是，我们并未因此灰心，东北不是东北人的东北，而是全中国人的东北，故仍用尽机会，用尽方法，企图打开僵局。总之，解决东北问题，必须以政治方式，也只有寻政治途径可以获得合理的解决。但是要解决东北问题，必须听取东北人士的意见，惟有东北人士的参加，才能获得合理的解决。马叙伦、王绍鏊相继在会上发言，认为国民党主张内战是最不聪明的办法。

5月18日，阎宝航参加东北政治建设协会成立上海分会举行的招待会，在会上他阐述了协会要求和平民主的一贯主张，并谴责国民党发动四平之战，造成几万人死伤。他说：“打自己同胞，竟如此英勇，说来十分痛心。”[①]5月26日，阎宝航出席了上海人民团体联合会招待重庆来上海的民主人士座谈会，并发表演讲，反对国民党政府再次发动内战，呼吁全国人民及公正舆论监督国民党政府，

不容其“自食诺言，得寸进尺，节外生枝”。与会者郭沫若、茅盾、沈钧儒、柳亚子、陶行知、沙千里、马寅初、黄炎培、李公朴等发言，主张发起组织上海人民反内战运动大会，会议一致推举马叙伦、阎宝航等9人负责大会筹备工作。[②]6月6日，各民主党派领导人阎宝航、沙千里、马叙伦、陶行知、周建人、郑振铎、王绍鏊、罗叔章、唐韬、许广平、雷洁琼等164人致函蒋介石、马歇尔及各党派，呼吁停止内战。11日，中共代表团发出复函，表示支持。

6月14日，民进理事会召开会议，建议上海人民反对内战大会应推代表赴南京，直接向国民党当局呼吁和平。民进并决定捐助赴京代表团费用40万元。6月16日，上海人民团体联合会召开理事会具体讨论赴京代表人选，经充分协商，征求各方意见，决定由马叙伦、阎宝航、蒉延芳、盛丕华、张絅伯、

① 《新华日报》，1946年5月21日。
② 中国民主促进会理事会会议记录，1946年5月31日。

1946年，上海人民呼吁和平赴南京请愿代表出发前留影。从左至右：蒉延芳、胡子婴、盛丕华、张絅伯、阎宝航、雷洁琼、包达三、马叙伦

雷洁琼、吴耀宗、包达三及胡厥文9人为和平请愿代表，另由上海学生和平促进会选出的两名学生代表陈立复、陈震中一起共11人，组成上海团体代表团（又称和平请愿团），赴南京向国民党当局和马歇尔请愿。代表团要求停止内战，实现全面和平，要求美军立即撤走，不干涉中国内战，停止对国民党政府的一要军事援助，并公推马叙伦任代表团团长，选出胡子婴、罗叔章两人为代表团秘书。会议决定组织群众集会欢送代表团赴京，会后举行反内战大游行。

关于代表团的经费问题，由于各社团组织活动经费都属自筹，较为拮据，所以决定自行筹集，阎宝航、马叙伦、包达三、张絅伯等都为代表团捐了款。总共筹金340万元，使代表团顺利成行。

对这次和平请愿活动，中共上海局十分重视，积极发动各界开展反内战

阎宝航随上海赴南京和平请愿团临行前与欢送群众告别

的群众运动。阎宝航一到上海，就与上海党发生联系。和他具体联络的是华冈和张执一。在地下党支持下，阎宝航便积极投入上海各人民团体的活动。为加强领导，上海地下党组织设秘密指挥部于宝山路不远的一家民房里。指挥部由上海市市委委员张执一为总指挥，工委张祺、学委吴学谦、职委陆志仁担任各方面具体领导，秘密指挥。在地下党统一领导下，上海各团体负责人领导各团体对欢送大会作了周密布置和准备。

6月23日上午7时许，上海300多个团体单位，十万七千余人，开始有组织地向北站进发。8时许，北站广场变成了人民海洋，大队游行队伍还在不断地涌过来。游行群众手执红绿彩旗、标语、横幅，上写“反对内战，要求和平”，“一致行动，制止内战”等口号。还有的标语用英文写着“美国军队滚回老家去！”“停止内战，美军滚蛋！”上海电话局职工的标语写着：“内战不停，电话不灵。”阎宝航和各位和平请愿代表先后到达。[①]马叙伦和几位年老代表，首先进入站内116号列车。9点40分，盛大隆重的欢送大会开始。陶行知、王

① 和平请愿代表胡厥文因事未到。

绍鳌、林汉达等五人被推为主席团，并先后登台讲话。阎宝航回忆说：

给我印象最深的话是："我们上海人民，要生活下去，就要反对内战，我们要生活下去，就必须要求民主，只有和平、民主，我们才能生活下去，我们也只愿为和平、民主而生活。今天，我们公推了代表赴南京向国民政府，中国共产党，民主同盟及马歇尔请愿，我们要求代表们，把上海人民的意愿，转送给以上各方面。我们要求这次短期的停战，必须成为永久的停战，谈判只许成功，不许失败。我们这次请愿，倘如失败，我们要继续不断地请愿……"

代表团由蒉延芳、雷洁琼两先生致答辞："我们绝不辜负上海人民的付托。"一片惨痛、热烈、反内战的呼声和汗泪交流的人们的影子，在我的眼前交织着，沸腾着。

站台上，中外记者忙着为代表们摄影，车室内，欢送的人们拥挤着求请愿代表们签字，殷勤照拂，恳切嘱咐，祝代表们健康，祝请愿成功……

车于早11点钟开出时，还有许多青年男女，边追边喊："代表们给我们带回来好消息呀！好消息呀！"

这是上海人民的呼声！这是东北同胞的呼声！也就是全国人民一致反内战的惨痛呼声啊！我在望着欢送的人们，感到酸痛，不禁热泪盈眶。

列车开出不久，几个暗藏在列车上冒充列车员的国民党特务，要代表们填写履历表，被代表们严辞拒绝。车到苏州、常州，都上来一伙特务把车厢内外的标语撕掉擦净，贴上预先写好的标语。对此，代表团不予理睬。午后5时许，车抵镇江站，又有一伙人围在代表团车窗前。突然上来七八个身穿灰蓝色罗纺长衫的人闯进车厢，为首一人手执三角纸旗，上写"苏北难民"，声称要找马叙伦。马叙伦答："我是。"那人向他鞠个躬，自称是苏北难民，共产党使他们有家难回，逃亡在外，要求代表团将其送回家乡。马置之不理，特务继续纠缠，寻衅闹事。阎宝航、吴耀宗前来制止，说马老身体不适，请不要打扰。特务不听，转而要马叙伦下车"讲演"，故意刁难。阎宝航再次对特务说："马老年事已高，不应相迫。"并严正声明，代表团去南京请愿，中途不能下车。特务们声言，如代表团不下车，他们将卧轨拦车。阎宝航遂与代表团几位代表分头行动，一部分人保护马叙伦，一部分人到各车厢说明代表团使命，争取旅客同情和支持，一部分人向月台上的乘客宣传事实真相。结果，车厢内外旅客纷纷谴责特务。这些人见势不妙，两个小时后退去，列车终于开出镇江站。

下午7时，车抵南京下关车站。民盟代表叶笃义及先期到京的代表团秘书罗叔章等上车欢迎。《大公报》、《新民报》社记者也前来访谈。代表团正要下车时，有几个自称大学学生的人挤过来纠缠，要求马叙伦说明此行的目的，发表对时局的意见。马叙伦指派代表团秘书胡子婴答复他们。种种迹象表明，这显然是故意留难，拖延时间。

好一会儿，代表团才到收票口，不出几步，便有二三百人把他们围了起来。见此阵势，阎宝航已估计到，这又是第二个“较场口”，便问身边一个特务的姓名，说：“你们要我们谈谈吗？”那人说：“是。”阎宝航说：“那好，到站房内去谈。”等到阎宝航和几位老先生簇拥着走进站房时才发现，马叙伦、雷洁琼、陈震中、陈立复还未进来。有个特务告诉阎宝航，那几位到隔壁候车室了。阎宝航情知不好，把几位老先生留在这儿，他要求去候车室看个究竟。

马叙伦等果然都在这里。阎宝航表示他愿意回答他们提出的问题。经过一番纠缠，特务们齐声说：“我们要求你们把‘苏北难民’的痛苦转达给中共代表周恩来。”阎宝航从容不迫地说：“请说吧。”

特务们共提出10条要求后，阎宝航说：“好，我负责把你们的要求转达给中共代表周恩来。没事了吧？”特务们不甘罢休，要求阎带他们去见周恩来，否则代表团今天必须回上海！

这简直是无理取闹，阎宝航气愤地站起来，拍着桌子说：“你们是‘苏北难民’，我是东北难民！你们苦，我们比你们更苦！我们东北同胞在敌人蹂躏14年之后，又遭到内战惨祸，你们苦，我们苦不苦？但是，要解除痛苦，必须不打内战，我们这次来，正是为了呼吁和平，反对内战，也正是为了解除‘苏北难民’、东北难民以及全国同胞的痛苦，今天你们这样要挟是为什么呀！”

一个特务冷笑了一声，说：“呵！你今天还跟我们发脾气啦！”阎宝航明白这分明是“笑里藏刀”。

屋里沉默了一会，一个特务逼着阎宝航说：“请你给我们难民讲讲话吧！”阎问：“讲什么呢？”特务说“你们不要说呼吁和平，要说，是来解除中共武装的。”阎宝航就对台下讲：“大家听着，这位朋友要我照他的话向大家重说一遍：“你们不要说呼吁和平，要说，是来解除中共武装的”。特务们伸长脖颈听完，方知上了当，狂叫：“他是个滑头”，“不要他讲话！”并叫嚷：“你今天就带我们去见周恩来！”阎宝航说：“办不到！”台上台下又喊：“要他们今天晚上就滚回上海去。”阎答道：“这也不成。”

特务们在耍花样了，一个特务提出：“要他报告，什么人派他们做代表？他们代表谁？”阎回答：“我们是上海50多个人民团体公推的代表，并且代表11万多欢送我们的上海人民。”话没说完，一个特务插嘴说：“上海有人不承认你们做代表，你们知道吗？”阎说：“不错，我晓得，可是我们并不代表他们，我们是代表推选我们的人哪。”有个特务狂叫：“要他今天表明是非！”“我们的任务是呼吁和平，我们没有资格来表明是非，而且是非不是早已明白了吗？”阎宝航这样答完之后，台下一阵哄动，立刻齐声喊“打！”“打！”“打！”

突然一个特务上台来，慌慌张张向台下讲了几句话，回过脸逼着阎宝航，让阎照他的话向大家讲一遍，阎问：“他刚才讲了些什么？”另一个特务说：“他刚才说，你们这次要说，不来呼吁和平，要求解除中共武装。”阎争辩着说：“我们的任务就是呼吁和平，怎么不说呢？说解除中共武装，我们说了，就能办到吗？”特务逼着“非说不可”。阎宝航于是说道：“大家请听着，这位朋友要我照刚才那位讲过的话，重说一遍：你们来，不要说呼吁和平，要说解除中共武装！”阎这么一讲，台上台下又大叫起来：“滑头！”“滑头！”“不要他再讲话！”“要姓马的出来！要姓马的出来！”

这时，打手们竟狂叫起：“你跪下来，你共产党跪下来。”同时，有人从四面八方一个劲地向讲台挤来。阎宝航昂然挺立，正颜厉色地说：“你们说什么！我是东北老百姓，首先出来打日本的一个，14年来，没有给敌人屈过膝！今天，在中国人的面前，我更要给中国人保持体面，看你们哪个敢来！你们有枪，枪毙我好了！你们想侮辱我，绝对办不到！”阎宝航凛然正气，从容地走下讲台，健步回到候车室。

出乎意料，特务群倒反而平静下来，两个特务在小声谈话，一个说：“刚才为什么不打呢？”那个说：“刚才有几个小孩在讲台旁，要打恐怕把小孩们搞伤了。”阎宝航装着听不见，他知道这是“中统”和“军统”’的一门两户。

相持至午夜11点多钟，特务们冲了进来。阎宝航在回忆当时的情形时说：

立时，窗外叫骂的特务们，齐声喊打，窗子玻璃被打碎，一下冲进来20来个特务，逢人便打，我担心马叙伦老先生的安全，看到雷洁琼从沙发上扶起他来，又坐在一个长凳子上，老先生不惊不慌，我心里还在幽默地想：“这老先生等着殉国呢！”我刚抬头，一个凳子突然对我逼来，我用双手接住了，又一个打下来，再用左手挡过去，这时已打乱了，一个花盆粉碎在墙上，一块瓦片，正打落在我的额角，三四个特务拳脚齐来，我的左眼被打了一拳，幸亏没戴眼镜，眼膜被打破，鼻子又挨一拳，鲜血立刻喷出来沾满了衬衣，左腿被打很重，当特务正在兴高采烈的把我从沙发上双腿架起来的时候，忽然又把我放下来，特务们狼突豕奔地向窗外逃走，我又坐沙发上，原来两个美国记者（一男一女）进来了，特务们都已跑光。这时候我看到：雷洁琼、浦熙修被打得衣服破烂，头发蓬乱，血迹满身，倒在地上，高集坐在凳子上，满面是血，眼球仿佛要突出来，跟浦熙修同上站来的那位女友，则赤条条地蹲在大沙发后边，民盟代表叶笃义被打得大口咯血。就在这时，一队宪兵拥进来，其中一个，扬声说：“刚才你们到哪去啦？在这‘维护’秩序？”我也很明白，他们是奉命“维持”打的秩序的！

“大卡车来了，送他们到医院去”。宪兵这样说。可是我的腿告诉我：“不能走路了！”宪兵把我拖着上车，受伤的都被拖上车了。拖陈震中上车，他当时晕了过去，好像被打死了一样，一动不动，马叙伦老先生一上车，猛一看到我，便惨呼一声：“阎先生呀！”酸痛的泪，我禁不住了。美国记者纷纷向我们问道：“你们都是谁呀？这个暴行是不是CC干的？”一个特务来禁止我说：“你不要给美国人讲，要给国家维持‘体面’。”我又气了：“你们还知道顾国家的‘体面’吗？”

等在西餐厅的老先生们也都出来上了车，警宪持枪在车上押着，开出车站，转了个圈，就开进一个卫门式的大门里，停住啦，从屋里走出一个官模官样的人，说：“很对不起呀！你们下车住在这儿吧？”我们就问：“这是哪呀?是医院吗?”一个人回答:“不!这是警备司令部!”我们质问道:“为什么把我们留在这里呢?受了伤的人为什么还不快送医院呢?”官模官样的又说道:“你们没受伤的人,住在这儿吧!”老先生们齐声抗议:“我们要跟受伤的人走,他们到哪,我们到哪!”争执了一刻钟,美国记者又说了话:“这真是岂有此理!”车开出警备司令部,赶到城内中央医院,已经是半夜两点钟了。[①]

当和平请愿代表团在下关车站被殴打时,冯玉祥、李济深等闻讯几次打电话给陈诚、邵力子和警备司令部,要求立即制止暴行,营救代表。但均无结果。

中国共产党对下关惨案极为关注。南京中共代表团周恩来、董必武、滕代远、齐燕铭等于当日深夜2时即赶赴中央医院慰问负伤诸氏。周恩来向各位代表一一亲切慰问,他神情严肃地说:“你们的血不会白流的。”当他看到受伤代表躺在医院的长凳和临时担架上时,立即亲自和院方交涉,经再三力争,才得到5张三等病房的床位。邓颖超得知受伤代表尚未吃饭,立即派人回梅园新村中共代表团住地取来牛奶、饼干、水果。周恩来等离开医院时,已达拂晓。第二天,周恩来在军调三人小组会议上,正式向国民党当局提出严重抗议,要求惩办祸首,追究责任,撤销特务机构,保证不再发生类似事件,以及人民和个人有请愿申述之权;政府支付赔偿受伤代表的医药费及个人损失,保证代表的自由安全等。24日,在南京的共产党人李维汉、廖承志、范长江等到医院慰问。

下关惨案消息传至延安,毛主席、朱总司令,立即电慰惨案中受伤的马叙伦等人。原电如下:

南京周恩来同志,请转上海人民团体请愿代表马叙伦、蒉延芳、张絅伯、包达三、盛丕华、吴耀宗、阎宝航、雷洁琼、陈震中、陈立复诸先生公鉴:

先生等代表上海人民,奔走和平,竟遭法西斯暴徒包围殴打,可见好战分子不惜自绝于人民。中共一贯坚持和平民主方针,誓与全国人民一致阻止内战,争取和平奋斗,谨电慰问,并希珍重。

毛泽东

朱德

① 阎宝航:《关于东北问题》(第3版),胜利印刷厂印刷,1947年8月5日,第4—6页。

1946年6月29日，下关事件中被特务打伤的阎宝航（后左三）、马叙伦（前左七）、雷洁琼（前左八）与代表团其他成员在南京中央医院留影。后右一为阎明光——遵周恩来所嘱专程来看望父亲

周恩来接见请愿代表时，再一次详细说明了国共谈判经过和中共力求和平的主张。谈判中如恢复交通，拆除堡垒等问题，百分之八十已获协议；但蒋介石忽然又提出一连串新的要求，什么中共须撤出苏北、鲁南、热河、哈尔滨、张家口等等，不一而足，因之，谈判又陷于僵局。最后周恩来强调指出："中共绝不要打仗，但是国民党硬要打，中共也不怕打。希望全国人民起来制止国民党的内战罪行。"

周恩来于1946年6月29日以《至诚至勇反内战再接再厉争民主》为题致函请愿代表，信中说：

夷初、絅伯、耀宗、丕华

洁琼、延芳、达三、宝航诸先生公鉴：

敬启者，此次先生等代表上海人民团体奔走和平，莅京请愿，不顾特务暴徒之威吓殴辱，坚持呼吁和平反对内战，至诚至勇，曷胜感佩。中共对当前国事，主张要无条件停止内战、奠定长期和平，实施政协决议，整军方案，以实现政治民主化、军事国家化，而致中国于统一富强之基。目前为争取长期停战已作极大之让步，虽尚未获得协议，仍当与全国人民一致，继续为和平而奋斗，不达目的，誓不休止。请以此意转达上海各界团体人士，并望再接再厉，为实现和平民主而努力。至祈时锡教言，以匡不逮，毋任盼祷。专此。敬颂日祉！

周恩来 董必武 邓颖超 李维汉　敬启

宋美龄接见雷洁琼教授，详细询问下关事件的经过，雷洁琼提出国民党近来封闭报馆，取缔出版，上海《文汇报》、《联合晚报》报馆被捣毁等一系列暴行后，特别着重提出："政府如果逼得人民不能用'笔和纸'来讲话，他们就要用'行动'来讲话了。今天全国所需求于政府者，并不是推翻政府，只是要求政府的民主改革而已，倘使连这种民主改革，都不能实现的话，那必然要引起人民的流血革命。"宋美龄在真理面前，不得不承认："我完全同意你的看法，可是有什么办法呢？"雷洁琼当面教诲她："办法是早已有了的，政治协商会议的五项决议，是各民主党派共同签了字的，全国人民一致的拥护，这不就是最有效的，惟一可以解决中国的问题的好办法吗？”

原全国人大副委员长雷洁琼于1995年赴辽宁参加“纪念阎宝航诞辰100周年”大会，作者王连捷采访期间与留影。

25日，上海《联合晚报》和《时代日报》记者专程到医院看望阎宝航等。6月26日，中国解放区新闻记者联合会筹委会电慰阎宝航、马叙伦等。各界知名人士沈钧儒、陶行知、沙千里、史良、沈志远、茅盾、马寅初、叶圣陶、周信芳、史东山、骆宾基、徐迟、梁漱溟，中国民主促进会周建人、许广平、郑振铎、徐伯昕、张纪元等纷纷发表文章，谴责国民党人的暴行。

29日，上海人民和平请愿代表团乘机返回上海。到机场欢送的有，中国共产党代表周恩来、邓颖超、廖承志、齐燕铭、李维汉等，民盟方面有沈钧儒、罗隆基、章伯钧、梁漱溟等。同日下午5时抵达上海，受到各方面的热烈欢迎。随后慰劳的函电，登载于《文汇报》、《联合报》两报，连篇累牍，竟连续刊至一月之久。慰劳受伤代表的捐款，超过1000余万元（后来这笔款，都如数转送给上海人民团体联合会）。据当时报纸报道：上海各界人士在下关事件中被殴受伤的该市人民代表马叙伦等所发动之和平献金，截至上月13日止，仅19天即共捐出一千余万元，捐款者包括许多工人，各界职员、学生教授、教员，而且很多旧式家庭妇女将首饰银钱捐出。贫穷教师，失业工人及学生亦都将节省下的一些钱捐出。马叙伦、雷洁琼、阎宝航等人十分感动，特在《文汇报》上登函致谢。

下关事件，是国民党反动派继较场口事件之后，又一次计划周密、手段狠毒的反革命血腥暴行。蒋介石原想用暴行镇压全国人民要求和平民主，反对内战的呼声，事实和他的愿望相反，这一次又一次的暴行，大大教育了全国人民，使全国人民更加坚定要求民主，反对内战的决心。

从沧白堂到较场口，从较场口到下关，在党的领导下，阎宝航始终英勇地战斗在最前列，在这次规模宏伟，斗争极激烈的民主运动中，响彻着阎宝航高亢声音："民主运动是打不垮的，愈打愈坚强，愈打愈团结。"[1]

① 《东北日报》，1946年11月21日。

7.5 “望见云山喜若狂”

阎宝航回到了上海后，国内形势发生逆转。国共双方以和平方式解决国内问题和东北问题的谈判宣告失败。1946年6月26日，蒋介石在美帝国主义的支持下，悍然撕毁停战协定和政协决议，开始大举进攻中原解放区。7月间，传来国民党特务暗杀中国民主同盟领导人李公朴、闻一多的消息。敌占区的上海，顿陷恐怖阴森的气氛之中。在阎宝航临时住地狄思威路寓所门前，时有三五特务日夜轮流看守监视。有一天，阎宝航和郭沫若一同出席上海人民团体招待会，会后，乘车返寓。中途突然有一辆吉普车从里弄冲出来搜查盘问。在这种危险的环境下，阎宝航从容不迫地应对，并按时出席陶行知先生的追悼会。

1946年8月7日，东北各省代表联席会议在哈尔滨召开，15日闭幕。出席会议的有各省市、各界、各党派、各民族和部队的代表185人，候补代表8人。彭真在开幕典礼上致词。会议通过了东北各省市民主政府共同施政纲领，成立了东北最高行政机构，称东北各省市（特别市）行政联合办事处。8月16日《东北日报》以“四千万人民殷切瞩目，联办行政委员选举揭晓”为题，报道东北各省代表联席会议举行选举东北各省行政联合办事处行政委员，经出席177位代表慎重考虑结果，投票选出阎宝航、林枫、吕正操、张学思、周保中、车向忱、郛大鹏、冯仲云、万毅、高崇民、栗又文、刘澜波、唐洪敬、于毅夫、陈先舟、李杜、李延禄、阎俊、金光侠、宁武、韩幽桐、周鲸文、哈丰阿、徐寿轩、朱其文、宋慎德、特穆尔巴根等27人为行政委员。不久，延安广播了阎宝航被东北行政委员会任命为辽北省政府主席的消息。阎宝航的处境又多了一层危险。

阎宝航认为，鉴于国共谈判已宣告失败，奔走呼吁和平已无实际意义，应立即动身返回东北解放区开展工作。为此，上海地下党组织便同阎宝航研究如何取道之计。经深思熟虑，阎宝航认为必须走海关路线才能安全到达天津。

在上海党组织的协助下，阎宝航开始筹划潜赴东北事宜。阎宝航找到他的好友，时任上海海关总署副总税务司的丁贵堂，得到他的默许，由在海关任职的地下党员孙一民及丁贵堂的亲信高国壁策划，并由在天津海关工作的进步青年冯厚生负责照料，搭乘往来天津上海的商船。一切准备就绪，9月3日，阎宝航以大明公司总经理身份与袁东衣结伴，顺利地登上一艘拥挤不堪的商船。

五天后，轮船在大沽口港外停泊。阎宝航便按照事先的安排，乘巡查小艇去塘沽。为了与在北平的徐寿轩相携回东北解放区，阎宝航在陈凤平等安排下于夜间乘火车抵达北平。抵平后第二天晚间，阎宝航在东城许宝驹家中与徐寿轩会见，同时见面的还有徐冰。大家寒暄之后，阎宝航谈到此行一路经过，完全是由海关朋友们的安排才顺利到达天津，可以说走的是海关路线。徐冰说他“已接到延安电报告知，但不知道是如何走法，现在了解通过海关协助，这个路子是好的选择，但去东北应该慎重。搭乘北宁铁路去东北，阎宝航是知名人士，认识人过多，很容易暴露，这是很危险的”。所以他不赞成阎宝航二人乘火车回东北。他认为，应继续由海关朋友协助，由海上直奔大连，那里是咱们的地方，到了大连就算到了解放区。这是最为安全妥当的办法，但不知是否困难？阎宝航说，在塘沽上岸时，海关朋友曾表示要他搭乘帆船回东北，这恐无问题，但船小要辛苦一些。

经过海关朋友的帮助，阎宝航登上了驶往大连的帆船，大家依依不舍地分别。帆船缓缓地驶向大海了，海风吹动船帆左摇右摆，阎宝航独自坐在船头瞭望大海，漂泊了十几年，现在终于快要回到自己日夜思念的家乡——沈阳，思潮随着海浪涌动不息。

事后，阎宝航曾向不少朋友讲起这次跨海返乡的故事。他说：“当时船小风浪大，船行很危险。”“由塘沽乘大木船赴旅顺口转大连，船浦出港，即遭风浪，险恶异常。”但“由于我们向往解放区的心情迫切，所以，危险大，我们战胜困难的决心更大。”他也向许多朋友谈过，在他回到阔别15年后的家乡时的那种愉快及难以言状的心情。

10月2日，阎宝航被专车送到大连。大连市委书记韩光早已在郊外候迎，阎宝航握着韩光的手说：“这回才是登堂入室真正回家了。”阎宝航先和韩光及大连市委袁牧华、马子青等在一起进行了几次座谈，向他们详细介绍了关

1946年9月，阎宝航乘坐一支小木帆船，从塘沽出发赴东北解放区，经过7昼夜才到达旅顺，受到大连市委书记韩光的热烈欢迎。图为阎宝航笑着说："真正到家了。"

内各界人民在党的领导下蓬勃开展的和平民主运动，以及14年来蒋介石如何出卖东北的罪行。韩光便请阎宝航向旅大各界作了十多次报告，引起强烈反响。在这期间，阎宝航在韩光陪同之下，参观日本人留下的几处工厂，浏览大连市容。在哈尔滨的东北行政委员会主席林枫得到韩光报告阎宝航已抵达旅大消息后，立即指示高崇民给阎宝航拍发慰问电报。同时派林枫的秘书陪同阎宝航来哈尔滨。10月中旬，阎宝航取道朝鲜进入南满解放区抵达安东（丹东）。与安东省主席刘澜波相会，真是喜出望外，异常兴奋。在刘澜波安排下，阎宝航在安东作了一个星期以复土还乡斗争为主题的报告。

阎宝航前往哈尔滨的途中，在图们会见了陈云。当时，东北民主联军驻图们警备司令饶斌也专程前来安东迎接阎宝航。为欢迎阎宝航，陈云和萧劲光一起和阎宝航共进午餐，大家边吃边谈。阎宝航主要介绍了他进入东北解放区经过、关内形势、国共谈判和国民党上层内幕。陈云向阎宝航介绍他此次同肖劲光到南满地区，主要是了解那里的实际情况，同时作些部署。他说：国民党军队是外强中干，已成强弩之末。东北民众对国民党既失去了信心，也产生了反感。大势所趋，反动的国民党政权不会维持多久了，大不了一二年内我们会夺回沈阳，并将东北全部解放。萧劲光接着讲述了当前东北的军事形势，以及我军处处居于主动的情况。听了他们的介绍，阎宝航很受鼓舞，“多少天的疲劳，顿觉消失”。阎宝航在图们停留两天，作了两场报告，随后又被吉林省主席，原东北抗联第二路军总指挥周保中邀请去在延吉作了三天报告。后转道牡丹江，于11月18日乘火车到达哈尔滨。

当时，到车站迎接他的有高崇民、陈先舟、栗又文、邹大鹏等人。阎宝航见到他们，久别重逢，兴奋不已。当日下午4时，中共中央东北局、东北民主联军总司令部及东北行政委员会，在哈尔滨市华丰楼联合为三人①洗尘，席间有40余人，有抗日联军的英雄们，张学良将军的袍泽们，早回桑梓的东北抗日救亡的先进们……很多是阎宝航的老战友，有的则是彼此久慕名而未得晤面的同道，虽然在斗争岗位和地域上有不同，但都是15年未得一见了。当阎宝航和大家握手时，他是那样兴奋、感动。“我回来了，回来了！”从他那奕奕的精神和壮健的体格看来，很难相信他已是51岁了。

席间，大家谈论阎宝航从“九一八”后的第三天离开家乡，向当局呼号奔走，要求抗日民主。但15年的爱国活动，换得的竟是蒋介石的一场毒打！从下关惨案被打谈起，阎宝航谈到蒋管区的民主运动，他说：“民主运动是打不垮的，愈打就愈加坚强和团结了。”

很多人关心地询问着被囚十年的张学良将军的近况。阎介绍了他在国民党营垒里听到的消息和蒋管区报纸所透露的一些情形说：“汉卿（张将军字）身体很好，每天刻苦读书，经史子集，特别是明史，他研究得非常有成绩；另外就是从事体力劳动，自己种菜，制四川泡菜等，但眼睛已经‘花’了，报上说他戴着二百度的‘花镜’呢！”阎、徐二先生一边回答大家的询问，一边不时联想到进入东北解放区后的种种见闻——耕者有其田、人民的翻身，工商业的繁荣、抗联的老英雄和坚强的东北人民自己的武装。阎宝航说：“久闻不如一见，一见真是兴奋极了。应当多多报导这些事迹，全国老百姓听了都会兴奋的。”在他旁边坐着的袁东衣也特别嘱咐记者这样做，因为他自己就是在蒋介石卖国暴政下被牺牲的成千成万民族工业的经营者之一。

---

① 除阎宝航外，还有徐寿轩、袁东衣一同到达哈尔滨市。

就在阎宝航齐装回东北后，在重庆的阎家老店来了一位女士，高素桐和孩子们称她为王姐。她实际上是组织上派来送阎宝航一家立即转移东北的。这位女士叫王辛治，是周恩来在重庆时的联络员宋黎的夫人。当时，由于新华社电台已公开广播阎宝航被选为东北行政委员会委员，身份已经暴露，情形十分危急。高素桐与孩子们不能公开身份，必须立即转移。他们先乘船赴上海，经青岛到达天津。临行前高素桐叮嘱孩子们说，有人问你爸爸的名字，就说姓高，回沈阳老家。船抵塘沽港，在海关工作的陈凤明把他们一行接到自己家。他们住在天津的闹市区，周围邻居复杂。王姐提出最好换一个住处。他们在天津又没有亲戚，住旅店又住不起，大家都很着急。高素桐从皮包里拿出一个旧的小日记簿，是30年代阎宝航用的记事本，上面记着他的各地的老朋友的地址。这是离开重庆前，阎宝航把交给高素桐的，并说有事可以去找这些老朋友。这样，从本子上找到阎宝航的老朋友关思九在天津的住址。他是有名的中医。于是，高素桐带着孩子们来到关家。直到11月底，从北京来了一对夫妇，带着一个小孩。他们是组织上派来的刘仁和夫人绿川英子。

12月初，他们一行8人乘火车离开天津。临行前，刘仁嘱咐在火车上要分开坐，装成互不相识，无论有什么打招呼都不要理睬。在山海关站停车时，听到有人沿着列车喊道“阎宝航先生的家属在车上吗”，他们都没有吭声，直到列车开动了，才松了一口气。

到达沈阳那天晚上，刘仁夫妇和高素桐一家乘坐马车按地下党组织安排的地址找到一家挂幌子的小客栈，发现已被查封，门口站着几个军警。高素桐机敏地要车夫朝相反方向走。高素桐镇静地翻开事先准备好的小本子，找到卢广绩家宅地址。当他们到达卢广绩家时，出乎意料地遇见了那个原来约定在小客栈接头的联络员，竟然是高素桐的亲侄儿高维升。原来，小客栈被敌人破坏后，他在卢家等候，不想在这儿不期而遇。大家兴奋不已。

出发前，卢广绩交给高素桐一张过国民党哨卡的证明信，用的是国民党军队的报纸扫荡报社的名义写的，盖着公章，证明持证人是该报负责人的家属，前往吉林郊区某村省亲。后来才知道，这个村正好位于国民党军队阵地之间的两不管地区。当时地下党的工作是多么细致，考虑得是多么周全。随后，一家人在高维升护送下踏上了北去的征途。翌日晨，由不久前重庆来长春担任铁路局总调度的姚艮冒着生命危险，亲自护送高素桐一行到与解放区交界的吉林省缸窑镇。

为了躲过军警的严密监视，刘仁又找来一辆在当年可能算得上高级的装着玻璃窗的马拉的“轿车”。为了装成回乡省亲的样子，大家把随带的行李都留在缸店，只挑了一两只像样的皮箱，放在轿车顶上。到国民党军队前沿哨卡时，一个军官走上前来检查，刘仁把证明信送给军警。军警看了看，随即敬了一个军礼，说，“请夫人及早回来，共军经常到那一带‘骚扰’”。刘仁说，我们很快就回来。他们乘着这辆“高贵”的马车，不慌不忙地往北去。下了一个山坡，后面哨卡已经看不见了，突然看见路边有一辆大板车，一匹大马驾辕，前面套着三匹膘肥体壮的马，有一个身强体壮的车把式在等候。原来这是地下组织派来送他们去解放区的。这样，他们迎着零星飘着的雪花，于1946年12月12日前夜到达哈尔滨与阎宝航欢聚。

这时，阎宝航和高素桐在哈尔滨与离别八年的四个子女重逢团聚[①]，阎宝航为表达一家人团聚又别离的心情，曾即兴赋诗一首，诗云：

生逢疑时梦，
抚肘两定情。
挥断相思絮，
跃马再出征。

两年之后的1948年12月，阎宝航在沈阳会见了由香港乘船途经安东到沈阳的郭沫若、沈钧儒、章伯钧、章乃器、李德全等各方面的知名人士时，曾赋诗抒发他1946年10月回到家乡时的激动心情。他写道：远离故乡，十有五年，胜利归来，喜悦何及。瞻望革命前途，倍加兴奋，曾赋感怀诗一首：

负伤含泪回家乡，望见云山喜欲狂。
有如蛟龙归大海，恍从地狱到天堂。
八方烽火诛独纣，万里疮痍待武王。
但得同胞齐解放，抛将老命又何妨。

郭沫若也即兴和诗一首：

---

① 即阎明诗、阎大新、阎明英、阎明智。

我来仿佛归故乡，此日中行亦似狂。

五十七年徒碌碌，八千里路甚堂堂。

于今北国成灵琐，从此中华绝帝王。

君候老妻我候少，今宵一梦谅无妨。

在东北解放区，阎宝航和传说已经牺牲的长子重又见面，九年前关于阎大新被捕的消息原是特务散布的谣言，这时阎大新已是久经沙场的解放军指挥员了，1949年4月2日，阎宝航赋诗勉励他为解放全中国奋战：

大儿西南参军去，抗战八年消息杳。

每遇延安有人来，辄问知不知儿否。

梦寐时呼儿乳名，饮时忘却饥和饱。

去夏哈埠相逢日，热泪扑簌欢笑了。

大新忽亦眼圈湿，对母说儿还好好。

天下如此慈母心，世上无价之珍宝。

不久，阎宝航赴辽北省任政府主席，高素桐任省保育院院长。阎宝航建议把夫人名字中的桐字去掉，更名高素。阎宝航夫妇一家从此以新的精神面貌投入新的斗争。

1948年阎宝航一家合影。前排从左至右：阎明英、高素桐、阎宝航、阎明光，后排从左至右：李东野、阎大新、阎明智、阎明复

1947年，阎宝航与夫人高素桐合影

从到达东北家乡的第一天起，阎宝航无时不在感受到家乡的亲切和组织上的温暖，精神一直处在兴奋之中。他要不断地回答同志们的提问，彼此畅叙各自的经历。拜会东北党政负责同志，作报告、演讲和接受记者采访。他开怀畅言，表达了对解放区民主自由、进步繁荣形势的深切感受和献身解放区的强烈愿望。他认为，蒋介石坚持要打内战，和企盼和平的人民为敌，这个政权已到了崩溃的前夕，毫无救药了。

他从关内回到东北到去辽北就职这三个月时间里，他主要做了三件事：

第一件事是向东北各界作演讲报告，大受欢迎。从10月1日到达旅大，途经安东、图们、延吉、牡丹江、哈尔滨、齐齐哈尔，直至去辽北就职前三个月，阎宝航向各界作演讲报告不下百余场，听众至少20余万人。他的演讲大致有三个方面的内容：一是蒋介石集团出卖东北的罪行，二是关内各界争取和平民主斗争的形势，三是蒋介石集团的腐败没落。他的演讲所以受到普遍的欢迎并产生积极效果，一个重要原因是很有针对性。1946年冬，国民党军队在东北相当猖狂，一般东北民众对蒋介石政权腐朽没落不甚了解。同时，由于存在盲目的正统观念，许多群众对国民党的真面目缺乏认识。对此，阎宝航用生动的事实，有针对性地以切身感受指出蒋政权的腐朽没落，很有说服力地驳斥正统论。他指出，如果国民党说他自己是正统，那么溥仪、张景惠也算是正统了。他劝告大家不要相信这套鬼话，只有人民才是永远的正统。他在齐齐哈尔为2000多铁路员工作报告，会后竟有百余人声明脱离国民党。

第二件事是向各界广大民众介绍张学良将军情况，呼吁蒋介石释放张学良。他不但在每次报告中呼吁，而且著专文发表怀念张学良的文章。1946年12月12日，在纪念“双十二”10周年之际，阎宝航在《东北日报》上发表《怀念张学良将军》一文。他在文章中深情地谈到：

自从回到别离了十五年的老家以来，每逢父老亲友都问到“张学良的消息怎样？什么时候能回来。”“为什么还不得自由呢？”是的！东北同胞对张学良将军都在怀念，都在盼望他能早获自由，像我们一样回到东北老家来。

今天，“双十二”十年后的今天，张学良将军和我东北父老子弟诸姊妹，仍然是，云天遥隔，怅恨何极！

阎宝航在这篇文章中，叙述了张学良将军从“九一八”事变后从联蒋抗日、劝蒋抗日到逼蒋抗日的过程，高度评价了张学良将军为中华民族所做出的贡献，谴责了蒋介石国民党政府的卖国投降政策。

第三件事是著文《关于东北问题》。阎宝航在哈尔滨活动时，曾于12月被邀多次到齐齐哈尔，为齐市教育工作者大会及青年学员作报告。每次报告之前，阎宝航都要认真准备，撰写讲稿。随后，他应老朋友关梦觉之约，把讲稿改写成四篇文章，即《关于东北问题》、《十五年来的教训和我们的前途》、《较场口事件》及《下关事件》，并以《关于东北问题》为题结集出版。《关于东北问题》一书详细记述了东北人民自“九一八”事变后，各地的东北军爱国将领、民众奋起组织义勇军抗日的历史功绩，以亲身经历揭露蒋介石出卖东北的种种事实。记载了东北爱国流亡人士在中国共产党的领导下，反对蒋介石对日妥协投降政策和片面抗战的路线，以及他们同全国爱国民主人士一起，为反对国民党一党专政、争取和平民主的14年斗争史。这是一部亲历记，写得生动翔实，是东北爱国民众争取东北民族解放而奋斗的历史教材。

阎宝航这本书很受欢迎。先后印刷3版，共发行6万余册，并经东北行政委员会分发东北各地，作为政治教育、宣传的教材，收到很好的效果。

7.6 任辽北省政府主席

为适应战争环境和建立稳固的东北根据地的需要，1946年12月1日，东北行政委员会发令，将辽吉行政区改为辽北省，将辽吉行政公署改为辽北省政府。这时，东北行政委员会任阎宝航为辽北省政府主席的消息已经传出，辽吉行署便着手结束工作准备移交，并由军区筹备盛大欢迎会，欢迎阎宝航就任辽北省政府主席。为此，原行署主任朱其文、副主任于文清和军区司令员邓华，政委陶铸专电阎宝航表示欢迎，电文称："阎主席，欣闻你在东北人民热烈要求下，重返乡梓，并受任主持辽北省政。全省人民闻听之下，欢快异常，均热望在你主持下，共同为建设民主的新辽北而奋斗。顷悉你已到达齐市，希望你早日莅省，临电不胜企盼。"

1947年2月1日，阎宝航从齐齐哈尔乘火车，到达白城子。[①]据《东北日报》报道，当时，"省府全体干部，本市负责各机关同志及代表数百人到站欢迎，省府至车站间张灯结彩，火把照耀。阎主席精神颇为健旺，向欢迎者致简短答谢词后，在欢迎口号中赴省府休息。"阎宝航还发表书面谈话，首先向东北解放一年来为奠定东北民主政权坚实基础的中共党员及各界民主人士致敬后，继向受14年敌伪压迫的同胞致慰问之忱，并为其能得到全心全意为人民服务的中共领导并建立民主政权而致贺。同时指出："辽北正处战争前线，接近斗争复杂的蒋管区，我们任务更沉重艰苦。辽北人民有了正确的指导，再加上我们百倍奋发努力，我们必能完成我们的艰苦任务。"2月2日，辽北省政府在白城子举行隆重成立典礼。阎宝航任主席，朱其文任副主席。阎宝航率七位委员朗读誓词："余等誓以至诚之心为辽北人民服务，为争取和平民主建设新辽北奋斗到底。"继由监誓人省议会代表发言提出对政府之期望，阎宝航主席阐明政府当前施政方针。他说：目前主要任务是：一、深入进行土地改革，实现耕者有其田。二、解决农民春耕困难，计划6000万农贷之发放。三、扶助民营的工商企业。四、安定地方秩序，肃清土匪。五、实行新民

① 时为辽北省政府所在地，今为吉林省白城市。

主主义教育，提倡思想民主，彻底肃清法西斯汉奸及奴化的思想残余。六、支援自卫战争，争取胜利。《东北日报》于2月7日以《辽北省正式成立，阎主席等就职视事》为题，报道了辽北省成立的消息。

解放战争期间，发展农业生产是解放区各级政府一项重要任务。但当时的东北，大部分地区被国民党军占领。辽北省白城子地区及其周围几个县的解放区已进行了土地改革。其所辖区域在松花江以南，沈锦铁路以北和沈长铁路西侧地区，包括今辽宁、吉林、内蒙古各一部分，是连接东北与华北的枢纽，也是东北解放战争的前沿。为保证前方和当地军民的吃穿问题，辽北省政府在阎宝航的带领下，集中全力抓好农业生产。但由于多年日伪统治，农村经济遭到严重破坏，生产力水平极低。加之战局不稳，一部分群众还有顾虑，生产积极性也受到影响。阎宝航上任伊始，首先采取有力措施，抓好春耕备耕工作。

1947年3月15日，阎宝航组织辽北省党政军负责人会议，专门研究加强春耕生产工作，并成立了辽北省春耕运动委员会，阎宝航任主任，统一领导全省春耕生产。3月18日，阎宝航发出了《为春耕生产告农民同胞书》，号召农民把每亩田、每一分土地都种上，消灭撂荒现象，并重申人民政府的土地政策，“谁分得土地，地权就归谁所有”，打消农民顾虑，放心种地。其次是帮助农民解决种子、耕畜等具体困难问题。阎宝航不仅派大批干部和春耕工作队下乡，推动春耕生产。而且亲自下乡检查和推动春耕生产。1947年4月上中旬，阎宝航先后两次下乡。在视察中，他亲临农家，嘘寒问暖，了解土改和备耕情况。阎宝航发现个别村屯有侵犯中农利益的现象，指示当地有关部门立即纠正，并保证土地全部种上。为农民解决春耕中存在的实际困难。

在深入农村抓备耕工作过程中，阎宝航以牲畜、粪肥和种子这三个方面的问题作为重点，进行检查，发现问题及时解决。

阎宝航在调查中，还及时为农民解决种子缺乏的困难。当年的《胜利报》4月16日曾报道阎宝航下乡与农民交谈札记，很是生动：

阎主席问：“你们的牲口够用吗？”老乡说：“今年咱都是翻身户，当然困难点。咱们准备搭变工，这样一来，也差不多了。不过，豆种缺乏。”

阎主席说：“豆种缺乏？政府会借给你们一点，当然每个村摊到的不会

1947年，阎宝航在辽北农村视察

很多了。现在政府还有些豆种。”老乡说：“那就没困难了，这不是叫咱们沾大光了吗？真是咱们的好政府！”

阎主席又说：“还有，你们去换的时候，可以把全屯要换的集在一起，这样可以少耽误工。”老乡说：“咱屯大多是翻身户，口粮今年还接不上。所以有几家拿不出去年的公粮。”阎主席说：“今年主要是为了生产，公粮实在交不上，也不能叫饿肚子，可以由大家评一评；认为实在拿不起，秋后交也行，只要别撂荒土地就好！今天的政府是大伙说了算的。”老乡说：“那就好了，吃饱干活也带劲。唉！伪满时，出荷粮真害人够受，不管你家里有一碗米也得出荷，哪管咱们死活呀！种地呀！现在真是农民的天下啦。”

阎主席问：“屯里的军人家属、烈士家属的生产照顾了吗？”老乡说：“都照顾了！咱就组织了代耕队、代趟队，八路军不是讲团结起来么？就是屯里孤寡人家，咱们也要帮助，保证他们去年荒的地都得种上。”

阎主席说：“好！政府有命令，干活好的，还能帮助别人的，选为劳动英雄，政府付奖呢！我希望你们都当英雄，人人都吃好、穿好，你们光彩，我当主席的也光彩。”[①]

在阎宝航任辽北省政府主席期间，正值辽北地区发生鼠疫流行。在领导辽北人民生产支前的同时，他还在第一线指挥了消灭鼠疫的特殊战役。1947年5、6月间，辽吉地区开始发生鼠疫，到7、8月疫情开始蔓延，先后在通辽、开鲁、突泉、长岭、乾安、安广、扎鲁特、洮北、洮南、洮安、安广、开通、双辽、四平等20余县（旗）流行，其中尤其以通辽、乾安、开通等县更为严重。范围之广，在东北地区历史上是少见的。阎宝航清楚地知道，鼠疫一旦流行，往往都要造成“户户炊烟断，处处有悲声”的凄惨景象。有人曾给他推荐一本伍连德所著的《鼠疫概况》，描述历史上鼠疫流行的情景：“东死鼠，西死鼠，人见死鼠如见虎。死鼠不几日，人死为圻堵；尽死人，莫问数，月色凄淡愁云护，三人行来十步远，忽有两人横截路。人死满地人烟倒，入骨渐风吹老，田间禾谷无人收……”

1947年夏，正是东北民主联军已取得夏季攻势胜利的时期，当时已收复了许多城镇，把战场推到了沈阳、长春、四平的外围，斗争形势开始好转。由于流行鼠疫，有些地方的土地、生产、征兵、战勤任务被迫停止。战争、生产、防疫成为当时迫切的三大任务。6月18日，阎宝航亲自率领辽北各界前线慰问团抵达辽源查着疫情，对双辽县32万人民致以慰问。7月29日，阎宝航和省政府副主席朱其文接连发出两道紧急防疫命令，要求凡未成立卫生防疫委员会的地方应火速成立起来，并须以县长或副县长亲自任主任；对疫情发展加强监视，若遇紧急情况，立即通报省政府。8月，辽北省政府颁布了《防止鼠疫命令及其办法》，同时召开辽北省防疫工作会议，阎宝航亲自担任防疫委员会主任。东北行政委员会召开防疫紧急会议。9月5日，辽北省政府主席阎宝航报告发生鼠疫地区已达15个县，全省死亡人数达3000人，其中通辽最为严重，死者达千人。会议决定，自齐齐哈尔以下诸线铁路暂停客运。

据报告，乾安县死亡1714人。当时通辽县最多时每天死亡160多人。疫情刚开始时，死了人，有人哭，有盛殓，有人抬，有人埋；后来死了人，无人哭，无盛殓，无人抬，无人埋。当时工厂停工，商店关门，有时街上尸体横卧，不得

① 《胜利报》，第205期，1947年4月16日。

不从县防疫队分出一部分人专门送尸体和进行埋葬。通辽县大德泉区孔家窝铺村村长张廷喜，卖鸦片吸鸦片，借鼠疫流行之机大发横财。阎宝航得知此讯大怒，命令将其逮捕法办，并广发布告，以警效尤。

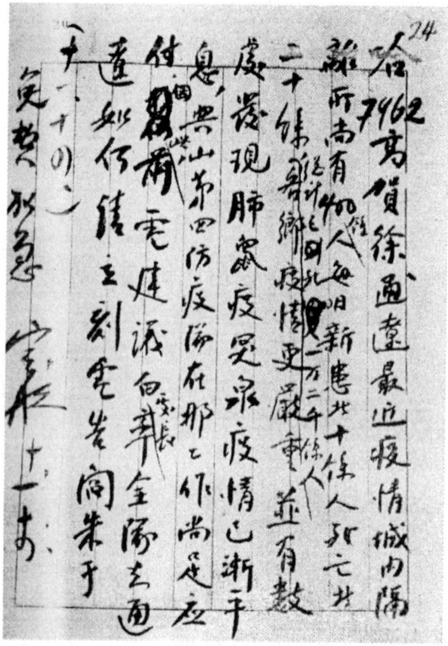

阎宝航草拟的关于防止鼠疫的电文

为消灭鼠疫，中央特请苏联红十字会半月协会防疫队，由防疫专家麦伊斯基率领来到辽北。阎宝航亲率有关部门负责人陪同苏联防疫人员，深入到各县区开展防疫工作，并在疫情最重的通辽县建立了鼠疫防治病院，在病院周围村、屯建立数处鼠疫患者中心收容所。他通过十多天的实地调查，总结经验，最后形成了一套防治办法。这套办法，经过进一步归纳，为东北及国家卫生部制定防疫政策提供了重要的依据。当年任阎宝航秘书的刘启新回忆这段历史时说道：

宝老虽属高龄长者，但他想方设法为灾区人民减轻一分灾情而不顾个人安危。因为疫情传染面很广，灾情是非常严重的，只有苏联防疫队防灾灭灾的力量是不够的，除调省防疫队外，中央又派外省防疫队来辽北捕灭鼠疫。同时请苏联防疫队专家，举办数次培训班，培训出一大批防疫人员。这样宝老是够辛苦的，在宝老回省准备召开政府会议之前，我遇到省委书记陶铸同志，他嘱咐我：注意保护宝老的身体，他年龄大了，不能过于劳累。宝老在省政府召开的会议上，研究灾区疫情；组织灾区人民生产自救以及政府筹措救灾经费等问题，会议上，朱其文副主席和王新华秘书长对宝老深入灾区救死扶伤的精神，以及宝老不辞辛苦，不怕劳累，一心为灾民谋福利的艰苦细致的工作作风，深为敬佩。也使我们机关干部深受教育。[1]

---

① 刘启新：《忆阎宝老对我的教诲》，《阎宝航纪念文集》，辽宁人民出版社 1995 年 6 月出版，第 178 页。

1948年2月，辽北省政府由白城子迁往郑家屯办公。6月22日，东北行政委员会成立西满防疫统一指挥部，阎宝航被任命指挥部部长，东北行政委员会卫生部副部长白希清、辽北省参议会议长于文清为副主任委员，统一指挥西满四省卫生防疫工作。阎宝航回顾这段历史时说："1947年秋季，辽北省突然发生鼠疫，蔓延十余县，以通辽为最。省委决定由我负责进行防疫工作。疫情严重急如星火，我赶赴哈尔滨要求东北人民行政委员会动员医生及防疫人员400余人，前来疫区展开急救预防措施，疫情大减。但这年得鼠疫死亡者已逾26000余人。次年疫情复发蔓延及于松江、嫩江、热河及内蒙王爷庙一带（现乌兰浩特市）。东北人民行政委员会采取紧急措施，决定成立四省防疫指挥部，任我为部长，负责指挥四省防疫工作，设指挥部于当时辽北省府所在地郑家屯。"

在阎宝航的指挥和苏联防疫队的大力协助之下，1948年东北四省广大地区的严重鼠疫终被扑灭，挽救了无数人民的生命，保存了解放战争的后备力量，安定了后方，加强了前方。同时，阎宝航身临前方，实地考察，提出了彻底消灭老鼠以消灭鼠疫的根本办法和防疫路线，这即是以后东北卫生部以及中央卫生部所采取的防疫路线。辽北地区党政军民，在胜利完成战争、生产和土改等任务的同时，又送走鼠疫这个瘟神，为辽沈决战的胜利以至东北解放做出了重要贡献。

在东北解放战争期间，阎宝航任务极其繁重，但他仍非常十分重视教育工作，关心教职员工素质的提高，为使教职员工能适应解放后的新的教育制度，还对教育行政干部进行短期培训。从1947年7月到1948年10月，阎宝航先后三次主持召开了全省教育工作会议，每一次都要发表讲话。在1947年7月12日召开的辽北省教育工作者大会上，他阐述了解放区的新气象，重申了教育工作者的神圣职责。他指出，东北青年存在的正统观念，正好上了国民党反动派的当。教育工作者对业务要力求从形式和内容上来一个彻底的改革，配合实际进行教育革新。他号召大家追求真理，担负起教育培育第二代主人翁的伟大使命。9月1日，他在大会闭幕会上勉励大家说："你们回去以后，要和人民打成一片，参加土地改革，要在培养革命干部，把学校办成推广社会教育的中心工作中做出贡献。"

1947年，任辽北省政府主席的阎宝航同民院干部合影

在辽北工作期间，阎宝航不但兼任辽北省民主学院院长，还在1948年5月12日，主持创建了辽北学院，并任该校校长，以适应新形势，培养建设新辽北的文教、政权、农业等各方面人才。他多次到学院授课，为解放区的建设与发展培养了一批干部。

1947年春，东北民主联军处在战略大反攻的前夜，由于国民党军队的封锁，辽北地区非常艰苦，阎宝航与干部、群众同甘共苦。为了支援前线，辽北省政府带领直属机关干部开展生产节约运动。他以身作则，带头执行，从此戒除了几十年的吸烟习惯。他和省政府其他领导同志一起，把白城子所有空地都种上了庄稼。他下乡视察自带高粱米，在区政府做饭，不接受任何招待。夫人高素桐虽“年近花甲，也和另外两位女同志种了5分菜地，并计划纺织”。在他们的带头示范下，省政府干部、群众及各团体积极行动起来，纷纷参加生产节约活动。1948年2月17日，阎宝航签发了省政府《关于大量开展机关生产的指示》，号召每个机关干部生产粮食两石（每石50公斤），完成粮食全年自给任务。

在“一切为了战争，一切为了前线”的口号下，辽北省政府把支援战争作为最重要的工作任务。作为省政府主席，阎宝航有条不紊地领导和部署支前工作，还先后三次亲赴前线慰问指战员。随着战争形势的发展，省政府支前工作日益繁重。阎宝航以他旺盛的斗志，主持会议，研究和布署支前工作，深入动员人民参军参战，组织民工、大车队、担架队支援前线。1947年夏，在东北民主联军发动夏季攻势期间，阎宝航率省政府慰问团、四专署文工团以及省立一中学生，带大批慰问品、慰问信，前往四平攻坚战外围的八面城、郑家屯等地进行十多天的慰问。1948年9月，阎宝航领导下的辽北省动员支前民工达20万人。锦州战役开始后，阎宝航和陶铸等人亲赴通辽布置和指挥支前民工加紧运输。阎宝航还和夫人高素桐一起，多次前往车站、兵站、医院等地慰问伤员，给伤员喂水、喂饭。对慰问品的征集、分配、服务人员联系动员、换药包扎、医疗器械消毒等都亲自过问，细致入微。

随着迅速发展的战争形势，给各级政府的任务愈来愈繁重，要求也愈来愈高。为适应战争的需要，各级党和政府机关、领导干部把整顿和改进领导工作和工作作风，提高工作效率作为一项重要的任务来抓。1948年11月，辽沈战役结束，各级党和政府的工作由战争转入和平建设时期，情况变了，建设的任务更加繁重。为此，辽北省委开展了一次检查领导、整顿机关的运动。阎宝航在辽北省政府直属各单位检查领导工作及整顿机关动员大会上的讲话中指出，我们的目标是检查领导改进领导作风，整顿机关，提高工作效率。为什么要这样做呢？过去不是已天天改进作风，提高工作效率吗？三年来我们不是总在热情努力地工作着吗？但在今天强调改进领导作风，提高工作效率，是由于新形势与新任务的要求。今天的情况，是东北全部解放后和平建设的环境其中心任务是生产建设，整个的工作任务，非常繁重。以辽北省府来说，省府机构大变动，各专署取消后，30多个县归省直接领导，全省700万人民生活问题要省负责解决，这样就使得省府本身工作增多了。工作更加感到繁重紧迫，要求我们每个同志必须改进工作作风，提高工作效率，不然就不能适应新形势与新的要求，就完不成工作任务。他还指出，事实上，在这次县联会上许多县长对省政府的工作提出了许多宝贵的意见和批评，这就说以我们的工作必须精益求精，适应新形势发展的需要。

1948年11月4日，中共辽北省委、省军区和省政府为庆祝和宣传东北全境解放的伟大胜利，根据东北局指示，就发动广泛的劳军运动，组织慰劳前方将士和伤病员等具体问题，作了规定，并组织由省主席阎宝航率领的辽北省各界前线慰劳总团，参加各市地组织的各界前线慰劳团。每团由30人至50人组成，并带宣传队、文艺团进行慰问演出。

为了推动各级机关转变领导作风，阎宝航率先垂范，向自己开刀。1949年2月16日，阎宝航在省直机关干部大会上作了“自我检讨”。阎宝航对自己身上的弱点很清楚的。他从敌占区到达东北解放区后，一方面为解放区崭新的面貌而高兴，也为不断胜利的战争形势所鼓舞；同时他也发现，自己在一些方面需要学习，根源就在于“没有经过革命阵营的实际的、长久的锻炼”。所以，他希望“老同志们多帮助，多多提意见，使我能够长进”。

阎宝航是党内的秘密党员。由于党的事业需要和他当时从事秘密工作的特点，他的党员身份一直没有公开。到达解放区后，在任辽北省政府主席期间，他的党员身份也没有公开。包括一些领导同志也不知他的底细，都把他看成是“民主人士”“开明人士”等等。有些人对他往往缺乏尊重，另眼相待的事情是存在着的。他为自己不能参加党的会议、活动等，不能享受各种政治上的平等待遇有些感觉。这种情形在1947年9月间有了很大改变。阎宝航在他的那份“检讨”中说：“陶政委[①]在1947年9月间省属县长会议上，郑重的宣布了，我可以参加党的各种会议（这当然是限制公开的）以后，我曾参加这以后的县区会议、地委扩大会议以及省政府党组扩大会议。”阎宝航对此特别加以说明，这是他第一次“参加省府党组扩大会议”。同时，他也可以看到由负责同志传给他的阅后送还的党内文件。他“感到相当的满意”[②]，他把这些看成是党和老同志对他的帮助，看成是党加强了他们之间的关系。阎宝航多次希望尽快公开他的党员身份，使更多的人能了解他，平等地对待他；也希望能够为党做更多的工作。

① 即陶铸，时任辽吉军区政治委员。

② 《阎宝航自我检讨》，1949 年 2 月 16 日（未刊稿）。

7.7 参加新政协

1948年11月初，辽沈战役胜利结束。东北人民在欢庆胜利的时候，积极准备欢送子弟兵入关作战。

11月21日，阎宝航以辽北省政府主席的身份率辽北慰问团携大量物资到沈阳慰劳子弟兵。这是阎宝航多少年来最为兴奋的日子。

这天早上7点钟，中国人民解放军第三十八军第一一三师干部战士代表3000余人，在沈阳大戏院里举行动员进关誓师大会。阎宝航被邀出席大会。会场上雄壮的歌声，响亮的口号，热烈坚定的情绪感染着每一个人，战士们高喊出：“到华北去夺取平津，为解放全华北全中国而战斗到底！”

阎宝航被这激昂的情绪所感动，流下了激动热泪。“我愿意和他们一起进关，共甘苦，共生死，参与伟大雄壮的进军，完成光荣的历史任务！”

在辽沈战役的三年多时间里，阎宝航领导的辽北省政府和东北各级政府一样，在动员群众参军参战，动员民工，出人、出车、出物资，为战役的胜利做出了重大贡献。现在，东北全境解放了，大军开始南下，参加全国解放战争，在这种情况下，东北各地政府的支前工作，很重要的一条就是让这些南下的东北健儿们无后顾之忧——即做好拥军优属工作。当阎宝航在大会上听到战士们互相鼓励的口号“不要惦家，我们的家有政府负责，我们家的地有人给种上……”阎宝航再也坐不住了，他站起身来高声地向子弟兵保证：“是的，同志们，放心吧！我代表我们党政干部和我辽北父老兄弟姊妹，保证你们的家属没有一个人挨饿，没有一个人受冻，把地都给好好种上，放心吧，同志们！”

阎宝航不仅在辽沈战役中，而且在大军入关后，一直在忘我地工作。在省政府主席的岗位上，出色地完成了党和辽北人民交给的任务。

1949年5月，阎宝航奉命到北平参加中国人民政治协商会议第一届代表大会，任筹委会副秘书长，和其他委员一道协助周恩来拟定中华人民共和国建国方案和筹备大会的召开。在这一时期，阎宝航参加一系列会议，做了许多工作。

5月26日，阎宝航参加周恩来邀请民主建国会负责人举行的晚餐会，商谈民主建国会的前途和分工问题。被邀参加晚餐会的有黄炎培、盛丕华、章乃器、孙起孟、张絅伯、阎宝航、胡子婴、包达三、王绍鏊、杨美真、酆云鹤等人。大家一致同意以“民族工商业者为骨干，包括公营企业者”为工作对象的方针，明确了民主建国会的分工。

6月12日，民主建国会举行常务理事会，决定：（一）成立民建会北平工作委员会，留平的民建理监事皆为工作委员会委员，并在北平设立办事处，推孙起孟为总干事。（二）成立东北工作委员会，由阎宝航、章乃器、吴羹梅、李烛尘、罗叔章任委员，阎宝航为召集人。（三）追认批准黄炎培、章乃器、胡厥文、施复亮、胡子婴5人为民建会参加新政治协商会议筹备会的代表。胡厥文、施复亮未到北平前，由阎宝航、孙起孟代。

6月16日晚，新政治协商会议筹备会常务委员会在北平中南海勤政殿举行第一次全体会议，周恩来主持会议。出席会议的常务委员19人。会议推选毛泽东为常务委员会主任，周恩来、李济深、沈钧儒、郭沫若、陈叔通为副主任，李维汉为秘书长[①]，阎宝航、齐燕铭、余心清、周新民、孙起孟、宦乡等为副秘书长。会议决定设秘书、新闻等4个处，6个组，负责大会各项事宜。也是在这次会议上，下达了拟定国旗、国徽、国歌方案议程。

6月18日，根据新政协筹备会常务委员会第一次会议的决定成立第四小组，其任务是草拟中华人民民主共和国政府方案（后定名为《中华人民共和国中央人民政府组织法》）。其成员有张文、沈钧儒、张东荪、胡厥文（阎宝航代）、林汉达、刘伯承、王昆仑等人。第二次全体会议讨论了提纲起草委员会提出的《政府组织法中的基本问题》，就新中国的国家名称和性质、政府组织的基本原则、最高政权机关的产生办法以及人民政府委员会、人民革命军事委员会、人民监察委员会、人民法院、人民检察署的组织和隶属关系等问题逐一进行了讨论，并推举董必武、张奚若、阎宝航、王昆仑、张志让5人负责起草政府组织法的初步草案。

7月12日，民主建国会在上海陕西北路186号会所举行参加新政治协商会

① 后来因病由林伯渠代理。

议代表的选举。选举结果，阎宝航等12人得票较多。但须待与中共华东局统战部协商后才能正式确认。

7月14日，中华全国社会科学工作者代表会议在北平召开发起人会议，出席会议的有140余人。中华全国社会科学工作者代表参加中国人民政治协商会议第一届全体会议，有15名正式代表：陈伯达、陈绍禹、范文澜、谢觉哉、邓初民、阎宝航、王学文、艾思奇、何思敬、翦伯赞、侯外庐、钱端升、攀弘、吴觉农。

8月18日，阎宝航作为副秘书长列席参加新政协筹备会的各单位首席代表在中南海勤政殿举行座谈会，商讨参加新政治协商会议的代表名单。出席会议的有：林伯渠、李维汉、聂荣臻、李济深、沈钧儒、章伯钧、黄炎培、阎宝航、马叙伦、周建人、谭平山、胡愈之、彭泽民、蔡廷锴、陈其尤、郭沫若、张奚若、孙起孟等。会上，李维汉作了《政协代表名单协商经过情况》的说明。

9月17日，阎宝航作为中国民主革命同盟[①]负责人之一，同王炳南、王昆仑、许宝驹、金仲华、袁翰青、吴家象等发表声明，宣布："中国民主革命同盟，一个在国民党反动统治下秘密组成的革命团体，因为人民民主革命获得了基本的胜利，历史条件已经变更，没有继续存在的必要，现在公开宣告结束。"声明说："多少年来，我们在黑暗的环境中，从事地下工作，由于中共的正确领导，我们才能坚持革命的立场，没有迷失过政治方向。"周恩来对"小民革"曾给予高度评价。他说："小民革与中共之间彼此相知甚深，在许多斗争行动上与中共一致，在国民党内起了进步的分化作用。"

9月20日，参加中国人民政治协商会议第一届全体会议的单位及代表名额已最后通过，分为党派代表、区域代表、军队代表、特邀代表，共计45个单位，正式代表510人，候补代表77人，特邀代表75人，共计662人。阎宝航作为团体代表参加政协第一届会议。

在中国人民政治协商会议第一届全体会议开幕的前一天，即9月20日，出席会议全体代表在天安门前举行烈士纪念碑奠基典礼，阎宝航担任司仪。典

① 即"小民革"。

礼开始时，毛泽东主席走过来，从阎宝航手中接过礼序单看了看，然后说，应在奏乐二字中间加上一个“哀”字，写成“奏哀乐”。典礼开始，在阎宝航指挥下，乐队奏起哀乐，现场气氛庄严肃穆。9月21日，政协第一届全体会议在北京中南海怀仁堂举行。当大会执行主席宣布大会开幕时，阎宝航随即扬起右手示意乐队奏乐，同时左手按电铃，指挥炮队鸣礼炮。这两件事，是阎宝航引以自豪的经历。

第八卷
在新中国的日子

8.1 到外交部十年

1949年10月1日，中华人民共和国成立了，阎宝航应邀出席观礼。参加开国大典。

在政协第一届全体会议期间，毛泽东曾问过阎宝航今后有什么打算。阎宝航向他表示了学习外交工作的志愿。主席当时欣然表示赞许。大会闭幕前两天，阎宝航便应王炳南之请，到外交部作办公厅副主任工作。王炳南说，锻炼两年便可出国。一向淡泊名利的阎宝航何嫌职位高低，当即应诺。去外交部十年。

1949年10月5日，阎宝航被邀参加中苏友好协会成立大会。在动员大会上被选为理事兼副总干事。钱俊瑞为总干事。同时，参加筹备中国政治法律学会，任常务理事。10月6日，阎宝航和王炳南一起负责组建外交部工作，先后任外交部办公厅副主任和交际处处长、条约委员会主任委员。1950年，中苏友好协会开办俄文夜校，由钱俊瑞总干事提请，周恩来指定阎宝航为校长，王之相任副校长。据当时任俄文夜校秘书的丘琴回忆，阎宝航在任俄文夜校校长期间给他留下深刻印象：

我是俄文夜校的秘书，每次向阎老汇报，他都是耐心地听取。凡我有建议，他总是问，是否事先与王老商量过，要我尊重王老的意见。他一再嘱咐我，王老是无党派民主人士，要团结他搞好工作。俄文夜校开学那天，阎老讲了话。他精通英语，对其他语种也具有渊博的知识。可是，他却谦虚地说俄语自己是外行，说王老是专家，他便着重介绍王老。

阎宝航曾对丘琴说过，在国民党的官场里，有不少人只知道做官，尸位素餐，胡吹乱棒，瞪着眼睛说瞎话，甚至谎话连篇。他说，学外语，当翻译不容易，要充分掌握，运用自如，要理解语言的含义，就要常学习外文书，做到卷不离手，曲不离口才行。阎宝航的谦虚于此可见。

1949年12月，毛泽东主席、周恩来总理先后赴苏，阎宝航陪同苏联驻华使馆武官送周总理至满洲里。接着，又奉命迎接毛泽东、周恩来回国。阎宝航集中全副精神担负起这一光荣而重大的任务。

抗美援朝战争开始，外交部在动员大会上号召大家为支援抗美援朝战争积极工作。阎宝航出于保家卫国的热情，主动请缨带领外交部组织的抗美援朝工作团赴东北，清查东北及内蒙各地的外侨和潜伏的帝国主义分子，以巩固后方。工作团到达东北后，联合公安部工作团和地方公安机关，东北外事局等各方面同志，积极开展工作。7个月以后，阎宝航征得东北军区及军委政治部同意，准备赴朝鲜继续开展有关工作，因奉周总理命令，调回外交部工作。

自1949年10月到1955年，阎宝航调外交部工作六年，先后任办公厅副主任兼交际处处长等职。在这六年中，阎宝航始终如一地积极安心工作。“由于领导上的督饬同志们的帮助，可以勉强地说完成了一定的任务”。阎宝航所说的“勉强地完成了一定的任务”，既是一种谦辞，也反映了他一种无可奈何的情绪。在外交部交际处工作时，他虽然是外交部党组成员，但党籍并没有公开。党内一些同志对这位“民主人士”不大尊重，以至对处里个别人往往调动指挥不灵。他所担任的处级工作，“应该说，尚未发挥我可能发挥的

1955年，阎宝航（右一）陪同周恩来总理会见阿拉伯外宾

力量”。在任外交部办公厅副主任后，调他到全国政协任副秘书长，阎宝航没有去。

阎宝航不仅参与组建外交部工作，而且在外交部工作特别是到交际处任职后，对国家外交礼仪的建设是有贡献的。新中国成立后，需要建立外交工作规范，外交礼仪则是重要方面。阎宝航在他的岗位上发挥其所长，做了不少工作。他为此给外交人员讲过许多的外交礼节常识课程，他的《外交礼节报告提要》一文为新中国的外交礼仪奠定了基础。可以说，建国初期我国外交礼仪建设的成就是同阎宝航分不开的。

新中国成立之初，中央政府曾选派一些将军作外交官。例如黄镇、姬鹏飞、耿飚、王幼平等。这些将军们长期经历战争，对外交工作包括外交礼节不熟悉。阎宝航则经常地随时随地为他们传授这方面的知识，并时常提请外交人员注意，中国是礼仪之邦，外交礼仪不可小视。《文学报》第515期曾以《毛泽东、周恩来派出将军大使》为题，报道这些将军们做外交官时的故事：

对于外交工作，将军们可说是门外汉，少不了要进行实习。一次，一群穿着新毛料中山装的男人和穿旗袍或连衣裙的女人云集在一间宽敞的餐厅里，将军大使和他们的夫人们要在这里演习并学吃西餐。

……

55岁的外交部办公厅副主任阎宝航招呼大家入席。他抖抖餐巾，铺在胸前，做着示范，解释着：

“平时参加招待会，不是吃喝玩乐，和人聊天的时候就可以做工作，了解情况。比如德国要进攻苏联的情报就是在招待会上得到的。”

此刻，黄镇却被手中的一把刀、一杆叉难住了。他去叉鸡，鸡在银盘里像活了似地游动。他干脆用刀切了一块往嘴里送，正嚼得香时，被阎宝航唤住了。

阎宝航风趣地笑着比画说：在宴会上“刀子不能往嘴里放，叉子一定要按住鸡。在一次宴会上，有个国民党大使，叉子没按住鸡，刀子一使劲，把一块鸡骨头蹦起来，正好落进对面一位大使脖子后面的西装领子里去。这位大使不敢动，一直到离开宴会才把鸡骨头取出来。”

袁仲贤急忙摸摸脑袋后面，笑眯眯地指着黄镇说：“我得检查检查有没有鸡骨头飞过来。”

大家都被逗笑了。有的还兴奋地前后摇晃起椅子来。

这情景又被阎宝航抓住了，他说：“和人交谈时，不要用手指着人家，不能唾沫星子满天飞。坐着时腿不要架起来摇。每人要多买几块手绢……”①

在外交部工作期间，阎宝航在休息日与同事在公园合影

1955年，阎宝航调任外交部条约委员会主任委员。他一如既往，安心工作。有人问他，按说你阎玉衡对革命是立过功的，怎么解放后官越做越小？在党内，王炳南了解他，李克农也了解他。李克农曾说，阎宝航同志在过去对革命有很大贡献，在外交部工作五年来也拿出全副力量，任劳任怨。作为外交部副部长的伍修全也诚恳地安慰过阎宝航，他说：“组织上过去对你了解不够，认识不足，等等”。阎宝航自己有时也不加隐讳，他说，我看到级别职别的高低有着待遇的差别，又看到原较我地位较低的某些同志或在过去对敌斗争上不见出头的人士，擢升为中央部级干部，触景生情不勉有动于衷。然而他说，“我已抱定了决心，从今以后，活到老做到老学到老，在外交战线上充当一名老兵也可，组织决定按工作需要调我任何工作也无不可，严格地要求自己，一切为了作一个共产党员。”②

当年，阎宝航面对国民党军警特务的监视、威胁和殴打从未退缩过。在解放后的现实生活中，阎宝航对许多敏感问题却是十分的谨慎，从不多说一

---

① 《毛泽东、周恩来派出将军大使》，《文学报》，第515期，《报刊文摘特摘》，1991年2月26日3版。

② 《阎宝航自传》，未刊稿，中共中央组织部档案室存。

句话。李侃在《宝老风范，永存人间》中回忆：

姜克夫同志又向我讲了许多阎宝老在抗日救亡和革命斗争中的动人事迹，这更使我加深了对宝老的敬重。当时正是三年困难时期，宝老与我和克夫同志可能因为都是东北人关系，显得格外亲密。在开会之外，时常在一起谈话聊天。老姜是个耿直坦率、遇事敢说的人。我们三个人虽然年岁不同，经历不同，但是却亲如朋友，谈起话来，说今论古、说长道短，毫无顾忌。不过宝老却在老成持重之中，显得颇为谨慎。每当谈到一些政治运动和“大跃进”“人民公社”等问题时，姜克夫和我对当时那些“左”的做法，表示怀疑和反感，往往说些“怪话”、发些“牢骚”。而阎宝老则多是沉默不语，或摇头微笑。我不禁心中暗想，这位当年面对张牙舞爪的国民党军警特务，横眉冷对、严词痛斥，在极端复杂、万分凶险的环境下，从事特殊任务的地下工作，从容应付，游刃自如的阎宝航，怎么竟会是这样一位谨慎寡言，不见锋芒的忠厚长者呢！[①]

① 李侃：《宝老风范，永存人间》，《阎宝航纪念文集》，辽宁人民出版社1995年6月出版，第125页。

8.2 在全国政协主持征集整理文史资料

1959年4月29日，周恩来在全国政协三届一次会议闭幕当天举行的茶会上，号召60岁以上的全国政协委员把亲自经历和历史见闻记录下来，以教育后代。根据周恩来的指示，7月20日全国政协成立了文史资料研究委员会。这时阎宝航已经65岁，难以承受外交部的繁重工作，遂辞去外交部的职务，到文史资料委员会主持征集整理文史资料工作。①

阎宝航在文史资料的征集、整理工作中，倾注了其晚年的全部心血。到“文化大革命”被迫停止工作前，经他主持征集的文史资料近2000件，1500余万字。从时限上看上至晚清，下至东北解放，涉及政治、军事、财经、外交、工商、交通、文教、卫生以及社团等各个方面。这是一批宝贵的财富，具有重要史料价值。阎宝航积极地参与了组织西安事变资料征集编审工作，还亲自撰写了《流亡关内东北民众的抗日复土斗争》等多篇文章。一次，阎宝航利用向周恩来汇报文史资料征集工作同时谈到征集西安事变史料问题，周恩来当即指定阎宝航、杨明轩、南汉宸、赵寿山、刘鼎、申伯纯、高崇民组成七人小组，根据周恩来指示，阎宝航不仅积极组稿，审核史料，还亲自动手写了《张学良送蒋介石回南京以后》一文。

在负责文史资料工作期间，阎宝航仍十分关注当年日军侵略东北的史料整理。为此，他以高度的爱国热情，到东北抗联和东北抗日义勇军活动的地区参加视察。阎宝航每参加过日军侵略遗迹，都要认真了解日军的罪行，并常常有感而发，作诗以为纪念。他作的许多诗在“文化大革命”期间被抄家遗失了，现在可寻找到的还有两首。这就是1962年8月参加海拉尔郊区“万人坑”和日军工事后写的。他首先写道：“海拉尔市距城五六里之北山一带，日寇曾筑有坚固工事。山上炮垒连亘，地下坑道环绕，达数十里。敌人强抓我国关内外劳动人民不下40万，强迫劳作10年之久，饥寒折磨而死者无数。敌

① 李侃：《宝老风范，永存人间》，《阎宝航纪念文集》，辽宁人民出版社 1995 年 6 月版，第 125 页。

人为预防泄露工事机密，在竣工之际，竟将生存者集体杀害，埋成万人坑，遗迹犹历历可见，滔天罪行，令人发指。”赋七绝二首，以示悲愤。

凭吊“万人坑”

北山凭吊杂悲瞋，
血海仇深迹未湮。
多少同胞惨死者，
且当倭寇掘墓人。

登北山视日寇工事

红军扫荡疾风雷，
十载“金汤”一旦摧。
侵略凶兵今不见，
空余沙砾乱成堆。

阎宝航对自己的光荣史不愿提起，对中国被人欺负的历史却始终耿耿于怀，念念不忘，对革命先烈创造的业绩始终感到光荣的自豪。1962年9月，他看一场《红岩》话剧竟多次落泪，并发无限的感慨，他写道：

9月3日晚，哈尔滨话剧院二团演出《红岩》一剧。精彩动人，颇富教育意义，缅怀先烈革命气节，重观匪特狰狞面目，悲愤交集，爰赋短章，以资纪念。

观红岩话剧演出

红岩演出太逼真，令我几番泪透襟。
无畏英风慑匪特，浩然正气震乾坤。
男儿为国能舍己，雄魄忘家笑穷尘。
今日九州皆乐土，饮水毋忘掘井人。

一九六二年九月于哈尔滨

1962年仲秋，阎宝航偕老伴高素桐到镜泊湖时，曾到附近抗联第四军同日军战斗过的墙缝一带参观，并以“偕老伴游镜泊湖”诗一首，诗云：

胜境昔闻劳梦想，来游今日快平生。
湖山百里相环抱，松柏两厢傍舟行。
水口犹存敌寇迹，墙边永志“抗联”荣。
千红万柴初霜后，二老一尊月正明。

一九六二年仲秋

阎宝航还专门在这首诗后作了注释，他写道：“日寇在此处开山洞引水，修建发电厂。我国劳工因虐杀而死者2000余人。东北抗联曾袭击日寇于此，颇有收获。”

8.3 可堪鬼寨泣途孤

1952年，阎宝航中共党员的身份公开以后，他似乎有一种重新回到党的怀抱的感觉，从此正常地参加一些党内生活了。但是，党内许多不正常现象给阎宝航精神上带来很大压力，他不能不在政治上采取谨慎的态度。

“文化大革命”开始后，阎宝航已嗅到这场“革命”的火药味了，他从不加任何评论。他按部就班地参加各种学习活动。随着运动的深入，大字报满天飞，党内打倒了一大批所谓的“走资派”。他思想上是不理解的，以致有一段时间呆在家里不上班，大字报也懒得去看，以免招惹是非。他的这种态度，被一些人认为是不关心政治。对此，他仍泰然处之。

然而，他的这种谨慎态度，并没有能够使他幸免于“文化大革命”这场浩劫！

1966年5月，大连文史馆馆员、原国民党少将高参秦诚至被逮捕，被逼迫诬称1946年1月在哈尔滨策反了吕正操、张学思、高崇民、阎宝航等人。接着又炮制了一个“东北帮叛党投敌反革命集团”的大假案，其中包括吕正操、张学思、解方、高崇民、阎宝航、刘澜波、贾陶、万毅等人，随即成立专案组。专案组竟把阎宝航等人曾在《东北日报》、《解放日报》等党的报纸上发表的纪念“双十二”要求释放张学良、杨虎城将军的文章当作“叛党投敌”的罪证，接着实行大逮捕。从1967年6至7月开始，解方、吕正操、贾陶夫妇、张学思等人相继被捕。11月6日晚[①]，阎宝航刚从政协机关回到家，还没来得及端起餐桌上的一碗面，几个穿着黄大衣的人就冲进屋来，不由分说，架起他就往外走。阎宝航极为愤怒地质问他们：“你们是什么人？这是干什么？”坐在餐桌前的小孙女被这突如其来的情景吓呆了。高素桐从里屋赶出来一面呼唤阎宝航，一面拿起阎的大衣让他穿上，但被一个人恶狠狠地挡住了。阎宝航挣着回头深情地望着老伴说：“不要紧，不要怕，去告诉总理。”第二天，家人抱着御寒的大衣，跑到全国政协、国务院、公安部、卫戍区，打听阎宝航的

① 捕的时间一说是1967年11月7日晚，但据其子女记忆证明是11月6日。

1966年在北京，阎宝航与夫人高素桐的最后一次合影

下落，未得到一点消息。

阎宝航被逮捕后，他的老伴高素桐被打成了反革命特务家属。紧接着，他们的小儿子阎明复被捕；长子阎大新被下放到宁夏的贺兰山区；次子阎明智被隔离审查，后客死湖南；大女儿阎明诗早被打成右派分子，下放鞍山，屡挨批斗，其他的子女都被迫到农村、干校学习，杳无音讯。阎宝航的家多次被抄，高素桐大会小会挨批斗。在最痛苦的艰难岁月里，高素桐默默地承受着一切。这位胸怀博爱之心的母亲，数十年来主持阎家老店这个革命的大家庭，为大家亲昵地称为高妈妈，被迫舍去亲人，割弃自己的骨肉，得到她生平最不忍见、最不忍闻的遭遇。但是她并没有倒下。在这摧残心灵的最艰难岁月，她没有对子女和任何亲友发过怨言。她只是每天在总理亲赠的肖像前盼望老伴和孩子们早日归来。这位在贫苦农村长大，从小就豁达开朗、聪颖温善、村里有名的会唱歌的高家二姑娘，在这最痛苦的日子里，听见院子里树上的喜鹊叫，看见窗台上的小蚂蚁爬……都认为是来给她报喜讯的。在思念和无奈的日子里，刚强而又达观的高素桐写了许多期待亲人归来的诗词。善良的老人始终不知道老伴已离开人世。1971年她不幸身患肺癌，临终

1952年，阎明智（右四）作为翻译陪同郭沫若（右二）、史良（右六）、罗隆基（左一）参加在维也纳举行的世界和平大会

弥留之际时还喃喃地低语："回来了！回来了！"这两位革命老人生前未能再相聚……

高素桐走了，她的子女们仍在经受煎熬。阎明复从1949年12月就为周恩来总理担任俄语翻译，1957年调到中共中央办公厅翻译组工作，直到"文革"前，给周恩来总理担任翻译的机会更多了。阎明复回忆道：

这10年间，周总理陪同毛主席或在中央其他领导人陪同下，会见过苏共领导人伏罗希洛夫、赫鲁晓夫、米高扬、柯西金、葛罗米柯等，并同他们进行了会谈；还多次接受党中央和毛主席的委托，会见苏联使节，接受他们传递的信息，传达中共中央的意见。总理还率领中共代表团赴苏参加苏共第二十一次、二十二次代表大会；并在1964年11月率领中国党政代表团赴莫斯科，同苏联新领导接触。在上述活动中，我都有幸给总理担任翻译。这10年间，中苏关系从友好合作的高峰转变到破裂，从牢不可破的兄弟情谊变成敌对状态。无论是友好合作时期，还是激烈论战时期，总理始终毫不动摇地执行毛主席的方针，立场坚定，态度鲜明，实事求是，坚持真理。在任何时期，总理对苏共领导、对赫鲁晓夫大国沙文主义的批评从来都是尖锐深刻，一针见血；有时批得赫鲁晓夫面红耳赤，坐立不安。在方式上，总理又总是态度诚恳，实事求是，以理服人，注意分寸，留有余地，令对方无法辩驳。在一些重大问题上，不得不接受总理的建议。在中苏关系开始发生逆转时期，总理竭尽全力在坚持原则的基础上维护中苏团结的

1957年，阎明复（右三）随同毛泽东访问苏联期间在莫斯科红场列宁墓

大局面。[1]

但是，“文革”开始，阎明复因给刘少奇、邓小平、彭真、杨尚昆等领导同志当过翻译而被隔离审查，后又被罗织了“阎明复有一秘密电台，并参与彭真、杨尚昆里通苏修的罪恶活动”的罪名，拟定批捕。江青批示：“同意，请总理、康老阅示。”阎明复被当作反革命特务，于1967年1月被关进监狱。

在秦城监狱，阎明复起初听到隔壁牢房内传出咳嗽声很像他的父亲，但他不敢问，也不愿那样想。直到1975年4月，阎明复出狱后，他才逐渐弄清父亲果然也被关在秦城监狱。不久，接二连三的噩耗便不断传来：父亲惨死在秦城监狱，连骨灰也不知下落，母亲因肺癌去世，二哥明智客死他乡，这一切使他欲哭无泪。这时，周恩来总理知道阎明复已获释，亲自批示：“像阎明复这样的人才应该留在中央，今后会有用。”阎明复的心灵受到极大震撼，他忍不住泪水夺眶而出。

阎宝航一家同周恩来有两代情缘，阎明复回忆写道：

抗战时期，在重庆，恩来叔叔常到我们家，可我并不知道他是谁，父母亲也从没有对我讲过。每次看到他时，和气可亲的面容和他脸上那两道浓眉，总是给我很深的印象。……往事历历在目，50多年前的情形，恍如昨日。在我的记忆中，有一个“黑眉毛叔叔”。

……

父亲要我叫“周伯伯”。周恩来把我抱起来，放在自己的膝盖上，问我几岁了，长大以后要不要像哥哥姐姐那样去延安？我说，我不去。他问为什么，我说，延安太苦了，周恩来听后大声地笑了。爸爸说我没出息。那一次父亲在周恩来那里谈了很久才回家。儿时的我只是觉得周恩来非常和蔼，是父亲的好朋友；别的则一无所知。1946年到东北解放区后，在佳木斯东北大学学党史时，才对这位“黑眉毛叔叔”有了更多的了解。[2]

阎宝航是在1968年5月的一次深夜提审时，被人从背后踢倒后，再也没有起来。阎宝航就这样凄惨地离开了人间，时年73岁。

---

① 阎明复：《两代情——记周恩来对我家两代人的亲切关怀》，《党的文献》，1998年2期。

② 阎明复：《两代情——记周恩来对我家两代人的亲切关怀》。

阎宝航1962年视察西双版纳时曾赋诗一首。其中颔联有曰："不有人间伏虎壮，可堪鬼寨泣途孤。"不想后一句终成谶语。

起初，他的孩子们不敢相信父亲的死。在"文革"期间，他们只能把对父亲的深深眷恋和哀思埋藏在心里。

一天深夜，阎宝航的三女儿阎明光梦到了她的父亲。她看到，父亲身穿深灰色的夹大衣，孤零零地一个人躺在像是医院候诊室的长椅上。她跪在他的面前，失声痛哭，悲痛欲绝。

1978年1月5日，中共中央作出决定，为阎宝航平反昭雪。阎宝航同志骨灰安放仪式在北京八宝山革命公墓举行。中共中央副主席汪东兴，党和国家领导人宋庆龄、耿飚、乌兰夫、陈云、邓颖超、王震，政协全国委员会副主席许德珩、沈雁冰送了花圈。政协全国委员会、中共中央组织部、中共中央统战部、外交部也送了花圈。

阎宝航骨灰安放仪式由宋任穷主持。

胡耀邦在讲话中代表党和人民对阎宝航同志光辉的一生给予高度评价。他的光辉风范必将长垂青史！

中央领导同志参加阎宝航追悼会

1995年，阎宝航部分在京子女回忆父母往事留影。从左至右：阎明复、阎明光、阎大新、阎嘉陵

阎宝航的子女们恳请公安部办公厅主任姚艮帮助他们查询父亲遇难经过。这位当年阎宝航的挚友，在“文革”期间也被关押摧残的老同志，领着阎宝航的子女们来到秦城监狱，查阅档案，找到了阎宝航的名字，那上面清清楚楚地写着：反革命罪犯，代号67100，这就是说，阎宝航是1967年被关进秦城监狱的第100号“罪犯”。看到这里，阎明复已经是热泪滚滚，不能自制了。他激动地继续往下查看，只见那代号67124号“罪犯”正是他自己的名字。他这才明白。阎宝航父子同被关在一所监狱，彼此相差24号而难得相见一面。年轻的阎明复坚强地活下来了，年逾七旬的阎宝航却经不起严冬牢狱的寒冷饥饿和无休止的审讯的折磨，终于在被人踢倒后昏迷不醒，被送往监狱医院——得兴医院。姚艮陪着大家到达医院现场，找到一位当时在场的一位老工人，他介绍说：“那人抬进来时就放在这，很久没有人来抢救。”阎明光一听，顿时泪流满面地惊叫起来：“这就是我在梦中见到父亲的情景啊！”

秦城监狱是50年代由苏联专家帮助设计，专门监禁高级政治犯的，在这里，每个犯人都有单独的放风天井，犯人之间绝无见面的可能。在这里，

阎宝航的后代没有得到有关阎宝航的任何东西，只找到一张阎宝航在弥留之际用颤抖的笔写的“高素桐老伴儿我要回家”这几个字的纸条，这是他对妻子儿女们发出的悲惨的呼喊。不由让人想起1946年12月，阎宝航在齐齐哈尔市候老妻赴任时作的一首诗：

昨夜梦中见老妻，醒来不胜情依依，

相从患难卅七岁，结发年才十六余，

儿女心肠君为最，英雄事业我何辞，

恭候平安抵齐市，好同携手到辽西。

那天，他们在火葬场，找到一位当年火化工人，他翻出了一张写着“反革命罪犯67100号不得留骨灰”的批文。经再三询问，他肯定地说：“确实火化了，是位老干部，但是没有姓名，不知道是谁。”这位富有同情心的工人望着这些热泪盈眶、愁容满面的人，还主动写了一个火化年月日证明。16年后，1994年的清明节，阎宝航的后代们重聚北京，再次来到火葬场那片撒埋父亲骨灰的荒草丛生的山坡，向父亲的英灵默默致哀！同时，把他们父母亲的骨灰盒安葬在八宝山。但是，阎宝航的骨灰盒是空的。

结尾的话

飞机在蓝天飞翔，机身下是翻滚的云海……

一位两鬓斑白的老人透过舷窗，浮想联翩……

当年阎宝航的同学、朋友，如今已是90岁高龄的宁恩承老先生。他是特地从美国来中国沈阳参加纪念阎宝航诞辰100周年大会的，但一回想起他第一次来大陆的情景，显得异常激动。

那是1978年5月3日，宁恩承回到阔别28年的北京。当他乘坐的飞机飞临北京上空，远远就看见了北海白塔时，心中一阵狂跳……他不由得想起了多少良辰美景和喜悦的往事。他想到北京重温旧梦，去北海，去仿膳斋，去万寿山，要见所有要见的人……

宁恩承老先生是以原北大教育长的身份回国访问的。他受到了北京市政府官员的欢迎。先是在机场大厅设宴款待，随后又乘车进城。中方接待部门负责人要求每个来访者提出访问行程的计划，比如什么时间要见什么人等，以便进行安排。宁恩承开口便道："在北京，我要见的只有两位，一位是舒舍予（老舍），一位是阎宝航！"

那位负责人脸色一沉，然后告诉他："这两位全不在了！"

宁恩承听了，顿感"晴天霹雷，天旋地转，晴朗的天即变为阴黑。所有的期待立即烟消云散，喜悦变成沉默悲哀"。过了一会儿，宁又问："阎宝航是什么时候死的？怎么死的？"负责人回答："慢慢说吧，我们齐部长会告诉你的。"宁知道不便再问，默默地悲哀地回到北京饭店，他为此行见不到阎宝航而遗憾不已。后来，他终于从齐部长那里得到了阎宝航已过世的确切消息。这一夜，老人为阎宝航的死，数次抱头痛哭。

1995年，原东北大学校长宁恩承于参加纪念阎宝航诞辰100周年活动，宁恩承（中）与本书作者王连捷（左）合影

老人想起了阎宝航的许多往事。他想起在沈阳两级师范读书时的阎宝航，想起了引导他到天津南开读书时的阎宝航，想起了由于官场腐败而落榜，后由张学良资助他出国留学的阎宝航；当然，他还想起了解放初期，他由香港回到北京，周恩来总理亲自招待他，并劝他留在大陆时的阎宝航：

1949年人民政府成立。周总理仍然主持统战工作，搜集党外人士。我和周总理在南开同学，多年有交往。在汉口、重庆抗战时期国共合作，国共人员公开往来，我们时相往来，很谈得来，他极力动员我。解放后他做了总理，通过徐冰邀我相见，1950年6月我到了北京。彼时周总理兼充外交部部长。国务院称政务院。阎宝航是外交部办公厅副主任，住外交部街53号。我到京以后渥承周总理招待，在政务院西花厅设宴欢迎，很热烈诚恳……周恩来的挽留，"诚恳热情，确实可感"，但我还是决定再找阎宝航商量，看看他是什么意见。

当我向阎宝航述说周总理枉顾的事和所说的话后，他没有热烈的反应，最后说："你自己决定吧。"他的淡泊增加了我的淡泊。老阎的不热心救了我的命，20年后有了事后先见之明。假如1950年我留在北京，早已魂飞天国或下地狱，见的不是老阎而是阎王了。我是最臭的臭老九；大地主的儿子；国民党时代的官员，蒋介石的农民银行总稽核；戴笠的朋友……"文化大革命"，任何一关我也过不去。老阎知道我有心直口快，有话就说，有屁就放的毛病，还有一套不容于时的原理原则，绝不容于前进的社会。他的无主张，胜于有主张。无声胜有声，我多活了40年，应归功于老阎和阎大嫂。

老人又想起了阎大嫂。1919年阎宝航把家接到沈阳时，宁恩承就认识了阎大嫂。30年后又相见了。当时新中国实现供给制，阎宝航在外交部吃小灶，家属则在对门大食堂就餐。家里没有表，只有看太阳。去早了要傻等半天，去晚了，什么都没有。或者是冷饭泡开水。阎宝航每月6元钱收入，全家人就靠这6元钱生活。家里没有菜，来人只有喝白开水了。

宁恩承清楚地记得，高素桐给他讲的一个“白描小故事”：

那年，阎宝航在锦州的二女儿明英准备正月回北京来，她带来粮票可以到对门吃大锅饭。一连七八天总吃没有菜没味的饭，我心里好难受。女儿大老远来了，什么也没有。便省吃俭用攒了三块钱。有一天，便趁阎宝航在家时，请明英去东来顺吃羊肉涮锅！那天中午，恰好东北来一位老乡来找阎宝航办事。阎宝航哪里知道老伴手里只在三块钱，便拉着那位老乡一同去了东来顺。大家落座后，高素桐先问一盘肉多少钱，开始计算这三块钱吃几盘。那位老乡要喝酒。高素桐急着说：“玉衡下午还开会，不喝酒。”硬是把酒退了。随后，高素桐眼盯盯地盯着盘子，上一盘数一盘。她自己一筷没动。明英说：“妈你张罗这么多天吃羊肉，怎么一点不吃呢？”高素桐说：“今天冷羊肉太膻。”说着回过头去把眼泪擦干。最后她数到两块多钱了，快到三块钱了，就起立说：“咱们走吧，玉衡下午还开会。”阎宝航还说：“不忙不忙。”他还要吃，高素桐跑到柜台把三块钱全付了，先下了楼……①

这个小故事已过去30多年了，阎大嫂的声音面貌和那黄昏中的黯然的灯影，仍在宁恩承的眼前浮现，她的白描小故事有声有色，感动他的心弦。

现在，事隔28年之后，宁恩承又回来了，但他无法理解阎宝航这样的好人怎么会被无辜投入监狱，迫害致死！一个善待众人，众人也善待他的好人。他有佛家的仁慈智慧，并有耶稣基督舍己救人的精神。耶稣教以舍己救人，为他人服务为宗旨。这教义深合于老阎的志愿。耶稣被钉在十字架而死时，仍饶恕世人。老阎也是这样的人。他不该这样惨死，更不该在全国解放十八九年之后冤死。如果死在蒋介石的狱中情有可原，死在敌人手中死而无悔，很可

---

① 宁恩承：《阎宝航与我》，《阎宝航纪念文集》，辽宁人民出版社 1995 年 6 月出版，第 39—40 页。

理解。死在自己人的狱中，而且不明不白的死了，没有题目，没有罪名，真是遗恨终天！宁恩承在阔别了28年后回到北京的一切喜悦和期望顷刻间化为乌有。他一筹莫展，匆匆前往八宝山，祭奠阎宝航之后，便悻悻返回大洋彼岸去了。

1991年，阎宝航的三女儿阎明光去美国纽约看望张学良将军。张将军一见到阎明光就问："你告诉我，玉衡是怎么死的？"阎明光泪如泉涌，一句话也说不出来。

阎宝航是怎么死的，在今天已不是秘密。但历史毕竟没有忘记阎宝航。

1995年5月，在世界反法西斯战争胜利50周年前夕，俄罗斯总统签署命令，把三枚卫国战争纪念勋章授予为苏联反法西斯战争胜利做出贡献的阎宝航和他领导下的地下工作者阎明诗、李正文……

俄罗斯驻华大使罗高寿在灯火辉煌的大厅里，伴着明快的苏军凯旋乐曲声，把纪念勋章交给了阎宝航的儿子阎大新。

仪式后，阎家儿女们来到北京八宝山革命烈士公墓，把这枚纪念勋章敬献到阎宝航骨灰盒前。

阎宝航、阎明诗等获得苏联卫国战争纪念章，当之无愧。这虽然是一枚

1991年5月，吕正操、阎明光等赴旧金山看望张学良。图为张学良（左）给阎明光题字

迟来的纪念章，毕竟给他的历史贡献作了充分的肯定。为纪念中国人民抗日战争胜利60周年、世界反法西斯战争胜利60周年，中央电视台在《发现之旅》节目播出《阎宝航的专题片》。2008年4月，中央电视台继《潘汉年》、《李克农》之后，电视剧《英雄无名》的播出又一次揭开了被尘封已久的中共领导的秘密情报战线的辉煌历史，激情讴歌了无名英雄们的丰功伟绩和奉献精神，引起人们的热切关注。

读过朱可夫元帅回忆录的人都知道，当年，德国突袭苏联时，斯大林是有准备的。斯大林事先接到中共中央毛泽东转来的关于德军将在22日进攻苏联的情报。21日晚上，斯大林从一个投诚的德军司务长口中，得到了德军正在进入出发地域，并于22日晨发动进攻情报后，使来自中国的情报进一步得到证实。于是，他立即下令“1941年6月22日到23日德军可能在列宁格勒军区、波罗的海沿岸特别军区、西部特别区、基辅特别军区、敖德萨军区下面实施突然袭击”，“各军区部队进入一级战争准备”。朱可夫说，和平时期最后一个夜晚，即6月21日，各军区司令和他们的参谋长都坚守在自己的指挥所内。

由此可见，阎宝航获得苏联卫国战争纪念勋章，当之无愧。这虽然是一枚迟来的勋章，毕竟给他的历史贡献作了充分的肯定。

1995年是阎宝航诞辰100周年。阎宝航的家乡中共辽宁省委在沈阳召开“纪念阎宝航诞辰100周年大会”，纪念这位既具有崇高精神和品德又具有神秘光环的历史人物。这个消息在国内外有关人士中引起巨大震动，纷纷云集沈阳，国内的知名人士300余人参加这个纪念大会。他们大多数人都是以对阎宝航的深厚的怀念之情，带着纪念阎宝航的文章、回忆来的。在他们当中，有阎宝航幼年时的同学，年轻时阎宝航当年的同事，朋友的后代，朋友和同事，如今他们都已是八九十岁的老人了，全国人大副委员长孙起孟、雷洁琼，张学良之子、美国航天技术工程师张闾琳及夫人陈淑贞，张学良的侄女、全国政协委员张闾蘅，阎宝航的故旧、友好和在海外的张捷迁、宁恩承、方庆瑛等，来自全国各地的代表罗青长、阎明复、叶笃义、曾志、胡立教、鲁明、张化东、姚艮、陶铸之女陶斯亮、唐功楷等，还有来自美国、日本、加拿大、新加坡、马来西亚等国家和台湾、香港地区的学者参加了纪念活动。同时收到一些祝贺函和纪念文章。会议开得热烈、郑重、成功。

1995年在沈阳召开纪念阎宝航诞辰100周年，出席会议代表在张氏帅府博物馆合影，第二排左起吴克良、阎明复、阎大新、宁恩承，右二阎明英、右三阎明光，第一排左一为作者王连捷

阎宝航生前为许多人所敬仰，他过世后，为许许多多的人所怀念。这次会议在海外引起很大反响。台湾某报在记张学良将军95岁生日的报道中这样写道：由于张学良不能前往参加老友的纪念会，提笔写下了《阎宝航纪念文集》、《阎宝航纪念画册》、《海城同泽中学》、《益智馆》等。阎宝航基金会向海城同泽中学捐赠价值23万元图书设备。

阎宝航高尚的人格赢得了人们的尊重。阎宝航这样一位“耶稣基督”一样的好人，从爱国主义者成为一个共产主义者，他所走过的路是不平凡的，他的斗争生涯充满了艰险和神奇，而他都把生死置之度外。然而，解放后，他确确实实遇到了许多的难题，实实在在难于应付被轻视的偏见，难于适应政治生活中某些“左”的思潮和习惯。他不得不冷静地对待和处理许多令人不解的事情，老老实实、扎扎实实地去做好党给他的工作。他似乎已经在高层政治生活中销声匿迹了。尽管如此，他最终还是没有幸免于被迫害致死的命运。当然，阎宝航的死已经成为过去。大家将此事重提，一方面是人们对他怀念真情的自然流露，寄托自己的哀思；另一方面也告诉我们要吸取教训，不再使这样的人间悲剧重演。写到此处，还是会让我不能自制……

跋

斗转星移，当我改完最后一句话，凝望窗外夏日的景色，一种难以言状的心情顿时涌上心头。屈指算来，从开笔到定稿再到改稿直至修订稿，历时整整十五年有余，多次增补修订已经有了结果，我仍未能真正的让自己的心境平复下来。

自从1995年纪念阎宝航诞辰100周年，参与编写了《阎宝航纪念文集》和《阎宝航纪念画册》后，我便萌生撰写一部传记的愿望，以期能够比较完整展示阎宝航传奇的一生。经过近十年的努力，访问、调查、翻阅档案，碎片似地日积月累，现终于完稿。

望着即将付梓的书稿，惶恐之感油然而生。我想，我是否准确地描绘出阎宝航的形象？是否正确地把握了他的思想与人格的伟大？是否比较完整地反映了他的人生里程？

能够支撑我写完本书，是一种责任感，是阎宝航具有传奇色彩的经历以及他的人格魅力，多年来一直催我努力，不敢稍事搁笔，即使在搜集资料和写作遇到障碍时也是这样。阎宝航曲折的命运，时时撞击着我的心灵而成为一种动力。《英雄无名——阎宝航》能够再一次出版，是我对这位东北乡人最好的纪念。

最后，我要感谢辽宁档案馆、重庆档案馆、南京国家第二档案馆、成都档案馆、北京图书馆、清华大学、北京大学、辽宁大学图书馆及辽宁社会科学院图书馆。

感谢陈铁健、曾景忠、王希亮、张璐等同志。

感谢中央党史出版吴江先生，决定出版本书，有机会增补一些新的重要史料及珍贵图片。同时，要感谢中共党史出版社的诸位同仁，在出版过程中所付出的努力，让我向他们表示诚挚的敬意！

王连捷

2017年8月，沈阳寓斋

参考文献

主要参考书目

[1]李鸿文、张本政：东北大事记[M].吉林：吉林文史出版社，1987年。

[2]省档案馆编：辽宁大事记[M].沈阳：辽宁人民出版社，1988年。

[3]王秉忠、孙继英：东北沦陷十四年大事编年[M]，沈阳：辽宁人民出版社，1990年。

[4]怀恩：周总理生平大事记[M].四川：四川人民出版社，1986年。

[5]朱企泰等编：统一战线大事记[M].北京：中共党史出版社，1991年。

[6]张友绅、钱进主编：张学良年谱[M].北京：社会科学文献出版社，1996年。

[7]中共中央文献研究室编：周恩来年谱[M].北京：人民日报、中央文献出版社，1989年。

[8]周恩来书信选集[M].北京：中央文献出版社，1988年。

[9]毕万闻：张学良文集[C].北京，新华出版社，1992年。

[10]毛泽东选集[C].第2卷，北京：人民出版社，1991年。

[11]中央档案馆：中共中央文件选集（1-4）[C].北京：中央党校出版社，1982年。

[12]吉林党史人物文集选编：于毅夫文集[C].吉林：内部出版，1987年。

[13]埃德加•斯诺：红星照耀中国[C].北京：新华出版社，1984年。

[14]宋庆龄纪念文集[C].北京：人民出版社，1982年。

[15]阎宝航纪念文集[C].沈阳：辽宁人民出版社，1995年。

[16]阎宝航纪念画册[C].沈阳：辽宁人民出版社，1995年。

[17]高崇民诗文选集[C].沈阳：沈阳出版社，1991年。

[18]杜毅、杜颖：杜重远文集[C].上海：文汇部出版社，1998年。

[19]王驹：陈先舟[C].沈阳：辽宁人民出版社，1992年。

[20]郭俊胜：张学良史事笺证[M].沈阳：辽宁人民出版社，2010年。

[21]窦应泰：张学良遗稿幽禁期间自述、日记和信函[M].北京：作家出版社，2006年。

[22]杨鹏：张学良上海画报[M].香港：香港银河出版社，2006年。

[23][美]唐德刚记录者，[美]王书君：张学良世纪传奇[M].山东：山东友谊出版社，2002年。

[24]施罗曼.费德林史坦，辛达谟博士译：蒋介石传[M].台北：黎明文化事业公司，1986年。

[25]张德良、周毅：东北军史[M].沈阳：辽宁大学出版社，1987年。

[26]陈觉：国难痛史[M].沈阳：辽宁教育出版社，1991年。

[27]我与汉卿一生[M].北京：团结出版社，2007年。

[28]朱可夫元帅回忆录[M].北京：中国对外翻译出版公司，1985年。

[29]周平生：回忆刘澜波[C].沈阳：辽宁人民出版社，1988年。

[30]张宝裕、杨美君、关继廉：杜重远[M].新疆：新疆大学出版社，1987年。

[31黄丽敏：黄显声将军传[M].上海：上海文艺出版社，2003年。

[32]易竹贤：胡适传[M].湖北：湖北人民出版社，1994年。

[33]沈醉：我这三十年[M].湖南：湖南人民出版社，1983年。

[34]郑灿辉、季鸿生、吴景平：宋庆龄与抗日救亡运动[M].福建：福建人民出版社，1986年。

[35]陈立文：从东北党务发展看接收[M].台北：东北文献杂志社，2000年。

[36]周恩来统一战线文选[C].北京：人民出版社，1984年。

[37]屈武文选[C].北京：团结出版社，1988年。

[38]西安事迹资料[C].第1辑，北京：人民出版社，1980年。

[39]中共中央党史研究室第一研究部，中国人民抗日战争纪念馆：中国抗日战争图鉴[M].湖南：湖南人民出版社，2005年。

[40]曹淮生、曹晓旗、曹向东、胡志康：无悔的一生[C].沈阳：辽海出版社，2001年。

[41]丘琴、白竟凡、高凌：高崇民传[M].北京：人民出版社，1991年。

[42]车树实、盛雪芬：人民教育家车向忱[M].沈阳：辽宁人民出版社，1989年。

[43]赵俊清：赵尚志[M].黑龙江：黑龙江人民出版社，1990年。

[44]厄尔•艾伯特•泽勒著，徐慰曾译：端纳传[M].北京：新华出版社，1993年。

[45]魏连生：于凤至——张学良将军夫人[M].北京：华文出版社，2005年。

[46]冯玉祥：我的生活[M].黑龙江：黑龙江人民出版社，1981年。

[47]萧振瀛：华北危局纪实[M].北京：中国国际广播出版社，1989年。

[48]中国共产党东北地方组织的活动概述[M].黑龙江：黑龙江人民出版社，1994年。

[49]东北三省盟史编辑委员会：东北民盟简史[M].吉林：吉林省内部资料，1986年。

[50]民革中央宣传部：中国国民党革命委员会的历史道路[M].湖南：湖南人民出版社，1987年。

[51]华北事变资料选编[C].河南：河南人民出版社，1983年。

[52]西安事变亲历记[C].北京：中国文史出版社，1986年。

[53]应德田：张学良和西安事变[M].北京：中华书局，1980年。

[54]中共东北军党史组编：中共东北军党史概述[M].北京：中共党史出版社，1995年。

[55]中国现代史[M].（上）.北京：北京师范大学出版社，1983年。

[56]张学良和他们的将军们[C].沈阳：辽宁人民出版社，1993年。

[57]张学良和东北军[C].北京：中国文史出版社，1986年。

[58]孙景悦、董慧云、张秀春：张学良与辽宁教育[M].香港：香港同泽出

版社，1993年。

[59]李剑白：东北抗日救亡人物传[C].北京：中国大百科全书出版社，1991年。

[60]何柱国："九一八"沈阳事变前后，文史资料选辑[C].第76辑，文史资料出版社，1981年。

[61]阎明诗：忆大孤山基督教堂孤儿院，东沟文史资料[C].内部出版，1988年。

[62]崔伯阜：我所知道的奉天两级师范学校，辽宁文史资料[C].沈阳：辽宁人民出版社，1983年。

[63]张璞山：奉天贫儿学校简记，辽宁文史资料[C].第10辑，沈阳：辽宁人民出版社，1984年。

[64]齐守成：沈阳（奉天）男女青年会概略，沈阳文史资料[C].第9辑，沈阳：政协沈阳市委员会文史资料研究委员编，1985年。

[65]中国人民抗日战争纪念馆：抗战纪事[M].北京：中国友谊出版社，1989年。

[66]刘式钦：回顾辽吉地区防疫斗争，解放战争中的辽吉根据地[M].北京：中共党史出版社，1991年。